21世纪经济学类管理学类专业主干课程系列教材

服务营销学
（第2版修订本）

主　编　李雪松
副主编　穆　琳　曹海英

清 华 大 学 出 版 社
北京交通大学出版社
·北京·

内 容 简 介

现代服务营销学是市场营销学内容的衍生与拓展,也是为迅速蓬勃发展的服务业和市场营销中日益成为竞争焦点的服务营销提供理论依据和实战指南。全书共分12章,较为详尽地阐述了服务营销学的产生与发展、服务与服务营销的基本概念、服务购买行为、服务战略、服务产品、服务定价与收费、服务渠道、服务营销沟通、服务接触与传递、服务有形展示、服务人员、服务质量及服务失误与服务补救等内容。

本书可作为市场营销、工商管理及相关专业本科及研究生教材,也可作为相关从业人员培训用书。

本书封面贴有清华大学出版社防伪标签,无标签者不得销售。
版权所有,侵权必究。侵权举报电话:010-62782989　13501256678　13801310933

图书在版编目(CIP)数据

服务营销学/李雪松主编. —2版. —北京:北京交通大学出版社:清华大学出版社,2018.1(2019.6重印)
(21世纪经济学类管理学类专业主干课程系列教材)
ISBN 978-7-5121-3377-8

Ⅰ. ①服… Ⅱ. ①李… Ⅲ. ①服务营销　Ⅳ. ①F713.50

中国版本图书馆 CIP 数据核字(2017)第 251648 号

服务营销学
FUWU YINGXIAOXUE

策划编辑:郭东青
责任编辑:郭东青
出版发行:清 华 大 学 出 版 社　　邮编:100084　电话:010-62776969
　　　　　北京交通大学出版社　　邮编:100044　电话:010-51686414
印　刷　者:北京时代华都印刷有限公司
经　　　销:全国新华书店
开　　　本:185 mm×230 mm　印张:20　字数:466 千字
版　　　次:2018 年 1 月第 2 版　2019 年 6 月第 1 次修订　2019 年 6 月第 2 次印刷
书　　　号:ISBN 978-7-5121-3377-8/F・1734
印　　　数:2 501~3 500 册　　定价:49.00 元

本书如有质量问题,请向北京交通大学出版社质监组反映。对您的意见和批评,我们表示欢迎和感谢。
投诉电话:010-51686043,51686008;传真:010-62225406;E-mail:press@bjtu.edu.cn。

第 2 版前言

近年来,无论是在国际市场还是在国内市场,几乎所有企业都面临服务竞争。越来越多的企业认识到服务的重要性,把服务视为维系顾客的关键所在,并通过服务营销管理来构建企业持久的竞争优势。当前,中国正处于经济发展的关键时期,优化产业结构和收入分配、提升产业层次和经营水平、提高资源效率和企业的国际竞争力将是促进我国经济与社会和谐发展的重点。因此,借鉴国际现代服务营销的先进理念,结合中国服务业的现实状况,对服务营销理论和方法进行全面、系统的研究和整理,具有一定的理论价值和现实意义。

由于经济社会的发展和企业营销管理水平的提高,一些新的营销模式和新的营销方法不断涌现,为适应我国服务营销管理实践和高等院校营销管理教学的需要,本书在2009年第1版的基础上进行修订。我们根据搜集到的反馈意见和建议,调整了部分章节的结构,更新了陈旧的数据文献资料,增加了一些新案例。我们在修订过程中,力图结合国内外经济社会的发展,互联网技术的应用,综合当前有关服务营销、服务管理和服务创新的各家学说和最新发展动态,并试图对服务营销及其理论的未来发展进行前瞻性的探索。编者期望在有限篇幅内尽可能地反映国内外服务营销管理学界公认的体系结构和原理、方法,介绍和展示服务营销管理理论研究的最新成果。

本书由天津财经大学商学院长期从事市场营销教学与研究工作的教师共同编写而成,本书由李雪松担任主编,穆琳、曹海英担任副主编。具体分工如下:李雪松编写第1、2、3、5、6章,曹海英、杨佩编写第7章,穆琳编写第8、9、10章,曹海英、王丛编写第4、11章,于萍编写第12章。各位作者的初稿形成后,由李雪松进行整体修改、统稿、定稿。

本书得以修订出版要感谢出版社的大力支持,感谢责任编辑郭东青女士的辛勤工作。本书在编写的过程中参考和引用了大量国内外已出版和已发表的优秀文献资料,借鉴或引用的部分成果在正文中做了注释并指明了出处,未注释或指明出处的部分在书后列为参考资料。如有遗漏未列出的资料,敬请作者谅解。在此,我们谨向为服务营销管理学科做出贡献的每一位作者、译者致以诚挚的谢意!

由于编者水平有限和时间关系,书中不当之处在所难免。所以,我们衷心希望广大读者为我们提出宝贵意见和建议,剖析和斧正存在的问题。

编　者
2017 年 7 月

前　言

　　服务营销学是一门以服务产品和顾客服务为研究对象的学科，其产生、形成和发展至今不过三四十年的时间。因此，从一门学科的角度来看它是很年轻的，具体表现在其结构体系、理论、方法都还处于不断完善、充实和丰富的过程之中。随着服务经济时代的到来，服务产业和服务业务活动在国民经济及社会经济生活中的地位和作用日益显现，对服务营销和管理问题的研究，已成为国内外营销管理理论和实际工作者关注的重点和热点。

　　当前，中国正处于经济转型的关键时期，优化产业结构和收入分配、提升产业层次和经营水平、提高资源效率和企业的国际竞争力将是促进我国经济与社会和谐发展的重点。然而，就整体而言，目前中国服务业的发展较滞后，服务产业层次较低，服务企业的经营观念和运营方式也比较落后。因此，借鉴国际现代服务营销的先进理念和原理，结合中国服务业的现实状况，对服务营销理论和方法进行全面、系统的研究和整理，具有较高的理论价值和现实意义。这也是我们编写此书的出发点和目的。

　　近年来，国内外大量关于服务营销管理的专著、译著、教材、论文等研究成果纷纷问世。这些研究成果的涌现，完善和丰富了服务营销管理的理论体系和具体内容，推动了服务营销管理学科的进一步发展。

　　为适应我国服务营销管理实践和高等院校营销管理教学的需要，我们编撰了这本《服务营销学》。本书作为教学用书，受教学时数限制，篇幅容量有限，编者期望在有限篇幅内尽可能地反映国内外服务营销管理学界公认的体系结构和原理、方法，介绍和展示服务营销管理理论研究的最新成果。因此，在编写过程中，我们力图综合当前有关服务营销、服务管理和服务创新的各家学说和最新发展动态，并试图对服务营销及其理论的未来发展进行前瞻性的探索。我们参阅和采用了国内外已出版和已发表的服务营销管理的相关论著，借鉴或引用的部分成果在正文中做了注释并指明了出处，未注释或指明出处的部分在书后列为参考资料。在此，我们谨向为服务营销管理学科做出贡献的每一位作者、译者致以诚挚的谢意。

　　本书在编写的过程中一是注重理论与实践相结合。理论部分与实务操作部分有机结合，案例分析贯串全书始终。二是注重内容上的创新与突破。从营销理论、战略思想、战术组合到实务操作方法各个要素都充分体现了作者大胆的创新与突破。

　　本书由李雪松构思、策划并编撰写作大纲。全书共12章，李雪松编写第1、2、3、6章，程爱花编写第5章，王丛编写第4、11章，杨佩编写第7章，穆琳编写第8、9、10章，于萍编写第12章。各位作者的初稿形成后，由李雪松进行整体修改、统稿、定稿。

　　本书适用于管理、贸易、营销等专业的高等院校师生以及对服务营销管理感兴趣的各阶层人士学习研究，并对从事服务管理工作的企业管理人员和政府主管人员具有重要的参考价

值。但是，作为产生和发展较晚的学科，服务营销的理论探索和实务研究目前仍然非常匮乏，缺乏一定深度和完整性的理论背景。本书在整合理论体系的基础上向读者提出一些建设性和探索性的观点和意见的同时，难免存在一些偏颇。所以，我们衷心希望广大读者为我们提出宝贵意见和建议，剖析和斧正存在的问题。

编　者

2009 年 6 月

目 录

第1章 服务营销概述 …………………………………………………………… 1
1.1 服务的定义与分类 ………………………………………………………… 1
1.1.1 服务的定义 ……………………………………………………… 1
1.1.2 服务与有形产品的区别 ………………………………………… 3
1.1.3 服务的分类 ……………………………………………………… 5
1.2 服务与服务业的特性 ……………………………………………………… 8
1.2.1 服务的一般特性 ………………………………………………… 8
1.2.2 服务业的特性 …………………………………………………… 12
1.3 服务营销组合与特点 ……………………………………………………… 13
1.3.1 认识服务营销 …………………………………………………… 13
1.3.2 服务营销的一般特点 …………………………………………… 15
1.3.3 服务营销的组成 ………………………………………………… 16
1.3.4 服务营销组合 …………………………………………………… 17
1.4 服务营销学的兴起与发展 ………………………………………………… 21
1.4.1 服务营销学的兴起 ……………………………………………… 21
1.4.2 服务营销学的发展 ……………………………………………… 22
1.4.3 服务营销学与市场营销学的差异 ……………………………… 24
习题 …………………………………………………………………………… 25

第2章 服务购买行为 …………………………………………………………… 28
2.1 消费者服务购买过程 ……………………………………………………… 28
2.1.1 购前阶段 ………………………………………………………… 28
2.1.2 消费阶段 ………………………………………………………… 29
2.1.3 购后评价阶段 …………………………………………………… 30
2.2 评价服务与有形产品的区别 ……………………………………………… 30
2.2.1 服务评价的依据 ………………………………………………… 30
2.2.2 有形产品与服务评价过程的差异 ……………………………… 31
2.3 购买服务决策理论与模型 ………………………………………………… 33
2.3.1 风险承担论 ……………………………………………………… 34
2.3.2 心理控制论 ……………………………………………………… 35
2.3.3 多重属性论及其模型 …………………………………………… 35
2.4 服务期望 …………………………………………………………………… 37

· I ·

2.4.1　服务期望的种类 …………………………………………………… 37
　　2.4.2　影响服务期望的因素 ……………………………………………… 39
　　2.4.3　服务企业了解和把握服务期望的意义 …………………………… 41
习题 …………………………………………………………………………………… 43

第3章　服务战略

3.1　服务战略概述 …………………………………………………………………… 46
　　3.1.1　服务战略制定思路 …………………………………………………… 46
　　3.1.2　服务战略管理过程 …………………………………………………… 47
3.2　服务竞争战略 …………………………………………………………………… 49
　　3.2.1　成本领先战略 ………………………………………………………… 49
　　3.2.2　差别化战略 …………………………………………………………… 51
　　3.2.3　集中化战略 …………………………………………………………… 53
3.3　服务营销战略 …………………………………………………………………… 54
　　3.3.1　服务市场细分 ………………………………………………………… 54
　　3.3.2　目标市场选择 ………………………………………………………… 60
　　3.3.3　市场定位 ……………………………………………………………… 63
习题 …………………………………………………………………………………… 65

第4章　服务产品

4.1　服务产品与服务产品组合 ……………………………………………………… 69
　　4.1.1　服务产品的概念和层次 ……………………………………………… 69
　　4.1.2　服务包 ………………………………………………………………… 72
　　4.1.3　服务产品组合 ………………………………………………………… 74
4.2　服务创新 ………………………………………………………………………… 77
　　4.2.1　服务创新的必要性 …………………………………………………… 77
　　4.2.2　服务创新的类型 ……………………………………………………… 78
　　4.2.3　服务再设计 …………………………………………………………… 83
　　4.2.4　新服务产品开发的程序 ……………………………………………… 85
　　4.2.5　新服务产品的外观特征 ……………………………………………… 86
4.3　服务品牌 ………………………………………………………………………… 89
　　4.3.1　服务品牌的含义 ……………………………………………………… 89
　　4.3.2　服务品牌的构成要素 ………………………………………………… 90
　　4.3.3　服务品牌与产品品牌的差异 ………………………………………… 95
　　4.3.4　服务品牌资产及其市场效应 ………………………………………… 98
　　4.3.5　服务品牌消费者选择过程 …………………………………………… 100
　　4.3.6　服务品牌管理流程 …………………………………………………… 101

习题 ……………………………………………………………………………… 102

第5章 服务定价与收费 …………………………………………………… 106
5.1 服务定价的特殊性和原则 ……………………………………………… 106
5.1.1 服务定价的特殊性 ………………………………………………… 106
5.1.2 服务定价的原则 …………………………………………………… 107
5.2 服务定价基础和定价目标 ……………………………………………… 109
5.2.1 服务定价基础 ……………………………………………………… 109
5.2.2 服务定价目标 ……………………………………………………… 115
5.3 服务定价方法 …………………………………………………………… 116
5.3.1 选择一种平均收费水平 …………………………………………… 116
5.3.2 选择一种标价方法 ………………………………………………… 120
5.4 服务定价策略 …………………………………………………………… 122
5.4.1 新产品定价策略 …………………………………………………… 122
5.4.2 折扣定价策略 ……………………………………………………… 123
5.4.3 差别定价策略 ……………………………………………………… 126
5.4.4 心理定价策略 ……………………………………………………… 127
习题 ……………………………………………………………………………… 128

第6章 服务渠道 ……………………………………………………………… 131
6.1 服务渠道设计 …………………………………………………………… 131
6.1.1 服务渠道的类型和特点 …………………………………………… 131
6.1.2 服务渠道设计原则 ………………………………………………… 135
6.1.3 服务渠道设计步骤 ………………………………………………… 136
6.2 服务渠道策略 …………………………………………………………… 138
6.2.1 服务网点的位置决策 ……………………………………………… 138
6.2.2 特许经营 …………………………………………………………… 141
6.2.3 电子渠道 …………………………………………………………… 143
习题 ……………………………………………………………………………… 146

第7章 服务营销沟通 ………………………………………………………… 149
7.1 服务营销沟通的作用与特点 …………………………………………… 149
7.1.1 服务营销沟通的作用 ……………………………………………… 150
7.1.2 服务营销沟通的特点 ……………………………………………… 151
7.1.3 服务营销沟通中的问题 …………………………………………… 152
7.2 服务整合营销沟通策略 ………………………………………………… 154
7.2.1 服务广告 …………………………………………………………… 155
7.2.2 人员推销 …………………………………………………………… 157

7.2.3 公共关系 ··· 160
7.2.4 销售促进 ··· 163
7.2.5 服务营销沟通其他方式 ··· 167
7.3 服务营销沟通的设计与管理 ··· 169
7.3.1 影响沟通设计的因素 ··· 169
7.3.2 有效沟通管理的原则 ··· 171
习题 ··· 173

第8章 服务接触与传递 ··· 176
8.1 服务接触的内涵与种类 ··· 176
8.1.1 服务接触的概念 ··· 176
8.1.2 服务接触的分类 ··· 177
8.1.3 服务接触的意义 ··· 180
8.2 服务接触的构成要素 ·· 181
8.3 服务传递过程中员工的角色 ··· 182
8.3.1 服务员工是赢得顾客忠诚和竞争优势的源泉 ················ 183
8.3.2 低接触服务中的一线员工 ·· 183
8.3.3 服务工作的困难和压力 ··· 185
8.4 服务传递过程中顾客的角色 ··· 188
8.4.1 接受服务的顾客 ··· 188
8.4.2 "其他顾客"行为 ··· 190
8.4.3 顾客的重要角色 ··· 191
8.5 顾客行为管理 ·· 195
8.5.1 顾客自助服务策略 ·· 195
8.5.2 指导和教育顾客策略 ··· 196
8.5.3 顾客组合管理策略 ·· 197
习题 ··· 198

第9章 服务有形展示 ··· 201
9.1 有形展示概述 ·· 201
9.1.1 有形展示的内涵 ··· 201
9.1.2 有形展示的战略角色 ··· 202
9.1.3 顾客对服务环境的反应 ··· 204
9.2 服务场景 ·· 206
9.2.1 服务场景的类型 ··· 207
9.2.2 服务场景的用途 ··· 207
9.2.3 服务场景分类的意义 ··· 208

9.3 服务环境的维度 ········ 209
9.3.1 周边环境的影响 ········ 211
9.3.2 空间布局和功能 ········ 215
9.3.3 标识、符号和人工指示牌 ········ 215
9.4 服务环境的设计 ········ 216
9.4.1 视觉吸引 ········ 216
9.4.2 听觉吸引 ········ 218
9.4.3 嗅觉吸引 ········ 219
9.4.4 触觉吸引 ········ 219
9.4.5 味觉吸引 ········ 219
习题 ········ 219

第 10 章 服务人员 ········ 223
10.1 服务人员在服务营销中的地位 ········ 223
10.1.1 服务人员的地位及服务利润链 ········ 223
10.1.2 服务人员与顾客 ········ 225
10.2 服务员工的授权 ········ 226
10.2.1 授权的原因 ········ 227
10.2.2 授权的益处与成本 ········ 228
10.2.3 有效授权的过程与方法 ········ 229
10.3 服务员工的激励 ········ 230
10.3.1 激励员工 ········ 230
10.3.2 激励员工的不同方式 ········ 231
10.3.3 评估并奖励优秀员工 ········ 231
习题 ········ 233

第 11 章 服务质量 ········ 236
11.1 服务质量的概念 ········ 236
11.1.1 服务质量概述 ········ 236
11.1.2 顾客服务质量感知 ········ 237
11.2 服务质量差距模型 ········ 240
11.2.1 管理者认识差距（差距1）········ 240
11.2.2 质量标准差距（差距2）········ 242
11.2.3 服务交易差距（差距3）········ 245
11.2.4 营销沟通差距（差距4）········ 246
11.3 服务质量的测量与提高 ········ 249
11.3.1 服务质量维度 ········ 249

11.3.2　SERVQUAL服务质量测量方法 ·· 249
　　11.3.3　SERVQUAL测量方法的应用 ··· 252
　　11.3.4　服务质量测量的具体程序 ··· 254
　　11.3.5　提高服务质量的方法 ·· 256
　习题 ··· 261

第12章　服务失误与补救 ··· 264
　12.1　服务失误 ·· 264
　　12.1.1　认识服务失误 ·· 264
　　12.1.2　服务失误的归因 ··· 265
　　12.1.3　服务失误的类型 ··· 266
　　12.1.4　服务失误的后续影响 ·· 267
　12.2　顾客抱怨行为 ·· 268
　　12.2.1　认识顾客抱怨 ·· 269
　　12.2.2　顾客抱怨的原因 ··· 269
　　12.2.3　顾客抱怨的渠道 ··· 271
　　12.2.4　抱怨者的种类及其特点 ··· 272
　12.3　服务补救 ·· 274
　　12.3.1　顾客对服务补救的期望 ··· 275
　　12.3.2　顾客的服务转换行为 ·· 279
　　12.3.3　服务补救对顾客忠诚的影响 ·· 281
　　12.3.4　服务补救悖论 ·· 284
　12.4　服务补救策略 ·· 286
　　12.4.1　提高初始服务的可靠性 ··· 286
　　12.4.2　建立有效的服务补救系统 ··· 287
　　12.4.3　服务保证 ··· 297
　习题 ··· 299

参考文献 ·· 303

第1章　服务营销概述

随着社会经济的不断发展，服务业在社会经济中的比重不断提高。同时，服务在其他行业的渗透日益加深，尤其是在制造业中逐渐呈现出服务竞争的趋向。服务无处不在，随时随地可以在社会的不同活动中见到服务的踪迹。服务营销之所以得到学术界和企业日益广泛的关注，是服务在国民经济中地位的重要性不断凸现的结果。换言之，服务营销管理不只局限于服务业，而且对社会整体经济及其他各行各业都显示出越来越重要的意义。

1.1　服务的定义与分类

1.1.1　服务的定义

服务的概念自现代经济学诞生以来就是一个极具争议的范畴，学术界对它至今没有一个统一的界定。目前，很多学者在对服务业及相关问题进行研究时，一方面试图避开这个问题，另一方面又根据自己的研究需要和理解从某种角度进行界定，这也是造成服务理论研究停滞不前的一个重要原因。造成对服务概念理解的模糊和不统一的重要原因是服务业过于纷杂。以现行的统计分类而言，服务业既包括新兴的服务活动，如电信服务和技术中介服务，又包括十分传统的活动，如理发服务；既包括劳动密集型产业，如交通运输业，又包括资本密集型产业，如金融保险业，还包括知识和技术密集型产业，如专业化服务；既包括生产率增长最快的部门，如信息服务，又包括生产率几乎不增长的部门，如艺术服务；既包括可以标准化和大规模生产的服务，如快餐业，又包括只能以顾客化方式生产的服务，如咨询服务。服务业的这种复杂性使得人们怀疑它是否具有统一的特征，是否能进行统一研究。

有关服务概念的界定一直都是学者们努力研究的问题，虽然目前仍没有一个理论界普遍认可的定义，但已有的各种定义从不同角度揭示了服务具有的独特性质。

下面对一些学者对服务的界定进行具体阐述。

1960年AMA（美国市场营销协会）将服务定义为："用于出售或者是同产品连在一起进行出售的活动、利益或满足感。"该定义告诉我们，服务是可以从销售中直接购买的或是伴随某一产品的销售而出现。

著名学者威廉·J. 里甘将服务定义为："直接提供满足（交通运输、房屋租赁）或者与有形商品或其他服务（如信用卡）一起提供满足的不可感知活动。"该定义进一步指出了服务具有的最重要的无形性特征。

芬兰学者著名服务营销专家克里斯蒂·格隆鲁斯将服务定义为："服务是指或多或少具有无形特征的一种或一系列活动，通常（但并非一定）发生在顾客同服务的提供者及其有形的资源、商品或系统相互作用的过程中，以便解决消费者的有关问题。"该定义不仅指出服务具有的无形特征，还强调服务是一种活动，是一个交互作用的过程。

美国学者瓦拉里·A.泽斯曼尔和玛丽·J.比特纳认为服务是行为、过程和绩效。该定义进一步阐明了服务无形性的具体含义。

英国学者阿德里安·佩恩在分析了各国营销组织和学者对服务的定义之后，对服务概念做出这样的界定："服务是一种涉及某些无形性因素的活动，它包括与顾客或他们拥有财产的相互活动，它不会造成所有权的更换。服务产出可能或不可能与物质产品紧密相连。"该定义从所有权的角度指出服务具有的性质。

意大利学者G.佩里切利将服务看作一种特殊的产品。他认为产品是各种因素组合的结果，可以分为两种：以可感知的内容为主的产品称为有形产品，以不可感知的内容为主的产品称为无形产品，即服务。在佩里切利看来，服务是人或组织的活动，或者是对一种可感知产品的临时可支配性，目的是满足消费者的需求和预期。他认为要完成服务的定义，不仅要进行抽象的描述，还要引入由几种要素构成的系统"服务包"。

菲利普·科特勒从另一个角度对服务进行了定义。他区分了从纯商品变化到纯服务的四种类型，使难以定义的服务变得清楚。

（1）纯有形商品，如香皂、牙膏等，没有附带明显的服务。

（2）附带服务的有形商品，利用服务来吸引招徕顾客，如彩电、汽车等。

（3）附带少部分商品的服务，如航空旅行、医疗手术和维修业服务。

（4）纯粹的服务。如心理咨询、家政服务等服务者直接为顾客提供相关的服务。

还有学者认为，服务是一种涉及某些无形因素的活动、过程和结果，它包括与顾客或他们拥有的财产间的互动过程和结果，同时不会造成所有权的转移。在这一定义中，服务不仅是一种活动和过程，而且是由活动和过程造成的结果。例如，个人计算机的维修服务既包括维修人员检查和修理计算机的活动和过程，又包括这一活动和过程的结果——顾客的计算机恢复正常。目前还有一种观点，认为由于服务的范围过于宽泛，因此很难对整个领域做有意义的深入分析。许多研究经常只是关注一个单一的行业，这种研究方法在交通运输、金融保险、宾馆酒店及医疗服务行业中相当普遍，它充分揭示了这些服务行业本身具有的特性，但它无法得出有关服务的一般性概念。因此，应把握的一个原则是，避免把所有的服务看作具有同质性，而应根据不同的行业类别进行考察，或将服务分成具有相同特征的组群，分别考察这些组群的性质。

综合上述各种定义和探讨，可以从以下几个维度来建立服务概念的界定体系。

（1）服务是一种无形的过程和行为，不表现为一个实物形态，或者说它是一种运动形态的使用价值。在更广的意义上，服务还是由过程和行为造成的结果。

（2）服务的生产和消费是同时或几乎同时进行的。

(3) 服务在交易中所有权不发生变化，只有使用权会发生改变。

(4) 服务概念本身就存在异质性，不同服务行业的概念界定各有侧重。

服务是无形的，但研究服务时往往对服务所依托的综合要素进行研究，并以"服务产品"的特定概念予以表达。服务产品是指服务劳动者的劳动以活劳动的形式所提供的服务形成的物质形态和非物质形态的产品，它结合服务场所、服务设施、服务方式、服务手段、服务环境等属于劳动资料、劳动对象的范畴要素综合构成。显然，服务产品既有物的要素，也有非物的要素；既有有形要素，也有无形要素。在服务产品的交换中，只有部分要素改变其所有权，而另一部分要素只出售使用权，因此，同一服务产品可以不间断地多次出售。

服务产品的流通方式不是产品向消费者的运动，而是消费者向产品的运动。服务产品的分销受到地域的限制，进行远距离推销难以奏效。服务与有形产品之间只在于有形性程度的不同，从高度无形到高度有形之间存在一个连续谱。

1.1.2 服务与有形产品的区别

分析服务和有形产品间的性质差异将有助于进一步理解和把握服务的内涵。服务和有形产品间存在性质上的差异，在各方面都具有相对立的特征。

芬兰学者克里斯蒂·格隆鲁斯认为服务与有形产品表现出以下若干相对应的特征，如表1-1所示。

以下对两者进行对比分析和解释。

(1) 存在形式。有形产品是独立、静态的物质对象，是一种实体产品；服务是非实体、无形的，它只是一种行为或过程。

(2) 表现形式。有形产品一般是一种标准化产品，产品间的外形具有相似性，不会发生大的变化；而大多数服务很难标准化，由于员工和顾客参与服务的生产和消费，加之两者间的交互作用，因此，每一种服务都可能与其他同类服务的表现形式有所差异，这是由服务本身的性质决定的。

表1-1 服务与有形产品的特征

有形产品	服务
实体	非实体
形式相似	形式相异
生产、销售不与消费同时发生	生产、销售与消费同时发生
一种物品	一种行为或过程
核心价值在工厂被生产出来	核心价值在买卖双方接触中产生
顾客一般不参与生产过程	顾客参与生产过程
可以储存	不可以储存
所有权可以转让	无所有权转让

(资料来源：格隆鲁斯. 服务市场营销管理. 吴晓云，冯伟雄，译. 上海：复旦大学出版社，1998.)

（3）生产、销售与消费的同时性。有形产品的生产、销售和消费可以完全独立进行，顾客不参与产品的生产过程，而消费时也无须企业员工的参与；服务的生产、销售和消费实际上是同一个过程，不可分离，顾客和员工必须同时参与才可能完成服务的生产、销售和消费。

（4）核心价值的产生方式。有形产品的核心价值是在工厂里被创造出来的，它凝聚在产品当中，其核心价值的高低在工厂里就已经确定，这是一种静态属性，与顾客无关；服务的核心价值是在顾客与员工的接触中产生的，它不可能事先被创造出来，它是一种动态属性，其核心价值的高低取决于顾客和员工两方面的努力。

（5）顾客参与生产的程度。有形产品的生产过程一般不需要顾客的参与，只在少数情况下顾客会参与；服务的生产过程必须有顾客的积极参与才能较好地完成，顾客的参与是服务生产过程的必要因素。

（6）储存性。有形产品在生产出来后可以在一定时间内储存，这不会影响对它的消费；服务的生产和消费是同时进行的，因此，必须在生产的同时就消费掉，否则就会消失，不可储存。

（7）所有权结构。有形产品具有完整的权利结构，它可以清楚地界定与"占有"相关的所有权利，当顾客购买了产品后，其所有权就发生了转移；服务不具有完整的权利结构，顾客在对它进行消费后，不能获得对它的所有权，或者说只拥有使用权。

除格隆鲁斯指出的以上区别外，服务和有形产品还因性质的差异而在以下几方面具有明显区别。

（1）质量控制标准。产品质量有客观标准可以参照，因此，当出现质量问题时，企业可以较为容易地通过各种手段加以控制和解决；服务在本质上是顾客与员工间相互作用的一个过程，质量的高低不仅取决于员工本身的技能，还取决于顾客的态度和参与程度，因此，主观性很强，难以进行有效控制。

（2）顾客评价的难易程度。有形产品看得见、摸得着，顾客可以较为容易地对其品质、外形等进行评价，并可以按照各种客观标准进行测试和量化；服务本身的性质决定了它不具备有形产品那样的客观评价标准，对它的评价涉及多种主观因素，因此难以评价。

（3）分销渠道。有形产品的储存性不受时间和空间的限制，因此，可以采取多种营销方式和分销渠道；服务在生产和消费上的不可分离性决定了只能采取较为单一的手段进行销售，缺乏中介，许多服务只能由生产者直接提供。

（4）规模效益。有形产品生产和消费的可分离性决定了它能够实现标准化生产，因此规模效益较高；服务的生产和消费必须有顾客的参与，而顾客的要求又有所差别，因此，服务很少能实现标准化生产，规模效益低下。

服务和有形产品虽然存在着很多本质性的差异，但两者却有着内在的联系。萧斯塔克将商品和服务统一在从高度无形到高度有形的连续谱当中，并认为两者之间只在于有形程度的不同。这与前述菲利普·科特勒对服务的定义很相似，如图1-1所示。

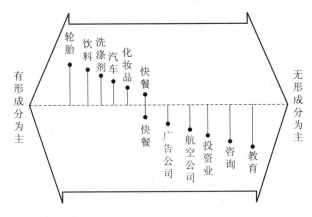

图 1-1 产品有形度的连续统一体

(资料来源：SHOSTACK L G. Breaking free from product marketing [J]. Journal of Marketing, 1977, 41 (2): 73-80.)

萧斯塔克认为，任何一个组织或个人在市场上提供的产品或服务都包含有形和无形的成分，只是程度有所不同。例如，在航空运输服务中，有形成分就是机场和飞机，无形成分就是各类飞行前服务和机上服务。因此，制造业与服务业间的区别变得模糊起来，换句话说，两者相互包含、相互依赖。在萧斯塔克的连续谱当中，无形性很强的纯粹服务在最右端（以教育为代表），有形性很强的产品在最左端（以轮胎为代表），中间是餐饮业，它既包含产品又包含服务。萧斯塔克提出产品和服务的有形度连续谱是为了说明，确定某一产品或服务在轴线上的位置是确定营销战略的前提：无形成分越大，就越难以采用有形产品的营销手段。

1.1.3 服务的分类

服务产品纷繁复杂，服务的分类是服务营销研究的一个重要问题。科学的分类将使服务营销管理具有针对性。自20世纪60年代以来，西方市场营销学者从不同角度对服务进行了若干分类。其中具有代表性的分类方法有以下三种。

1.1.3.1 根据顾客参与程度分类

美国亚利桑那大学教授戚斯依据顾客对服务推广的参与程度，将服务分为三大类。

1. 高接触性服务

高接触性服务是指顾客在服务进行过程中参与其中全部或大部分的活动，如电影院、娱乐场所、公共交通、学校等部门所提供的服务。

2. 中接触性服务

中接触性服务是指顾客只是部分地或在局部时间内参与其中的活动，如银行、律师、地产经纪人等所提供的服务。

3. 低接触性服务

低接触性服务是指在服务进行过程中顾客与服务的提供者接触较少的服务，其间的交往主要是通过仪器设备进行的，如信息、邮电业等提供的服务。

这种分类法的优点是便于将高接触性服务从中、低接触性服务中分离出来、突现出来，以便采取多样化的服务营销策略满足各种高接触性服务对象的需求，其缺点是过于粗略。

1.1.3.2　综合因素分类法

美国西北大学教授菲利普·科特勒从服务的综合因素着手，分别从四个不同的侧面进行分类。

1. 依据提供服务工具的不同分类

(1) 以机器设备为基础的服务，如自动售货机、自动化汽车刷洗等。

(2) 以人为基础的服务，包括非技术性、技术性和专业性服务，如会计审计服务、旅行服务等。

2. 依据顾客在服务现场出现必要性的大小分类

(1) 顾客必须亲临现场的服务，如身体检查、理发美发、按摩美容等。这样的服务要考虑环境卫生、设施等因素。

(2) 不需要顾客亲临现场的服务，如汽车修理、成衣整烫等。

3. 依据顾客个人需要与企业需要的不同分类

(1) 专对个人需要的专一化服务。

(2) 面对个人需要与企业需要的混合性服务。

4. 依据服务组织的目的与所有制不同分类

(1) 营利性服务，以营利为目的的服务。

(2) 非营利性服务，以社会公益服务为目的的服务。

(3) 私人服务，其所有制为私人所有的服务。

(4) 公共服务，以社会主义全民所有制和集体所有制为主体、面对全社会公益事业的服务。

这种分类法综合考虑了各类因素，对其客观状态进行了分类，包容性较广，但从服务营销管理角度考虑不够，与对服务业的管理不太协调。

1.1.3.3　服务营销管理分类法

瑞士洛桑国际管理发展学院访问教授洛夫劳克吸收了前几种分类法的优点，结合对服务业的管理过程进行分类。

1. 依据服务活动的本质分类

(1) 作用于人的有形服务，如民航、理发服务等。

(2) 作用于物的有形服务，如航空货运、草坪修整等。

(3) 作用于人的无形服务，如教育、广播等。

(4) 作用于物的无形服务，如技术咨询、财产保险等。

2. 依据顾客与服务组织的联系状态分类

(1) 连续性、会员关系的服务，如银行、保险等。

(2) 连续性、非正式关系的服务，如广播电台、警察保护等。

(3) 间断的、会员关系的服务，如电话购买服务、担保维修等。

(4) 间断的、非正式关系的服务，如邮购、街头收费电话等。

3. 依据服务方式及满足程度分类

(1) 标准化服务，选择自由度小，难以满足顾客的个性需求，如公共汽车载客服务等。

(2) 易于满足要求，但服务方式选择自由度小的服务，如电话服务、旅馆服务等。

(3) 提供者选择余地大，但难以满足个性要求的服务，如教师授课等。

(4) 需求能满足且服务提供者有发挥空间的服务，如美容、建筑设计、律师和医疗保健等。

4. 依据服务供求关系可分类

(1) 需求波动较小的服务，如保险、法律、银行服务等。

(2) 需求波动大而供应基本能跟上的服务，如电力、天然气、电话等。

(3) 需求波动幅度大并会超出供应能力的服务，如交通运输、饭店和宾馆等。

5. 依据服务进行的方法可分类

(1) 在单一地点顾客主动接触服务组织，如电影院、烧烤店。

(2) 在单一地点服务组织主动接触顾客，如出租汽车等。

(3) 在单一地点顾客与服务组织远距离交易，如信用卡公司等。

(4) 在多个地点顾客主动接触服务组织，如汽车维修服务、快餐店等。

(5) 在多个地点服务组织主动接触顾客，如邮寄服务。

(6) 在多个地点顾客和组织无距离交易，如广播站、电话公司等。

由于服务内涵的复杂性，决定了人们考察服务时从不同的视点介入，因而导致不同的分类法。服务分类的目的是为了认识不同行业、不同部门服务的特征，它是制定服务营销战略的基础。

链接 1-1

服务在经济中的演进

随着经济从最初的农业社会向工业社会进而向今天的现代社会的演进，服务的重点也随之不同。但是，世界上各国都处在该变迁过程的不同阶段上，而服务的角色与其所处阶段保持着相对的一致性。

- 基础服务

在经济发展的早期农业阶段，服务是一个相对较小的角色。个体趋向于自给自足，极少有或根本没有什么可随意支配的收入。结果是，极少有或根本没有服务的需求。这一阶段主要集中在以运输、政府机构和卫生保健为形式的基础服务上。

• 支持性服务

随着经济中贸易和商业的产生与发展，对支持性服务的需要增加了。这包括银行业务、零售业务、针对商务游客的酒店，还有保险公司。

• 休闲娱乐服务

随着经济的发展，人们的工资开始增加，生活水平水涨船高，收入中可用于自由支配的比例也变大了。人们很可能花费其可自由支配收入去饭店就餐，去享受更多更好的度假，甚至频繁进行周末旅行，而这一切促使了旅游酒店产业中诸多服务的成长。比如饭店、酒店、旅游景区、健康俱乐部及游乐园等。

• 省时服务

为了维持较高的生活水平，人们发现他们工作的时间变长了。在很多家庭，所有成年人都从事着全职工作。在这样的环境下，时间变得更加宝贵起来，人们指望靠省时服务来解决时间压力和改善生活方式。这样的例子有很多，如以节约去商场购物时间而出现的邮购业务，让夫妇都能腾出手来参加工作的保姆服务，以及包括货物配送和干洗等诸多家庭购物服务种类。互联网购物增长迅猛的原因之一就在于其节约了人们的时间。

• 体验服务

今天，许多顾客寻求的远不止是好的服务，他们在寻求一种难忘的体验，并将其视为服务的一部分。顾客看到了这些体验服务中的额外价值，且愿意为此而付钱。提供这种体验服务的企业例子有迪士尼乐园、Rain Forest Cafe、The Discovery Zone，还有 Universal 工场。

• 信息服务

随着信息技术和互联网的爆炸式增长，一种新的服务形式出现了，它通常由信息媒介提供。信息媒介作为买卖双方的"经纪人"，向每一方提供信息。它们提供的服务出现在电子市场上。将公司聚在一起的市场指的是企业对企业（B2B）的运作方式，其重点一般集中在一些特殊商品上，比如化学或钢铁。公司与消费者聚在一起的市场是企业对消费者（B2C）的运作方式，如购买汽车和寻找住房抵押。消费者聚在一起的市场是消费者对消费者（C2C）的运作方式，比如 eBay 公司。

（资料来源：戴维斯，海内克. 服务管理. 王成慧，郑红，译. 北京：人民邮电出版社，2006.）

1.2 服务与服务业的特性

1.2.1 服务的一般特性

学术界在研究服务与有形产品这两类概念的区别时，对服务的共同特性进行了探索和分析，基本形成了对服务一般特性的共识。需要指出，这种一般特性并不适用于所有的服务业,它是大多数服务业特性的总结,仍有一些服务业不能用这些一般特性进行描述。综合现有论述可以发现,与有形产品相比,服务具有以下五个明显特性。

1.2.1.1 不可感知性

不可感知性包括两层含义,即①服务与有形产品相比较,服务的特质及组成服务的元素,许多情况下都是无形无质的,让人不能触摸或凭视觉感到其存在;②消费者消费服务后所获得的利益,也很难被察觉,或是要经过一段时间后,消费服务的享用者才能感觉出利益的存在。服务的这一特征决定消费者购买服务前,不能以对待有形产品的办法如触摸、尝试、嗅觉、聆听等去判断服务质量的优劣,而只能以搜寻信息的办法,参考多方意见及自身的历史体验来做出判断。

服务是一种行为或活动,是非实体的、无形的、抽象的和不发生所有权转移的活动。服务的不可感知性对服务营销活动的影响既有不利之处,又有有利之处。

服务的不可感知性对服务营销活动的不利影响主要表现在如下几个方面。

(1) 服务产品不容易被识别。

(2) 服务质量较难考核和控制,因为缺乏有形依据。

(3) "无形的服务"常常会遮蔽质量问题和"庇护"服务人员的行为过失。

(4) 服务投诉或纠纷较难处理,也因为缺乏有形依据。

(5) 服务广告、服务展览比较难做。

(6) 新的服务产品难以测试。

服务的不可感知性对服务营销活动的有利影响主要表现在如下几个方面。

(1) 作为无形产品的服务,顾客看不见、摸不着,但能感觉到和享受到,这是一种服务特有的而有形产品没有的,多少带有"神秘感"的吸引力,这种天然的吸引力对服务营销是有利的。

(2) "无形"背后的实质是服务行为,包括服务的技巧、技能、技术、知识、文化乃至信息等,这些具有抽象美的东西,正是服务吸引力的来源,因此服务营销可以更多地依靠人的行为加以发展。

正因为服务的不可感知性,许多服务业为了变不可感知为可感知,常常通过服务人员、服务过程及服务的有形展示,并综合运用服务设施、服务环境、服务方式和手段等来体现。

服务的不可感知性还要求服务业提供服务介绍和承诺。服务介绍的诚实性与准确性是服务质量所要求的。服务承诺的针对性与周到性及服务履约的及时性、兑现性,是服务质量水平的体现。

链接 1-2

"明厨亮灶"餐厅

顾客坐在饭店里,从电视屏幕中就能看到菜肴的制作过程,连大厨加了几勺盐都看得清清楚楚，这就是透明厨房。天津滨海新区首批"明厨亮灶"透明厨房餐厅日前亮相。

记者日前在于家堡购物中心4楼的一家西餐厅看到，一台液晶大屏幕正在"现场直播"厨房操作间里的情形——身穿洁净白褂的厨师们烹制食材，整个过程让食客们一目了然。大屏幕实时直播着"厨房重地"4个区域：热菜区、凉菜区、消毒间、送餐通道的状况。

"每个区域都安装了高清摄像头，监控并直播菜肴制作的全过程，从开门就开始，到打烊才结束。"餐厅负责人说。餐厅外还设置了一台"公众服务查询机"，市民可直接点击观看后厨操作间的状态，并通过"电子菜单""安全信息公示栏""健康证"等栏目，查看菜品源头和大厨资质。

正在就餐的赵女士说："不管是小餐馆还是大酒店，后厨都挺'神秘'。'明厨亮灶'透明厨房餐厅能看到厨房菜肴制作的全过程，吃得放心了。"

对餐饮企业而言，亮出后厨是一种无形的压力。"一些厨师起初对'直播'后厨不理解，有一定抵触情绪。"另一家"明厨亮灶"餐厅的经理岳先生说，通过前期培训，厨师们解除了心理负担，决心把真功夫和良心菜展示在公众面前，"因为不少顾客正是看到监控画面，才在店内用餐的。"

（资料来源：今晚报，2015-10-20）

1.2.1.2　不可分离性

服务的不可分离性是指服务的生产过程与消费过程同时进行，服务人员提供服务于顾客之时，也正是顾客消费、享用服务的过程，生产与消费服务在时间上不可分离。由于服务是一个过程或一系列的活动，故而在此过程中消费者与生产者必须直接发生联系，消费者不参与服务生产过程，即不能享受服务。这一特征要求服务消费者必须以积极的、合作的态度参与服务生产过程，只有参与才能消费服务，否则便不能消费服务。如医疗服务，病人接受治疗，只有主动地诉说病情，医生才能做出诊断，并对症下药。

服务生产与消费的不可分离性对服务产品营销的不利影响主要表现在如下几个方面。

（1）许多服务只能是"一对一"的方式，而"一对一"的方式容易限制客流量的增长。

（2）许多服务会出现排队或等候现象，这就削弱了服务营销的吸引力。

（3）服务生产人员需要兼任营销工作，因为服务生产与营销是同时发生的，但服务生产人员不容易接受营销意识。

（4）服务质量取决于买卖双方的接触，接触过程中任何一个环节的失误，都会影响整个服务质量。

（5）服务质量的形成需要全体人员或所有部门进行整体配合和协调，增加了服务机构管理的难度。

（6）消费者的参与使服务创新及实施比较困难，因为顾客可能习惯了原有的服务，对新的服务采取抵制或不配合的态度。

（7）消费者的参与使服务过程变得复杂，如果参与服务过程的消费者不予配合，就难以保证服务过程的顺利进行。

服务生产与消费的不可分离性对服务产品营销的有利影响主要表现在如下几个方面。

(1) 服务产品的生产与消费密不可分,这在客观上形成一种压力,推动服务生产者改善与顾客的关系,关心顾客的需要,向顾客介绍有关服务产品的知识,而这一点正是符合营销要求的。

(2) 促使服务营销者进行市场细分、市场定位和差异化营销,以便直接面对各式各样的顾客。

(3) 促使服务机构在同顾客的接触中提高服务质量。

(4) 促使服务机构生产人员乃至全体人员都承担营销职能。

(5) 促使服务机构更多地在营销定价上与顾客协调。

服务的这一特征要求服务企业将顾客参与生产的过程纳入管理,因而提高顾客参与服务生产过程的水平十分重要。服务营销就是要妥善地引导顾客参与服务生产过程,并要及时沟通服务人员与顾客之间的关系,促使顾客在服务生产过程中扮演好自身的角色,以保证服务生产过程亦即顾客的服务消费过程高质量地完成。同时,服务的这一特征表明服务员工与顾客的互动行为既是服务质量高低的影响因素,也是服务企业与顾客之间关系的影响因素。

1.2.1.3 品质差异性

服务品质差异性是指服务的构成成分及其质量水平经常变化,难以统一认定的特性。

服务是行为和活动,既有服务人员的参与,又有顾客的参与,心理、情绪及行为的因素常常干扰服务活动,使得一些服务产品的质量经常变化:一是因人而异,即不同的服务人员在同一服务岗位提供的服务有差异,或者同一个服务人员对不同顾客提供的服务有差异;二是因时而异,即同一个服务人员在不同时间提供的服务有差异;三是因地而异,即同一家服务机构在不同网点提供的服务有差异。这种现象影响顾客对服务质量的评价,在顾客眼中服务的质量难以维持在同一水平,服务质量的差异性对服务营销既是不利的,又是有利的。

服务的品质差异性对服务营销的不利影响主要表现在如下几个方面。

(1) 一些服务不易标准化、规范化。

(2) 有些服务质量难以维持。

(3) 服务规范较难严格执行,服务质量的控制较困难。

(4) 服务品质的差异性会导致"企业形象"混淆而危及服务的推广。

服务的品质差异性对服务营销的有利影响主要表现在如下几个方面。

(1) 促使服务机构更多地关心顾客行为和需求的差异性,开展差异化、个性化营销。

(2) 促使服务机构更多地关心市场的变化,增强灵活应变能力。

(3) 促使服务机构重视对一线人员的授权,以增强他们提供服务的灵活性。

1.2.1.4 不可储存性

服务的不可储存性是指服务的生产和消费是同时发生的,生产的起始和结束就是消费的起始和结束,因此不存在生产结束与消费起始之间的储存期。服务既不能在时间上储存下来,以备未来使用,也不能在空间上将服务转移带回家去安放下来,如不能及时消费,即会造成服务的损失。如车船、电影院、剧院的空位现象。其损失表现为机会的丧失和折旧的发生。服务的不可储存性是由其不可感知性和服务的生产与消费的不可分离性决定的。不可储存性表明服务无需储存费用、存货费用和运输费用。

服务的不可储存性对服务营销来讲既带来机遇,也带来很多新的挑战和难题。

服务的不可储存性对服务营销的不利影响主要表现在如下几个方面。

(1) 服务供求在时间上的矛盾较难协调,容易出现忙闲不均,影响服务质量和效率。

(2) 服务供求在空间上的矛盾也较难协调。

(3) 服务营销受空间或地理条件的限制比较大。

服务的不可储存性对服务营销的有利影响主要表现在如下几个方面。

(1) 在客观上形成一种压力,促使服务机构珍惜时间资源和提高服务效率,提高服务空间的利用率。

(2) 促使营销管理人员多思考如何利用营销手段如市场营销要素平衡对服务产品的供求。

(3) 以创新的服务管理方法,有效地利用顾客的服务等候时间,为服务增值,使顾客获得更大的满足感。

1.2.1.5 所有权的不可转让性

服务所有权的不可转让性是指服务的生产和消费过程中不涉及任何东西的所有权的转移。服务在交易完成后便消失了,消费者所拥有的对服务消费的权利并未因服务交易的结束像商品交换那样而获得实有的东西,服务具有易逝性。如银行存款并未发生货币所有权的转移;空中飞行服务,只是解决乘客由此地到彼地之需,也未形成任何东西所有权的转移。

这一特征是导致服务风险的根源。由于缺乏所有权的转移,消费者在购买服务时并未获得对某种东西的所有权,因此感受到购买服务的风险性,而造成消费心理障碍。为了克服消费者的这种心理障碍,服务业的营销管理中逐渐采用"会员制度",以图维系企业与顾客的关系。顾客作为企业的会员可享受某些优惠,从而在心理上产生拥有企业所提供的服务的感觉。

1.2.2 服务业的特性

服务除了具有以上微观性质外,服务业还表现出如下特性。

1.2.2.1 易进入性

很多服务行业的进入不需要大量投资,同时受场地的限制较小,可以进行多地点的运作。此外,许多服务行业(尤其是传统服务业)的技术含量不高,因而进入壁垒较低。进入壁垒较低意味着竞争者会不断涌现,并抢占企业已有市场。如果竞争者发展得很快,就有可能在短时间内完全占领市场。因此,服务企业必须对已有的和潜在的竞争者及其行为保持高度警觉,并采取适当措施延缓竞争者行为,保护已有市场。

1.2.2.2 易受外部影响

服务业受外部因素的影响很大,包括技术进步、政策法规、人文环境、社会道德在内的各种因素都在不同程度上对服务企业的服务内容、服务提供方式、服务规模和结构产生影响。最明显的一个例子是管制对服务业的影响,如政府对交通运输业管制的放松就会引发航空和公路运输出现激烈竞争和快速发展,提供的服务在内容和性质上也会发生变化。金融业是另一个受管制影响很大的例子。服务企业在发展过程中,必须对外部环境因素有准确的识别和把握,并根据条件的变化进行调整,以适应出现的变化。

1.2.2.3 多样性

服务业包含众多性质差异很大的服务行业和部门,它们从生产技术到服务内容,从运作过程到表现形式都存在很大差别,表现出明显的多样性特征。服务业的多样性特征导致学者从各种不同角度对服务业进行分类,这也给进一步的理论研究带来了困难。

以上对服务所具有的一般特性进行了分析。服务和有形产品间的这些差异使得对服务的研究和管理都应该采取与有形产品不同的方法,把握服务的特性是研究和实际工作的出发点。此外还应该注意的是,随着技术等外界因素的影响,服务的特性也会发生某种程度的变化。因此应该用一种动态和发展的眼光看待服务,对新出现或正在改变的服务特性进行具体分析。

1.3 服务营销组合与特点

1.3.1 认识服务营销

现代市场营销原理对产品的定义包括服务的概念。服务本身就是产品,同有形产品一样,为了实现自身的价值,必须满足某种需要和提供某种利益。服务提供的利益是直接的,有形产品提供的利益是间接的,它要通过有形产品的表现形式才能最终提供某种利益,所以有形产品实际上也是提供满足某种利益的"服务"。服务和有形产品的差别表现在无形性和有形性的程度不同,没有任何评价标准可以明确地区分有形产品与服务,但服务的本质特征——不可感知性、不可分离性、品质差异性和不可储存性等,要求服务营销要与之相适应,否则服务营销就没有存在的必要了。所以,服务营销不同于一般有形产品的市场营销,这种不同表现在内容、手段、范围和过程上,并不存在本质上的差别。两者在基本原理、理论、方法、策略上都是一致的。

由于服务产品的复杂性和服务市场的广泛性,服务营销不仅包括服务产品本身的营销,而且还包括以实体产品为主的顾客服务营销。所谓服务产品的营销是指服务企业的整体市场营销策划活动,其内容包含营销活动的全部。而顾客服务营销是指有形产品市场营销活动中的服务,或者说附加在有形产品上的所有附加服务。严格地讲,这里用"附加"是不准确的,有形产品所包含的服务成分并不是可有可无的,而是产品整体有机的组成部分,它的作用也不仅仅是促销和产生竞争差异，还具有更加广泛和深远的意义。

营销是通过交换来满足人类需要和欲望的社会活动。不管是有形产品营销还是服务营销，基本、核心的功能是没有改变的，如果不能达成交换，任何营销都将是失败的。所以，服务营销是向市场提供能满足顾客需要和欲望的优质服务产品的社会活动过程。

链接 1-3

美国非营利性服务业导入市场营销

- 大学

面对生源减少和办学成本增加，美国许多私立大学正在采用营销手段来吸引学生和办学基金。它们更好地确定目标市场，改进沟通和促销质量，并努力适应学生的需要。

- 医院

随着医院收费的不断上涨，美国许多医院面临着需求不足，因而转向营销活动，它们制订产品线（服务系列）开发的计划，改进急救病房的服务，改善内科服务，制订广告计划，用电话访问的方式与病人联系等。

- 文艺

美国许多表演艺术团体不能吸引足够的观众。美国科罗拉多交响乐团的票房在下降。该乐团感到，经典音乐已经很难吸引年轻的一代。即使那些在某个季节的演出场场客满的公司（如芝加哥抒情歌剧公司）也无法完成全年的演出任务。因此，导入市场营销势在必行。如美国一家交响乐团推出了所谓"散漫的经典音乐"，以吸引年轻听众。

- 宗教

美国有30万家教堂，但相当一部分陷入了困境，教徒在减少，财务支持不足。许多很活跃的组织，如青年会、救世军、女童子军和女基督徒戒酒联盟等的成员正在不断减少。如果教堂和教会组织要恢复在社会公众心目中的地位，它们就要像竞争对手一样，更好地了解教徒的需要，积极改进传教活动和组织活动，以吸引更多的成员和捐献者。

（资料来源：KOTLER P. Marketing management. Beijing: Tsinghua university press, 1997: 29-31.）

链接 1-4

中国医院并未跟上营销的步伐

在中国，医院更多的还是一种非营利性医疗机构，主要服务于人类的健康事业。随着新一轮医疗卫生体制改革的呼之欲出，医院的营销模式也必将处在变革当中。

很长一个时期以来，许多医院把扩大外延规模、增加投入、上新项目作为医院竞争的主要方式，虽然医院规模建设取得了较快的发展，但同时也带来了高精尖设备大战，以至于医疗费用高涨，仪器设备资源浪费等负面效应，不和谐现象屡屡发生，"看病难""看病贵"愈演愈烈，医患关系日趋紧张，加上医药购销中不正当交易行为等医疗腐败滋生的蔓延，这些问题成为突出的社会问题。

许多医院搞不清楚自己的核心竞争能力所在，虽有专业化的技术依托，但抽象的专业技术使普通人群摸不着头脑、搞不清方向；整个医院就是秉承着传统的理念，完全是被动地等待患者上门，虽有一些简单的服务措施，但往往缺乏精细化、人性化服务，比如很多人有这样的经历，去医院看病，就是在看医生和护士的脸色，感觉自己浑身不自在；他们往往单纯地强调或学习一些强化短期效果的经营管理手法，不能有效整合自身资源，使得资源分散化、缺乏集约化，不知不觉患上了医院营销短视症，走入了杀鸡取卵的误区。

医院应该摒弃传统等人上门的被动理念，创造积极开放的现代服务理念，主动出击，有意识地整合自身资源，针对性地开展公关宣传活动，走个性化、精细化服务路线，同时运用差异化手段，结合自身专科特点和现有人力、设备、环境等因素，抓好全程服务管理。做好特色经营，形成口碑。

医院尤其是民营医院如何增加门诊聚拢人气，关键离不开营销。现阶段情况下，可以主动出击，把服务的内容进行细化，价值链进行延伸，不能光等患者上门，而以往，由于医院特定的专业性、技术性，一些医院的员工潜意识中缺乏整体的市场营销理念和应对竞争的思想准备，在心态上往往较为机械被动，缺乏品牌塑造和商业意识，缺乏主动性和进取心。这往往会使自身处于弱势和不利局面。就医院来讲，如何把自身的优势资源、业务项目、服务手段等尽快传播出去，以现代商业管理知识和服务整合传播手段快速占领患者的心智空间，离开营销是万万不行的。

（根据锐博在线 http://www.hxyjw.com/，2008—11—13. 作者整理。）

1.3.2 服务营销的一般特点

服务营销比起一般有形产品的营销具有自身的特点。

1.3.2.1 供求分散性

在服务营销活动中，服务产品的供求具有分散性。表现在不仅供方覆盖了第三产业的各个部门和行业，企业提供的服务也广泛分散，而且需方更是涉及各种各类企业、社会团体和千家万户不同类型的消费者。由于服务企业一般占地小、资金少、经营灵活，往往分散在社会的各个角落；即使是大型的机械服务公司，也只能在有机械损坏或发生故障的地方提供服务。服务产品供求的分散性，要求服务网点要广泛而分散，并尽可能地接近消费者。

1.3.2.2 营销方式单一性

有形产品的营销方式有经销、代理和直销多种营销方式。有形产品在市场可以多次转手，经批发、零售多个环节才使产品到达消费者手中。服务营销则由于生产与消费的统一性，决定其一般只能采取直销方式，中间商的介入是不可能的，储存待售也是不可能的。服务营销方式的单一性、直接性，在一定程度上限制了服务市场规模的扩大，也限制了服务业在许多市场上出售自己的服务产品，这给服务产品的推销带来了困难。

1.3.2.3 营销对象复杂多变

服务市场的购买者是多元的、广泛的、复杂的。消费者购买服务的动机和目的各异，某一服务产品的购买者可能牵涉社会各界各业各种不同类型的家庭和不同身份的个人；即使购买同一服务产品，有的用于生活消费，有的却用于生产消费，如信息咨询、邮电通信等。

服务营销对象的多变性表现为不同的购买者对服务产品需求的种类、内容、方式经常变化。影响人们对服务产品需求变化的因素很多，如产业结构的升级、消费结构的变化、科学技术水平的提高等都会导致服务需求变化。像文化艺术服务、休闲娱乐服务、旅游服务、保健服务、环保服务、科教服务等服务产品的市场吸引力将会越来越大。

1.3.2.4 服务消费者需求弹性大

根据马斯洛需求层次原理，人们的基本物质需求是一种原发性需求，人们对这类需求易产生共性，而人们对精神文化消费的需求属继发性需求，需求者会因各自所处的社会环境和各自具备的条件不同而形成较大的需求弹性。同时，对服务的需求与对有形产品的需求在一定组织及总金额支出中相互牵制，也是形成需求弹性大的原因之一。另外，服务需求受外界条件影响大，如季节的变化、气候的变化，而科技发展的日新月异等对信息服务、环保服务、旅游服务、航运服务的需求会造成重大影响。需求的弹性是服务业经营者最棘手的问题。

1.3.2.5 服务人员的技术、技能、技艺要求高

服务人员的技术、技能、技艺直接关系着服务质量。消费者对各种服务产品的质量要求也就是对服务人员的技术、技能、技艺的要求。艺术家只有具备精湛的技艺才能满足欣赏者对艺术质量的要求；教师只有具有广博的知识才能满足学生对教学质量的要求；医生只有具备高超的技术和医德才能适应患者的质量需求。服务人员的服务质量不可能有唯一的、统一的衡量标准，而只能有相对的标准，需要凭购买者的感觉来体会。

1.3.3 服务营销的组成

服务产品的特征和服务营销的复杂性决定了仅依靠4P营销为主的外部营销来保证服务营销的有效性和高质量显然是难以实现的，服务营销不仅包括外部营销，还应该包括内部营销和交互营销。

1.3.3.1 内部营销

内部营销就是企业对职员的选择、聘用、培训、指导、激励和评价，使企业的每一个职员都树立正确的指导思想，具备能更好地为顾客服务的愿望和能力。内部营销是一种管理策略，它的核心是如何培养具有顾客意识的职员，企业在实施外部营销并向市场提供产品、服务之前，必须在内部开展营销。

内部营销作为一种全面的管理过程，包括两种类型的管理内容：态度管理和沟通管理。

（1）态度管理。对企业职员的顾客意识和服务的自觉性必须进行有效的激励和管理，这是态度管理的基本内容，也是内部营销的关键组成部分。企业的职员为了实现企业的经营目标，应该成为具有服务意识和顾客导向的"服务人员"。

（2）沟通管理。企业的不同人员必须要有足够的信息来完成其相应的工作，为内部和外部的顾客提供良好的服务。内部营销沟通管理的内容包括：提供所需的各种信息，如各种规章制度、岗位责任制度、产品和服务的性能、企业对顾客的承诺等；促进信息的相互交流，如交流各自的需要和要求、对如何提高工作业绩的看法、对如何界定顾客需求的看法等。

态度管理和沟通管理是内部营销成功的关键所在，态度管理是一个持续不断的过程，而沟通管理则是间断的、在适当时间进行的管理活动。

内部营销的目标是双重的，一是要不断地激励和培训企业的员工，使他们具有服务的意识和顾客导向的观念，并具有提供良好服务的技能和能力，在与顾客的交互中更好地完成工作；二是吸引和保留住高素质的员工，企业的内部营销做得越好，对员工就越有吸引力。

1.3.3.2 交互营销

交互营销是指企业的职员在提供服务产品与顾客接触时应该具有的各种服务技能。它要求企业的员工不仅要具有良好的技术能力，而且要具有与顾客进行有效沟通的能力。因为顾客评价服务的质量高低，不仅要依据服务过程中提供的技术质量，还要依据服务过程中的功能质量。

1.3.3.3 外部营销

外部营销就是传统意义上的营销，是指企业应用产品、价格、分销渠道和促销对顾客开展的组合营销。在一个既定时间和既定的细分市场中，存在一个最佳的营销4P组合，并且每一个变量都是相关的，在一定程度上相互依赖。

1.3.4 服务营销组合

由于服务产品的特殊性和服务产品的影响要素很多，服务营销比传统意义上的市场营销的难度也就更大，服务营销的组合也就更复杂。在有形产品营销中被作为宝典的4P组合，已经不适用于服务营销了。服务营销的复杂性和广泛性要求服务营销组合的概念和内容在传统的4P营销组合的基础上有所发展和深入。在市场营销中，4P组合的营销模式遭受了种种质疑，很多学者也指出了其局限性，但其地位和作用是无可争议和不可动摇的。无论在理论上还是在实践中，4P组合的营销模式都在某种程度上反映了在市场营销中具有普遍规律性的东西，它们是构成服务营销组合的基础和根本。

考虑到服务营销的性质，服务营销组合应该包括传统的4P组合和新的组合要素，即人（people）、有形展示（physical evidence）和过程（process）。因此，服务营销组合就从市场营销的4P组合扩展到了服务营销的7P组合，包括：产品（product）、价格（price）、渠道（place）、促销（promotion）、人（people）、有形展示（physical evidence）和过程（process）。

1.3.4.1 人

"人"是服务营销中非常重要的一个组成要素,因为服务产品的提供是很难离开人而独立存在的,它包括服务的提供者和服务的接受者。服务的特性就已决定了人对服务和服务营销的影响将是至关重要的,以至于有人认为"服务营销学的4P就是人、人、人,最后还是人"。目前,很多服务企业都将人员作为获取竞争优势和创造附加值的主要来源。

链接 1-5

服务人员的分类

服务人员是营销组合的一个要素。但不同的人员,直接参与营销活动的程度或接触顾客的程度不同。按参与营销活动的程度和接触顾客的程度,服务人员可以分成四类。

1."接触者",即一线的服务生产和销售人员。他们直接参与营销活动的程度和接触顾客的程度都比较高。他们需要很好地领会企业的营销战略和承担日常的服务责任。企业应根据他们适应顾客需要的能力对他们进行招聘、考核和奖励。企业要对他们进行培训、试用和激励。

2."改善者",即二线的辅助服务人员,如接待或登记人员、信贷人员和电话总机话务员等。他们直接参与营销活动的程度比较低,但直接接触顾客的程度比较高。他们需要具备适应顾客需要和发展顾客关系的能力。他们虽然直接参与营销活动的程度比较低,但也要懂得企业的营销战略。企业要对他们进行培训和监督。

3."影响者",即二线的营销策划人员,如服务产品开发、市场研究人员。他们直接参与营销活动的程度比较高。但直接接触顾客的程度比较低。企业对他们进行招聘、考核和奖励时,应注意他们对顾客需要的反应能力和他们顾客导向的业绩。企业应让他们有机会多接触顾客。

4."隔离者",即二线的非营销策划人员,如采购部门、人事部门和数据处理部门的人员等。他们直接参与营销活动的程度和接触顾客的程度都比较低。他们主要对一线服务人员起到支持作用(支援者),也就是要服务于"内部顾客",为后者服务质量及行为的好坏对企业的营销业绩有较大影响。

总之,在服务业企业,无论一线或二线人员、无论营销或非营销人员,都应当了解自己在服务营销组合和为顾客服务的价值链中的作用和地位。

(资料来源:佩恩. 服务营销. 郑微,译. 北京:中信出版社,1998.)

1.3.4.2 有形展示

有形展示也是服务营销所必需的。服务的不确定性增加了风险和交易的难度,通过实物和外观的展示可以在不同程度上表现出服务的质量和某些其他特征。如提供理疗健康服务的企业,往往通过展示其具有最新技术的设备来对顾客或潜在顾客进行质量的保证,以获得顾客的信任和选择。又如一家餐厅的外观往往能体现餐厅的定位和风格,所以餐厅往往通过外观的装饰来昭示自身的特色以吸引不同品位的顾客。

1.3.4.3 过程

过程在服务营销中也同样重要,即服务的递送过程。表情愉悦、专注和关切的工作人员,可以减轻顾客必须排队等待服务的不耐烦的感觉,或者平息因技术上的问题而造成的怨言或不满。当然工作人员的良好态度,对这些问题是不可能全部补救的。整个体系的运作政策和程序方法的采用、服务供应中器械化程度、雇佣人员裁量权用在什么情况下、顾客参与服务操作过程的程度、咨询与服务的流动、定约与等候制度等都是经营管理者要特别关注的事情。过程的管理是改善服务质量的关键因素。

 链接 1-6

服务过程的分类

服务过程是服务营销组合的一个要素。服务过程,可以按其复杂性程度和差异性程度分成四类。

- 复杂性程度比较低而差异性程度比较高的服务过程

如理发、美容、照相等服务过程。不是很复杂,但差异性程度比较高。不同顾客要求不同的发型甚至同一发型但要有细微的差别。美容、照相等也是如此。而且理发师之间、美容师之间、摄影师之间手艺的差异也比较大。

- 复杂性程度和差异性程度都比较高的服务过程

如外科医生的手术过程,既比较复杂,又随病人的不同或医生的不同而出现比较大的差异。

- 复杂性程度和差异性程度都比较低的服务过程

如超市的服务过程,既不复杂,又没有多少差异。

- 复杂性程度比较高而差异性程度比较低的服务过程

如酒店的服务过程,比较复杂,但比较标准化。一般不会因为顾客的不同产生很大的差异或出现很大的改变,而且酒店普遍重视对人员进行统一的培训。这也降低了服务过程的差异性程度。

服务营销对过程改进的思路,可以是改变过程的复杂性程度或改变过程的差异性程度。如外科手术采用某些设备或工具可以使手术过程变得简单一些,从而增加外科病房对病人的吸引力。又如婚纱摄影,就是靠增加照相过程的复杂性程度来取得营销成功的。再如一些大医院将外科细分为胸外科、脑外科、泌尿外科等,这样,各科内部外科手术的差异性程度可以减少一些,这有可能增加医院的营销吸引力。

(资料来源:佩恩. 服务营销. 郑微,译. 北京:中信出版社,1998.)

1.3.4.4 产品

服务产品所必须考虑的因素是提供服务的范围、服务质量和服务水准。同时还应注意的事项有品牌、保证及售后服务等。服务产品中,这些要素的组合变化相当大,这种变化可以从一家供应数样菜色的小餐馆和一家供应各色大餐的五星级大饭店相比较之后看出来。

1.3.4.5 定价

价格方面要考虑的因素包括价格水平、折扣、佣金、付款方式和信用。在区别一项服务和另一项服务时,价格是一种识别方式。因此,顾客可从一项服务获得价值观。而价格与质量间的相互关系,在许多的服务定价中是重要的考虑对象。

1.3.4.6 渠道

提供服务者的所在地及其地缘的可达性在服务营销上都是重要因素,地缘的可达性不仅是指实物上的,还包括传导和接触的其他方式。所以销售渠道的形式及涵盖的地区范围都与服务可达性的问题有密切关联。

1.3.4.7 促销

促销包括广告、人员推销、销售促进或其他宣传形式的各种市场沟通方式,以及一些间接的沟通方式,如公关。

总之,服务营销组合策略的运用,既是一门科学也是一门艺术。每一个企业所采用的7P服务营销组合都应该是独一无二的。营销组合过程也随着变动的市场状况和需求而修正和调整。

案例 1-1

美国饭店业的服务营销组合——"人"和"过程"

美国饭店业为了争夺日本游客,在许多方面对其服务规范进行了重新设计。从服务营销组合的观点看,美国饭店业对服务规范的重新设计,实际上就是突出了服务营销组合中"人"和"过程"这两个要素。

美国饭店业对服务营销"人"要素的策划

• 安排专职对日服务人员。如美国的四季度假饭店安排日语流利、有丰富对日服务经验的专职经理,专门负责接待日本游客。

• 调整总台服务人员。如有的饭店在总台增加懂日语的服务人员。

• 安排提供特别服务的人员。美国芝加哥四季饭店考虑到,日本客人生病或需要医务人员的护理和有些带孩子的游客要到城里去消夜,需要找人看护孩子,因此增加了懂日语的医生和看护孩子的临时保姆。

• 让员工熟悉日本文化。日本客人有时对服务质量期望值很高,觉得美国的服务较冷漠。这实际上是由文化差异造成的。美国许多饭店的服务人员对日本人的礼节很不习惯。为了消除这种隔阂,美国许多饭店对员工进行培训,让他们对美日之间的文化差异有一定的了解。有的饭店还专门聘请日本礼仪专家做顾问。

美国饭店业对服务营销"过程"要素的策划

• 提供适合日本游客的接待手续。日本商务团体常常有等级次序,这在入住排房、签名等问题上有所表现。美国饭店业在办入住手续时较好地处理了这个问题。如芝加哥四季饭店的总经理,在客人入住后,立即派人送上有亲笔签名的欢迎卡。

• 制定针对日本游客的服务"政策"。如美国饭店与"日本语翻译系统"(JAN)联网、提供东京股市行情、欢迎日本客人使用SCB卡(日本信用卡)、提供地道的日本料理、日文菜单、日本客人喜欢的拖鞋、和服、日式浴衣和浴室。

• 安排娱乐活动。日本人喜欢打高尔夫球,尤其喜欢参加著名高尔夫球俱乐部举办的培训。美国饭店尽量为他们安排。在天气不好时,还安排室内活动。

• 指导观光游览。如许多饭店备有日文版的当地城市游览指南和地图。有一家饭店还别出心裁,设计了一种"信息袋",里面盛有各种"游客须知",如支付小费的标准、娱乐及观光等注意事项。

(资料来源:陈祝平. 服务市场营销. 大连:东北财经大学出版社,2003.)

1.4 服务营销学的兴起与发展

1.4.1 服务营销学的兴起

服务营销学于20世纪60年代兴起于西方。1966年,美国的拉斯摩(John Rathmall)教授首次将无形服务与有形产品进行区分,提出要以非传统的方法研究服务的市场营销问题。1974年由拉斯摩所著的第一本论述服务市场营销的专著面世,标志着服务市场营销学的产生。在该著作中,作者明确指出仅把市场营销学的概念、模型、技巧应用于服务领域是行不通的,必须建立服务导向的理论架构。视服务营销学为市场营销学的衍生还不够,必须认清服务营销学与市场营销学之间存在着某种明显的区别才能使服务营销学成为独立的学科。

服务营销学的兴起源于服务业的迅猛发展和产品营销中服务日益成为焦点的事实。随着经济的发展,服务业(或称第三产业)在国民经济中的比重日益扩大,产业升级与产业结构优化的直接结果必然导致服务业的强劲发展和产品营销中服务成为企业竞争焦点的局面。具体而言,服务业的发展与下述因素有密切的关系。

1. 科学技术的进步和发展是服务业扩展的前提条件

科学技术的进步和发展一方面推动劳动力密集型产业向知识技术密集型产业转化,另一方面滋生出许多新型的服务业。例如,电子计算机的出现为信息咨询、电子商务、网络营销、电信服务等行业提供了物质和运作手段,从而促成新的服务行业的产生。

2. 社会分工和生产专门化使服务行业独立于第一、第二产业之外

随着生产力水平的提高,社会分工越来越细,产业及行业的专门化程度越来越高。在第

一产业和第二产业发展的进程中,流通业、运输业、仓储业、包装业、通信服务业、交通服务业等行业相继独立成为第三产业,并日渐成为国民经济中具有特色且具有一定比例的新的产业群,即服务业群。

3. 市场环境的变化推动新型服务业的兴起和发展

随着生产力水平的提高,社会产品越来越丰富,市场竞争也日益加剧,企业为使自己抢占竞争的有利地位、扩大市场占有率,往往在市场营销的各个环节上下功夫,在现代社会尤其在工程(或产品)设计、管理创新、企业形象、广告促销、市场调研、营销网络等方面进行全面开发。为了适应企业的需要,以专业服务为特色的工程咨询、管理咨询、市场调研、营销策划、广告策划、企业形象策划、经纪公司等新型服务行业便应运而生了。

4. 人们消费水平的提高促进了生活服务业的发展

随着人们消费水平的提高,人们对提高生活质量和改善生存环境的要求将越来越迫切,人们不仅要求满足物质生活需求,而且对精神生活的需求更为突出。这样,音像、电视、多媒体等文化娱乐服务业,美容、按摩、健美等保健服务业,外卖、送货、家政等生活服务业及各种以维护环境、保护生态平衡为己任的环保监测、保护、处理服务行业也会越来越壮大。

现代社会的市场由以商品为中心转向以服务为中心,服务继产品价格、质量之后,成为企业竞争的新焦点。服务不仅在商品销售过程中和销售之后是必要的,而且在工业生产过程中就应该引起足够的重视。随着服务在现代企业经营中的地位日益提高,服务营销在整个市场营销中的地位便显得越来越重要。

1.4.2 服务营销学的发展

纵观现代经济的发展过程,一个显著特征是服务业的迅猛发展,其在国民经济中的地位愈来愈重要。具体表现在:一方面,一半以上的国民生产总值来自于服务部门;另一方面,服务部门又为社会创造了大量的就业机会,尤其是在经济衰退时期,这一作用更为明显。因此,有人把后工业化社会称之为服务经济社会。

随着服务在社会经济生活中扮演着越来越重要的角色,市场营销学者开始加强了关于服务营销的研究。菲利普·科特勒明确指出服务代表了未来市场营销学研究的主要领域之一。萧斯塔克认为:泛泛而谈的营销观念已经不适用于服务营销,服务营销的成功需要新的理论来支撑。如果只把产品营销理论改头换面就应用到服务领域,服务营销的问题仍然没有解决。不少学者敏锐地指出,服务营销学的兴起和发展标志着市场营销领域的服务革命。在欧美地区,服务营销学正蓬勃地发展起来。自 20 世纪 60 年代以来,服务营销学的发展大致上可分为以下三个阶段。

(1) 第一个阶段(20 世纪 60—70 年代):服务营销学的脱胎阶段。

这一阶段是服务营销学刚从市场营销学中脱胎而出的时期。这一阶段主要研究的问题是:

· 服务与有形实物产品的异同;

· 服务的特征;

- 服务营销学与市场营销学研究角度的差异。

(2) 第二阶段（20 世纪 80 年代初期—中期）：服务营销的理论探索阶段。

这一阶段主要探讨服务的特征如何影响消费者购买行为，尤其集中于消费者对服务的特质、优缺点及潜在的购买风险的评估。这一阶段具有代表性的学术观点主要是：

- 顾客的评估服务如何有别于评估有形产品；
- 如何依据服务的特征将服务划分为不同的种类；
- 可感知性与不可感知性差异序列理论；
- 顾客卷入服务生产过程的高卷入与低卷入模式；
- 服务营销学如何跳出传统的市场营销学的范畴而采取新的营销手段等。

在这一阶段，美国亚利桑那州州立大学成立了"第一跨州服务营销学研究中心"，标志着对服务营销理论探索的深入。

(3) 第三阶段（20 世纪 80 年代后期—现在）：理论突破及实践阶段。

在这一阶段，市场营销学者们在第二阶段取得对服务基本特征的共识的基础上，集中研究了在传统的 4P 组合不够用来推广服务的情况下，究竟要增加哪些新的组合变量的问题。这一阶段具有代表性的学术观点如下。

服务营销应包括 7 个变量组合，即在传统的产品、价格、渠道和促销组合之外，还要增加"人""过程"和"有形展示"三个变量，从而形成 7P 组合。

- "人"（包括顾客和企业员工）在推广服务以及生产服务的过程中扮演重要的角色，由此衍生出两大领域的研究，即关系营销和服务系统设计。
- 服务质量的新解释，确认服务质量由技术质量和功能质量组成，前者指服务的硬件要素，后者指服务的软件要素。服务质量的标准可以可靠性、应对性、保证性和移情性为依据。
- 提出了服务接触的系列观点，包括服务员工与顾客之间相互沟通时的行为及心理变化，服务接触对整项服务感受的影响，如何利用服务员工及顾客双方的"控制欲""角色"和对投入服务生产过程的期望等因素来提高服务质量等问题。
- 从对 7P 研究的深化，到强调加强跨学科研究的至关重要性，服务营销学强调从人事管理学、生产管理学、社会学及心理学等学科领域观察、分析和理解服务行业中所存在的各种市场关系。
- 特殊的服务营销问题，如服务价格理论如何测定、服务的国际化营销战略、资讯技术对服务的生产、管理及市场营销过程的影响等。

服务营销将是新世纪的主导，服务营销学具有广阔的发展前景。服务营销将随着知识经济的日臻成熟而日益显现其重要性，并将伴随着经济全球化而形成服务营销国际化趋势；同时，服务营销也将极大地推动知识经济时代的进步和经济全球化进程。服务营销将以其自身的特点为世人所瞩目和重视。在 21 世纪，随着服务业在国民经济中的地位的提升和新型服务业的崛起，服务营销学从适用性和研究范围两个方面都将大大拓展，它必将在广集博纳中进一步发展起来。

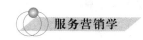

1.4.3 服务营销学与市场营销学的差异

服务营销学是从市场营销学中派生的,服务营销学从理论基础到结构框架都脱胎于市场营销学,读者在论及服务营销学与市场营销学时,可从这个基本点出发。

服务营销学作为一门独立的学科,与市场营销学仍存在着如下差异。

1. 研究的对象存在差别

市场营销学是以产品生产企业的整体营销行为作为研究对象,服务营销学则以现代服务企业的整体营销行为作为研究对象。服务业与一般生产企业的营销行为存在一定的差异。服务与有形产品也不能等量齐观。服务营销组合由市场营销组合的 4P 发展为 7P,即加上了人、过程和有形展示 3P。

2. 服务营销学加强了顾客对生产过程参与状况的研究

服务过程是服务生产与服务消费的统一过程,服务生产过程也是消费者参与的过程,因而服务营销学必须把对顾客的管理纳入有效的推广服务、进行服务营销管理的轨道。市场营销学强调的是以消费者为中心,满足消费者需求,而不涉及对顾客的管理内容。

3. 服务营销学强调人是服务产品的构成因素,故而强调内部营销管理

服务产品的生产与消费过程是服务提供者与顾客广泛接触的过程,服务产品的优劣、服务绩效的好坏不仅取决于服务提供者的素质,也与顾客行为密切相关,因而研究服务人员素质的提高、加强服务业内部管理及顾客的服务消费行为十分重要,因为人是服务的重要构成部分。市场营销学也会涉及人,但在市场营销学中,人只是商品买卖行为的承担者,而不是产品本身的构成因素。

4. 服务营销学要突出解决服务的有形展示问题

服务产品的不可感知性,要求服务营销学要研究服务的有形展示问题。服务产品有形展示的方式、方法、途径、技巧成为服务营销学研究的系列问题。这也是服务营销学的突出特色之一。市场营销学不需要涉及这方面问题的研究。

5. 服务营销学与市场营销学在对待质量问题上也有不同的着眼点

市场营销学强调产品的全面营销质量,强调质量的标准化、合格认证等。服务营销学研究的是质量的控制。质量控制问题之所以成为服务营销学区别于市场营销学的重要问题之一,就在于服务的质量很难像有形产品那样用统一的质量标准来衡量,其缺点和不足不易发现和改进,因而要研究服务质量的过程控制。

6. 服务营销与市场营销在关注物流渠道和时间因素上存在着差异

物流渠道是市场营销关注的重点之一,而由于服务过程是把生产、消费、零售的地点连在一起来推广产品,而非表现为独立形式,因而着眼点不同。对于时间因素的关注,产品营销虽然也强调顾客的时间成本,但在程度上还不能与服务营销相比。服务的推广更强调及时性、快捷性,以缩短顾客等候服务的时间。顾客等候服务的时间的长短会给顾客购买心情造成影响,从而产生厌烦情绪,进而影响企业的形象和服务质量,因而服务营销学更要研究服务过程中的时间因素。

习 题

一、名词解释

服务　服务产品　不可感知性　服务营销　内部营销　品质差异性　有形展示

二、单项选择题

1. 著名学者里甘将服务定义为:"直接提供满足(交通运输、房屋租赁)或者与有形商品或其他服务(如信用卡)一起提供满足的不可感知性活动。"该定义进一步指出了服务具有的最重要的(　　)。
   A. 异质性特征　　　B. 无形性特征　　　C. 同时性特征　　　D. 难以评价性特征
2. 服务过程的不可分离性是指(　　)。
   A. 生产过程与服务过程的不可分离　　　B. 消费过程与生产过程的不可分离
   C. 消费过程与服务过程的不可分离　　　D. 服务质量与服务过程的不可分离
3. 服务产品的不可储存性对服务营销的不利影响不包括(　　)。
   A. 一些服务不易标准化、规范化
   B. 服务供求在时间上的矛盾较难协调,容易出现忙闲不均,影响服务质量和效率
   C. 促使服务机构更多地关心顾客行为和需求的差异性,开展差异化、个性化营销
   D. 服务质量取决于买卖双方的接触,接触过程中任何一个环节的失误,都会影响整个服务质量
4. 服务与实体商品相比较,服务的特质及组成服务的元素,许多情况下都是无形无质的,让人不能触摸或凭视觉感到其存在,是指服务的(　　)。
   A. 不可储存性　　　B. 不可分离性　　　C. 不可感知性　　　D. 品质差异性

三、多项选择题

1. 服务业的定义很宽泛,包括(　　)。
   A. 中介咨询服务　　　　　　　　　　B. 技术密集型产业
   C. 顾客化方式生产的服务　　　　　　D. 交通运输行业
2. 服务与有形产品的性质差异包括(　　)。
   A. 质量控制标准　　　　　　　　　　B. 顾客评价的难易程度
   C. 分销渠道　　　　　　　　　　　　D. 规模效应
3. 服务的分类标准有(　　)。
   A. 提供服务的工具　　　　　　　　　B. 个人需要和企业需要
   C. 服务组织的目的与所有制形式　　　D. 服务时间

4. 服务品质差异性对服务营销的不利影响主要表现在（　　）。
   A. 一些服务不易标准化、规范化
   B. 有些服务质量难以维持
   C. 服务规范较难严格执行，服务质量的控制较困难
   D. 服务品质差异性会导致"企业形象"混淆而危及服务的推广
5. 服务营销组合从"4P"扩展到"7P"，其包括（　　）。
   A. 过程　　　　　B. 人　　　　　C. 促销　　　　　D. 有形展示

四、简答题

1. 简述服务与有形产品的区别。
2. 简述服务分类的几种方法。
3. 简述服务的一般特性，并举例说明。
4. 简述服务营销的一般特点。

五、论述题

1. 试述服务营销学的兴起与发展。
2. 论述服务营销学与市场营销学的差异。

六、案例分析

服务营销——海尔家电开辟营销的新领域

服务营销是企业在充分认识消费者需求的前提下，为充分满足消费者需求而在营销过程中所采取的一系列活动。随着经济全球化的到来，企业间的竞争日益激烈，服务营销越来越受到企业的重视。

海尔是中国家电企业中最早重视向终端消费者提供个性化服务的企业。多年来，海尔的服务已经历了十几次升级，每次升级和创新都走在了同行业的前列。海尔凭借出色的服务能力，成为中国家电行业的领头羊，并跻身世界家电企业十强。

1. 研发设计环节的服务营销

在产品研发设计上，海尔建立了"从市场中来，到市场中去"的环形新产品开发机制。从用户在日常生活中的不满意点、遗憾点及希望点中发现市场的潜在需求；据此研制开发得到的新产品、新技术最终要通过商品化回到市场；产品经过市场的检验可能又会产生消费者新的不满意点、遗憾点及希望点，在此基础上进行再一轮的产品开发。为了鼓励消费者踊跃提出生活中的难题和建议，海尔设立了"用户难题奖"。这不仅密切了海尔与消费者的关系，提高了消费者的参与意识，而且挖掘了用户，创造了市场。"小小神童"洗衣机及洗土豆机等新机型的开发生产就是典型的以顾客个性化需求为出发点开发设计产品的成功例子。

2. 销售环节的服务营销

如果说高质量的产品是打开市场的前提，那么优质的服务则是开拓市场的保证。随着商品日趋丰富、消费者购买力的提高，顾客在选购商品时，已经把服务视为与产品质量、价格同等重要的因素。

为了全面提高服务质量，满足顾客需求，海尔在销售过程中推出了国际星级服务模式。星级服务大体包括三个方面的内容：一是售前服务，即实实在在地介绍产品的特性和功能，通过不厌其烦地讲解和演示，为顾客答疑解惑，如海尔的产品究竟好在何处，如何安全操作，用户享有哪些权利等，尽量使顾客心中有数，以便在购买中与别的产品比较选择；二是售中服务，即在有条件的地方实行"无搬动服务"，向购买海尔产品的用户提供送货上门、安装到位、现场调试、月内回访等服务；三是售后服务，即通过网络等先进手段与用户保持联系，出现问题30秒内便可在网络中提供用户所要找的产品使用情况，以百分之百的热情来弥补生产中可能存在的万分之一的失误。

3. 维修环节的服务营销

用户是衣食父母，海尔人在服务中坚持"用户永远是对的"。当你走进海尔的售后服务中心，首先映入眼帘的就是"如果你满意，请告诉你的亲朋好友；如果你不满意，请你告诉总经理"，而海尔总经理的回答又是"用户永远是对的"。众所周知，再好的产品也会有出问题的时候。关键是在出现问题后，企业对它的态度。海尔建立了自己的技术研究团队，不仅搞新产品的开发，还要解决顾客在使用过程中的诸多问题。海尔制定了一系列维修服务标准。而且对上门维修人员提出了统一的细节上的服务要求。例如，上门服务要自备鞋套，自带水喝；维修要专业、及时；不接受客户额外物质答谢等，这更加树立了海尔在顾客心中的企业形象。

4. 信息环节的服务营销

很多企业都知道信息的重要性，但关键是看谁能创造并利用好手中的信息资源。为了进一步提高顾客需求的响应速度，为顾客提供随叫随到的服务，海尔客服系统实现了与全国五千多家专业服务商的联网，电话中心接到信息后，利用自动派工系统在五分钟之内便可将信息同步传递到离顾客最近的专业服务商，他们根据顾客需求提供及时服务。

对每一位海尔顾客，在购买产品或提出服务请求后，海尔客服中心均会代表海尔集团对顾客反馈的信息通过客服系统传递到相关部门进行一票到底的处理，对处理结果客户是否满意，也将由客服中心通过回访方式对信息进行反馈以确保顾客满意。

海尔的服务营销在国内起步较早，体系相对完善。国内的企业应该从海尔的服务营销中吸取经验，结合企业的特性，建立起一套适合自身发展的服务营销模式。相信在成功经验的指导下，企业通过自身的不断努力，其服务营销将向着健康的方向发展。

（资料来源：营销资料传播网．服务营销：海尔家电开辟营销的新领域，2007—03．）

思考题

1. 海尔集团在哪些方面实施了服务营销？
2. 海尔集团的服务营销对企业的市场竞争具有什么作用？

第 2 章　服务购买行为

在以顾客为导向的市场营销过程中，了解和把握顾客的消费心理与购买行为是企业制定营销战略和开展营销活动的重要前提。对于服务来说，由于其自身的特点而使顾客的购买行为与有形产品的购买行为有所区别。因此，研究服务购买行为是服务营销管理的重要任务和基础环节。

2.1　消费者服务购买过程

与所有的社会行为、经济行为一样，消费者服务购买行为也有一定的模式和变化规律。服务企业要想有效地推广其服务，就必须从消费者具体的购买行为中研究其消费行为的特点。

在服务营销中，消费者的服务购买过程大体上可分为三个阶段。

2.1.1　购前阶段

购前阶段是指从消费者意识到需求某种服务开始至消费者购买服务之前的一系列活动。购前阶段大致可以分成以下三步：问题的出现；信息的收集；选择的评估。

2.1.1.1　问题的出现

消费者对某类服务的购买源于消费者自身的生理或心理需要。当某种需要未得到满足时，满意状态与缺乏状态之间的差异构成一种刺激，促使消费者发现需求的所在。消费者意识到有改变自己现状的可能，有更好的可望可及的新局面，就出现了是否购买某一服务的问题。消费者通常不知道存在着哪些服务，他要购买这些服务，但是没有足够的信息，所以不怎么主动寻求。服务的销售者就应该通过广告、销售人员的直接接触宣传和其他促销方式把问题提出来。这与有形产品有着基本的差别。对于有形产品，消费者在购买时注意力集中在产品的物质本身上，而对于服务的购买者来说，与销售者的直接接触已经是一种服务。

2.1.1.2　信息的收集

如果消费者需要某种服务，就会主动收集服务性能、方式等方面的信息。用于收集信息的时间和精力的投入，取决于消费者从前的经验多少和他对服务的重要性的看法。消费者对服务信息的收集应有购买前、购买后、消费中和消费后的区别。

服务产品的信息来源很多，例如：

- 以前的经验；

- 曾经使用过该服务的亲朋好友的看法；
- 生产者的沟通宣传；
- 消费者服务机构和服务热线咨询、网上咨询；
- 专家咨询等。

各种研究表明，人与人之间的信息传播是服务信息的最重要的来源，超出它对有形产品的作用。即口碑被认为是服务消费中较为可靠的一种信息来源。信息的收集一定要充分，从各种渠道收集的服务信息应足够使消费者做出有效的购买决策。消费者在广泛搜寻信息的基础上，对所获得信息进行适当筛选、整理，最后将确定出最佳选择方案。消费者在信息不充分的条件下，进行方案选择的余地就会大为缩小。

2.1.1.3 选择的评估

一般来说，消费者选择时总是有一定的标准。根据消费者对消费的优先顺序，标准能够随着决定的不同而发生改变（例如失业人数的增长，经济的复苏，自己企业或者事业的发展）。

一般来说，消费者评估服务的质量，可关注的因素很少，只能在几种选择方案中进行筛选。这与购买有形产品不同。在购买有形产品的时候，消费者可以对多种因素进行选择评估，如包装、品牌、颜色、价格等；而在购买服务的时候，消费者选择的因素很少，有时候几乎只有价格，或者对品牌的信任。有时候针对可触知的成分、设施、人员、陈设，以及其他看得见的因素。这样，面对一种服务，消费者的注意力集中在为数极少的几种方案上。比如，对有形产品，消费者去一个销售点，那里陈列着多种同类产品可供选择；对于服务，消费者去银行、保险公司、旅行社等地方，那里一般就提供一种选择。此外，服务的销售网点的分布一般也比有形产品的销售网点少，结果，消费者在某一区域内只能到为数有限的几个地方购买服务。再加上消费者很难得到服务特点方面的信息，这也使得消费者只能在可数的几个方案中进行选择。

2.1.2 消费阶段

经过购买前的一系列活动，消费者的购买过程进入实际购买和消费阶段。消费者选择的基础是多种因素：对创新的普及、感觉的风险、品牌的忠诚做出回答。市场营销的目的是为了满足消费者不同的需求，促使其发生购买行为，但要做到这一点并不简单，消费者会受到某些影响而在最后一刻改变主意。购买阶段可能非常复杂，服务的不可感知性和生产与消费的同时性的问题会再次出现。价格、销售条件和谈判的能动性都可以导致消费者放弃购买意向。

然而，由于服务具有生产和消费同时进行的特点，消费者购买服务的过程也就是其消费服务的过程。在这一过程中，顾客不是同其消费客体打交道，而是表现为同服务提供人员及其设备相互作用的过程。

有形产品的使用是完全独立于卖方影响的，至于消费者何时使用、怎样使用以及在哪里使用都是他们自己的事,同产品的提供者没有任何关系。对于服务来讲,则有着不同的情形。

服务生产与消费同时进行的特征意味着服务企业在顾客享用服务的过程中将起到重要作用。离开服务提供者,服务的消费过程是无法进行的,因为服务提供者同顾客一道构成了消费过程的两大主体。同时,各种服务设施的作用也不容忽视,这些设施是服务人员向顾客提供服务的工具,它们给顾客的印象还将直接影响到顾客对企业服务质量的判断。

此外,由于服务传递过程的延长,顾客对产品的评价不单单是在购买之后的阶段,而是在消费过程中就已经发生。

事实上,顾客在同服务人员及其有关设备打交道的过程中,已经开始对企业的服务进行评价。从企业的角度来看,服务消费过程的这种特点为企业直接影响顾客对产品的判断提供了便利,而这对有形产品的生产者来说是不大可能的。

2.1.3 购后评价阶段

让顾客满意是企业营销过程的最终目的,而顾客的满意度则来自于他们对服务质量的评价。顾客对服务质量的评价取决于体验质量和预期质量的对比,而预期质量受市场沟通、企业形象、顾客口碑及其需求的影响。

从购买过程的层面上看,服务的消费过程有别于有形产品的消费过程,因为后者一般包括购买、使用和处理三个环节,而且这三个环节的发生遵循一定的顺序并有明确的界限。

比如,顾客从超级市场购买一瓶洗涤剂,在洗衣服时使用,当所有的洗涤剂用光之后就把空瓶子扔掉。而服务的消费过程则有些不同。一方面,在服务交易过程中并不涉及产品所有权的转移,因此服务的消费过程也就没有明显的环节区分,这些所谓的环节都融合为顾客与服务人员互动的过程;另一方面,服务不可感知的特点,使得废物处理的过程同整个消费过程没有关系。

所以,服务的购后评价是一个比较复杂的过程。它在顾客做出购买决策的一刹那间就开始了,并延续至整个消费过程,顾客的评价不仅受到前述因素的影响,而且一些来自社会和环境方面的因素也将起很大作用。从某种意义上说,顾客的评价如何将取决于企业能否善于管理顾客与顾客、顾客与员工、顾客与企业内部环境及员工与内部环境之间的关系。

2.2 评价服务与有形产品的区别

2.2.1 服务评价的依据

消费者购买服务产品一般是理智行为,即购买前要对有关信息进行收集、评价、比较和选择。这个全过程与购买有形产品没有什么区别,但两者在依据条件和具体评价程序及把握上存在着明显的差异。总的说来,对服务产品的评价较之对有形产品的评价复杂而困难,这是由服务产品的不可感知性决定的。区分消费者对服务过程和有形产品评价过程的不同,主要依据以下三个特性：搜寻特性，体验特性，信任特性。

搜寻特性是指消费者在购买前就能够确认的产品特性，比如价格、颜色、款式、硬度和气味等。像服装、家具和珠宝等产品有形有质，具有较强的搜寻特性；像度假、理发、餐饮则不具备搜寻特性而只具有体验特性。

体验特性是指那些在购买前不能了解或评估，而在购买后通过享用该产品才可以体会到的特性，如产品的味道、耐用程度和满意程度等。食品只有品尝后才知其味，理过发后才会知道理发师的技术和服务水平，听过课后才能了解教师的水平和能力。

信任特性是指消费者购买并享用之后很难评价，只能相信服务人员的介绍，并认为这种服务确实具有为自己带来期望获得的技术性、专业性好处的服务特征。比如，诉讼寻找律师，投诉者无法判断律师的服务水平，只能听信律师的分析，其他技术性、专业性服务如家电维修、汽车修理、保健等都具有这类特征。

消费者对从有形产品到无形服务的评价过程有一个从易到难的变化序列，这个变化序列表现如图2-1所示。

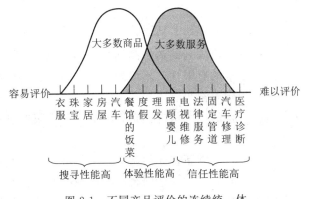

图2-1　不同产品评价的连续统一体

2.2.2　有形产品与服务评价过程的差异

消费者购买有形产品和服务的评价过程的差异性主要表现如下。

2.2.2.1　信息搜寻

消费者购买有形产品通常从两类渠道获取信息：一是人际渠道；二是非人际渠道，即产品本身、广告、新闻媒介等。消费者购买服务产品则更依赖于人际来源，原因有三点。

• 大众媒体多适合于传递有关有形产品搜寻特性方面的信息，服务产品多为体验特性和信任特性，只适合于消费者向社会相关群体获取。

• 服务提供者往往是独立机构，它们一般不会专为生产者的产品做体验特性的广告，而生产商与中间商所采用的联合广告往往侧重于产品本身的性能、质量，而不会专门为服务做广告。

・消费者在购买服务之前很难了解到服务的特征，为了避免购买的风险，乐意接受相关群体口头传播的信息，以为这样的信息可靠性强。

服务信息的收集并不完全排斥非人际来源，广告及其他新闻媒体的宣传往往也是消费者采取购买行动的重要原因。

2.2.2.2 质量标准

在购买有形产品时，消费者可以凭借产品的款式、颜色、品牌、包装和价格等多种标准来判断产品的质量，而购买服务时，消费者只局限于从价格和各种服务设施等方面来判断产品质量。在管道维修、楼房管理、草坪剪修等服务行业，消费者在购买服务之前只能获得价格方面的信息，只能通过价格的高低来判断服务的质量；而对于理发、法律咨询和健身等服务，消费者则要根据有形的服务设计（包括办公室、场所、人员及其设备等）来判断产品质量。

毋庸讳言，服务质量判断标准的单一性或连带性容易造成假象，对消费者形成误导。在多数情况下，服务质量不一定与价格呈正比关系，服务场所的设计和设备也不一定形成良好的服务质量。

2.2.2.3 选择余地

消费者购买服务的选择余地较之购买一般有形产品要小，这是由以下原因造成的。

・服务品牌单一，它不像零售店陈列的消费品那样琳琅满目。

・在同一个区域中，限于需求的有限性，不可能同时有很多的提供同种服务的不同企业可以选择，如银行、干洗店、画廊等都很有限。

・消费者在购买服务前所获得的相关信息也是有限的，这也限制了选择余地。

2.2.2.4 创新扩散

创新扩散的速度取决于消费者对创新特征的认识，创新特征包括相对优势、兼容性、可沟通性、可分离性和复杂性。一般而言，一个创新产品比现有产品具有较高的比较优势和兼容性，并且容易演示和介绍，其扩散速度就会快；反之，一个创新产品的结构和性能若比较复杂和难以操作，则它的扩散速度就会慢一些。由于服务具有不可感知的特征，很难被演示、讲解和相互比较，而且每一个消费者对同一服务的看法和感受又各不相同，所以服务比较复杂，也难以沟通。再者，新的服务可能同消费者现有价值观和消费行为不兼容，因为许多消费者可能已习惯于自我服务。例如，一家幼儿园开展对孩子们提供早餐服务。然而，许多家庭不会采用这项服务，因为这些家庭习惯于为自己的孩子烹制早餐，而要改变这些家庭的习惯是十分困难的。

2.2.2.5 风险认知

消费者购买有形产品和服务都要承担一定的风险，相比之下，消费者购买服务所承担的风险更大。消费者对风险的认知更难，这是因为：

・服务的不可感知性和体验性特征，决定消费者在购买服务之前所获得的有关信息较少，信息越少，伴随的风险会越大；

- 服务质量没有统一性标准可以衡量，消费者在购买服务过程中的不确定性增强，因而风险更大；
- 通常情况下，服务过程没有担保和保证可言，即使顾客在消费过程中或消费后感到不满意，也会因为消费过服务而无法重新更改或退换；
- 许多服务都具有很强或较强的技术性或专业性，有时即使在享用过服务之后，消费者也缺乏足够的知识或经验来对其进行评价。

2.2.2.6 品牌忠诚度

消费者购买服务较之购买商品对品牌忠诚度更高。这取决于以下因素：①转移品牌的成本；②替代品的适用性；③购买风险；④以往的经验。

消费者购买服务受获取服务信息困难的影响，难以全面了解到有关替代品的情况，对替代服务能否比现有服务更能增强满意度亦无把握，因而不如仍选择原有的服务。同时，消费者转移对服务品牌的选择也会增加更多的费用支出。例如，病人到第一家医院看病可能首先要对身体进行系列检查，如果中途想要换另一家医院，第二家医院可能要求重新做一次身体检查，这样就使消费者增加了不必要的开支。而且，消费者知道，购买服务将要承担更多的风险，他们当然不会轻易转换品牌，而只能忠实于原有服务品牌。在消费服务过程中，消费者往往心存由于老顾客的身份而获取更多优惠的侥幸。服务提供者要充分利用消费者的这种心理来稳定老顾客，与顾客建立良好的合作关系。

2.2.2.7 对不满意的归咎

消费者对购买的有形产品不满意，不是归咎于中间商，就是归咎于生产厂商，一般不会归咎于自己。但是，若购买服务则不然，由于顾客在很大程度上参与服务的生产过程，消费者会觉得自己对服务后果的不满意负有一定的责任，或是自悔选择对象不当，或是自责没给服务提供者讲清要求，或是为没能与对方配合好而自咎。服务质量既是服务提供者的事，又取决于消费者的认同与看法，这对企业引导和调动消费者配合完成服务过程提出了更高的要求。

2.3 购买服务决策理论与模型

在服务购买前的选择阶段和消费后的评价阶段，消费者必须借助一些模型或者方法进行决策。购买服务的决策理论包括风险承担论、心理控制论和多重属性论。这些理论是西方学者于20世纪60年代提出来的。这些理论为服务营销决策和消费者购买服务的决策行为提供了理论依据。

由于在这些理论模型中，既有它们的强处，又有它们的弱点，因此它们应该被看作是互补的而不是互斥的。例如，风险承担论和多重属性论侧重于消费者购买前的选择过程，而心理控制论等在试图了解消费者是否满意时，则更有说服力。在营销实践中，把不同的理论和观点有机地结合起来，管理者的洞察力就可以更加有效地逐步被培养出来。

2.3.1 风险承担论

所谓风险承担论就是用风险认知的概念来解释消费者购买行为。其核心理论就是消费者的行为举止在某种意义上本身就包含着风险，即消费者的任何消费活动都会出现这样的一些结果——一些不可能预见并且还很有可能是令人不愉快的结果。而这种后果则由消费者自己承担。消费者在购买服务的过程中较之购买有形产品具有更大的风险性，因此，消费者在进行购买服务的决策中要尽可能降低风险、减少风险、避免风险。

2.3.1.1 风险的种类

消费者作为风险承担者要面临四个方面的风险，即财务风险、绩效风险、物质风险和社会风险。

- 财务风险是指由于消费者决策失当而带来的金钱损失。
- 绩效风险是指现有服务无法像以前的服务一样能够达到顾客的要求水准。
- 物质风险是指由于服务不当给顾客带来身体的伤害或随身携带的用品的损害。
- 社会风险则是指由于购买某项服务而影响到顾客的社会声誉和地位。

风险承担论认为，购买服务的风险大于购买有形产品的风险原因出于服务的不可感知性、不可分离性和服务质量标准的难以统一等。消费者在购买服务时，一要有承担风险的心理素质；二要有规避风险的意识。

2.3.1.2 风险的规避

消费者规避风险或减少、降低风险主要采取以下策略。

1. 成为特定品牌或商家的忠实消费者

根据自身经验，消费者对购买过程中满意的服务品牌或商家不随意更换，不轻易去否定或背离自己认为满意的服务品牌或商家，不贸然去承受新的服务品牌带来的风险。

2. 考察服务企业的美誉度和信誉度

优质服务企业往往会形成好的口碑，口碑是社会消费群体对企业服务的评价。好的口碑是企业信誉度和美誉度的体现。消费者无法去测定企业的信誉度和美誉度，但可借助消费群体的口碑去判断其服务风险的大小。好的口碑，尤其是从与购买者相关的群体获得的信息，对购买者具有一定的参考价值和信心保证。

3. 听从舆论权威的引导

舆论权威通常是一个群体中能够给人以较好意见的人。舆论权威是具有相关知识、对社会消费行为负有责任感，并在社会消费活动中有影响力的专家。听从舆论权威的引导意见有助于消费者减少、降低购买服务的风险。

风险承担论一方面客观地正视了消费者购买服务的风险性的事实，另一方面明确地为消费者规避、减少、降低风险提供了依据。这一理论为密切服务企业与消费者的关系，化解在服务购买过程中可能出现的矛盾具有理论指导意义。

2.3.2 心理控制论

心理控制论是指现代社会中人们不仅是为满足基本的生理需求,而要以追求对周围环境的控制作为自身行为驱动力的一种心理状态。这种心理控制包括对行为的控制和对感知的控制两个层面。

2.3.2.1 行为控制

行为控制表现为一种控制能力。在服务购买过程中,行为控制的平衡与适当是十分重要的。如果控制失衡就会造成畸形,损害一方利益。如果消费者的控制力强,则服务企业的经济地位势必受到损害,因为消费者讨价还价能力强,则意味着企业利润的相对减少;如果服务人员拥有较多的行为控制权,则消费者会因为缺乏平等的交易地位而感到不满意,对于服务企业而言,其经营效率会随之下降。

在服务交易过程中,并不只表现在行为控制这一个层面,还要从深层次的认知控制加以分析。服务交易过程中的行为控制是交易双方通过控制力的较量和交易,以消费者付出货币和控制权而换得服务企业的服务为目标。交易双方都在增强自己的控制力,在彼此趋近于平衡的状态下取得成交。但由于交易双方对服务质量标准认知的不一致性,导致交易双方对交易结果难以获得十分满意的最佳感受。

2.3.2.2 感知控制

感知控制是指消费者在购买服务过程中自己对周围环境的控制能力的认知、了解的心理状态。消费者对周围环境及其变化状态感知控制越强,则对服务的满足感越强,对企业的满意度也就越高。

服务交易过程既是交易双方行为控制较量的过程,又是感知控制竞争的过程。从本质上讲,服务交易的成败,顾客满意度的高低,主要取决于服务企业对感知控制的能力和举措。企业服务人员的感知控制能力与其工作的满意度具有正相关关系,也与消费者的满意度具有同样的正相关关系。

心理控制论尤其是感知控制对于企业服务和服务企业具有重要的管理意义。这一理论要求企业在服务交易过程中,应该为消费者提供足够的信息量,尽可能让购买者对服务提高认知度,使购买者在购买过程中感觉到自己拥有较多的主动权和较大的控制力,充分地了解服务过程、状态、进程和发展,以减少风险忧虑,增强配合服务过程完成的信心。例如,民航服务活动中,如若飞机误点,航空公司应该及时解释飞机为何误点、何时起飞、食宿安排等相关问题,以便乘客能提高认知控制能力,减少埋怨,配合服务。

2.3.3 多重属性论及其模型

多重属性论是指服务业除具有明显性属性、重要性属性及决定性属性等多种属性之外,同一服务企业由于服务环境和服务对象的差异性,其属性的地位会发生变化。明显性属性是引起消费者选择性知觉、接受和储存信息的属性；重要性属性是表现服务业特征和服务购买所考虑的重要因素的属性；决定性属性则是消费者实际购买中起决定作用的明显性属性。服务的这三重属性是依次递进的。决定性属性一定是明显性属性，但对某服务而言不一定是最重要的属性，重要的属性不一定是决定性的属性。

例如，旅馆的多重属性如下。

· 旅馆的明显性属性，店址、枕边放一枝花、商号和建筑物特征等；

· 旅馆的重要性属性依次为安全、服务质量、客房及浴室的设备、食品及饮料的质量、价格、声誉、形象、地理位置、环境安静程度、令人愉快舒适的物品、餐馆服务、额外享受、保健设施和建筑物艺术风格。

· 旅馆的决定性属性可能为服务质量、安全、安静程度、预订服务、总服务台、客房及浴室的状况、形象、令人舒适愉快的物品、高档服务、食品与饮料的价格及质量、地理位置、声誉、建筑艺术、保健设施和客房特点等。

决定性属性是决定消费者选择结果的那些属性，这些属性与消费者偏爱和实际购买决策关系最为密切，尽管决定性属性不一定是最重要的属性，但它必须是区别于同类企业的属性。安全是民航服务中最重要的属性，但对于每个乘客来说，安全并不是决定乘客选择哪个航空公司的决定原因。

服务的决定性属性是选择服务企业的最主要属性，其权重最高，重要性属性是消费者选择服务的重要因素，其权重虽略低于决定性属性但不能拉开距离过大。消费者对服务的选择就是依据多重属性论对服务属性进行综合考察而得出最佳选择的过程，从而建立多重属性模型。

服务的多重属性模型又称消费者对服务的期望值模型，可用下式来表示：

$$A_j = \sum_{i=1}^{n} w_i B_{ij}$$

式中：A_j——某消费者对品牌 j 的态度；

w_i——某消费者对 i 品牌属性给予的权重；

B_{ij}——某消费者对 j 品牌所提供的 i 属性的信念强度；

n——属性数。

多重属性模型可用来测算消费者所选择的服务对象的综合服务能力或服务质量，具体测算办法如下：

· 初步选取若干个条件基本接近的服务对象，假定为 A、B、C、D、E 五家服务公司；

· 根据各属性在服务交易中的重要程度分别给予权数，各权数的总和应为 1；

· 通过调查，让消费者给这几个服务对象分别予以评估，评分按 100 记；

· 据评分结果，对五家公司的综合能力或综合服务质量进行计算；

· 将五家公司的计算结果进行比较，从而决定选取积分最多的企业作为选择对象。

例如，某乘客决定进行国际旅游，要对所熟悉的五家航空公司状况进行比较，即可采用此法，为简便起见，列表示意，见表 2-1。

表 2-1　五家航空公司多重属性模型

公司属性	A	B	C	D	E	权重
安全性	100	100	90	80	90	0.5
正点程度	100	80	70	60	80	0.2
价格	90	90	100	100	90	0.1
机型	100	100	90	80	70	0.1
空姐仪表	90	90	100	60	100	0.1

根据表 2-1，可以计算出消费者对每一家航空公司的评价，具体计算如下：

$A_A = 100 \times 0.5 + 100 \times 0.2 + 90 \times 0.1 + 100 \times 0.1 + 90 \times 0.1 = 98$

$A_B = 100 \times 0.5 + 80 \times 0.2 + 90 \times 0.1 + 100 \times 0.1 + 90 \times 0.1 = 94$

$A_C = 90 \times 0.5 + 70 \times 0.2 + 100 \times 0.1 + 90 \times 0.1 + 100 \times 0.1 = 88$

$A_D = 80 \times 0.5 + 60 \times 0.2 + 100 \times 0.1 + 80 \times 0.1 + 60 \times 0.1 = 76$

$A_E = 90 \times 0.5 + 80 \times 0.2 + 90 \times 0.1 + 70 \times 0.1 + 100 \times 0.1 = 87$

测算结果，A 航空公司综合评分高，应为首选对象。

2.4　服务期望

服务期望是指顾客心目中服务应达到和可达到的水平。一般顾客在接触一项服务之前，总会自觉或不自觉地设想或在眼前闪现将要接受的服务会是什么样，即对服务的过程及其功效有一种期待和想象，这就是顾客的服务期望。期望反映了服务消费者的希望和愿望，没有这些可能被满足的期望、愿望和信念，他们可能也许不会购买某项服务。所以，对于服务营销人员来说了解和把握顾客的服务期望是非常重要的。因为顾客对服务的质量的评价、顾客对服务的满意程度是顾客对服务实绩的感受与自己的期望进行比较的结果。在不了解顾客期望的情况下，如果顾客的期望高于服务营销者的标准，那么，即使服务实绩达到服务营销者的标准，顾客也不会满意；如果顾客的期望低于服务营销者的标准，那么，服务营销者就可能因服务标准过高而浪费服务成本，或不自觉地进入另一市场，渐渐远离已选择的目标市场。

2.4.1　服务期望的种类

根据美国学者帕拉舒拉曼、泽丝曼尔、贝里三位学者的研究，顾客对服务的期望，或顾

图 2-2 服务期望的种类

客期望的服务,按期望水平的高低分,可分理想的服务、适当的服务和容忍的服务(容忍域)。其中,理想服务的期望值比较高,适当服务的期望值比较低;而容忍服务的期望值介于两者之间。如图 2-2 所示。

2.4.1.1 理想的服务

理想的服务也可称"欲求服务",是指顾客心目中向往和渴望追求的较高水平的服务,是顾客认为"可能是"与"应该是"的结合物。例如,家长找家教时常常向家教服务中心提出一些附加条件,如教师的性别、年龄甚至其他爱好、专长等,这些附加条件体现着家长心目中理想的家教服务。精明的家教服务中心会对这些附加条件表示关注和兴趣,并尽量予以满足。

由于顾客心目中理想的服务是一种心理上的期望,希望服务能达到渴求的最佳水平。但最佳水平是没有上限的,随不同的顾客而变化,因此理想的服务实际上有一个理想水平区间,可称为服务的理想区间。

2.4.1.2 适当的服务

适当的服务是指顾客能接受,但要求较一般、甚至较低的服务。例如,在美国,麦当劳顾客的投诉远远少于一些星级饭店,其原因在于顾客对星级饭店的期望比较高,是"理想的服务",因此实现的难度相对大一些;而顾客对麦当劳这样大众化快餐的期望不高,是"适当的服务",因此实现的难度相对小一些。

在顾客心目中适当的服务可被视为是服务期望的最低要求。这种主观要求的界线也是模糊的,因此适当的服务实际上也有一个波动区间,可称为服务的适当区间。如果顾客感受到的服务水平落在适当区间,顾客会因为服务水平较低而感到不满意,不过还能勉强容忍和接受。如果顾客感受到的服务水平落在适当区间的下方,那么顾客会感到难以容忍,不能接受这种低水平的服务。

2.4.1.3 容忍的服务

容忍的服务是指顾客心目中介于理想的服务与适当的服务之间的服务。在顾客看来,这类服务虽然不那么理想,但比适当的服务要好,是正常的、使人放心和不必去挑剔的服务。"容忍"的意思就是不挑剔和接受。因此,容忍的服务也可称不挑剔的服务。

容忍的服务的波动范围称为服务的容忍域,容忍域的上限是理想区间的下限,而容忍域的下限是适当区间的上限。如果顾客感受到的服务水平落在容忍区间,那么顾客会感到这是正常的,使人感到满意的服务,其质量也是达到标准的。

1. **不同的顾客具有不同的容忍域**

合理服务范围内的另一个变化因素是不同的顾客具有不同的容忍域。一些顾客的容忍域较窄,使得服务商提供服务的范围也较窄,而其他顾客允许一项宽松范围的服务。例如,繁忙的顾客有可能时间紧迫,因此一般想少等一些时间,并对可接受的等候时间长度有一个较小的范围。当需要水管工或其他家用设备维修人员到家里维修时,在外面工作的消费者比在家工作或根本不工作的消费者对可接受时间有一个更受限制的区域。

单个顾客的容忍域的扩大或缩小依赖于诸多因素,包括公司控制的因素,如价格。当价格提高时,顾客对劣质服务的容忍度下降。在这种情况下,容忍域缩小,因为适当的服务水准提升了。

2. 不同的服务维度导致不同的容忍域

顾客的容忍域也因不同的服务特征或维度不同而不同。因素越重要,容忍域有可能越窄。一般来说,顾客对不信赖服务(承诺不兑现,服务出错)比其他服务失误有更少的容忍度,这意味着,他们对该因素有更高的期望。除了对最重要的服务维度和特征有较高期望外,与不甚重要的因素相比,顾客有可能更不放松对重要因素的期望,使最重要的服务维度的容忍域缩小,理想的服务和适当的服务的水平提高。如图2-3所示。

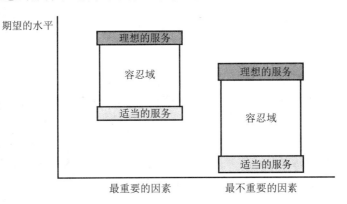

图2-3 不同服务维度的容忍域

(资料来源:BERRY L L, PARASURAMAN A, ZEITHAML V A. Ten lessons for improving service quality [J]. Marketing Science Institute, 1993 (5): 93~104.)

2.4.2 影响服务期望的因素

在服务营销过程中,顾客自身的因素、环境因素和服务机构的市场沟通活动,提供服务的历史,员工的表现及顾客的口碑都会对顾客心中期望的服务产生一定的影响。服务营销管理者需要研究和把握这些影响因素,以便对其中可控因素加以调整和引导,并对其中不可控因素的影响采取应对措施,以实现对顾客的服务期望进行有效的管理。影响顾客服务期望的因素主要有以下几方面。

2.4.2.1 服务企业明确的承诺

服务企业通过广告、宣传、人员推销等市场沟通方式向顾客公开提出的承诺,直接影响顾客心目中理想的或适当的服务期望的形成。例如,某银行在布告中承诺:"办理活期储蓄2分钟,定期储蓄3分钟,外汇储蓄5分钟;每超过1分钟赔偿用户1元,扣发出纳员奖金

10元。"这里的2分钟、3分钟、5分钟，就可能成为一些用户心目中理想的服务期望，同时，也可能成为另一些用户对储蓄业务服务时间的预期，并进而成为用户心目中适当的服务的期望水平。在市场竞争的条件下，一家银行的承诺还可能"迫使"其他同类银行也答应这项承诺，因为用户可能以这家银行承诺的服务标准来要求同类的其他银行。当这些承诺说明由销售、服务或维修人员传递时，它是个人性质的；当承诺说明来自广告、小册子和其他出版物时，它是非个人性质的。明确的服务承诺是完全由服务机构控制的能影响服务期望的少数几个因素之一。

2.4.2.2 服务企业暗示的承诺

不同于明确承诺，服务企业暗示承诺可以使顾客推断出服务应该和将是什么样的，这些品质依据都被与服务有关的价格和有形性控制。比如，顾客会理所当然地认为是高价格就意味着高质量。一些服务企业对于传达信息的直接方式一般是比较了解的，但却常常忽略间接方式及其重要作用。它们往往低估销售态度及表现、服务质量和环境因素对顾客期望的影响。服务企业可以通过服务定价和服务环境向顾客暗示对某种服务质量的承诺。

服务场所的设施、环境及服务产品的价格等都会被顾客视为有形依据，这种暗示的承诺同样也影响着顾客心目中理想的或适当的服务期望的形成。在服务营销过程中，营销环境设计、面积、色彩、气氛、清洁及噪声等因素一般会深深作用于顾客的潜意识，并间接左右顾客对服务的感受和评价。显然宽敞、整齐、安静的营业环境，先进的设备和有条不紊的工作氛围会使顾客对企业的服务产生一种信任感。如果一个餐馆内的色彩暗淡、卫生条件差，势必会使顾客对其服务产品产生一种"低劣"的感觉。对很多顾客来说，服务产品的价格可以反映服务质量水平，价格也被视为服务质量水平的有形实据。如果服务收费提高，顾客对服务的期望水平也会提高。

2.4.2.3 服务企业的口碑

口碑传播是通过与所提供服务有关的当事人而不是服务组织发表个人及非个人的言论，来向服务需求者传递服务将是什么样的信息。对于难以评价的服务在购买和直接体验之前，口碑非常重要。服务企业在市场上的口碑也是影响顾客服务期望形成的一个重要因素。由于服务具有不可感知性、品质差异性等特性使得体验性属性与信誉性属性在服务中占主导地位，而以大众传媒为代表的非私人信息来源几乎无法传播体验性属性信息。口碑好的服务企业及其所提供的服务，容易在顾客心目中形成较高的期望，满意的顾客口碑是服务企业的最好广告。一般来说，在消费购买前的评估阶段，顾客往往会向亲友或专家了解预备使用的服务对象的情况。多数人认为，这类口头的介绍可信，较少有偏见。而且，通过了解他人接受服务的经历，可以获得与服务的预期质量有关的信息，消费者在购买某种服务之前的期望也就比较合理，当购买行为发生时，期望比较容易实现，也就比较容易达到满意程度。

2.4.2.4 顾客过去的消费经验

顾客对服务的消费经验，往往也会影响顾客对服务质量的期望和满意度。这可用营销理论中的服务剧本理论来解释。所谓服务剧本可理解为服务活动参与者或观察者预期的服务过程。服务剧本规定了一组角色在服务过程中的行为方式，即服务活动参与者预期的自己的行为方式和他人的互动性行为方式，并反映他们后天学会的或想象中典型的服务经历。服务剧本是由储存在各个层次的服务信息组成的，比如人们会把一次欣赏交响乐的经历，按目的、过程、事件分别储存在意图记忆、情境记忆与事件记忆中，这些记忆的抽象就形成了服务剧本。当我们再去使用这种服务时，就会根据这些服务剧本形成其对即将使用服务的期望。服务剧本就成了消费者理解和评估服务的一个重要尺度。顾客对某一服务行业或服务机构所提供的服务的经验越多，对这个行业或机构的服务期望就可能越高。顾客以前的消费经验无形中构成了今后使用这种服务满意度的门槛，经验多的顾客对行业或服务机构的服务效果比较了解，他们会不断将最好的服务感知转化为自己理想的服务期望。

2.4.3 服务企业了解和把握服务期望的意义

服务企业了解顾客心目中的服务期望，在战略性地制定市场营销策略和有效管理服务方面具有重要的意义，具体包括以下几个方面。

2.4.3.1 有助于企业确定服务质量的标准

顾客心目中的理想的服务一般是较高水平的服务，如果服务营销管理人员了解顾客理想的服务期望，则便于确定服务质量的高标准。将企业服务的感知水平与顾客所期望的理想的服务水平比较，企业营销人员能清楚地了解其中的差距及界定改善服务的空间。适当的服务一般包含顾客对服务的最低要求。服务营销者通过对顾客的调查研究，了解了顾客合格的服务期望，可以确定市场上顾客所能接受的服务质量的最低标准，明白在市场竞争中生存的底线。因此，服务企业应重视对顾客基本期望的研究，在服务流程、员工职责及员工培训中重点强调顾客所认为的属于基本的、当然的服务，确保不在这一层次的服务上导致顾客不满意事件的发生。

2.4.3.2 有助于企业完善服务产品的设计

在服务产品开发设计时，企业可以通过划分顾客对服务的不同要求来把握优先考虑的要素。顾客心目中理想的服务一般包含着顾客对服务的许多细微要求、条件、设想、建议等，其中有的还比较超前，有的是与其他同行比较的结果，这些信息是高水平服务产品、服务新产品开发的设计基础。顾客心目中适当的服务一般包含顾客对服务的最低要求，这个信息对企业如何以最低成本设计服务产品有着重要的参考价值。

2.4.3.3 有助于企业服务产品的定价

顾客心目中理想的服务与适当的服务可以体现服务对顾客的价值的上限和确定服务的最低定价。明确服务产品的顶价和底价，有助于服务企业的价格运作。在服务定价方面，注意在提高价格后必须使服务水准、服务质量和服务提供的规格有相应提高。否则，提价将可能导致顾客不满上升。

2.4.3.4 有助于营销者与顾客进行沟通

顾客心目中理想的服务期望与适当的服务期望可以体现出顾客对服务的认知、动机和态度。服务营销者可以从中了解和掌握顾客的心理,有助于企业营销者与顾客的沟通及通过沟通教育使顾客更多地了解与服务有关的知识,更有效地协助顾客界定所期望的服务水平及更合理地评价服务的质量。

 案例 2-1

管理好客户期望　提高客户满意度

对于一个有法律服务需求,希望求助于律师的客户而言,其对律师的期望值,也许是希望要委托的律师或者律师事务所名气够大,法律服务能力够强,经验够丰富,能够全身心投入到自己的委托事务中等。然而,这些不过是客户自己设定的实现期望值所必要的条件和保障,还并不是期望值本身。客户期望值的核心内容基本上由三大要素组成:律师费尽可能少,花费时间尽可能短,目标实现尽可能圆满。当然,如果还有意外惊喜更好。

在法律咨询服务过程中,客户无论是对实现目标外在、内在保障条件的企望,还是对期望值本身诸要素的期许,都无可厚非,而且值得理解。如果是换作是你我,作为一名欠缺法律专业知识和技能的委托人,这些要求和期待都并不过分。试想,我们每一个人有病患就医时,是不是也是希望尽可能少些花费、尽可能早点结束病痛、完全康复如初而没有任何后遗症?这些和客户对于律师的期望值,是如此相似。

既然期望值本身值得理解,那么如何让客户对于委托律师提供法律服务拥有一个适当的期望值,以使双方合作过程愉快和最大限度理性接受事务结果,就不是客户的问题了。那么,什么又是适当的期望值呢?言外之意当然是说,客户的期望值过高或者过低都是不适当的。律师在接受委托以后,不能只是埋头做业务,而要及时和客户沟通,随时向客户通报业务进展,以让客户根据案件进展情况,对比自己当初的期望值是否继续适当,是否需要调整,是否需要重新评估。

在一起诉讼案件中,客户 A 公司被诉侵权要求赔偿损失。无论从案件事实还是从现有证据来看,很难有足够的证据证明 A 公司有过错。但基于原告系弱势群体,从目前出现的大部分类似案件判例来看,即使没有足够的证据证明被告存在过错,也多会象征性判决被告承担一定的赔偿责任。我们暂不对这种做法是否完全依法行事做出评论,但我们却不能不面对当下的司法现实。在这种情况下,无论是在委托律师之初还是在诉讼过程中,A 公司的观点一直都是:"我们没责任,一分钱也不赔。"对于律师来说,以自己的专业诉讼经验和所了解的当下司法现实,如果大致可以预期未来的诉讼结果将会几乎让当事人的期望落空时,无论是出于对客户的负责还是对自己的免责,都应该及时、深入、不断地通过不同方式,向客户申明期望值过高的结果,恐怕当判决做出之日,就是其大失所望之时。

在这个案件中,从了解完案件基本情况以及在其后的诉讼过程中,律师通过面谈、电话、邮件等多种方式向A公司负责人介绍分析，期望值不可过高，应理性应对案件未来可能的结果，建议通过和解等多种方案尽可能减少损失。但是，令人遗憾的是，A公司对律师提出的减少损失的方案并未采纳，而是执意坚持零赔偿。某日，判决结果公布：判决A公司对原告承担赔偿责任，判决金额远超过律师曾经提出的任何一个减少损失的和解方案！显然，A公司对判决结果的失望是显而易见的。并且，更让A公司追悔莫及的是，在诉讼中原告曾经表示同意接受某一和解方案。而这一方案的赔偿金额也远低于后来法院的判决！

对于期望值过高的客户，律师有责任在整个服务过程中及时向客户通报案件进展，分析类似判例通常结果，让客户自觉、理性合理调整期望值，或者和客户一起共同制定若干目标方案，制定超预期目标、理想预期目标、可接受预期目标以及最坏结果的不同应对预案，才能让客户充分感到委托律师提供专业服务的价值，而不是仅仅被动等待判决结果。

不过，现实中也不乏期望值过低的客户。有的客户由于自身理解和案件本身的先天不足，委托律师也不过是抱着试试看的心理，在案件进展中给自己过于繁重的压力和负担。而此时，作为律师除了尽可能通过自己的专业经验寻找突破空间，尽可能争取一个不算最差的结果以外，也仍然有必要和客户及时沟通，鼓其士气，增其信心。客户与律师不同，律师也许一天同时考虑若干件案子的事，但客户委托给律师的事务对他来说就是头等的大事，全天候茶不思饭不想可能都在心里挥之不去。如果律师通过贴心的分析、温暖的沟通，可以让客户鼓足勇气，从而在积极的层面面对案件，也许在此心境下还将会给律师提供新的背景信息和证据线索，保不齐让案件成功大逆转也说不定。

总之，客户在委托律师提供法律服务过程中，所设定的期望值是否适当，不应仅仅归咎于客户自身，律师作为专业人士负有更大的责任帮助客户确定合理、务实的期望值，并在后续进行适当引导和管理。

（资料来源：中国律师网，2015-10-29.作者整理）

习 题

一、**名词解释**

搜寻特性　体验特性　信任特性　服务期望　明显性属性　重要性属性　决定性属性

二、**单项选择题**

1. 消费者在选择服务和评价时更加困难，主要原因是（　　）。
   A. 服务的非标准化和无形性　　　　B. 服务与所有权无关
   C. 服务的异质性　　　　　　　　　D. 服务的利他性
2. 消费者在若干可选择的方案中进行决策，属于消费者服务购买过程的（　　）。
   A. 信息的收集　　B. 选择的评估　　C. 购买阶段　　D. 购后阶段

3. 财务风险是指（   ）。
   A. 由于购买某项服务而影响到顾客的社会声誉和地位
   B. 现有服务无法像以前的服务那样能够达到顾客的要求水准
   C. 由于消费者决策失当而带来的金钱损失
   D. 由于服务不当给顾客带来身体的伤害或随身携带的用品的损害
4. 下列属于企业做出的明确的服务承诺的是（   ）。
   A. 交话费赠送精美小礼品   B. 先进的设备和超值的服务
   C. 假一赔十   D. 办理服务只需1分钟
5. 难以评价的服务在购买之前，（   ）最重要。
   A. 过去的使用经验   B. 消费者口碑
   C. 广告的宣传   D. 消费者对服务的预期

三、多项选择题

1. 区分消费者对服务过程和有形产品评价过程的不同，主要依据是（   ）。
   A. 搜寻特性   B. 体验特性   C. 价值特性   D. 信任特性
2. 消费者购买服务较之购买商品对品牌忠诚度更高。这取决于以下（   ）因素。
   A. 转移品牌的成本   B. 替代品的适用性
   C. 购买风险   D. 以往的经验
3. 消费者作为风险承担者要面临的风险包括（   ）。
   A. 财务风险   B. 绩效风险   C. 物质风险   D. 声誉风险
4. 服务期望分为（   ）。
   A. 理想的服务   B. 满意的服务   C. 容忍的服务   D. 适当的服务
5. 影响服务期望的因素包括（   ）。
   A. 服务企业明确的承诺   B. 服务企业暗示的承诺
   C. 服务企业的口碑   D. 顾客过去的消费经验

四、简答题

1. 服务购买过程包括哪几个阶段？
2. 购买服务产品，评价的依据是什么？
3. 购买服务的决策理论包括哪些内容？
4. 简述服务企业了解和把握顾客服务期望的意义。

五、论述题

1. 论述产品与服务评价过程的差异。
2. 试以一项服务活动为例，说明消费者购买服务的期望值模型。

六、案例分析

里兹-卡尔顿饭店：怎样超过客人的期望

里兹-卡尔顿饭店集团（Ritz-Carlton Hotel），作为世界一流的饭店和国际服务业著名的马尔考姆-巴德利奇质量奖获得者，使用信息技术向客人提供高度个性化的服务。饭店训练和要求每一位员工记录客人的喜好和厌恶并将有关资料录入饭店的顾客档案库里。饭店已经拥有有关24万多名回头客的个人偏好的档案资料，支持了更多的个性化服务。饭店的目标不是简单地满足客人的期望，而是使客人感到里兹-卡尔顿饭店的服务令人终生难忘。当饭店的一位回头客用电话与饭店食宿预订部门联系时，预订部门的人员可以从电脑里找出有关这位客人个人偏好的信息，并将信息通过电子邮件发往客人预订的那家饭店。那家饭店将信息用"常客认定和偏好"报告的形式传给服务人员。服务人员了解信息后可以在饭店登记处非常个性化地接待那位回头客，使回头客感到自己的需要和偏好一定能在饭店得到关注和满足。据独立调查公司的调查结果，里兹-卡尔顿饭店92%~97%的客人在离开时对该饭店的服务表示满意。盖洛普的一项调查表明，里兹-卡尔顿饭店是过去两年里游客的首选，顾客满意率达到95%，而最接近的竞争对手的满意率只有57%。《汽车旅行杂志》指出，在四星或五星级饭店中，里兹-卡尔顿饭店保持着客房率超过排名靠近的对手10%的竞争力。

（资料来源：陈祝平，陆定光. 服务营销管理. 北京：电子工业出版社，2002.）

思考题

1. 里兹-卡尔顿饭店是怎样估计回头客的期望的？
2. 里兹-卡尔顿饭店的回头客信息系统中，最关键的环节在哪里？
3. 你认为里兹-卡尔顿饭店的经验在其他服务行业能推广吗？

第3章 服务战略

战略是企业与其所处环境之间的动态适应过程,优秀的服务企业往往能够在科学的总体战略指导下,确定自身的合理定位,有效配置企业内外资源,满足目标顾客的服务需求。在这种与环境间的动态平衡关系的基础上,构造服务企业的动态竞争优势。由于服务与有形产品之间的不同特性,与制造业相比,服务企业的服务战略和服务定位也有着其内在的特殊性。

3.1 服务战略概述

服务战略是为达成服务企业与服务环境二者间动态平衡关系的一种长远规划。由于竞争环境变化的加剧,服务战略的时间跨度也逐渐缩短。同时,随着服务竞争环境的变化,服务战略也将随之变化。在竞争过程中,一些服务企业赢得了顾客,也赢得了利润;同时,也有一些服务企业遭受失败。不同的竞争结局,根源于服务企业是否在特定的竞争环境中实施了特定、有效的竞争战略和策略,而后者又取决于服务企业是否具有正确的服务战略理念和框架。

3.1.1 服务战略制定思路

一般地说,服务战略的目标就是为服务企业创造有别于竞争对手的竞争优势。所谓服务竞争优势,是指由于服务企业具有区别于其竞争对手的特定能力,而为服务企业建立的一种位势,而且这种优势被服务企业的目标消费者认可,并成为创造企业利润的重要源泉。为此,服务企业需要确立明确的服务战略。

企业制定服务战略的宗旨是为了在特定的竞争环境中,使企业的资源与顾客的需求达成一致,充分发挥企业业务优势,构建企业的核心竞争力。换言之,制定服务战略是为了在企业已有资源基础上,形成自身的核心能力。

20世纪80年代以来,以迈克尔·波特为代表的哈佛学派提出了以企业竞争者、购买方、供应方、替代产品、潜在竞争者五种产业结构力量为元素的竞争力量模型,该竞争战略理论成为当时企业战略管理理论的主流。该理论认为,企业制定战略与其所处的市场环境高度相关,而企业所处的产业环境最为关键。对于不同产业而言,上述五种竞争力量的综合作用是不同的,这导致了不同产业或同一产业在不同发展阶段具有不同的利润水平,进而影响了企业战略的制定。

该理论将产业组织理论引入企业战略管理研究领域，侧重从企业所处的行业环境切入，将竞争分析的重点放在企业的外部环境上，认为行业的吸引力是企业盈利水平的决定性因素，即市场结构是决定行业内部和行业间的绩效差异的主导力量，市场结构分析是企业制定竞争战略的主要依据。因此，服务企业竞争优势也来源于服务企业所处的特定行业结构，以及由此而来的服务企业的具体战略行为。这样，一方面，服务企业所处行业的结构限定了服务企业的行业条件；另一方面，服务企业的资源和能力决定了企业可能采取的战略主张。上述两方面共同决定了服务企业的战略决策，进而决定了服务企业相对于竞争对手为顾客所创造的不同价值。正是这两方面决定了服务企业的竞争优势，构成了服务企业战略制定的总体思路。如图3-1所示。

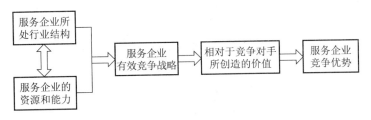

图3-1　服务企业竞争战略制定框架

（资料来源：范秀成. 服务管理学. 天津：南开大学出版社，2006：83.）

图3-1为企业服务战略的制定提供了一条简明的逻辑思路。服务战略的目的是为服务企业创造竞争优势，服务企业竞争优势则取决于服务企业是否能够比竞争对手更好地为顾客创造价值，而服务企业是否具备这种特殊的创造价值的能力又取决于服务企业是否制定了有效的竞争战略，而服务企业的竞争战略又受到服务企业所处行业结构及该企业的资源和能力的制约，当然后二者之间又存在着互动的影响关系。

因此，企业服务战略制定的第一步，就是分析服务企业行业结构。运用迈克尔·波特的行业五种力量模型，通过现有企业竞争者、购买方、供应方、替代产品、潜在竞争者这五方面的分析，可以了解企业所面对的行业竞争力量。在此基础上，服务企业必须自我定位，利用相应的优势将企业与这五种力量隔离开来，超越竞争对手；同时，服务企业还必须识别行业中具体的细分市场，寻找有利的目标市场。此外，服务企业还可以通过具体的战略和策略，努力改变服务行业中的这五种力量，从而为企业创造可持续的竞争优势。

3.1.2　服务战略管理过程

在环境分析的基础上，服务企业应该通过战略的制定、战略的实施和战略的控制对服务战略进行有效管理。

3.1.2.1　战略的制定

要制定一个能实现服务目标的战略，首先应对组织所要解决的问题具体化。换句话说，就是必须指明服务组织所面临的核心营销问题或机会。所谓核心营销问题是指那些牵一发而动全身的营销问题,一旦其被解决,其他次要的营销问题也将迎刃而解。在表述核心营销问题时,应包括行动的具体步骤,应识别出所需要的服务营销工具,还应以顾客为中心。虽然现象与本质、时尚与趋势之间难以区分,但对其进行有效鉴别却至关重要。储存并不断更新一些数据信息,将有利于管理人员剖析问题的内在原因。譬如,一项服务的失败,究竟是由后台作业问题所引发,还是源于人力资源问题呢?或许从储备的一些服务信息中能找到答案。

假如问题或机会得以具体化,那么,将能比较容易地得到一些备选实施方案。作为战略制定的一大特点,挖掘备选方案的过程需要创造力与想象力。在有些情况下,备选方案相对显而易见;而在有些情况下,备选方案的获得需要敏锐的观察力与审慎的工作态度。一个聪明的营销战略家,会认真地考虑每一种可能的选择,以保证其与出色的营销实践相吻合。任何服务都与其他服务共享某些特性,因此服务组织在分析与选择问题解决方案时,可参照研究其他服务的营销技巧,这在实践中被称作标杆。有时,医院可从标杆旅馆中获益,律师可以向医生学习。任何鉴别出的备选方案,都必须被细化与剖析到可完全实施的程度。另外,还应建立一系列的准则,以评价与比较各备选方案。

一旦某一备选方案被选中,一项非常重要的工作内容就是清晰地阐明其所建议的行动过程与解决核心营销问题或把握机会的关系。另外,对各种建议所需人力资源与作业予以考虑,也是必不可少的一项工作。譬如,假若决定为服务过程融入自助服务成分,则影响到服务设施的设计与服务人员数量及类型的安排。

3.1.2.2 战略的实施

任何服务组织在形成一项服务战略时,最困难的一步是战略的实施。欲将选中的方案付诸实施,就必须制订一个详细的实施计划,实施计划应包括活动发生所遵循的逻辑顺序及详细的时间进度表。另外,还应对实施过程中所需要的短期与长期成本,进行分列预算。在方案实施过程中,难免会出现一些偏差,因此制订一些非常计划以应对意外事故,对战略的有效实施具有指导意义。服务战略实施中的一个关键环节,是监控那些偏离预算的费用。一个服务组织如果失去了对时间及金钱的控制,那么它注定要失败。在服务战略的实施过程中,允许企业犯错误的空间极小,因为服务的生产与消费同时进行。

3.1.2.3 战略的控制

要保证一项战略的成功,企业需要时时地对其进行评价与调整,这就是战略的控制。一旦发现一些阻碍战略成功的障碍,企业就有必要为克服之而采取一些相应的策略,如增加员工、更新设备或改进服务过程等。只有认真审视战略,企业才有可能知晓它们的策略是否行之有效。事实上,把战略的计划与实施作为一个整体加以考虑,相当重要。在评价一项营销战略的收益时,应采用多种衡量指标,通常应包括服务的利润与质量等指标。服务战略的控制程序如图3-2所示。

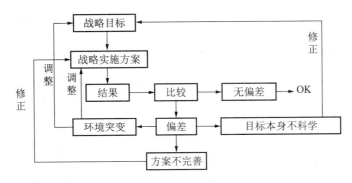

图 3-2 战略控制程序

(资料来源：郑吉昌. 服务营销管理. 北京：中国商务出版社，2005.)

3.2 服务竞争战略

一般而言，成本领先战略、差别化战略、集中化战略是被实践所反复检验的三种较为成功的服务竞争战略。依据企业现状和竞争要求，导入合适的竞争战略是服务企业战略管理面对市场竞争所做的战略性回应。三种基本战略具有内部一致性，既可独立分别使用也可配合使用。当独立地使用某一战略时要注意避免盲目强调优势，以免导致劣势过于明显；当综合使用不同战略时，要注意避免战略主次不分。如图 3-3 所示。

图 3-3 竞争战略的框架

3.2.1 成本领先战略

成本领先战略是指服务企业努力使自身的成本结构在整个行业中占据领先地位，通过降低服务总成本，使其以低于竞争对手的服务总成本吸引更多的顾客，实现企业盈利。

随着顾客对质量价格比的日益关注，低成本成为服务竞争的有力武器。成本领先战略也成为最直白、最具攻击性的竞争战略。成本领先战略直接面向市场竞争的实践——可比质量条件下的价格角逐，通过有效规模的设备规划、严格的成本费用控制、滚动的技术创新和有效的市场营销体系来创造高效率与低成本。

成本领先的战略逻辑体现在两方面，一是大规模可以带来规模经济，这将有效降低服总成本；二是低成本的服务，可以有效降低顾客的服务支出，这是创造较高服务传递价值（顾客价值）的基础。因此，要实施成本领先战略，服务企业就要成为行业内真正的成本领先者，与其他竞争对手相比应具备明显的成本优势。

成本领先体现了市场经济优胜劣汰的机制，推动了所处行业的革命性进步。低成本竞争提高了消费者的福利，又通过大量销售弥补了利润流失，是供求双赢的理想选择，是成熟服务业常用的竞争手段。

具体到战略实施方案，成本领先战略可以演化出多种策略诉求。

3.2.1.1　寻找低成本顾客

对不同的顾客往往服务的成本也不相同，如果某些顾客在同样的感知服务质量水平上，企业为他们提供服务的成本要比其他顾客低，那么这些顾客就可能成为服务企业的主要目标市场。市场中的两种需求特征决定了这一策略的可行性。其一，市场上存在寻找简单的低价服务的潜在顾客；其二，对于同一服务，施加于某类顾客要比施加于其他顾客花费更少。如果服务企业发现这两种市场现象的主体数量足够大，那么成功地实施寻找低成本顾客的策略便赢得了成功的可能。

具体来说，服务企业可以从几个不同角度来识别和寻找低成本的顾客。

1. 考察顾客的风险程度

如人寿保险企业在选择目标顾客时，经常会把那些年轻人作为它们的考虑对象，因为年轻人身体健康，与老年人相比，发病、死亡的概率更低；在年轻人当中，那些不常出差旅行、没有飙车嗜好的群体，他们出现意外事故的概率也较低，等等。因此，这些顾客的低风险降低了服务企业的服务成本。

2. 考察顾客在服务中的参与程度

如果顾客参与服务程度较高，就可以减少服务人员的投入，顾客作为企业的一种暂时性资源，弥补了服务企业的成本开支。如瑞典的宜家家具超市，鼓励自助型（do it yourself，DIY）的顾客，让他们自己组装家具，搬运家具，从而降低了服务成本，同时又使顾客从中获得了价格优惠。这种类似的自助型服务现已在许多服务行业中盛行。

3. 考察顾客服务的预订程度

如果顾客经常使用企业的服务预订系统，那么就等于顾客将自己的服务需求交由服务企业管理，这将有利于服务企业对总体服务的供需平衡进行有效管理，通过疏导顾客服务需求的时间安排，尽量避免某一时段服务过分拥挤的现象，这样既可避免在服务高峰期发生部分顾客因为拥挤和排队而流失的后果，也可以避免服务企业为了应付某一需求高峰期可能增加服务人员和设施投入而增加的企业成本。

4. 考察顾客服务需求的特性

如果顾客没有特殊的服务需求，企业就可以为他们提供大众化的服务，这样就可以有效降低企业的服务成本。如一些大型超市，沃尔玛、家乐福、麦德龙等国际零售企业，其服务定位就是那些愿意批量购买、追求实惠、不需特别服务的顾客，这类客户的服务成本较低，这也是沃尔玛、家乐福、麦德龙等国际零售企业得以实现低成本服务战略的重要依据。

3.2.1.2 实施标准化服务

服务标准化是与服务个性化相对的，其目的就在于通过服务生产传递的工业化技术，减少服务过程中服务人员与顾客之间的互动，从而降低企业的服务成本。在20世纪，服务的标准化曾经成为产品营销界否认产品营销与服务营销之间差别的一大理由。不过，20纪90年代以来，人们越来越认识到服务营销与有形产品营销之间的共性，服务营销同样可以应用标准化生产技术，同时人们也越来越认识到服务营销与有形产品营销不同的特殊性。

随着技术的进步，不少服务企业都尝试应用服务的工业化和标准化技术。如以麦当劳、肯德基为代表的快餐业，通过标准化生产制作过程，为所有顾客提供几乎相同的食品与服务；同时，由于服务的标准化，服务企业可以在多场所提供几乎相同的食品和服务，实现了服务企业低本扩张。例如，以麦当劳、肯德基为代表的快餐业在全球市场中通过特许、加盟等多场所服务战略使其业务得到了迅速扩张。

3.2.1.3 用资本代替劳动

资本投入是固定成本，劳动投入是可变成本。只有固定成本才能随销售扩大实现摊薄，所以应该把资本用于购买先进设备以提高效率和稳定性，购买自动服务机械，延长服务时间，提高便利性，从而获得市场承认的生产扩大以降低平均成本。ATM柜员机给金融业带来的革命性飞跃便是这一策略奇效的集中体现。

服务企业需要注意目标顾客的具体需求。一般来说，这类服务形式适合于低接触性的服务需求，而对高接触性的服务需求的顾客是不合适的。同时，企业还需要考虑由于新技术的应用，顾客是否对这些新技术存在使用上的障碍，企业需要尽量降低顾客使用的技术门槛，便于顾客的使用，否则只能事与愿违，加大顾客与企业之间的距离，造成疏远顾客的后果，进而可能降低顾客继续使用企业服务的意愿。

3.2.1.4 服务产销分离

服务的一个明显特性就是服务企业与顾客的不可分离性，这势必增加服务现场中企业与顾客的互动，从而提高了企业的服务成本。服务业的产销合一限制了服务网点的网络化扩展。如果通过分销渠道创新、传递机制改进和服务产品本身的有形化可以实现产销的分离，那么集中生产将在原有人员设备条件下，享有规模优势和低成本地域租金，而分销销售将大大扩展市场范围，塑造品牌。成本领先由此实现。航空运输业将飞行运营管理、机场经营和预订中心进行分离，大大提高了网络扩展速度，降低了运营成本，使机票降价成为可能。将服务交易与服务作业分离，就使服务企业的运作像工业那样可以在后台高效率地进行，进而降低了服务成本。

3.2.2 差别化战略

差别化战略是指企业针对顾客的独特需求，设计个性化的服务，以赢得顾客的消费偏好,提高服务传递价值和顾客感知价值,从而实现企业盈利。

随着社会的进步和经济的发展,一方面,由于技术的成熟和管理的完善,以及这些技术与管理在不同企业之间的迅速扩散,致使企业降低成本的空间日渐缩小;另一方面,消费者收入水平的提高,对服务质量的要求也日益提高,非价格竞争的因素在争夺顾客中所起的作用越来越重要。因此,差别化战略应用日益广泛。

差别化战略的实质在于创造一种与众不同的服务消费感受。这种差别无非是企业输送给顾客的一种感受信息。从普通的产品设计到标准化的 CI 设计都是差别化战略指导下的不同实施策略和手段。差别化有很多载体,包括形象(联邦快递准确快捷的形象)、商标(麦当劳的金色拱门)、技术(中国电信的宽带网服务)、规模(全球最大的零售商沃尔玛)、服务特性(美国运通信用卡的全球性适用)等。差别化战略是基于目标顾客可承受成本分析的战略选择,其目的在于明确细分市场,吸引目标顾客和培养顾客忠诚度。

3.2.2.1 有形化策略

服务的不可感知性通常会使服务记忆随服务感受的消逝而淡忘,而有形产品却由于其空间上的有形性而时常提示人们回忆起使用这个产品带来的效用。服务的有形化策略有助于服务差别的体现。比如,旅游区精美的门票会强化顾客对该景点著名景观的记忆,而肯德基快餐店的肯德基大叔可爱的形象会使顾客联想到其周到、耐心的服务和祥和、亲切的氛围。

案例 3-1

禅酷主题餐厅　吃饭与酷刑同在

您可曾见过"排队坐监狱,抢吃杀头菜"的另类场面吗?您可曾想过在"监狱的环境"下用餐会是一番什么样的情景?如果您有另类的精神,那么北京的监狱主题餐厅"禅酷"就能让您体验一把另类的用餐环境。据说老板开餐厅的初衷是希望人们认识犯罪,远离犯罪,远离监狱。可没想到这样的监狱风格曾经让很多年轻人趋之若鹜,也备受争议。

禅酷主题餐厅金属护栏和厚实的外墙给人以新奇的感觉,内部装饰也与京城所有的就餐场所不大一样。一进门就看到一个不小的独立舞台,背景却是由一根根粗铁链像帘子一样垂直组合,黑漆涂成的铁栅栏在吧台、洗手间的大门、房间的间隔处随处可见。就连餐厅的每层楼梯都是铁皮的地面,铁链的扶手。原来这家名为"禅酷"的主题餐厅就是以"监狱饭"为主题。令人意外的是,"禅酷"如此前卫的经营风格却是东北菜。

禅酷主题餐厅的整个设计和餐厅菜品的名称都和监狱有关。黑色成为餐厅的主色调,门前草地里伸张着几只狰狞的手,大门用铁皮打造,铁栏杆做门窗、铁链子做门帘,门口有头戴钢盔的"卫兵"把守,服务员身着狱卒服饰,整个餐厅内没有绝对封闭的用餐包间,其中还将"拘留室"等都当作了雅间的名字。

在菜品上是以"禅菜"和"酷菜"构成的,改良后的东北菜结合粤菜、上海菜、川菜的名家精华，构成了其在口味上的与众不同。各种菜名已经足以勾起就餐者的好奇心，不过是否美味还是得吃了方能定夺。

（资料来源：北京旅游网，2012—03—07）

3.2.2.2 个性化策略

企业尽力满足顾客特殊要求的个性化策略可以用低成本来赢得顾客满意。能记住顾客姓名和职业的饭店大堂经理，会使客人觉得受到了尊重；而为熟客留下其习惯的座位，会使客人觉得自己是在别人关心的氛围中享受服务。这些突出人性的策略能使企业在消费者心目中确立与众不同的感受定位。而这种定位便是回头客和良好口碑产生的源泉。汉堡王正在努力推行的"定做汉堡"——先点再做——服务模式，正是想通过个性化服务模式来区别于麦当劳的标准化备货服务模式。

3.2.2.3 低风险策略

服务的感知风险远高于有形产品，是因为服务产品的无形性、专业性和复杂性。对于有形产品，顾客可以在消费时便直接面对消费的结果，从而进行消费选择；而对服务产品而言，在有顾客缺乏专业知识，又没有亲力亲为情况下，感知风险几乎是不可避免的，所以采取低风险策略的服务企业常被顾客铭记在心。如愿意与病人探讨病因、病情和治疗方案的大夫，愿意花时间讲解电路和机械原理的汽车修理人员都会有更多的熟客。那些为顾客提供保险的服务商（如航空公司、旅游企业）将使顾客更有信心，并对企业更加信任。

3.2.2.4 高质量策略

顾客对质量的重视会使他们对企业创造出来的质量差别异常地重视。高质量对服务企业而言可以体现在自动化程度、员工专业素质和文化层次、程序的清晰度、服务范围的专一性（比如骨科、皮肤科专科医院往往被认为在各自的领域比综合性医院更有优势）、同事合作的熟练程度等方面。当然从另一个角度讲，高质量策略可以通过控制顾客感受，使顾客满意于获悉的感知质量来实现。比如在设施一般的场所提供专业周到的服务远比单纯提高质量要节省大量的投入。

3.2.2.5 员工差别化策略

这一策略包括三个层次。

（1）员工形象差异化。通过内部标准化、外部差异化来树立一种独特的视觉差异形象。

（2）员工服务差异化。企业服务人员在专业技术、知识水平、服务态度方面的优异表现，都将会被顾客感知为企业整体服务水平高超。

（3）员工培训差异化。卓越的人事开发、人员培训计划是企业质量持续提高的保证，也是难以超越的竞争优势。高质量的员工培训计划同样会在业内独树一帜。

3.2.3 集中化战略

集中化战略是指服务企业把产业中的一个或一组细分市场作为企业业务的目标，依托企业资源与局部竞争领域的良好适应性创造企业的竞争优势。实施集中战略的企业，既可以在

目标竞争领域中寻求成本优势，也可以在目标竞争领域中寻求差别化优势。因此，集中化战略又可以分为成本集中化战略和差别集中化战略两大类。

服务企业之所以选择实施集中化战略，是出于不同的原因与考虑：一是由于企业实力较弱，难以在大范围的市场展开竞争，转而在局部区域谋求竞争优势；二是由于市场与产业的同质性较弱，存在一些未被占领的细分市场机会，企业趁机进入。一般来说，服务企业可以根据市场细分的步骤，寻找行业中潜在的市场机会，从细分市场的规模与增长速度、细分市场竞争状况，以及企业的资源与能力等方面进行分析和考虑。

集中进入的细分市场可以是一个特定的购买群体（如大学生、中年女性公务员等），也可以建立在某种特殊服务上（如牛皮癣治疗、快递服务等），当然还可以建立在特殊的地理区域（如供销社的农村及城乡接合部，以及一些区域性的短程航空公司）。

集中化战略成功实施的标志在于，与那些整体市场的服务企业相比，企业能更有效地服务于范围狭窄的目标市场。当然目标市场的合理选择能使企业实现明显的差别化，而进一步开发目标市场内目标顾客的需求，又可以扩展服务组合的宽度，甚至实现规模经营，获得成本领先。所以，作为竞争战略的典范，在集中的目标市场中实现差别化和低成本是多数企业（除整体市场领导者外）始终追求的战略目标。

3.3 服务营销战略

3.3.1 服务市场细分

从企业营销的角度看，市场表现为消费需求的总和。消费者成千上万，分布十分广泛，购买习惯和要求又千差万别，而企业的能力是有限的，任何一个企业，无论其规模如何，都只能满足一部分消费者的一部分需求，而不可能满足所有消费者的互有差异的各种需求，不可能为所有的消费者都提供有效的服务。因此，在资源有限的情况下，企业只能为自己规定一定的市场范围和目标，即必须明确自己的服务对象。市场营销学把这种企业特定的服务对象称之为"目标市场"。为此，就要先把市场由大到小地进行细分，结合企业资源和特长，选择企业的目标市场，并确定企业在市场中的竞争地位。这是服务企业市场营销战略的重要内容和基本出发点。

3.3.1.1 市场细分的概念

所谓市场细分，是指企业根据消费者需求的差异，按照"细分变量"把某一产品的整体市场化分为若干个消费者群的过程。每一个消费者群就是一个细分市场，每一个细分市场都是由具有类似需求倾向或购买行为的消费者构成的群体；不同的细分市场之间，消费者的需求倾向或购买行为存在明显的差异。

市场细分的理论依据基于两方面。

其一，客户需求的差异性。无论是个人客户市场还是企业客户市场，客户对服务的需求总呈现出一定的差异性。不同的细分市场表现出不同需求的客户群。

其二，客户需求的相似性。对客户的居住环境、文化背景、年龄及其消费倾向的比较，又可体现出对产品和服务的相同性、类似性。

市场细分是开拓服务目标市场的前提，它为企业准确地寻找和选择目标市场，建立竞争优势创造了条件，是服务营销战略的核心组成部分。

3.3.1.2 市场细分的意义

市场细分对于服务企业具有十分重要的意义，主要表现在以下几个方面。

1. 有助于企业发掘市场机会，确定目标市场

在市场细分的基础上，能使企业充分认识潜在需求和未被满足的需求，从而发掘市场机会，确定符合自身资源状况的目标市场。

2. 有助于企业优化资源配置，避免盲目投资

随着服务市场上新的竞争对手不断涌现和服务项目的增多，企业之间的竞争愈演愈烈。而任何企业的资源都是有限的，如何有效地发挥有限资源的经济效益，把"好钢用在刀刃上"，是一个十分重要的问题。通过市场细分，确定目标市场，可以使企业集中力量投资于能够给企业带来经济效益的领域，从而使企业制定的营销策略更具有针对性，避免因盲目投资而造成的资源浪费。

3. 有助于企业发挥自身优势，增强竞争力

竞争是市场经济中不可避免的，但市场是广阔的，提供同类服务的企业之间的竞争不一定必然是你死我活，而是可以达到双赢的。其中的关键在于选择与竞争对手不同的目标市场或策略，避开竞争对手的强势市场，打入竞争对手的弱势市场或未顾及的市场。

4. 有助于企业促进顾客的满意与忠诚

通过市场细分，企业能够向目标市场提供独具特色的服务及其相关的营销组合，从而使顾客需求得到更为有效的满足，有利于促进顾客的满意与忠诚。而一旦顾客对某个服务企业表示忠诚，他们即使偶尔不满意企业的服务，一般也不会轻易改变这种忠诚。研究表明，在银行业，尽管忠诚的顾客对企业的服务感到不满意，但仍有75%的顾客依然忠于该企业，所以，美国一些银行的营销部门甚至指出，忠诚的顾客可能会改变生活伴侣而不会改变银行。

5. 有助于企业开发新产品，开拓新市场

企业借助于市场细分，可以发现未被满足的需求和更具潜力的领域，从而有利于企业的新产品开发、经营领域的扩展和转移、新市场的开拓。

案例 3-2

市场细分　银行关注留学生市场

现在，出国留学已经成为毕业生一种大众的选择。中信银行总行营业部的相关工作人员

告诉记者,为了解答家长们对出国留学的种种疑问,他们连续多次举办留学联谊会。以近期主办的"我的美国留学生活"主题沙龙为例,他们特邀了美国康奈尔大学、康涅狄格大学、康诺利教会中学以及圣约翰预备高中的四位同学,讲述他们对美国文化、社会现象的认知,尤其重点介绍了如何更快地融入美国的学习生活,适应周围环境,本次沙龙共有 70 名客户与子女到场参与。

该工作人员告诉记者,留学家长联谊会自去年 3 月份成立以来,人员规模就在不断扩大,目前会员量已近 3 000 名,并且每次联谊会的到会人员也在不断增多。现在中信银行的留学联谊会已经具有"特惠金融服务、留学生活辅导、持续关怀服务"等六大板块、40 多项会员专属权益,并定期组织以海外留学为主题的沙龙、讲座活动。

除了及时的信息反馈,家长们对于出国留学的费用也非常关注,为了解决一些家庭留学费用难的问题,中国银行借助其全球化的服务网络推出了个人留学贷款,用于留学所产生的学杂费、交通费、生活费及留学保证金等费用。

据了解,中国银行的个人留学贷款具有额度高、期限长、成本低、手续简便等特点,接受房产抵押、存单质押、投保履约保证保险、第三方保证、信用保证等多种担保方式,贷款币种除人民币外,还涵盖美元、英镑、日元、欧元、港币、澳元、加元多种外币,同时贷款可设定宽限期,宽限期内只还息不还本,能最大程度减轻家庭资金压力。

此外,中国银行还特针对留学生群体推出了专属信用卡——长城国际卓隽卡,可以满足留学期间消费、安全支付、便捷还款、费用优惠等需求。据介绍,长城国际卓隽卡采用国际标准 emv 芯片,相较于磁条卡交易安全性更高,卡片与受理终端的验证更严密,卡内数据也难以被复制,有效地保障了持卡人的用卡安全性。近日,中国银行长城国际卓隽卡大幅提升优惠幅度,2015 年 12 月 31 日前,卓隽卡持卡人在全球的任何消费均可免除 1.5% 跨境交易货币兑换手续费,并可免除所有境外 ATM 取现手续费。对于有分期需求的留学生,持卓隽卡可随时办理各类分期付款业务,还可以获得美元分期付款手续费 5 折优惠。

随着出国留学的门槛进一步放宽,越来越多的家庭可能面临孩子留学的问题。不少金融机构都开始单独针对这一领域推出了相关的服务与产品,家长们不妨随时关注金融机构的此类业务,为孩子出国留学做好充分准备。

(资料来源:北京晚报,2015-08-27. 作者整理)

3.3.1.3 细分市场主要依据

细分市场主要依据地理因素、人口特征等因素展开。

1. 按地理因素细分

按地理因素细分,是指根据消费者工作和居住的地理位置进行市场细分的方法,即将市场分为不同的地理单位,如国家、省(州)、地区、县、城市或居民等,具体变量包括地理位置、人口密度、气候带、地形地貌等。由于地理环境、自然气候、文化传统、风俗习惯和经济发展水平等因素的影响,同一地区人们的消费需求具有一定的相似性,而不同地区的人们又有不同的消费习惯和偏好。因此,地理因素得以成为市场细分的依据。由于这种方法比较简单明了,为许多服务企业所偏爱,如提供饮食服务的企业须要考虑当地人们的口味状况。服务策划者可以决定在一个或几个地区开展经营活动,但要注意各地区人们的消费偏好和差异。

2. 按人口和社会经济因素细分

按人口细分,是指根据消费者的年龄、性别、家庭规模、家庭生命周期、收入、职业、宗教、种族及国籍等因素将市场细分为若干群体。人口细分是区分顾客群体最常用的方法之一,原因主要有两个:①消费者的需求、偏好及对服务产品的使用状况常常与人口因素密切相关;②人口因素比其他因素更易衡量。即使是用非人口统计的术语描述市场,也必须联系到人口统计的特征。

3. 按心理特征细分

按心理特征细分中,是指根据顾客分属不同的社会阶层,具有不同的生活方式、生活态度及个性特征,将他们分为不同的群体。按人口和社会经济因素细分属于同一细分市场的人可能会显示出截然不同的心理特征,产生不同的购买行为。因此前两个划分依据结合考虑顾客的心理因素如生活方式等将会变得更有效。许多服务企业已越来越倾向于按心理特征进行市场细分。

(1) 社会阶层。

社会阶层是指有相对的同质性和持久性、按一定等级排列的群体集合。同一阶层成员具有类似的价值观、兴趣爱好和行为方式,不同阶层成员则表现出不同的特征。

(2) 生活方式。

生活方式是指一个人或集团对消费、工作和娱乐的特定习惯和倾向性。消费者所崇尚的生活方式不同,对商品的喜好和追求也就不同。例如,对于不同类型的消费者市场,商业银行应制定不同的营销组合策略。如对追赶时尚类型的客户,银行应注意金融产品创新,给新产品赋予一定的意义和象征。而经济型客户,他们往往不注意金融产品的花样和形式,而是关心金融产品或服务的购买成本或未来收益。

(3) 个性。

个性是指消费者个人特有的心理特征。消费者个性特征表现是多方面的,我们常用自信、支配、被动、顺从、保守、爱冒风险和适应性等性格特征来描绘。例如,保守型个性的消费者在购买金融产品时总是选择相对安全、可靠、风险小的银行和金融品种,他们首先关心的是投资安全性,其次才是收益的大小。而崇尚风险型的消费者则刚好相反,他们更注重投资收益或财产的增值,愿意冒一些风险来换取可观的回报。

4. 按消费者行为细分

在消费者行为细分中,根据消费者对服务产品的了解、态度、使用情况及其反应,可将他们分为不同的群体。

(1) 时机。

可以根据顾客提出需求、购买服务产品或使用服务产品的时机将他们分类。时机细分有助于提高服务使用率。

（2）按顾客利益细分。

顾客之所以购买某项服务是因为他们能够从中获得某种利益。因此，可以根据顾客在购买过程中对不同利益的追寻进行市场细分。比如，顾客希望从不同的银行得到不同的利益。一部分顾客希望能从声誉较好的大银行获得全面的、整体性的服务，一部分顾客则希望能很容易获得低利息的优惠贷款，还有人希望在私人银行进行高利率储蓄。一家银行可以根据自身的资源状况，选择其中的一个或两个利益点，提供独具特色的服务。由于服务产品的特点，利益细分的方法几乎适用于所有的服务企业。

（3）使用者状况。

许多市场细分为某种服务产品的经常使用者、一般使用者、偶尔使用者和不使用者；实际使用者和潜在使用者等。服务企业往往关注那些经常使用者，因为他们比偶尔使用者的使用次数要多得多。所以，许多快餐店愿意为那些经常光顾的食客提供快速服务，价格也较低廉；银行和房地产企业则对各种使用者均表示关注，一方面，他们希望了解那些经常使用者的特点、行为和身份等，以不断吸引其购买服务；另一方面，他们又会采取一些措施刺激那些偶尔使用者，促使其向经常使用者转变。市场占有率高的服务企业特别重视将潜在使用者转变为实际使用者。而小企业则努力将使用竞争者服务的顾客转向使用本企业提供的服务。对潜在使用者和经常使用者应采用不同的营销方法。

（4）服务产品忠诚度。

市场也可根据消费者的服务忠诚度加以细分。假设有五种服务产品A、B、C、D、E。根据消费者产品忠诚度的高低可以将其分为三种类型（假设有五次购买行为）。

· 忠贞不贰者。是指任何时候只购买一种服务的消费者。其购买方式是A、A、A、A、A，这表示消费者对服务A忠贞不渝。

· 不稳定的忠贞者。是指那些对两三种服务产品忠诚的消费者。购买方式为A、B、B、A、B，这说明消费者主要热衷于服务A和服务B。

· 游离分子。是指那些不忠于任何服务的消费者。其购买方式是A、E、D、B、C，就是说他们不会始终只购买某一种服务产品，而是会经常变换其消费行为。

（5）使用率。

可根据服务产品的轻度、中度和重度使用者等情况来细分市场。服务重度使用者一般在市场上所占比例不大，但他们的消费量在全部消费量中所占比例很高。

（6）态度。

可根据消费者对服务产品的关心程度来细分市场。人们的态度可分为五类：热心、肯定、漠不关心、否定和敌视。

以上介绍的是服务企业细分市场时所采用的几种方法。类似的方法还很多，这里无法都罗列出来。事实上，服务企业在选择细分市场的依据时不应完全照搬这些方法而应有所创新，以建立起差异化竞争优势。所以，企业必须寻找最佳的细分依据。

3.3.1.4 市场细分的步骤

服务市场细分的理论依据同样是消费需求的异质性即根据人们对同一服务所追求的利益和满足的不同来进行市场细分。市场细分可以把一个庞大繁杂的异质市场分为明确的特定的均质市场。要实现这一目标，一般须经过如下四个步骤（见图3-4）：

①在市场分析基础上界定所面临的异质市场；

②识别该异质市场存在的可选择的细分依据；

③为市场细分选择最佳划分依据，并细分该异质市场；

④识别各细分市场，进行吸引力评估和特定目标市场选择。

由图3-4可以看出，市场细分是一个逐步缩小选择范围的过程，在每一个缩小选择范围的过程中都贯串着对消费者的分析、对竞争对手的分析、对内部资源的分析和对实施战略的分析。这是一个灵活又严谨的过程，是一个创造性与原则性并重的过程。

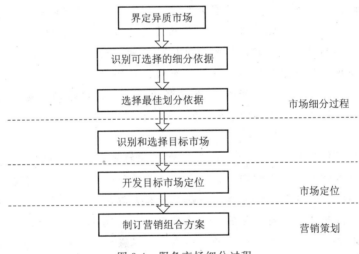

图3-4 服务市场细分过程

案例3-3

互联网＋细分市场：民营银行突围对公红海

作为首批试点的民营银行，天津金城银行股份有限公司（以下简称"天津金城银行"）成立已接近两个月，但一直很低调。定位于"公存公贷"的天津金城银行如何在这一传统业务红海中突围，引起市场关注。

作为银行界的新进入者，民营银行发展面临着多重考验，首先就是同业竞争，天津金城银行也不例外。作为一家新设立的民营银行，天津金城银行不会在传统银行的主战场"硬碰硬"。目前天津金城银行对公业务定位是打造主流的互联网化公司银行。基于互联网、物联网等科技发展，用互联网思维和互联网金融方式发展以公司银行业务为主体的传统银行业务，发展以投行、金融市场业务等为重点的创新金融业务，成为国内主流的互联网化公司银行。

对公业务是传统银行的优势业务，面对传统银行在这一领域深固的地位和激烈的竞争，天津金城银行将怎样吸引客户？

据了解，天津金城银行将专注于财政金融、汽车金融、医疗卫生、旅游养老、节能环保、航空航天六大细分市场。之所以选定这六个专业的细分市场，主要是由于这些战略性新兴产业符合国家政策导向，具有高成长性、抗经济周期性、市场前景广阔的特点，有助于银行优化信贷结构，防范风险。

针对上述六个细分市场，天津金城银行专门成立了六个事业部。这六个事业部推行"1+1+1+N"营销细分战略。即"一个区域＋一个行业细分市场＋一款特色产品＋高度可复制"。

在这六个行业中，天津金城银行将主要服务于优质的中小企业和民营经济。面对一些大中型国有客户，就天津金城银行目前的实力而言，不仅难以与传统银行竞争，同时受资本金的约束，天津金城银行在与大客户谈判时，很难享受平等的待遇。传统银行资本规模庞大，银行的经营牌照和产品种类较丰富，单笔项目的授信额度大，面对大型企业它们更有优势。天津主流的大集团规模和负债都很庞大，天津金城银行现在的资本金只有30亿元，如果按照对单一客户的授信余额不得超过资本净额10％的标准，则授信额度是3亿元，按照单一集团客户授信余额不得超过资本净额15％的标准，额度是4.5亿元，这对大企业来说只是杯水车薪。

目前，天津金城银行与这些大中型企业客户合作的方案就是利用这些企业的下属子公司，将它们作为核心企业，并以它们的交易大数据作为保障，为其上下游企业提供供应链金融服务。这些中小微企业符合天津金城银行的目标客户群定位，资源匹配度更高。这样的合作是建立在市场细分和"互联网＋"思维的基础上。该行现在正与天津市一家汽车贸易有限公司展开合作，以该公司为核心企业，开展供应链金融服务。目前该企业享受到的各家银行提供的金融服务集中在一手车交易市场，与二手车相关的金融服务尚有待加强。天津金城银行通过市场调研分析，发现该企业二手车市场的产业链条长、市场需求庞大，且该企业在这一领域经营多年，对行业有深入了解，占有一定的市场份额，依托真实的交易背景，以大量的交易数据和互联网技术作为保障，天津金城银行很快就与该企业达成共识并快速展开合作。

（资料来源：中国经营报，2015-06-21．作者整理）

3.3.2 目标市场选择

服务企业在对市场进行细分之后，服务营销将进入目标市场选择阶段。

3.3.2.1 目标市场的概念

所谓目标市场，就是企业生产的服务产品决定进入的细分市场，也就是企业拟投其所好、为其服务的消费群体。企业的营销组合策略是围绕着目标市场而展开的，因此选择目标市场，明确企业的服务对象，关系到企业战略的实现，运营目标的落实，是企业服务营销规划的首要内容和基本出发点。

3.3.2.2 目标市场的选择

目标市场的选择，实际上是企业对细分市场进行评估和可行性分析，并最终确定进入哪个或哪几个细分市场的过程。选择目标市场的依据如下。

- 可测量性。即待选细分市场的规模、特征和发展前景可以测量或预测。
- 可进入性。即服务企业有足够的资源进入细分市场，并能保证占有一定的市场份额。
- 可营利性。即待选细分市场能保证服务企业获取足够的利润。
- 易反应性。即待选细分市场对企业营销战略的反应是灵敏和有差异的。如果一个细分市场对企业营销战略反应同其他细分市场没有差别，则没有必要把它当成一个独立的市场。
- 相对稳定性和可发展性。这样的细分市场才能保证服务企业有较好的发展空间和长期稳定的经济效益。

根据上述五点，服务企业可以总结自己的优势劣势，扬长避短，对细分市场进行全面考察，选出目标市场。

3.3.2.3 目标市场营销策略

服务企业在确定目标市场后，紧接着便是选择目标市场营销策略，它反映了企业进入目标市场的方式。通常，目标市场营销策略有以下三种。

1. 无差异营销策略

无差异营销是指企业决定不必进行市场细分，而是以产品的整体市场作为企业的目标市场，向整体市场提供服务产品。这种策略只强调消费者在需求方面的共同点，而不考虑他们之间的需求差异；只推出一种产品，设计一套市场营销组合方案，来吸引尽可能多的消费者；通过产品的大量销售和广泛宣传，争取在消费者心目中树立最佳的产品形象。采取这种目标市场策略可能是由于市场太小而在细分之后企业无法在细分市场上获利，也可能是因为该企业在市场上已经占据了主导地位，如果再选择其中的某些细分市场会造成企业整体利益的降低。

这种目标市场营销策略的最大优点是有利于降低营销成本，节省促销费用；不对市场进行细分，也相应减少了市场调研、分割、制订多套营销组合方案所要耗费的人力、财力、物力。在市场竞争不激烈的情况下，这种策略一般被某些在市场上已经占据了主导地位的企业所采用。但是，它对于大多数企业来讲并不完全适用，特别是在当前新的市场条件下，对于企业来讲，一般也不适合长期使用。因为消费者的需求在客观上是千差万别并不断变化的；如果许多企业同时在一个市场上采取这种策略，竞争必然激化，获利的机会反而会减少。同时，以一种产品和一套营销组合方案去满足不同层次、不同类型的所有消费者的需求，也是很难做到的，总会有一部分消费者的需求尚未满足，这对企业和消费者都是不利的。正因为如此，世界上一些曾经长期采用这种策略的大企业最终也不得不改变策略，转而实行目标市场差异化营销策略。

2. 差异化营销策略

这是一种以市场细分为基础的目标市场营销策略。采用这种策略的企业按照对消费者需求差异的调查分析，将整体市场细分为若干个分市场，从中选择两个以上细分市场作为企业的目标市场，并针对不同的细分市场制订不同的市场营销组合方案，分别开展有针对性的营销活动，以满足不同细分市场的具有差异的需求。

这种目标市场营销策略由于能够适应与启发消费者的需求，较多较快地推出新的服务产品，以分别满足目标消费群体的不同需求，因而有利于增加顾客对企业的信赖感和购买频率，树立良好的企业形象，提高竞争力和市场份额。世界上越来越多的服务企业都采用这种策略并取得了成功。差异性营销通常要比无差异营销获得更高的销售额，但企业的经营成本也会上升。因而要权衡一下究竟差异到何种程度最适当（应以销售扩大所带来的利润超过营销总成本的增加为尺度）。

3. 集中化营销策略

集中化营销是指企业在市场细分的基础上，决定进入其中一个细分市场，制订一套营销组合方案，实行集中化经营。集中力量争取在一个较小的细分市场上占有大量份额，而不是在整个市场上占有较小份额。

这种目标市场营销策略，由于能够在较小的市场上切实满足一部分消费者的特殊需求，有利于在市场上追求局部优势，因而能够在较小的市场上获得较大的成功。特别是对于某些财力较弱的企业来讲，恰当地采用这种策略，既可以在较小的市场上形成经营特色或产品信誉，获得消费者的信任，提高投资收益率；又可在条件成熟时迅速扩大经营，提高市场占有率。但是，必须认识到这种目标市场营销策略的风险性。由于目标市场狭窄，一旦市场需求发生急剧变化或出现更强大的竞争者，而本企业又不能随机应变，就可能造成巨大损失。所以，采用这种策略，必须对可能发生的风险有比较充分的应变准备，避免因选点过窄而孤注一掷。

关于目标市场营销策略，还可以用"服务（产品）/市场方格图"的方式来阐述。一般来说，有这样五种目标市场（覆盖）策略。

（1）服务/市场专一化，即企业只生产一种标准化服务，供应某一特定顾客群，适用于刚起步的小型服务企业。

（2）服务专业化，即企业向各类顾客同时供应某种服务，只在档次、价格、质量等方面塑造差异。

（3）市场专业化，即企业向某一特定顾客群供应系列性的服务组合。

（4）选择性专业化，指企业有选择地进入个别细分市场，为不同顾客群提供不同的服务产品。这一策略会使企业暴露于多种变数当中，提高企业应变力是实施该策略的先决条件。

（5）全面覆盖，即企业全方位进入各个细分市场，并尽可能满足所有不同顾客群相应的系列服务需求。这往往是大服务集团力图垄断市场、排挤对手时的目标市场范围策略。图 3-5 可以粗略地反映以上五种目标市场范围确定策略。

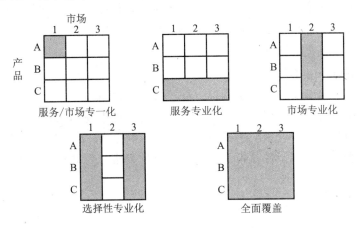

图 3-5　目标市场的覆盖范围

3.3.3　市场定位

在企业选定的目标市场上，往往会遇到竞争对手。也就是说，竞争者已在这目标市场上捷足先登，甚至已占据了有利地位。因此，企业就需要对目标市场上的竞争状况做进一步的分析，从而确定本企业的服务产品或市场营销组合进入目标市场的位置，这就是服务市场定位的问题。

3.3.3.1　市场定位的概念

市场定位指的是企业根据目标市场上消费者状况、竞争状况和自身的资源条件，建立和发展差异化竞争优势，以使自己的服务产品在消费者心中形成区别于并优越于竞争者及其产品的独特形象，亦即市场定位是塑造服务企业及其产品在市场上和消费者心目中的位置，这种位置决定于市场对这种服务的认同度和消费者对这种服务的认可性。

市场定位是一个比较鉴别的过程。企业需要了解细分市场上顾客心目中所希望的最优质的服务是什么；竞争对手所提供的服务处于什么位置；本企业的服务理念和标准是否迎合顾客需求；企业是否懂得并能够最大限度地采取措施使自己的产品达到消费者的期望水平等。服务定位是服务差异化的先决条件，更是服务品牌形象确立的基础。每一种服务都会由于提供者和提供标准的不同而形成一系列区别于其他产品的特征，其中有的是实质性的，有的是感觉上的。市场定位就是使这些特征在消费者心中和市场舆论中强化和固化的过程。当然，市场定位可以不经计划而随时间沉淀而成；诸如各种老字号、家传秘方；也可以通过市场营销体系针对目标市场展开。前者虽然可信度大、经久不衰，但差异化形成周期长，且市场风险较大；后者目的在于创造有利于服务企业的差异化心理定位，主动性、可控性要高得多，为现代企业所广泛推崇。

从某种意义上讲，市场定位其实是市场竞争策略的一个重要组成部分。定位过程中差异化的实现正是在与竞争对手的较量比试中得以鉴别的,所以典型的市场定位方法可以称为竞争定位法。其原理在于在不同的差异化变量构成的多维空间中,为每一个竞争对手定位,然后根据自己的竞争战略和策略选择自己的相对位置,从而完成市场定位。不难看出,市场定位来源于市场竞争态势;而新的市场定位又造就了新的竞争格局。

3.3.3.2 市场定位的步骤

市场定位可按如下步骤进行:

(1) 确定目标顾客最关注的两个指标(如质量与价格);

(2) 以这两个指标建立坐标系(该坐标系即表示目标市场),如图3-6所示;

(3) 在目标市场上确定竞争对手的位置(图3-6中的A、B、C等位置);

(4) 根据本企业的资源条件及拟采取的市场定位策略,确定本企业在目标市场上的位置(图3-6中的甲、乙等位置)。

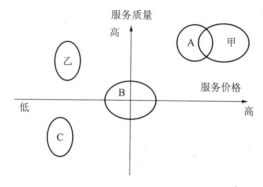

图3-6 市场定位示意图

值得一提的是,目标顾客最关注的两个指标并不一定都是"质量"和"价格"。比如,对一家高档餐馆而言,目标顾客最关注的两个指标可能是"菜品口味"和"就餐环境"。因此,高档餐馆用这两个指标来定位更恰当。

3.3.3.3 市场定位策略

1. 迎强定位

这是一种面对市场领导者或主要竞争对手采取"针锋相对"策略的定位。显然,迎强定位是一种危险的市场争夺策略,然而其中蕴含的时刻敦促服务企业奋进的激励因素,以及一旦成功即可获得巨大的市场份额和竞争优势的可能性,仍使不少服务商乐此不疲。比如,肯德基和麦当劳的快餐之争等。实行迎强定位必须知己知彼,尤其要充分认识自己的实力和潜力;而且要适可而止,防止"渔翁得利",新来者能获得平分秋色的竞争格局已经算是大获全胜了。具体到图3-6中,方案甲便是矛头直指服务商A的定位策略。该服务商必须特别关注如下三点:①高档服务的市场容量能否足以承载两大服务商的供应;②本企业的服务有否区别于其他服务商的特色,如样式更新、流程更便利、人员更专业、环境更幽雅等;③这种高档定位与本企业的资源、实力、声望和应变力是否相称。

2. 避强定位

这是一种避开市场既存强大竞争对手的市场定位策略。如果假设 A、B、C 为目标市场中的三个主要服务商，那么定位方案乙便采用了避强定位策略。该策略能帮助企业迅速在市场中站稳脚跟，并在消费者心中迅速树立明确的形象。由于该策略市场风险较小，成功率较高，所以多为新进入的服务商采用。但从另一方面考虑，值得注意的是剩余的市场真空带除了市场不认同的区域，往往只剩下风险大、利润薄的部分，这本身就是一种定位风险。具体到图 3-6 中，乙方案若要成功实施，必须具备如下三个条件：①服务商要具备提供高档服务的技术、设备、人员条件；②要在低价进入的前提下，仍能实现最低限度的利润目标；③通过宣传，能有效地送达这样的市场信息——本企业服务"性价比"要高于 A、B、C 三家服务商——尽管在图上这是显而易见的。

3. 重新定位

对已有过市场定位的服务重组并二次定位称为重新定位。图 3-6 中，方案甲、乙之间的先后实施便是重新定位。重新定位反映了市场定位的灵活性和动态性，但它同时也往往是决策失误后亡羊补牢的无奈之举。当然，战略性的重新定位是市场拓展的利器，是强势服务商对外扩张的先锋。具体而言，重新定位存在两个维度：①重新定位服务感受；②重新定位沟通宣传方式。对前者而言，要变更的是顾客预期的中心好处，或构成服务的一个或几个核心因素。对后者而言，是通过对顾客可以从服务中获得的好处的重新定位和全新宣传，以实现新的定位。对服务而言，预期和满意度更多地被心理因素左右，这便给宣传沟通策略留下了很大的发挥空间。比如，a、b 两家服务企业提供同种服务。a 的定价更高，但这并不一定使 a 处于市场劣势。如果 a 能成功说服潜在购买者相信其提供的服务价有所值，高价不仅会带来更大的利润空间，甚至可能转化为一种竞争优势。

习 题

一、名词解释

服务策略　成本领先战略　差别化战略　集中化战略　服务市场细分　目标市场　市场定位

二、单项选择题

1. 差别化战略的实质是（　　）。
   A. 提供差异化产品　　　　　　　　B. 选择差异化的客户
   C. 创造差异化服务感受　　　　　　D. 确定差异化市场
2. 市场细分理论依据是（　　）。
   A. 市场主体的差异性　　　　　　　B. 市场主体的同质性

C. 市场资源的集中性　　　　　　　　D. 市场竞争的集中性
3. 根据购买过程中对不同利益的追寻进行市场细分的标准是（　　）。
　　A. 使用者状况　　B. 服务的忠诚度　　C. 顾客利益　　D. 态度
4. 集中化营销策略的特点是（　　）。
　　A. 强调整体市场的低成本　　　　　B. 强调细分市场的独特性
　　C. 强调细分市场的低成本与独特性　D. 强调整体市场的低成本与独特性
5. 特征趋同的目标市场可以采用（　　）。
　　A. 差异化营销策略　　　　　　　　B. 集中化营销策略
　　C. 分散化营销策略　　　　　　　　D. 无差异化营销策略

三、多项选择题

1. 差别化战略包括（　　）。
　　A. 个性化策略　　B. 低风险策略　　C. 有形化策略　　D. 高质量策略
2. 企业进行市场细分的意义是（　　）。
　　A. 有助于发掘市场机会　　　　　　B. 有助于企业优化配置
　　C. 有助于企业增强竞争力　　　　　D. 有助于加强客户忠诚度和满意度
3. 消费者的需求、偏好及对服务产品的使用状况往往不同，由此进行的市场细分标准是（　　）。
　　A. 按地理因素细分　　　　　　　　B. 按人口和社会经济因素细分
　　C. 按心理特征进行细分　　　　　　D. 按消费者行为进行细分
4. 按消费者行为细分市场的参照因素有（　　）。
　　A. 使用者状况　　B. 使用率　　　　C. 收入水平　　　D. 客户利益
5. 企业可以选择采用的目标市场策略有（　　）。
　　A. 服务专业化　　B. 市场专业化　　C. 全面覆盖　　　D 选择专业化

四、简答题

1. 简述服务战略管理过程。
2. 举例说明如何进行服务市场细分。
3. 简述差异化营销策略，并说明通过哪些方面可创造差异性。
4. 简述市场定位的基本策略。

五、论述题

1. 试论述服务企业的基本竞争战略。
2. 论述服务营销的目标市场策略。

六、案例分析

廉价航空的前世今生　鼻祖为美国西南航空

廉价航空鼻祖：美国西南航空

廉价航空公司，又称为低成本航空公司，即通过取消一些传统的航空乘客服务，将营运成本控制得比一般航空公司低，从而可以长期提供大量便宜票价的航空公司，如亚洲航空的票价平均为45美元。

廉价航空的出现是市场选择的结果。20世纪70年代末，美国放松了航空管制，各大航空公司对市场需求过于乐观。一方面，盲目扩张致使航空承运力过度饱和；另一方面，航空运营成本居高不下，导致世界各国航空公司在20世纪80年代打响了激烈的价格战。结果，一味低价竞争使全球航空公司遭受了巨大损失，其中尤以美国的航空公司损失最为严重。

在航空业不景气的大背景下，1971年，赫布·凯莱赫创立了首家廉价航空公司——美国西南航空，不仅在美国航空史上创造了辉煌业绩，同时也开启了航空运输的新天地。据资料记载，美国西南航空自从1973年首次实现盈利以来，就再没有赔过一分钱。

1993年，最初由4家航空公司合并而成的西南航空一跃而成为美国排名第7位的航空公司：拥有141架飞机，年营业额达到12亿美元，净利润接近7 500万美元。最新统计显示，西南航空公司2014年第三季度利润大幅增加。西南航空公司称，若不计入一些特殊性项目，该公司2014年第三季度实现净利润3.82亿美元，高于2013年同期的2.41亿美元。

廉价航空的经营之道：化繁为简

美国西南航空公司缘何能在竞争激烈的交通领域保持如此势头？市场分析人士认为，西南航空成功秘诀在于两点：一是差别化战略，即它是世界上唯一一家只提供短航程、高频率、低价格、点对点直航的航空公司。西南航空的执行官赫布·凯莱赫认为，公司的竞争对手是公路交通，公司要与行驶在公路上的福特车、克莱斯勒车、丰田车、尼桑车等展开价格战，要把高速公路上的客流搬到天上来。

在美国，由于幅员辽阔，飞机是最常用的中长途交通工具。许多旅客只希望能够快速安全地到达目的地，并不需要太高级的服务。西南航空只将精力集中于短途航班上，它提供的航班不仅票价低廉，而且班次频率高，符合客户需求。目前，公司大约80%的客源都是直达旅客。直达航班减少了经停点和联程点，从而减少了航班延误和整个旅行时间。公司还在所运营的每一个机场都设置了自助式值机柜台。

二是秉持成本优化战略，包括选用型号单一、装修朴实的飞机。单一机型能最大限度提高飞机利用率，还可以简化管理，降低培训、维修和保养成本。此外，选择价格低廉、管理优秀的机场。西南航空尽可能选用起降费、停机费较低廉的二线机场，这样不仅直接降低了中转费用，还能确保飞机快速离港。当然，提供化繁为简、顾客满意的服务也是必不可少的。

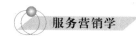

化繁为简、提高效率是西南航空最突出的成功标志,它因此而多次赢得了美国运输部颁发的"三重皇冠"——最佳正点率、最佳飞行安全记录和最少投诉次数。

空难将廉价航空推上了风口

然而,天有不测风云。2015年亚航、德国之翼的飞机在短短4个多月时间内相继失事,导致坊间开始质疑廉航的安全系数。比如为了提高航班使用率,廉航飞机是否过度使用,驾驶员是否疲劳飞行?为了节约成本,廉航在飞机维护等方面是否降低标准等。

分析人士认为,廉价航空并非因为廉价而不安全。以德国之翼为例,虽然德国之翼票价低廉,但它享受母公司德国汉莎的安全保障和维护,在安全上同样必须严格执行相关的航空运营标准。从监管方面考虑,与其他航班一样,德国之翼同样接受欧洲航空安全局的严密监管,执行统一规则。

从目前数据来看,并没有确切证据显示廉价航空的意外事故发生率高于传统航空公司。根据德国航空媒体JADEC综合数据,2003年至2013年10年间,全球传统航空公司客机共发生818起"严重事故",而廉价航空仅发生112起"严重事故"。据美国联邦航空管理局统计,2000年1月1日至2006年12月31日,全美商业航空公司发生飞行事故或事故征候455起,其中廉价航空,如美国西南航空等发生的飞行事故合计不到4%,而他们的市场份额却占30%,因此其事故率其实远远低于行业水平。

廉价航空还能飞很远

据统计,目前全球有170多家廉价航空公司。廉价航空公司在美欧航空市场占三成左右的市场份额,而在亚太地区的市场份额约为20%。2010年之前,廉价航空公司每年的增长速度都在30%左右。《2014世界航空年鉴》显示,东南亚是全球航空业增长最快的市场之一,其中廉价航空更是处于领先地位,占据该地区空中交通流量的近60%。

新加坡国立大学市场营销学教授约亨·沃尔兹在接受记者采访时表示,人们对机票价格一直非常敏感,廉价航空公司打出低廉票价、可靠服务和较新机型等招牌,非常具有吸引力。沃尔兹还认为,廉价航空与其他航空公司在安全系数上并无太大差别,未来亚洲廉价航空的市场份额还将继续保持增长。

截至目前,中国共有春秋航空、西部航空、中联航、九元航空、幸福航空及成都航空6家廉价航空公司。而他们的市场份额只有不到5%。据报道,为鼓励本土航空公司进入廉价航空市场,2014年2月,中国民航局出台了《民航局关于促进低成本航空发展的指导意见》,表示将在公司设立、航线航班等重点领域出台具体的改革措施,中国廉价航空市场未来发展值得期待。

(资料来源:光明日报,2015-04-12.)

思考题

1. 航空公司的成本领先战略具有哪些竞争优势?
2. 成本领先战略的危险性何在?

第4章 服务产品

服务产品是服务营销组合 7P 中的首要要素,这个要素是具有以提供某种形式的服务为核心利益的整体产品。服务产品具有多个层次,服务营销的起点在于如何从整体产品的五个层次来满足顾客的需求,因此对服务产品进行设计是必要的,服务组合(服务项目)决策则是服务企业应该重点考虑的战略。

4.1 服务产品与服务产品组合

4.1.1 服务产品的概念和层次

服务"产品"到底是什么?当顾客购买一件产品,如照相机、柴油燃料等时,他们获得了实体物质的所有权。然而,服务产品是只能被体验而无法被拥有的。即使当顾客确实实现了对某些实体要素的所有权,例如一顿做好的会被立即吃掉的饭菜、一个通过外科手术植入的人工心脏或汽车更换的零件,顾客所支付的费用中的相当大一部分是用来换取服务要素所带来的增值,包括专业的劳动和专业设备的使用。一件服务产品包括服务表现的和为顾客创造价值的全部要素,包括有形与无形的要素。

在服务营销中,要清晰理解服务产品的概念,有必要厘清两个前提。第一,产品、服务、服务产品、无形产品在服务营销中容易概念模糊、互用,因此,要明确它们之间的主要区别。第二,服务产品是一种产品,那么服务产品必然具有产品所具有的五个层次,它也是一种整体产品,只是具有该类产品的特殊性而已。

一方面,产品是一个大概念,根据菲利普·科特勒的定义,它是指以整体产品形式存在,能够提供给市场以满足需要和欲望的任何东西。服务、无形产品、服务产品是产品概念体系的基本组成部分。产品是既定的,而服务的范围与界定程度是无尽的;与无形产品相对而言,服务可用客观标准来衡量。可以说,服务存在于任何产品之中,如对有形产品的订购、销售及售后服务等。服务产品则是产品的一类,其分类标志是整体产品所提供的核心利益。值得一提的是,虽然服务可以对应于有形产品,无形产品却不等同于服务产品,因为事实上无形因素是无所不在的,即便是一个有形产品,如某新型起重机,在其还未生产出来时,就无法确切判断成品是否能够达到最初设计的起码要求,那么对需求客户而言,此时的起重机也是一种无形的概念。

另一方面,随着市场竞争日益激烈,服务营销管理者必须理解服务产品的五个层次(见

图 4-1)，并对其进行运用。

图 4-1 服务产品的层次

（资料来源：科特勒，凯勒. 营销管理. 汪涛，译. 5 版. 北京：中国人民大学出版社，2012.）

菲利普·科特勒所阐述的关于酒店客房的例子，具体地说明了服务产品的五个层次，其大意如下。

对服务产品五个层次的理解由内层到外层依次进行，越内层的越基本，越具有一般性，越外层的越能体现产品的特色。

第一层次是核心利益，是无差别的、顾客真正所购买的服务和利益，实际上就是企业对顾客需求的满足。也就是说，服务产品是以客户需求为中心的，因此，衡量一项服务产品的价值，是由客户决定的，而不是由该产品本身或服务提供者决定的。对酒店客房服务的顾客而言，其真正购买的是"休息与睡眠"。

第二层次是抽象的核心利益转化为提供这个真正服务所需的基础产品，即产品的基本形式。如这个酒店的客房应配备床、衣橱、桌子、椅子、毛巾、浴室、厕所等。

第三层次是顾客在购买该产品时期望得到的与产品密切相关的一系列属性和条件。对旅馆的客人来说，期望得到的是干净的床、香皂和毛巾、卫生设施、电话、衣橱和安静的环境。因为大多数的旅馆都能满足这种最低限度的期望，因此，旅行者在选择档次大致相同的旅馆时，一般会选择一家最便利的旅馆。

第四层次是附加价值，指增加的服务和利益。这个层次是形成产品与竞争者产品差异化的关键，"未来竞争的关键，不在于工厂能生产什么产品，而在于其产品所提供的附加价值。"例如，针对住房客人的大堂免费自助咖啡、快速离店手续、赠送免费服务项目和温馨友好的服务等。

链接 4-1

支付风险案例出现新变化 快钱试水附加金融业务

"支付 2.0 的时代已经到来,从快钱的角度来看有两个方向:营销场景和金融服务的叠加。"2014 年 8 月 6 日,快钱公司副总裁周萍对《21 世纪经济报道》记者表示。周萍认为,支付业前面 10 年的基础设施建设工作的初期阶段已告一段落。2014 年的数据显示,快钱现已覆盖超 20 个行业逾 300 万家企业客户。

支付平台做金融服务被视为水到渠成,因其积累了大量的历史数据,可判断企业的经营状况,自然就可做一些贷款业务。

而营销的获客和留客功能也都可以附加在支付工具上。比如,在线下的场景里把支付、库存管理、SKU、收银全部整合在一起。针对客户的消费行为,帮企业做更精准的营销。

无论是 2.0 时代还是初级阶段,风险控制都是支付平台的命脉。当日,快钱公司副总裁兼风控负责人顾卿华还详解了支付业典型的风险案例和风控模型。

顾卿华表示,这两年来的风险案件出现新的趋势,移动设备、无卡消费(无须银行卡,仅凭卡号、密码或验证码授权等)的风险在加剧,敏感数据和信息泄露的危险也增多,支付犯罪也出现集团化、复杂化和组织化的趋势。

风控整体流程为,每一笔交易进来都会过一遍风控系统,检查是否有风险特征。有问题的交易会被拦截下来,或发到商户、发卡行做进一步调查。出现问题的客户被延迟清算、终止服务,并加入黑名单,配合监管和司法机关调查。

具体来说模型怎么做,怎样识别交易中潜在的风险?

举例来说,通过 IP 的定位来发现潜在的风险。正常消费交易,每个人可能就在三四台设备上刷卡消费,如果一个人在十几、二十台设备上进行刷卡消费,就是异常行为。另外,每张卡的卡密,卡号码包含很多信息,如这张卡是谁发的,是借记卡还是贷记卡,可以根据这些信息做出分析。

这是对交易本身信息的分析,包括消费的频率、低级的校验等。此外还会跟商户有一些数据的共享,包括正面数据、侧面数据及建模。

但实际情况是,有的风险拦都拦不住。例如,广州一家机票代理公司,在 2013 年 10 月的三天内发生 15 笔盗卡事件,金额 7 万元,特征是高频率消费、短时间、购买有异常。快钱的监控人员第一时间就通知了商户,但是不法分子以长期合作和投诉威胁,机票代理商还是出了票。问题接踵而至,交易的信用卡是盗用的,不法分子拿到折扣很低的机票,再销售给正常的消费者。

从 5 月份以来用信用卡购买机票有一个飙升的趋势,监测到这一情况,快钱直接派人到航空公司客服常驻,一涉及伪卡投诉就转到快钱团队受理。包括机票的挂起、机票的撤销、核验信用卡、核验身份等。到 8 月份前后,伪信用卡购票欺诈明显有所减少。

虽然技术和模型已经较为完善，但风险事件仍然频发不止。央行2014年4月起暂停了8家第三方支付机构的新业务接入，至今未开放。

风控难点在于，首先，参与方大多协同合作困难。支付与监管机构、公安、银行、支付公司、银联、商户、消费者相关联，各方协同困难是目前管控不力的一个重要因素。比如盗刷案件被快钱拦截后，这个商户这张卡就会被禁止交易，但是他还可以在别的支付机构或其他POS机上使用。只有上下游机构同时禁用这张卡，整体信息安全水平才能提升。

其次，海量数据的分析能力也很考验平台的系统。以快钱为例，每天有上百万的交易，商户也超过百万，大概有上千万张卡信息在体系内流转。顾卿华称："这么大规模的交易，靠人工是没法做的，必须要有强大的系统及强大的数据分析能力。"

此外，快钱开始试水附加金融业务。顾卿华还介绍，快钱在支付行业多年的发展中积累了大量客户数据，而这些中小企业客户，在支付之外还有其他的需求，如理财、融资需求等。

包括快钱在内的多家第三方支付公司纷纷试水附加金融业务。除了快钱之外，汇付天下等也已在为其企业客户提供小额信贷和留存资金等附加增值金融相关服务。

数据是支付业涉足小额信贷的基础。"利用现有的资源，在支付平台上能够提供更丰富的金融服务。在这个过程中，我们会用到大数据，会利用更大的信息平台提供这种信贷服务。这样中小企业钱多的时候可以理财，钱少的时候可以融资。"顾卿华称。

目前整个中小企业及个人方面征信格局的变化也促进了其发展。央行已发布《征信业管理条例》，原来的第三方支付体系以金融服务、金融机构的交易和流水作为征信基础。而顾卿华认为，从互联网的思维来考量，包括交易的行为、更广泛的行为都应该成为征信的基础和依据。

（资料来源：http://www.lzfinance.gov.cn/html/2014/0807/220475.shtml，整理）

第五层次是潜在价值，是指服务产品的用途转变，由所有可能吸引和留住顾客的因素组成。如租用酒店套房的顾客可能不仅仅是为了休息，还把房间当作会见商务客人的场所等。

4.1.2 服务包

4.1.2.1 服务包的定义

服务包是指在某种环境下所提供的一系列产品与服务的组合，即提供的一种服务产品被认为是一个包裹，集合着各种利益和服务的提供。

服务包实质上是服务产品的组合，是满足目标市场需求的一系列服务，是一系列无形和有形的服务要素的组成，是核心服务和附加服务的有机结合，这就是所谓的服务包模型理论。

服务包包含三个方面的内容（见图4-2）。

1. 核心服务

核心服务是企业的服务产品为市场所接受的关键，它是服务产品最基本的功能，满足顾

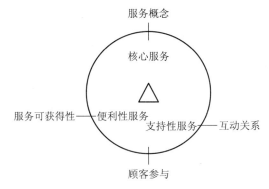

图 4-2 基本的服务包

(资料来源:格鲁诺斯.服务市场营销管理,吴晓云,冯伟雄,译.复旦大学出版社,1998.)

客对这类服务最基本的需要。如航空公司提供的运输服务,宾馆提供的住宿服务等。对一个服务企业来讲,可以同时提供多个核心服务。

2. 便利性服务

便利性服务是方便核心服务使用的附加服务。在有些情况下,便利性服务是实现核心服务必不可少的服务,没有便利性服务,核心服务就不可能实现或者不能顺利实现。如航空公司的订票服务和接送顾客到机场的服务等,没有这些服务,顾客就无法使用核心服务。

3. 支持性服务

支持性服务也是一种附加服务,但与便利性服务的功能不同,它不是方便核心服务的消费和使用,是基本服务以外的供顾客能够感受或在其模糊意识中形成的其他利益,是用来提高服务价值,或者使企业的服务与其他竞争对手的服务之间产生差异性,以取得服务产品在竞争中的差异化优势。如宾馆向顾客提供当地的旅游地图和旅游手册就属于这一类服务。

有时候,便利性服务和支持性服务是不易被区分的,一些服务在某个时间或某个场合是便利性服务,而在另外的时间或地点却可能是支持性服务。但不管怎样,对二者加以区别是十分必要的,因为便利性服务是必需的、不可或缺的,而且往往是义务的。没有便利性服务,企业的基本服务组合就会失去意义,顾客也不会购买服务。而支持性服务不是不可或缺的,缺少了支持性服务,核心服务仍然可以发挥作用,但服务对顾客将缺乏吸引力和竞争力。

4.1.2.2 扩大服务供给

服务包的质量不仅取决于所开发的服务包所包含的若干服务的组合,而且还取决于服务过程,即服务过程也会对服务包的质量产生影响。从管理的角度来看,服务过程即服务传递的过程,由三个基本要素组成:服务的可接近性、买卖双方的相互作用和顾客参与。

1. 服务的可接近性

服务的可接近性是指顾客能否比较容易地接触、购买和使用服务。服务的可接近性取决于：

- 服务人员的数量和技能；
- 服务工作的时间以及服务工作的时间定额；
- 服务网点；
- 服务场景的摆设和布置；
- 接受服务的顾客数量和他们的知识、素质等。

如果一家服务企业不能立即向消费者提供所需的服务，该企业的服务就没有可接近性，这将严重影响顾客对服务产品质量的认知。

2. 买卖双方的相互作用

由于服务生产和消费的不可分离性，顾客与服务提供者的相互作用将直接影响顾客对服务质量的感知。这种相互作用包括：

- 服务人员与顾客之间的相互沟通；
- 顾客与组织的各种物资和技术资源的相互作用；
- 顾客与企业规章制度之间的相互作用，如维修制度、预约制度、申诉处理制度、接待制度等；
- 顾客与其他顾客之间的相互作用。

3. 顾客参与

在一般情况下，顾客都将参与服务产品的生产过程，因为服务产品的生产和消费是同时进行的，顾客直接参与服务产品的生产过程，并影响到他们对服务产品的认知。比如，在服务过程中，顾客通常会被要求填写一些表格，提供一些信息等，如果顾客对此有充分准备，或者愿意去做这些事情，则无疑会提高服务产品的质量。

4.1.3 服务产品组合

4.1.3.1 服务产品组合的定义

菲利普·科特勒对于产品组合的定义是一个特定销售者出售给购买者的一组产品，包括所有产品线和产品品目。

服务产品组合由各种各样的服务产品线所构成。它具有宽度、长度、深度、相容度，这些概念以某酒店的产品为例来进行说明，如表4-1所示。服务产品线是相关联的一组服务产品。这些服务出自于同一生产过程，或针对统一的目标市场，或是在同一销售渠道里销售，或属于同一服务档次。比如，酒店提供不同的房间在同一销售渠道销售；飞机提供头等舱与经济舱两种服务，服务过程完全同一。服务产品线宽度（广度）是指公司具有服务产品线的数目，在表4-1中，服务产品线宽度是三条产品线。服务产品线长度是指产品品目总数，在本例中是16个。服务产品线深度是指各产品线中有多少品种，产品组合的相容度是指各条服务产品线在最终用途、生产条件、分销渠道和其他方面的相互关联的程度。由于客房服务、餐饮服务与会议服务总是很容易为客户所共同利用，可以说酒店的服务产品线具有很高的相容度。

表 4-1 某酒店产品组合和产品线长度

服务产品线长度	服务产品组合的宽度		
	客房服务产品	餐饮服务产品	会务服务产品
	单人间	中餐服务	贸易展销会
	标准间	西餐服务	化装舞会
	双人间	风味食品服务	宴会
	双套间	酒吧服务	冷餐会
	多套间	咖啡厅	鸡尾酒会
	总统套房		

4.1.3.2 服务产品线决策

服务业与制造业具有显著的区别，因此在服务产品组合中，服务产品线决策也有着自己的特点。服务产品线更注重的是：产品线分析、宽度（多种服务项目还是少量服务项目）及长度扩展决策。

1. 服务产品线分析

服务产品线经理需要知道服务产品线上的每一个产品项目的销售额和利润，以及他们的服务产品线和竞争对手的对比情况。首先，服务产品线经理需要了解服务产品线上的每一个产品项目对总销售量和利润所做贡献的百分比。如果某个项目突然受到竞争者的打击，服务产品线的销售量就会急剧下降。把销售量高度集中于少数几个项目上，则意味着服务产品线脆弱。防止服务产品线脆弱的最佳方式是进行特色营销，运用扩展服务进行差别化营销，否则公司必须小心监视并保护好这些项目。服务产品线经理还应考虑将某一销售不畅的服务产品从服务产品线上撤除。其次，服务产品线经理还必须针对竞争者服务产品线的情况来分析一下自己的服务产品线的定位问题，当然，对服务业来说，同时还需考虑市场定位的问题。例如，本地还没有哪家酒店提供针对商务女客的楼层，如果某酒店认定这方面有大量的尚未满足的需求，并且它有能力设置该产品及制定适当价格，它就应当在服务产品线上增加这一产品项目。

2. 服务产品线的宽度

对服务产品线宽度起决定作用的是企业的战略目标。跨国咨询公司希望客户感受自己宽广的服务产品线；固定成本高的服务企业需要扩大市场份额，因此希望加宽其服务产品线；采取差异化策略针对多个细分市场的企业也采取同样的方式；反之，采用集中化策略意图扩大对自己目标市场的服务的企业，就会保持或缩小自己服务产品线的宽度。采用这种决策与否的衡量指标在于增量收益（指增量收入减去增量成本的值）的正负，即若扩大服务产品线后,增加的收入大于等于增加的成本,那么就可以考虑加宽服务产品线。

3. 服务产品线的长度

服务产品线长度的安排同样受企业战略目标的影响。那些希望有较高的市场份额与市场增长的服务企业将有较长的服务产品线。如果一些项目无法提供利润,它们就会被忽视。追求高额利润的服务企业宁可具有"经慎重挑选的"项目组成的服务产品线。与生产企业相似,服务产品线也具有不断增长的趋势。其模式是:服务产品线随意增长——大量削减,该模式会重复多次。

企业可以采用两种方法来增加其服务产品线的长度:服务产品线扩展及服务产品线填充。

每个服务企业的产品线只是该行业整个范围的一部分,如果其超出现有的范围来增加它的服务产品线长度,这就叫服务产品线扩展。服务产品线可以向下扩展、向上扩展或双向扩展。

(1) 向下扩展。许多企业最初位于高档市场,随后将服务产品线向下扩展。企业可能出于如下原因而延伸其服务产品线:企业在高档服务产品市场上受到攻击,决定以拓展低档服务产品市场作为反击;企业发现高档服务产品市场增长缓慢;企业最初步入高档服务产品市场是为了树立产品质量形象,然后再向下延伸;企业增加低档服务产品项目,是为了填补市场空隙,否则,其竞争对手会乘虚而入。采取向下扩展的策略时,企业会有一些风险。新的低档服务产品项目也许会蚕食掉较高档的服务产品项目,因为低档位细分市场可能会吸引高档位细分市场的客户。企业向低档服务产品市场延伸可能会激发竞争者将服务产品项目相应地转移到高档市场。

(2) 向上扩展。在市场上定位于低档服务产品的企业可能会打算进入高档服务产品市场。它们也许被高档服务产品较高的增长率和较高的利润率所吸引;或是为了能有机会把自己定位成完整服务产品线的提供者。向上扩展的决策同样可能存在风险。管理者和服务人员可能会因为缺乏才能和培训,不能很好地为较高档的服务产品市场服务;在低档位上赢得的形象可能无法吸引高档位的客户。

(3) 双向扩展。定位于市场中端的企业可能会决定朝上下两个方向延伸其服务产品线。马里奥特公司对其旅馆供应线实行双向扩展。在其中档价位旅馆的旁边,为高档市场增加了马里奥特侯爵线,为较低档市场增加了庭院线,而集市式小旅店则安排度假者和其他有低档需求的旅客。该战略的主要风险是旅客在其他的马里奥特连锁旅馆发现了低价并能提供他们相应的同等满意服务时,就会转向低价服务产品。但对于马里奥特公司来说,顾客选择了低档服务产品总比转向竞争者好。

服务产品线可以拉长,办法是在现有服务产品线的范围内增加一些服务产品项目。采取服务产品线填充决策有这样几个动机:获取增量利润;满足那些经常抱怨由于服务产品线不足而使销售额下降的旅游代理商;充分利用剩余的生产能力;争取成为领先的服务产品线全满的企业;设法填补市场空隙,防止竞争者的入侵。

4.2 服务创新

4.2.1 服务创新的必要性

由于服务的无形性,例如医疗服务、瑜伽课程和英语口语培训,它很难描述和传递给别人。当服务要在一段长时间内实现时,如一周的旅游度假、6 个月的咨询服务及 10 周的减肥项目,它的复杂性将提高,并更难以定义与描述。再者,服务是由员工向客户提供的,员工千差万别,几乎没有两种相同的服务,或者顾客经历过两种相同的服务方式。也就是说,服务的特性,是服务设计面临的主要挑战。

因为服务的生产与消费同时进行,并且员工与顾客之间经常互动,因此,新服务开发过程中既包括员工又包括顾客且均为至关重要。新服务产品开发、设计和实施时让员工参与将极有益处。在心理与身体上与顾客最为接近的服务员工能识别出顾客需求,在确定新服务该满足客户怎样的需求时可以提出有价值的意见。员工参与设计开发过程,同时可增加新服务成功的可能性,因为他们可以指出组织中存在的问题,解决这些问题才能支持提供给顾客的新服务。

因为客户经常是服务实施过程的参与因素,所以新服务开发的过程也应让他们参与。客户除了可以提出其自身需求外,还可以帮助设计服务概念和服务实施过程,特别是当他们也是服务过程的一部分时,其帮助会更为重要。万豪国际酒店公司就因其让客户参与酒店客房设计而闻名,客房中家具的特点和布置不只是出于房屋设计者的目的,或为服务人员方便,主要的是受住客欢迎。

目前,由于一些企业的资源有限、竞争能力较低而缺少创新动力或受到政府的管制和限制、服务产品的创新难于有形产品的创新等多方面的原因,服务业的新产品开发问题还没有引起大多数企业的足够重视。但是,随着服务业的不断发展、市场竞争的日趋激烈,服务企业要想取得成功,绝不能仅仅依靠现有的服务产品,而必须开发新服务产品。

• 开发新服务产品是保持企业竞争力的需要,为维持现有销售或成果及获得足够资金以适应市场变动的需求,就必须开发新服务产品。

• 在服务产品组合中弃旧换新,取代已经不合时宜及营业额锐减的服务产品。

• 利用超额生产能力,如多余的剧场座位或体育中心的未利用健身设施等,新服务产品的引入可以创造优势利益。

• 抵消季节性波动,许多服务业企业,如旅游业可能存在各种季节性销售波动,新服务产品的引入有助于平衡销售上的波动。

• 减低经营风险,目前的销售形态可能只是高度依赖于服务产品领域中的极少数服务而已,新服务产品的引入可以平衡目前偏颇的销售形态。

·探索新机会,新的市场机会的出现往往是由于一家竞争对手企业从市场撤退,或者由于顾客需要的变化引致的。

4.2.2 服务创新的类型

服务产品在市场上总是经历着一个从成长到衰退的市场发展过程,所以服务企业要想在激烈的市场竞争中获得成功发展就必须不断地引入新产品,以适应不断变化的市场需求。因此,如何选择服务产品的发展方向是企业的一项主要决策。应该指出的是,服务营销学中新产品的含义要比科技开发中新产品的含义宽泛得多。通常,服务产品的创新主要从以下几个方面进行。

4.2.2.1 全新型服务创新

全新型服务创新是在服务理念、服务方式、服务技术和服务内产业与原有服务完全不同的服务。完全创新服务具有革命性,这种服务创新比例最低,会给人类的生活方式带来巨大的质的变化。如移动通信、互联网和电子商务的出现。完全创新服务的出现有时还意味着新的服务行业的诞生。

链接 4-2

2014 年中国十大金融创新

用手机微信就能购物,在小卖部也能刷信用卡,呼朋唤友凑钱众筹创业……金融创新,我们越来越在日常生活中切身感受到。新金融业态"流淌"的不是钱,而是人的体验。

过去,谈起金融业,联想到的是壁垒森严的准入制度、围墙高起的资本门槛,以及严丝合缝的游戏规则。如今,金融就在你的身边。当然,你还需要有管中窥豹、见微知著的本领——从一个个鲜活案例中,把握新时代金融演进的脉搏起伏。

榜样的力量是无穷的。在由深圳市政府中国贸促会、深圳市人民政府主办,深圳市金融办、深圳市贸促委、深圳国际商会承办,《快公司》中文版联合承办的 2014 深圳金博会创新金融论坛现场,组委会共同发布了"2014 中国十大金融创新案例",该评选已进入第二届,被视为金融未来新动向的"望远镜"。

·钱方 QPOS——来自北京钱方银通科技有限公司

钱方 QPOS 服务的主要服务对象是中国没有安装 POS 机的小微商户。商户只需将智能手机或平板电脑与它们提供的刷卡器相连,就能将其变成一台移动 POS 机,随时随地提供刷卡服务。钱方为小商户提供企业级的经营管理工具,解决了商户收款效率的问题。

·微信支付——来自深圳市腾讯计算机系统有限公司

微信支付是一款在微信平台的移动支付方式。2014 年,以微信公众号+微信支付为基础,"微信智慧生活全行业"解决方案致力于帮助传统行业将原有商业模式"移植"到微信平台,并为亿万网友带来智慧生活方式。

- 众筹网——来自网信金融集团

互联网金融的核心是风险控制。众筹网平台上的项目发起人会在项目初期得到一部分预付资金,完成货物的交付,等用户确认后才能收到其他的款项。这对消费者或者投资人都是很好的保护。如今,风险控制也成为互联网产品体验中的重要一环。

- 广发银行"24小时智能银行"——来自广发银行

作为广发银行自主研发并获得国家设计专利的产品,广发"24小时智能银行"通过应用先进的自助金融服务机具,有效整合远程视频、身份识别、传统自助机具等元素,创造出一种崭新的金融服务模式。实现了从"服务为王"向"体验为王"的升级。

- 南方创投网——来自深圳互联网投融资服务平台

南方创投网是中国首家由政府主导的非营利性高科技领域O2O股权债权众筹平台,它凭借深圳高科技创新中心的定位与宽松活跃的创投氛围环境,开创了国内政府互联网服务O2O的先河。

- 安心牛——来自深圳市小牛电子商务有限公司

在优质的P2P平台上,项目风险可控、收益高,经常一发布即被抢购一空。小牛在线为帮助对流动性有不同需求的理财人获取较高的投资收益,推出了安心牛理财计划。只需操作一次,投资资金便会自动投向平台项目,可最大限度地提高用户的资金利用率。安心牛理财计划帮助理财人摆脱"僧多粥少"的困局,将项目和理财人进行了科学的对接和分配。

- 招商银行咖啡陪你——来自招商银行

招商银行联合韩国咖啡连锁品牌——咖啡陪你Caffebene启动创新合作,在国内推出咖啡银行。该案例再次探索了银行业零售化经营的可能性,并成为股份制银行另一种形式上的网点扩张。从银行业发展的趋势来看,未来银行的"零售化经营"将成为一种全新的尝试。

- 阿里小额贷款——来自浙江阿里巴巴小额贷款股份有限公司

浙江阿里巴巴小额贷款股份有限公司首创了从风险审核到放贷的全程线上模式,向通常无法在传统金融渠道获得贷款的弱势群体批量发放小额贷款。通过阿里巴巴、淘宝等电子商务平台,收集客户积累的信用数据,并进行量化处理。阿里小额贷款项目因其独特的平台优势在同类服务中具有不可复制性。

- 88财富——来自中科创金融控股集团

作为引领互联网金融2.0时代的全球资产配置门户网站,88财富网首创B2C+O2O互联网金融模式,以"固定+浮动"+"纯浮动"收益类产品方式进入资本投资领域,为客户提供全球资产配置的定制理财服务。

- 橙e网——来自平安银行股份有限公司

橙e网要做的,是搭建一个电商云服务平台,让中小企业的订单、运单、收单、融资、仓储等经营性行为都在上面跑,同时引入物流、第三方信息等企业,为企业提供配套服务。纵观银行与互联网金融的融合创新,该平台是银行首次在模式上不再跟随互联网金融,是

"不一样"的创新。

（资料来源：http://china.huisou.com/news/2014_11_10/253936_0/.）

4.2.2.2 替代型服务创新

新服务产品包括一切为现有市场的同类需求提供的新服务，而该市场已存在产品满足同类需求。比如，健身俱乐部为健康服务提供了不同的形式，ATM成为新的银行货币流动形式，一项上门接送旅客的机场班车服务与传统的出租车和客车服务形成竞争。该方向除了有创新的风险，还有同竞争对手争夺市场份额的危险。替代型服务创新是动用新的服务手段和服务技术来实现原有的服务，如ATM自动取款机，网约车等。替代型服务与原有服务相比，服务内容是相同的，但服务手段不同。替代型服务的出现将加剧市场竞争的激烈程度。

案例 4-1

麦当劳全面启动 24 小时"麦乐送"送餐服务

2009年5月18日，麦当劳（中国）有限公司宣布在北京、广州、深圳三大中国主要城市，全面启动麦当劳24小时送餐服务——"麦乐送"，并将开始在武汉、南京、天津等城市不断拓展该项服务。消费者可随时随地拨打"麦乐送"服务的统一订餐热线4008-517-517，足不出户即可畅享优质美味的麦当劳食品。

作为麦当劳（中国）长期发展战略的组成部分，"麦乐送"服务的启动是麦当劳对传统餐厅经营模式的延伸，旨在为消费者提供更为便捷的就餐体验，令消费者无论在家还是在办公场所都能随时享用到与麦当劳餐厅内同样高品质的食品。"麦乐送"24小时送餐服务，承诺30分钟内送达预定地点（极端天气情况和不可控因素除外），且不设最低消费限额。

麦当劳（中国）将"麦乐送"服务范围延展到中国更多城市，更加强了其在便捷餐饮行业的领先地位。麦当劳于一年前首先在上海全面启动"麦乐送"服务，市场反响非常热烈。无论是忙碌的家长、因工作繁忙无法外出就餐的上班族，还是深夜观看比赛的年轻人，"麦乐送"服务都能令他们24小时随时随地享用到优质美味的麦当劳产品并体验到极大的便捷性。

麦当劳中国首席市场官张家茵表示："我们的市场调查显示，如今的中国消费者对餐饮服务的便捷性要求不断提高。'麦乐送'能让消费者随时随地享用到麦当劳的美食，以帮助他们提高工作和生活效率。'麦乐送'高度集约及无缝连接的服务系统能够追踪每一份订单的进程，掌握从接到消费者的订餐电话直至食品送达消费者手中的每一步情况。这些物流系统的支持为'麦乐送'服务提供了强有力的保障，使我们能够做到24小时全天候送餐，即使在营业高峰时段也能实现30分钟内送达的承诺。"

"麦乐送"的统一订餐热线不仅提供普通话服务,还提供了英语服务,为在中国的外籍人士带来了同样便捷及友好的用户体验。

(资料来源:http://finance.sina.com.cn/g/20090519/14136246202.shtml.)

4.2.2.3 扩展型服务创新

这是指向组织现有的顾客提供组织原来不能够提供的新服务(也许其他组织可以提供)。例如 Barnes and Noble(一家成功的零售书店)开始提供咖啡服务,一家健康俱乐部开设营养课程,邮局开办储蓄业务,银行代售保险产品等,都属于扩展型服务创新。

案例 4-2

麦当劳叫板星巴克,涉足咖啡连锁服务

麦当劳似乎并不满足于只有肯德基一个竞争对手,而今,它又把"枪口"对准了星巴克。已在美国、欧洲等地借低价鲜煮咖啡抢了星巴克咖啡连锁店不少客源的麦当劳,2009年6月3日起在中国正式推出麦当劳鲜煮咖啡(又称"麦咖啡"),在国内七大城市与星巴克展开新一轮鏖战。

事实上,国内消费者对麦当劳餐厅的咖啡饮品并不陌生。早在2007年3月,麦当劳就在中国的餐厅推出了一款普通咖啡饮品——特级香浓咖啡。"可以无限量续杯服务"一度成为该咖啡饮品的最大亮点。另外,麦咖啡在2000年分别在北京、上海、深圳等地开了5家咖啡店,这些店是独立于快餐店的,且一直处于试运营状态。而此次,麦当劳(中国)则选择依托现有的麦当劳餐厅资源推广麦咖啡业务。产品不仅在普通门店、得来速餐厅有售,还被纳入到麦当劳最新推出的24小时"麦乐送"外卖送餐的菜单中。

麦咖啡以鲜煮、平价、24小时供应为卖点,在经济低潮期对坚持走高端路线的星巴克具有一定优势。但业界认为,麦咖啡的短板在于消费环境,在现有餐厅内销售,较嘈杂的消费环境与咖啡主力消费群追求小资的预期存在差距。

(资料来源:http://house.sohu.com/news/2009-06-03/687095.html.)

4.2.2.4 延伸型服务创新

延伸型服务创新是在原有的服务产品线中开发新的服务项目。增加产品线长度。如饭店增加新的菜谱,航空公司增加新的航线,法律咨询公司增加新的法律服务项目,大学开设新的课程。选用这个方向投资较少,技术和营销方式也已具备,但是创新的效果不会很突出。

4.2.2.5 改善型服务创新

改善型服务是服务变革中最普遍的一种形式。是对原有服务在服务程度、方式、手段、时间、地点、人员等方面进行的改进和提高,实质上是对产品核心层以外各层次进行改善,以调整产品的期望价值、增加顾客的附加利益等。包括加快已有服务过程的执行,延长服务时间,扩大服务内容等。

案例 4-3

全国逾300家星级酒店推出延迟退房活动

饱受诟病的"12时退房"规则正在被悄悄打破,昨天起,包括广州在内的全国300多家星级酒店在携程旅行网的倡议下,联合举行"延迟退房"活动,多数酒店将退房时间延迟到了14时,有的则延迟到了15时、16时。而以前,客人只要超过中午12时还未退房,就要加收半天的房费。

按照国际惯例,客人一般要到下午2时以后才能入住酒店,但第二天中午12时前必须退房,否则就要加收半天的房费,如果超过第二天下午6时,则要加收全天的房费。但实际上,很多出差的客人很晚才会到酒店入住,第二天中午12时前又要退房,入住酒店的时间往往只有半天左右,却仍然要支付全天的房费。因此,"12时退房"的规则饱受旅客抱怨。

2009年6月1日携程旅行网联合国内300多家知名酒店,正式推出了"延迟退房"活动。北京、上海、广州、天津、重庆、哈尔滨、大连、青岛、西安、南京等30多个城市的300多家酒店参与了这一活动。活动时间从6月1日持续到7月31日,为期2个月。

广州不少知名的酒店都参与了这项活动,总共有13家。其中,五星级的酒店有白天鹅宾馆、中国大酒店、花园酒店、东方宾馆、丽思卡尔顿、富力君悦,等等。

(资料来源:广州日报,2009-06-02.)

4.2.2.6 风格转变型创新

风格转变型创新是服务变革中最为时尚的一种形式,表面上这种改变最为显眼,并可能在客户感知、情感与态度上产生显著影响。改变饭店的色彩设计,修改组织的标志,或给飞机涂上不同的颜色都是风格转变。但这些改变并不是从根本上改变服务,只是改变其外表,犹如为消费品改换包装一样,但可能带动服务创新。

案例 4-4

"禅酷"监狱主题餐厅——打造另类餐饮服务

尽管众说纷纭、莫衷一是,京城第二家"禅酷"主题餐厅还是开了业,而且第一次"杀进"了北京高档写字楼。到"禅酷"就餐,不能称呼就餐,要叫"探监"。手拿着请柬进门,门口狱警打扮的服务员打着招呼:"给您的通缉令收到了?"别大声唤服务员点菜,那太让人笑话。要说:"牢头,下判决书了。"买单时掏出打折卡,对方核对准确无误,方可确认您可以"减刑",在"狱警"眼里,"探监"者是传说中的上帝,"牢头"亲自服务,典狱长上菜端饭。

作为北京第一家监狱主题餐厅"禅酷",曾备受争议。只因为它用餐环境的设计和奇怪的菜品名称都和监狱有关。餐厅是黑色为主色调,门前草地里伸张着几只狰狞的手,大门用铁皮打造,铁栏杆做门窗、铁链子做门帘,门口有头戴钢盔的"卫兵"把守,服务员身着狱卒服饰,四个透明的VIP包间的玻璃外围着很粗的铁栅栏,像是没有"逃脱"可能的"铁笼",其中还将"拘留室"等都当作雅间的名字。

楼梯走廊的墙上挂着古今中外的"刑罚"示图及张贴的一些法律条文,三军仪仗队员在室内巡逻,"看囚牢""管囚犯"与食客合影是"狱警"的职责。派送节日礼物时,情人节不送玫瑰送手铐,看菜单,菜名与主题遥相呼应,如"铁板烙刑、活埋、凌迟、刑满释放、黄色犯罪,牢房相思饭"等都让人感觉到"残酷"。

菜上桌后,方知竹签上串上七八条大虾美其名曰"签刑",馅饼干脆叫"残酷烙刑",热锅里用石子拌牛肉叫"烙刑",海螺肉从壳里扯了出来就是"刑满释放","大刑"就是牛排,加上独特配方的酱料,配菜里除了一朵黄瓜刻成的花外,还有一个红色的梨。尤其是参茸炖乌鸡这里被称为"男犯汤",米饭改头换面被称为"重犯"。

"禅酷"餐厅因为另类,一直备受喜欢新奇事物的都市人、追求时尚的白领和演艺界人士欢迎,独特的服务创意吸引了不少顾客,在短短一年时间之内成为北京乃至全国知名度甚高的主题餐厅,曾有"排队坐监狱,抢吃杀头菜"的火爆人气,其老板谈起开办此主题餐厅的初衷,坦承只是希望人们认识犯罪,远离犯罪,远离监狱。客人用餐完毕后,饭店会向每一位客人送上削好的水晶梨子,暗示大家应该远"离"监狱。

新的"禅酷"店实施了一些变革,将整个餐厅划分成有烟区和无烟区,向国际潮流又靠近一步;将专业美工请进厨房,监察菜肴的色香味和安全系数,打破了厨师烧出来的菜就是最后成品的传统观念,此举已经引起了国内餐饮业同行的关注。

简洁的装修、宽敞的大厅、周到的服务,确实代表了一种另类,但这种另类也让人感到有点"残酷":黑栅栏的层层包围给人太沉重的心理压力,"刑满释放""抗拒从严"等特色菜名又让人有点不敢下口。可是有食客表示:"环境不错,味道不错,我喜欢。"既然有人愿意体验"残酷",那么,"禅酷"也就有了存在的必要性。

(资料来源:http://news.sohu.com/20051223/n241106403.shtml.)

4.2.3 服务再设计

许多企业推崇服务创新来代替过时或者衰落的服务,他们发现对现存的服务进行再设计也是另一个进行服务开发和发展的可行方法。服务再设计作为提高客户利润或者降低客户成本方面的潜在方法一般包括以下五种类型。

4.2.3.1 自助服务

一种再设计的方法是将客户转变为生产者的模式,而不是一个被动的、接受者的方式。在这种情况下的服务流程再设计能够在人员控制、利用率和准时性方面提高客户利益。自助服务最普遍的例子是通过互联网提供服务,如互联网银行业务。

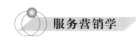

链接 4-3

"建行网银盾"自助服务工具

网上银行简便快捷,将成为越来越多客户的选择。可是,客户最担心的是网上银行的安全与方便问题。根据建行95533客户服务中心对客户的来电咨询分析,此前建行客户来电中有较大比例的咨询与电子银行应用有关,而有关USB Key使用和证书下载又占电子银行应用的绝大部分。从支付宝建行工作室等互联网论坛看,有关USB Key和证书下载的问题也是论坛中客户讨论的热点问题。

为此,建设银行于2008年9月推出了"建行网银盾"工具,目的是推广自助服务。该工具是一种高强度网上银行安全产品,是将预先制作好的电子证书在银行内部环节就直接写入USB Key中,客户在网上银行操作时,如果签约并领取了预制证书即"建行网银盾",其以后的网上银行操作将不再需要下载数字证书,改变了以往客户在取得空白USB Key后,使用网上银行之前还须手动下载证书的做法。操作流程更简单、快捷。

(资料来源: http://finance.sina.com.cn/money/bank/bank_opration/20080916/11205307908.shtml。)

4.2.3.2 直接服务

直接服务意味着直接为客户提供服务而不是要求客户来找服务提供商。这可能意味着在客户的家里或工作地点为客户提供服务。食品和干洗衣物都可以送到办公室,在家里进行宠物装饰,车漆的自动维修及计算机远程教育和培训服务都是企业为客户提供直接服务的例子,而不要求客户去服务提供商所在的地方。

4.2.3.3 提前式服务

这种类型的再设计指的是简化或者提高服务的活力,主要关注的是前台的流程。一家旅馆或者租车中心的快速结账,医院的预约手续,预付高速公路使用费都是这样的例子。前台服务更有效率,能够在真正的服务传递过程中极大地改善客户的体验。

4.2.3.4 综合服务

综合服务将现有服务分组,或者将多种服务结合在一起,是另一种服务再设计的方式。对客户来说,这样做的好处在于可以获得更高的价值和便利性,这可能要比独立购买每一项服务好得多。

4.2.3.5 实体服务

实体再设计是指通过改变与服务相关的有形物或者服务的物理环境来改变客户体验。Midway Express航空公司就主要通过对飞机内部进行再设计改变了整个飞行体验。皮革的座位两个一排的排列,瓷盘子,棉布的餐巾等都是通过有形产品和服务场景再设计来提供新体验的方式。

4.2.4 新服务产品开发的程序

服务企业主要通过两种途径引入新服务产品：一是通过购买或特许经营的方式从外部获得；二是企业自主进行新服务产品的开发。无论哪种开发策略都有风险，并且新服务产品开发的失败率都相当高。有研究报告指出：新服务产品的失败率中消费品占40%，工业品占20%，服务占18%。导致新服务产品开发失败的因素主要有产品构思上的错误、实际产品没有达到设计要求、市场定位错误、营销策略失误或产品设计达不到顾客要求等，因此，同有形产品的开发一样，开发服务产品也要遵循科学的程序。新服务产品的开发也需要经过构思、筛选、概念发展和测试、商业分析、开发试制、市场试销和正式上市等7个步骤。

4.2.4.1 构思

构思是对未来产品的基本轮廓架构的构想，是新服务产品开发的基础和起点。这些设想可以通过许多方式产生，既可能来自企业内部，又可能来自企业外部；既可以通过正规的市场调查获得，又可以借助于非正式的渠道。这些构思可能是为公司提供递送新服务产品的手段，或者是为公司取得新服务产品的各种权利（如特许权）。从外部看，顾客、竞争对手、科研机构、大学和海外企业的经验都是企业获得构思的主要来源；从内部看，企业科技人员和市场营销主管人员是主要的来源，同时，一般职工的设想对新服务产品开发者也具有启示意义。

4.2.4.2 筛选

对于所获得的构思，企业还必须根据自身的资源、技术和管理水平等进行筛选，因为有些构思甚至是比较好的构思并不一定能付诸实施。通过筛选，可以较早地放弃那些不切实际的构思。当然，在筛选阶段，企业一定要避免"误舍"和"误用"两种错误。

筛选的过程主要包括两个步骤：首先，建立比较各个不同构思的评选标准；然后，确定评选标准中不同要素的权数，再根据企业的情况对这些构思进行打分。可供服务企业采用的标准有：市场大小、市场增长状况、服务水平和竞争程度等。必须强调的是，没有任何一套标准能适合所有的服务业公司，各企业都应该根据自身的资源情况开发并制定出自己的一套标准。

4.2.4.3 概念发展和测试

经过筛选后的构思要转变成具体的产品概念，它包括概念发展和概念测试两个步骤。产品构思是企业提供给市场的一个可能的产品设想，产品概念是用消费者语言表达的精心阐述的构思。在概念发展阶段，主要是将服务产品的构思设想转换成服务产品概念，并从职能和目标的意义上来界定未来的服务产品，然后进入概念测试阶段。概念测试的目的是测定目标顾客对于产品概念的看法和反应。此外，在发展和测试概念的过程中还要对产品概念进行定位，即将该产品的特征同竞争对手的产品做比较，并了解它在消费者心目中的位置。

在服务产品概念的发展中，另一个相关阶段是服务产品定位。服务产品定位是指一家公司的服务产品形象表现相对于其竞争性服务产品，或者相对于其本身组合中的其他服务产品

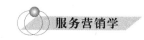

的相关视觉呈现。此种呈现方式的主要作用在于，使服务产品的属性与竞争性产品相比较，使顾客将其与本身需求产品的可接受性相比较，从而突出新产品的市场形象。

4.2.4.4 商业分析

商业分析即经济效益分析，是为了了解这种产品概念在商业领域的吸引力有多大及其成功与失败的可能性。具体的商业分析将包括很多内容，如推广该项服务产品所需要的人力和额外的物质资源、销售状况预测、成本和利润水平、顾客对这种创新的看法及竞争对手的可能反应。毫无疑问，在这一阶段想要获得准确的预测和评估是不切实际的，企业只能做一个大体的估计。一些常用的分析方法如盈亏平衡分析、投资回收期法、投资报酬率法等将非常有助于企业的商业分析。在此阶段经常需要一些开发性技术和市场研究及新服务产品推出上市的时机掌握和成本控制手段。

4.2.4.5 开发试制

产品构思经过概念发展和测试，又通过商业分析被确定为是可行的话，就进入了具体服务产品实际开发阶段。因此，企业要增加对此项目的投资，招聘和培训新的人员，购买各种服务设施，建立有效的沟通系统。此外，还要建立和测试构成服务产品的有形要素。新服务产品开发的阶段与制造品不同，除了必须注意服务产品的实体性要素之外，更要注意服务产品的递送系统。

4.2.4.6 市场试销

由于服务产品的不可感知性特征，服务企业并无实体产品可供测试，而对顾客用服务的观念来进行描述则显得比较困难。所以，只有实际的市场销售，才是检验服务产品优劣与否的一个最为可行的办法。如果顾客满意，就要为新服务产品制订预备性的市场营销方案，在更为可信的消费者环境中进行测试。其目的在于了解消费者和经销商对此服务产品有何反应以及新服务产品的市场效果，并再次鉴定这个新服务产品的市场规模，以确定是否正式投产。

4.2.4.7 正式上市

这一阶段意味着企业正式开始向市场推广新服务产品，即新服务产品进入市场生命周期的引入阶段。企业必须在新服务产品上市之前做出以下决策，即在适当的时间和适当的地点，采用适当的推广策略，向适当的顾客推销其新服务产品。显然，企业市场营销组合战略正确与否将直接影响到新服务产品正式上市后的销售效果，因此该阶段也是比较重要的阶段。

科特勒认为新服务产品在正式上市时，应做出以下四项基本决策。

- 何时推出这项新服务产品？
- 从何处开始推出新服务产品？该新服务产品是地方性的、区域性的、全国性的还是国际性的？
- 向什么人推出新服务产品？
- 如何开始推出新服务产品？

4.2.5 新服务产品的外观特征

在有形产品市场营销中，产品的品牌、颜色和包装等都会影响顾客的购买决策，这些要素在服务产品市场营销中也同样重要；而且，由于服务产品具有不可感知性，这些要素甚至会被消费者当成核心服务的一部分，因此需要引起企业的重视。买主对新服务产品的选择，可能是受到其有关的外观特征的影响。

在消费者看来，这些外观特征可能只是"核心"服务的基本部分，或是核心服务的"周边"。但一般而言，这些要素在服务产品营销上不太显著。不过，在服务产品规划的某些形式上，它们却是不可分割的整体组成部分。

4.2.5.1 服务产品品牌

顾客对服务产品的消费是一个感知的过程，企业通过建立服务产品品牌就意味着企业向顾客提供更多的价值，借此企业亦可以获得较高的利润。所以，尽管传统上品牌化被视为有形产品的专利，但现今的服务企业也开始建立自己的产品品牌。建立服务产品品牌是比较困难的，因为企业无法保证服务产品质量始终如一。从现有服务产品的品牌看，它们大都表现为企业的名称，这意味着企业名称将成为显示服务产品差异化的主要原因，而消费者对于服务产品的评价也将主要依赖于对服务企业本身及其职员的评价。

4.2.5.2 服务产品专利

服务产品是不可感知的，为什么也有产品专利问题？服务企业很难阻止竞争者对其服务创新的仿制。由于缺乏专利保护，服务创新的生命周期大都很短，往往是刚刚上市，仿制品也就跟着进入市场。银行和航空公司就是最好的例证，由于缺乏专利保护，因而互相模仿的服务项目多得不可胜数。但是，对于某些服务行业来说，创新服务所需要的专业知识在一定程度上会给竞争者的快速仿制造成障碍。

4.2.5.3 服务产品售后服务

售后服务通常与有形产品的销售联系在一起，但是服务产品同样需要售后服务。例如，航空公司帮助旅客搭乘出租车、负责预订酒店；保险公司建议顾客随着个人条件的变化而改变投保策略；牙科医生在手术后给病人做定期检查等。售后服务是服务市场营销组合的一项重要内容，它不仅有助于企业扩大销售量，而且有利于提高顾客对企业的忠诚度，并且能够从顾客那里得到有关服务质量的信息反馈，从而有利于改进和提高服务质量。

4.2.5.4 服务产品保证

保证通常是与产品销售密不可分的，对服务营销者而言，保证可说是服务业营销策略上一个很重要的要素。在法律上，负责保证是卖方的事，已售出的东西必须由卖方保证能够使用或能满足某些条件。这种承担分为两个部分，即"隐含性保证"及"明示性保证"。

隐含性保证是经由立法程序而存在的，而无论卖方有无明白表示过都须负责。明示性保证是由卖方表明提供。明示性保证经常被用作销售促进和卖方自我保护的手段。

此外，如果能完全实现其保证，甚至超过法律的要求范围（如航空公司处理延迟到达或被延误的乘客的方式），从长期来看，往往可以争取到更多的顾客并建立良好的关系。

案例 4-5

工商银行信用卡电子化服务创新

近年来,网络技术的快速发展和智能手机的日益普及为客户服务开辟了更广阔的空间。工商银行信用卡作为业内领军者在这场全新的服务渠道变革中同样反应迅速,紧跟科技潮流和社会需要,在电子服务领域不断创新致力于为广大持卡人提供更优质、便捷的用卡服务,为社会经济发展和群众生活改善提供有力支持。

1. 电子对账单创新

电子化的深入发展不仅改变着服务客户的方式,在具体到某一项服务项目时,客户也能感受到技术进步带来的根本性的变化,让我们以传统的信用卡每月对账单为例来对比感受这种无处不在的服务创新。传统的邮寄账单在每月账单日后要经过印刷、装运、投递等若干流程才能到达客户手中,而通过电子渠道在账单生成后即可获得每月账单,省去了诸多中间环节,不仅效率高,还节省了印刷纸张和邮寄费用,而且更加安全私密。从 2014 年起,工商银行面向信用卡客户广泛推广电子账单,使客户可在第一时间通过短信网银或者 E-mail 查看账单信息。其中短信账单是工商银行力推的最方便客户的对账方式。该方式除了可向客户提供还款金额、最低还款额、到期还款日等主要信息外,客户通过该短信可收到对账单周期内的全部交易明细,相当于把纸质账单的内容放在短信中,便于客户随时随地轻松对账。目前工商银行电子账单对纸质账单的替代率已达到 99%。

2014 年年末,工商银行推出自己的手机服务客户端,在保证客户信息安全的前提下实现面向客户的图文推送,信使通知,客户与 95588 客服人员的实时互动,建立客户与信用卡客户经理的一对多、一对一的个性化服务等,该客户端投入使用后现有短信、微信客户将通过该平台体验到更便利和安全的电子服务。

2. 渠道创新

电子服务渠道的创新近年来可谓层出不穷,丰富的服务渠道使客户不再单纯依赖于传统的营业网点,电话银行、网上银行、短信银行、微信银行如雨后春笋般出现,为他们提供了更多的选择和实实在在的便利。工商银行依靠自身强大的研发能力为本行客户打造出全方位的电子服务体系。

(1) 电话银行渠道 7×24 小时随时响应。

目前信用卡电话中心可受理发卡后 90% 以上的信用卡服务项目,日均客户来电 15 万条,已成为客户办理信用卡业务的首选渠道。电话渠道的创新包括系统功能和自助语音树两个方面。一是系统功能的优化创新节省了操作时间,极大地提高了人工效率;二是自助语音树的优化使语音菜单更加人性化,简单明晰的菜单设计大大提高了客户自助办理业务的比例。

通过利用先进的电子技术,不断改进客户服务质量,工商银行呼叫中心的各项业务指标达到了国际先进水平,客户满意度超过90%,实现了信用卡电话服务高品质平稳运营。

(2) 短信银行渠道业务种类同业领先。

作为工商银行在电子服务渠道的重大创新,短信银行一经推出,便以"灵动拇指,随发随查"的优势赢得了客户的广泛青睐。工商银行也成为国内首家全面提供人工及自助短信服务的商业银行,目前短信银行注册客户数已达1300余万户,日均业务量超过万笔。

短信银行是工商银行打造信用卡精品服务的重要举措,旨在为客户打造更优质快捷的服务渠道。工商银行不仅配备了专业的短信座席实时解答客户短信咨询,而且开通了30余项短信自助服务功能,针对查询还款金额、查询办卡进度、查询交易明细、定制电子账单、签订自动还款等客户最常用业务,客户只需发送固定格式的短信至95588即可在数秒内获得系统自动回复的查询结果。这项服务为客户带来很大便捷,客户满意度达到90%。

(3) 网络银行首创网上办卡。

工商银行的信用卡在线客服功能让个人网银客户通过网聊形式与客户经理直接交流。客户经理不仅在线解答客户咨询,还可协助客户进行账务查询网银操作业务。除在线客服外,工商银行还为客户提供网上办卡、网上对账等服务。网上办卡不仅在同业首创了个人客户网上申请信用卡的全新途径,集团客户网上办卡还实现了集团客户通过公司内网皆可链接至工商银行办卡专栏,快捷申领信用卡。工商银行还对电子对账单进行改良,新版账单格式更加清晰简明且多张卡合并于一份账单展示,客户只需打开一封E-mail即可一目了然掌握不同卡的消费情况。

(资料来源:http://www.yinhang.com/a_2014_1114_295598.html.)

4.3 服务品牌

4.3.1 服务品牌的含义

品牌是一个名称、术语、标记、符号、图案或是这些因素的组合,用来识别一个企业或一组企业的商品或服务,并与其他竞争厂商区别开来。

服务品牌是消费者对有形部分的感知和服务过程的体验的总和,是企业通过内部管理对消费者提供一致性服务的承诺。与无品牌服务相比,由于品牌服务提供给潜在消费者或顾客的品牌承诺,是无品牌服务所不具备的,顾客愿意为品牌服务支付溢价,当此溢价部分与品牌投入相当时,品牌的建设确保了企业更好地生存(无品牌服务的市场份额将被压缩);当此溢价部分超过了品牌投入时,企业产生了品牌利润。而面临激烈的市场竞争和生存的压力,对企业来说,品牌是企业获得客户、与强大对手抗衡时赖以生存和发展的必要策略。

如今,打造服务品牌已经不再是金融、电信、邮政等服务产业领域的专利,生产制造领域也迎来了服务品牌时代,服务品牌已成为许多行业关注的核心,在汽车行业,有一汽集团解放汽车公司推出的"感动服务"服务品牌,长安汽车集团推出的"长安——亲情服务"服务品牌，东风柳州汽车公司推出的"阳光在线"服务品牌，跃进汽车推行的"温馨360"服务品牌，别克汽车打造的"别克关怀"服务品牌、上海大众打造的"大众关爱"服务品牌；在家电、IT行业，有科龙集团的"全程无忧服务"服务品牌，方正科技的"全程服务"服务品牌，浪潮的"360°专家服务"服务品牌，PLUS（普乐士）的投影机专业"贴心24"服务品牌，EPSON（爱普生）的"EPSON服务"服务品牌，清华紫光电脑的"新境界"服务品牌，海尔中央空调的"五段全程标准服务"服务品牌；在连锁商业方面，有国美的"彩虹服务"服务品牌，苏宁的"家电头等舱服务"服务品牌；在公用事业方面，有新奥燃气的"361°服务"服务品牌，山东海润自来水集团的"润万家"服务品牌，等等。打造成功品牌，是众多企业正在努力的目标，而客户服务是品牌的一个关键组成部分，有时甚至比产品本身还重要。如果企业能够提供"品牌化"服务，也就是说让服务不仅成为品牌的"助推器"，而且让服务本身成为一个强大的品牌，那么，它在下一轮的竞争中必将赢得巨大的竞争优势。

4.3.2　服务品牌的构成要素

服务品牌包括两类要素：一类是展现在消费者面前，看得见摸得着的一些表层要素，如品牌名称、品牌标志等；另一类是在品牌表层要素中蕴含的该品牌独特的内层要素，如品牌的利益认知、情感属性、文化传统和个性形象等。

4.3.2.1　服务品牌的表层要素

服务品牌的表层要素主要包括两类，即品牌名称和品牌标志。

（1）品牌名称是品牌中可以被读出声音的部分，是形成品牌概念的基础。一个好的品牌名称能为品牌提供丰富的联想，让消费者更能体会品牌中蕴含的文化价值。

在服务品牌的发展过程中，服务品牌命名经历了一个由同质到差异、由普通到个性、由直白到概念、由行为到理念的过程。如科龙集团的"全程无忧服务"与方正科技的"全程服务"，从品牌名称上有同质化之感，并且在房地产、咨询服务领域的很多企业都打出了类似的服务品牌，必然影响到品牌个性与传播力。优秀的服务品牌同样始于命名，既要容易识别和突出行业特色，又要个性化，还要易于传播，如可以采用"主品牌＋辅品牌"的形式，或者是"主品牌＋服务品牌"的形式，如长安汽车集团的服务品牌"长安——亲情服务"、奇瑞汽车的服务品牌"快?乐体验"。其中，"快"代表更加快捷的服务，"乐"代表迅速提升的客户满意度；而二者之中的"?"代表奇瑞汽车的一切都将从点点滴滴做起。

（2）品牌标志是品牌中可以被识别，但不能用语言表达出来的部分，也可以说是品牌中的图形记号，通常为某种语言表达出来的部分，也可以说是品牌中的图形记号，常常为某种符号、图案或其他独特的设计。

品牌标志是品牌的"视觉语言"。它的独特标志能使消费者马上识别出该品牌，它的生动形象使消费者成为它的忠实用户，并在消费者头脑中产生一个深刻、形象的印象。品牌标志的动人形象使消费者产生喜爱的感觉，并进而萌发情感联系，使消费者成为品牌的忠实使用者。迪士尼公司富有冒险精神、正直诚实、充满童真的米老鼠标志不仅获得了儿童的热爱，也是许多成人喜欢的对象。

案例 4-6

希尔顿酒店集团推出全球生活方式品牌

希尔顿酒店集团 2009 年 3 月宣布，全球生活方式品牌 Denizen Hotels 将加入希尔顿品牌大家族。Denizen Hotels 遍布全球各地的各大国际交流中心，将竭诚满足全球各年龄段高层次时尚旅客的一切需求。

Denizen Hotels 是一个生活方式品牌，将吸引热衷于探险和独特体验，且具有独到品味的全球旅客，从而会进一步丰富希尔顿的"奢华与生活方式"酒店品牌组合，其中包括 Waldorf Astoria 大酒店、Waldorf Astoria Collection 奢华精选系列酒店和康莱德酒店。

柏林国际酒店投资论坛（IHIF）期间，希尔顿将在一个集装箱内为与会者展示经过重新诠释的品牌体验，以生动直观的独特方式为大家揭晓这一崭新品牌。集装箱的特别设计可令参观者步入并体验这一奇妙空间，这一大胆展示不仅充分体现了品牌兼收并蓄的理念和全球化的设计语言，更将环保可持续发展这一品牌核心价值观展现得淋漓尽致。

"denizen"这个词的字面意思就是"世界公民"，希尔顿酒店集团"奢华与生活方式"品牌全球总裁 Ross Klein 说道："我们打造这一全新品牌就是为了从感情和功能方面为那些希望并理应获得最佳酒店体验的客户提供服务。我们对引入这个全新理念感到兴奋不已，并热切期望全球各地的'世界公民'能够前来入住我们的酒店。"

互动社交空间是 Denizen Hotels 品牌最核心的组成部分，将随时恭候四方旅客的光临并精心打造独一无二的交流中心，从而提供无与伦比的娱乐体验和创意灵感。从专为美食爱好者提供的社区风格餐厅，到采用先进科技并可在登记入住前后提供个性化休憩体验的休闲区域，Denizen Hotels 将为尊贵客户提供一切所需设施，在客房和套房内外贴心打造充满活力的温馨环境。Denizen Hotels 还聘请了 Dianna Wong、Charles Allem、Clodagh 和 David Rockwell 等世界知名的建筑师和内部装潢专家，精心设计并倾力打造酒店的每一内外空间，以世界一流的国际化设计充分彰显酒店的卓越影响力和兼收并蓄的处事理念。

Denizen Hotels 的客户主要针对当地各年龄阶层具有卓越影响力的人群和全球旅客。Denizen Hotels 将在各大都市和度假村目的地落户开业，无论是激发灵感的都市周末逍遥游，还是全球各大旅游胜地的休闲活力之旅，各种不同的舒适体验必将令客户满意而归。

Denizen Hotels 将以希尔顿品牌经久不衰的声誉为保障，提供从独特精品酒店到大型度假村等各种截然不同的极致体验，从而为全球旅客打造始终如一而又兼收并蓄的经典品牌。此外，各项针对度假村和目的地的开发谈判，正在全球各大重要城市中有条不紊地展开，其中包括：拉斯韦加斯、迈阿密、伦敦、华盛顿特区、孟买、伊斯坦布尔等。

（资料来源：http://style.sina.com.cn/travel/hotel/2009－04－23/164239632.shtml.）

4.3.2.2 服务品牌的内层要素

服务品牌的内层要素主要包括如下内容。

1. 属性

任何一个服务品牌都可以用一些词或句子来描述其属性。如美国联航——硬件设施完善，设备尖端；韩国韩航——价格具有竞争性；日本日航——服务细心周到。

2. 利益

服务品牌的每一个属性都可以转化为具体的功能利益或情感利益。如海尔的"星级服务"、"零缺陷"和"砸冰箱事件"体现海尔服务"真诚到永远"的情感属性，给消费者带来的利益包括减少服务等待的时间、减少维修费用及减少精神烦恼。

3. 文化与价值观

服务品牌会反映出特定企业及特定国家、地区的文化和价值观。如海尔的核心文化体现在"敬业报国，追求卓越"的海尔精神。文化和价值观有时会成为品牌的强大力量源泉，品牌因此而更有持久的生命力和市场优势。

4. 个性

如同人一样，服务品牌也具有自己独特的个性，即服务品牌的人格化特征。例如，海尔的服务及其塑造的"海尔兄弟"让人感觉到"真诚、亲切、关爱"的品牌个性。

星巴克品牌的传奇故事

"管理品牌是一项终生的事业。品牌其实是很脆弱的。你不得不承认，星巴克或任何一种品牌的成功不是一种一次性授予的封号和爵位，它必须以每一天的努力来保持和维护。"

——星巴克创始人霍华德·舒尔茨

品牌文化和价值观

2001年年底，美国凯洛格管理学院的调查结果表明：成功的公司都用一种前后一致的、明确的多层面方式来定义和运用感情关系。星巴克崛起之谜在于添加在咖啡豆中的一种特殊的配料：人情味儿。星巴克自始至终都贯彻着这一核心价值。这种核心价值观起源并围绕于人与人之间的"关系"的构建，以此来积累品牌资产。霍华德·舒尔茨相信，最强大最持久的品牌是在顾客和合伙人心中建立的。品牌说到底是一种公司内外（合伙人之间，合伙人与顾客之间）形成的一种精神联盟和一损俱损、一荣俱荣的利益共同体。

星巴克负责饮品的副总裁米歇尔·加斯说："我们的品牌文化以情感关系为导向，以信任为基础，我们所说的伙伴关系涵盖了这个词所有的层面。这种情感关系非常有价值，应该被视为一个公司的核心资产即公司的客户、供货商、联盟伙伴和员工网络的价值。"从咖啡馆到咖啡王国，星巴克证明了与客户的良好关系和看得见的资产一样重要。

公司使命宣言：

- 提供完善的工作环境，并创造相互尊重和相互信任的工作氛围；
- 秉持多元化是我们企业经营的重要原则；
- 采用最高标准进行采购烘焙，并提供最新鲜的咖啡；
- 高度热忱满足顾客的需求；
- 积极贡献社区和环境；
- 认识到盈利是我们未来成功的基础。

星巴克品牌名称与标识

"星巴克"这个名字来自美国作家麦尔维尔的小说《白鲸》中一位处事极其冷静，极具性格魅力的大副。他的嗜好就是喝咖啡。麦尔维尔在美国和世界文学史上有很高的地位，但麦尔维尔的读者群并不算大，主要是受过良好教育、有较高文化品位的人士，没有一定文化教养的人是不可能去读《白鲸》这部书的，更不要说去了解星巴克这个人物了。从星巴克这一品牌名称上，就可以清晰地明确其目标市场的定位：不是普通的大众，而是一群注重享受、休闲、崇尚知识、尊重人本位的富有小资情调的城市白领。

星巴克的绿色徽标是一个貌似美人鱼的双尾海神形象，这个徽标是1971年由西雅图年轻设计师泰瑞·赫克勒从中世纪木刻的海神像中得到灵感而设计的。标识上的美人鱼像传达了原始与现代的双重含义：她的脸很朴实，却用了现代抽象形式的包装，中间是黑白的，只在外面用一圈彩色包围。荷马曾经在《奥德赛》中描述了海神如何将水手引诱到水中，让他们在销魂的歌声中幸福快乐地死去。尽管美人鱼有些坏名声，可是咖啡又何尝不是呢？星巴克的美人鱼不唱歌，取而代之的是她手中的咖啡杯，其中的香气正如歌声。二十年前星巴克创建这个徽标时，只有一家咖啡店。如今，优美的"绿色美人鱼"，竟然与麦当劳的"M"一道成了美国文化的象征。

品牌诉求

顾客体验是星巴克品牌的核心诉求。星巴克把典型美式文化逐步分解成可以体验的元素：视觉的温馨，听觉的随心所欲，嗅觉的咖啡香味等。试想，透过巨大的玻璃窗，看着人潮汹涌的街头，轻轻啜饮一口香浓的咖啡，在忙碌的都市生活中何等令人向往！Jesper kunde在《公司宗教》中指出："星巴克的成功在于，将消费者需求的中心由产品转向服务，在由服务转向体验的时代，星巴克成功地创立了一种以创造'星巴克体验'为特点的'咖啡宗教'"。他们的产品不单是咖啡，咖啡只是一种载体。而正是通过咖啡这种载体，星巴克把一种独特的格调传送给顾客。咖啡的消费很大程度上是一种感性的文化层次上的消费，文化的沟通需要的就是咖啡店所营造的环境文化能够感染顾客，并形成良好的互动体验。

星巴克产品的市场定位并非所有的咖啡饮用者，口口相传的效果比广告的影响力更强。"品牌是终身事业，品牌活在我们员工与上门的顾客的互动中。"舒尔茨对于新产品（比如冰淇淋）的要求是："强化原有品牌的核心价值，扩展顾客与品牌核心价值之间的情感联系。"

品牌传播

星巴克的品牌传播并不是简单地模仿传统意义上的铺天盖地的广告和巨额促销，而是独辟蹊径，采用了一种卓尔不群的传播策略——口碑营销，以消费者口头传播的方式来推动星巴克目标顾客群的成长。

舒尔茨对此的解释是：星巴克的成功证明了一个耗资数百万美元的广告不是创立一个全国性品牌的先决条件，充足的财力并非创造名牌产品的唯一条件。你可以循序渐进，一次一个顾客，一次一家商店或一次一个市场来做。实际上，这或许是赢得顾客信任的最好方法，也是星巴克的独到之处！

星巴克通过一系列事件来塑造良好口碑。例如，在顾客发现东西丢失之前就把原物归还；门店的经理赢了彩票把奖金分给员工，照常上班；南加州的一位店长聘请了一位有听力障碍的人教会他如何点单并以此赢得了有听力障碍的人群，让他们感受到友好的气氛等。

与此同时，公司不断地通过各种体现企业社会责任的活动回馈社会，改善环境，回报合作伙伴和咖啡产区农民。鉴于星巴克独特的企业文化和理念，公司连续多年被美国《财富》杂志评为"最受尊敬的企业"。

此外，公司秉承在全球一贯的文化传统，积极融入中国地方社区和文化，做负责任的中国企业公民。2005年9月，公司出资4 000万元人民币设立"星巴克中国教育项目"，专门用于改善中国教育状况，特别是帮助中西部贫困地区的教师和学生。其中首笔捐赠已与中国宋庆龄基金会合作开展"西部园丁培训计划"。

品牌扩张

星巴克连锁式的扩张也得益于星巴克给自己的品牌注入了价值观，并把品牌文化变成消费者能够感受到的内容和形式。星巴克品牌扩张，一直坚持直营路线：由星巴克总部进行直接管理，统一领导，目的是控制品质标准。这样每家店都由总部统筹管理和训练员工，保证每家海外商店都是百分之百的美国星巴克血统。虽然初期投入的资本较大，但是职员的专业素质高，便于咖啡教育的推广，并建立了同业中的最专业的形象，星巴克品牌的扩张也更加坚定有力。

（资料来源：http://baike.baidu.com/view/8276.html?tp=0_00.）

4.3.2.3 *服务品牌识别系统*

服务品牌识别系统（BIS）是形成品牌差异并塑造鲜明个性的基础，基本可以分为三个组成部分：理念识别（MI，包括服务宗旨、服务方针、服务哲学、传播定位等）、视觉识别（VI，包括标准色、标准字、LOGO、卡通形象、服务车辆、人员着装等基础要素、应用要素系统）、行为识别（BI，包括服务语言、服务动作规范等）。企业可以把服务品牌化理解为服务营销上的一次变革，首先要"变"的就是理念（MI）部分，以及其他基础部分（如VI、BI），然后才是组织、流程的变革。

很多企业在打造服务品牌时都意识到了这一"基础工程"，对服务品牌进行了较为完美的诠释。如奇瑞汽车"快？乐体验"服务品牌，还有其"315"大型服务战略体系。"315"意义深远。"3"涉及3项服务：便捷、便宜和满意；"1"代表1套先进的软硬结合的服务体系；"5"则涵盖了5个"1"工程，其中一站式快捷服务、每季度1次大型客户免检、1个由1 800辆客户代步车、备件用车共同组合的应急服务车队、1本快乐用户手册和1套创新服务评判标准都将让奇瑞汽车的售后体系更加丰富饱满。

4.3.3 服务品牌与产品品牌的差异

服务业快速发展,企业之间的竞争日益激烈,成功的品牌已经逐渐成为服务性企业差异化竞争优势的来源之一。对于服务业来说,品牌更具有特殊的意义。由于服务的无形性,品牌是消费者感知无形服务的有形形式之一,已成为服务质量的象征,更是顾客选择服务的重要标准。强有力的服务品牌能够增加顾客对服务的信任感,保证顾客与员工之间友好的互动体验,让顾客充分享受服务的功能和情感价值,降低顾客经济、社会和安全等方面的风险。

不管是制造业还是服务业,品牌的应用和基本功能都是一样的。品牌是消费者的感知,是理性与感性要素的结合体。它不仅要满足顾客需求,更要与顾客建立一种情感联系。但由于服务的特殊性,服务品牌与产品品牌在具体执行实施上存在差异,服务品牌的执行实施更加困难。

服务品牌与产品品牌之间的差异主要表现在品牌联想、品牌沟通、消费者品牌感知及评价和品牌管理等方面(见表4-2)。

表4-2 服务品牌与产品品牌的差异

比较内容	服务品牌	产品品牌
品牌联想	品牌核心服务、服务环境、员工形象、名称、价格和情感等	产品核心功能、价格、包装、用途和使用者形象等
品牌沟通	基本营销活动、员工形象和服务环境等的有形展示	广告、促销等基本营销活动
消费者品牌感知及评价	服务体验过程和服务结果;员工和顾客都影响品牌感知的一致性	产品具体的功能和情感、象征价值;产品质量控制以保证品牌感知的一致性
品牌管理	企业品牌管理	品牌经理

(资料来源:作者根据相关文献整理。)

首先,服务品牌涵盖的品牌要素比产品品牌更多、更复杂。员工形象、服务环境和氛围等都是服务品牌的组成部分。服务品牌要素包括品牌名称、价格、服务环境、核心服务、员工形象、情感。服务品牌是无形服务的重要有形形式,而产品品牌则由具体产品来支撑。Keller提出的消费者品牌资产模型主要还是针对产品品牌,他认为品牌联想主要包括产品相关因素(如核心功能)和非产品相关因素(如价格、包装、使用者形象和用途等)两大类。相比之下,服务品牌联想显得更加丰富,也更加复杂,员工行为和顾客情绪都会影响服务品牌的形象。因此,控制和管理人为因素对服务品牌的影响,对服务性企业来说具有很大的挑战性。

其次，相对于产品品牌而言，服务品牌与顾客之间的沟通接触点更多，除了广告、促销之外，员工形象、服务环境和服务设施等都是顾客的品牌接触点，如何保证服务品牌沟通的一致性是很多服务性企业所面临的问题。同时，由于服务的无形性和异质性，在购买之前消费者无法感知和评价服务质量，因此，服务品牌沟通就成为一种品牌承诺，它将影响顾客对服务的期望。如果服务品牌承诺无法与顾客实际感知的服务相一致，那么就会引起顾客的不满，也就是说，过度的品牌沟通只会一味提高顾客期望，而当企业无法提供与顾客期望相一致的服务时，就容易导致顾客不满。但是，忽视服务品牌沟通，就无法提高品牌认知度和品牌形象。因此，进行服务品牌沟通更加困难和复杂，如何把握品牌沟通的一致性和适宜性，是服务性企业品牌管理的关键。

再次，在消费者对品牌的感知和评价方面，服务品牌与产品品牌也存在差异。产品品牌的感知和评价可贯串于消费者购买前、购买使用过程中和使用之后等阶段，而服务的无形性使消费者无法在购买之前对其做出评价。消费者对服务质量的感知来自他们在接受服务时的所得（服务结果）和他们接受服务的过程（服务过程），也就是说，顾客对服务品牌的感知和评价主要是服务消费过程和服务的最终结果。另外，员工的态度和行为、顾客的情绪、服务环境和氛围等都会影响服务消费过程中的顾客体验，从而影响服务品牌感知和评价。因此，对服务体验过程的管理是服务品牌不同于产品品牌的一个显著特点。

最后，在品牌管理上，服务品牌应该实施企业品牌策略，由高层管理者进行管理，协调营销和人力资源管理等部门共同实施企业整体品牌战略，而产品品牌通常由品牌经理来管理。另外，产品品牌管理主要是管理产品的基本营销活动，而服务品牌管理还强调员工管理，建立顾客导向型企业文化和品牌价值观，招聘认同品牌价值观的员工或对员工进行品牌价值观培训，激励他们采取与品牌价值观相一致的行为，才能确保顾客对服务品牌的认同。

案例 4-8

招商银行的服务品牌战略

招商银行是具有国际化影响力的强势品牌，它不断遇到品牌如何深入发展与提升的问题。关注做好以下几点，对于招行品牌的后续发展有巨大帮助。

将母品牌的内涵进一步深入，从"态度"表现，递进为"价值"诉求

现在招商银行的"因您而变"只是一种服务精神与态度的诉求，这种诉求表现了招商银行在市场服务方面的态度，给顾客的联想是，随时随地跟着客户的需求来改变他们的服务。在经过一段时间的传播与承诺践行之后，对这种贴心服务，目标人群已经有了较为真切的感知，市场对招商银行的品牌精神也有了较为鲜明的认知。随着招商银行服务的深入，招商银行应对这一品牌认知进行深度发展，即从"态度"认知转变为"价值"认知。

态度只是一个服务的姿态，而价值才是一个品牌所具有的核心竞争力。因为，态度的转变，所有的竞品都可以模仿，这种模仿可以将你的品牌优势消化于无形之中。那么，招商银行的品牌价值是什么？比如瑞士银行的品牌内涵与联想，是"安全、稳妥"，是全世界最安全的银行，而不仅是某个产品或者是服务态度，其在1934年制定的《银行保密法》，在瑞士的大小银行中都得到了严格的执行，从而使瑞士银行在全世界树立起"安全、稳妥"的品牌价值。因为瑞士以从不卷入政治纷争的中立国而闻名于世，因此，成为第二次世界大战各国资金的避难所。几十年来瑞士银行一直坚持为"客户保密"原则，最终成为世界上众多的政客和商人的"保险箱"，大量资金源源不断地在瑞士积聚，形成瑞士银行新的比较优势。瑞士银行是当前世界离岸货币交易中心之一，其品牌价值就是"安全、稳妥"。那么，招商银行是不是要在这样的价值层面上，树立起自己的品牌价值呢？这是肯定的。招商银行有什么样的品牌价值？这需要招商银行在后续的品牌管理当中加以提炼。

有节制的开发产品品牌，让产品品牌成为品牌价值的有力支撑

招商银行从"一卡通"到"一网通"，再到"金葵花"理财产品，可以看出，招商银行的产品品牌开发是逐步深入的。这里要强调的是，招商银行在开发产品品牌时，要进行的节制开发，要保持现有品牌认知的完整性与纯净性，后续品牌不能对当下的母品牌有任何干扰。因为，现在的母品牌还不足以应对太多的子品牌，当母品牌渐强之时，再开发子品牌不迟。当然，不是市场有需求也不开发，而是要开发如"一卡通"一样的有差异化的产品，特别是要形成焦点性的产品品牌，以带动更多子品牌的发展，重要的是要形成层级，互相才不至于打架。以招商银行现在"一卡通"的现状，就形成了这样一种态势：由"一卡通"带动了整个招商银行的品牌认知，市场的波及面也足够广，但"一卡通"还不足以支撑招商银行的整个品牌内涵，也不能带动其他子品牌的发展。之后的"金葵花"理财产品倒是与"一卡通"形成了一低一高的产品组合，但还远远不够，在有限定条件的情况下，应有节制地开发有差异化的产品。希望招商银行还能开发几个有特点的产品品牌，形成高中低全面覆盖的格局，但一定要节制，要有焦点与层级。

做强服务品牌

随着母品牌告知的完成，产品的不断丰富，做好服务品牌就成为夯实母品牌价值的主要手段，也是支持产品品牌不断发展的主要力量。从招商银行的切入点来看，以零售银行业务和中间业务为主在全国畅销的"一卡通"产品，到2005年推出第一张白金信用卡，以及号称"第三代"全新个人金融服务产品——"财富账户"，这些都是产品品牌的细分，也就是具体的功能产品，没有品牌衍生功能。就是到了为整合零售产品全盘计划——"伙伴一生"金融计划，也只是一个将零售产品进行全面整合的产品，还不是完全意义的服务品牌。服务品牌是针对产品品牌要提供一种什么样的服务，而规划出的一个品牌，目的是方便消费者认知与认同。在这方面，招商银行已根据不同的客户群实施不同的产品组合，但并没有针对这些组合而建立起一个服务品牌。

服务品牌可以将招商银行的一系列产品服务贯串在一起，形成很好的品牌认知，使功能服务变成情感服务。这正好是对招商银行现有"因您而变"的品牌诉求，形成一个有效的呼应。为此，为了形成品牌体系化，我建议招商银行应在后续的品牌建设当中，加强服务品牌的建设，让产品形成一串珍珠项链，而不是单个珍珠。

做好有效品牌延伸

经过20年时间的历练，招商银行具备了开发延伸品牌的实力。因此，此时，招商银行在做品牌延伸之时，应进行清晰的品牌区隔，使品牌延伸有序有法地进行。目前，招商银行的主要目标人群是公司城市白领人群，对于高端人群覆盖还远远不够，可以再做几个面向高端人群的子品牌。同时，品牌延伸要把握好产品品牌与服务品牌的关系，要注重与核心母品牌内在价值的相关性与发展性。做好品牌延伸，将招商银行的品牌系列化，对目标人群进一步细分化而不是泛滥化，是品牌延伸应掌握的重要原则。目前，招商银行的品牌延伸工作正欲发动，有必要做好前期的战略工作，以防对母品牌形成影响，不利于招商银行整个品牌的健康发展。

（资料来源：http：//blog.ceconlinebbs.com/BLOG_ARTICLE_6574.HTM。）

4.3.4 服务品牌资产及其市场效应

服务品牌资产由品牌认知和品牌意义两部分组成。品牌认知是顾客识别和回忆品牌的能力，而品牌意义是指顾客对品牌的感知，即顾客对品牌及其联想的短暂印象。其中，品牌意义对品牌资产的影响作用比品牌认知要大一些。因此，对于培育服务品牌资产，提升品牌意义比提高品牌认知更重要。如图4-3所示。

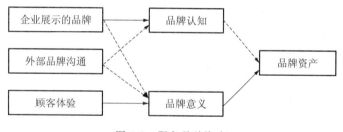

图4-3 服务品牌资产

企业展示的品牌和外部品牌沟通都会影响消费者的品牌认知。企业展示的品牌主要包括广告、服务场景、员工形象、企业名称及标识等；而外部品牌沟通则受企业无法控制的因素（如口碑、公共关系等）的影响。相对于外部品牌沟通，企业展示的品牌更有利于提高品牌认知。另外，顾客体验对品牌意义产生重要的影响作用，而品牌意义是服务品牌资产的重要组成部分。因此，顾客体验是服务品牌资产的主要驱动因素。当然，企业展示的品牌与外部品牌沟通也在一定程度上影响品牌意义。

服务品牌资产的市场效应就是当服务品牌成为一种具有价值的资产后所产生的经济或社会等方面的影响力。这种影响力体现为以下几方面。

4.3.4.1 磁场效应

服务企业或产品所创造的优势品牌具有很高的知名度、美誉度，必然会在现有顾客的心目中建立起较高的品牌忠诚度，使他们对服务产品反复购买并形成习惯，不容易再转向竞争对手的产品，如同被磁石吸住一般而成为企业的忠实顾客。此外，使用同类服务产品的其他顾客也会被其品牌的名声、信誉所吸引，转而购买该品牌，并逐步变为其忠实顾客。这样，品牌对消费者强大的吸引力会不断使产品的销量增加、市场覆盖面扩大、市场占有率提高，最终使品牌的地位更稳固，此即品牌的磁场效应。

4.3.4.2 扩散效应

企业的一种产品如果具有品牌优势而成为名牌产品，则会赢得顾客及社会范围内对该服务产品及企业的信任和好感。如果企业通过巧妙的宣传，将这种信任和好感由针对某种具体的服务转为针对品牌或企业整体，那么企业就可以充分利用这种宝贵资源推出同品牌的其他产品或进入其他领域从事经营。如果策略得当，人们对该品牌原有的信任和好感会逐步扩展到新的服务和产品上，即品牌的扩散效应或放大效应。

4.3.4.3 聚合效应

知名品牌不仅可以获得较高的经济效益，而且可以使企业不断发展壮大。企业实力增强后，一方面可以将许多提供相关业务的供应商牢牢吸引在本企业周围，建立稳固的合作关系；另一方面，企业可以通过入股、兼并、收购等方式控制其他企业；同时，在行业竞争中失败的中小企业也会逐步依附于名牌企业，企业就会成长为企业集团，即品牌的聚合效应或产业聚合效应。

因此，服务营销人员要充分利用服务品牌效应，特别是服务品牌的市场效应，不断提高产品的市场占有率和顾客的满意度及忠诚度；不断开拓新的市场领域，增强企业实力，提高经济效益，增强和巩固品牌的市场地位，这些举措具有重要的意义。

链接 4-4

打造餐饮品牌，让就餐者吃得"舒心"

每逢节假日，北京全聚德和平门总店前的车位总是满满的，来此就餐的消费者络绎不绝。这几年全聚德烤鸭在菜品、服务上都下了一番功夫。比如来店吃烤鸭的消费者都会收到一张卡片，上面是其消费的烤鸭编号，这种精细化服务既起到防伪的作用，也让消费者有一种宾至如归的感觉。

由于我国菜系众多，一个大城市往往能兼容很多不同风格口味的餐馆，为餐饮业发展创造了多层次的空间。自从2002年第一家衡山小馆在上海市衡山路成立，至今已经在京、沪两市开出6家分店。作为品牌餐饮，特色非常重要，衡山小馆的主打特色就是精致粤菜。

为了把菜品做精，衡山小馆的粥品和汤的操作间墙上都贴有明确的操作规范，每种原材料的重量、泡发时间、熬煮时间等也都有明确规定，热菜也有标准化操作手册。这保证了不管厨房人员如何流动，菜品的味道基本能保持一致。对于菜品的要求非常严格，这是品牌餐饮企业生意火爆的重要原因。

天津狗不理集团则提出"以品牌为招牌，汇特色于一家，变单纯的卖包子为综合餐饮服务"。为此，他们打造了狗不理天津河东店、狗不理天津塘沽店及北京上苑店作为高端主力酒店。在硬件上，这些酒店面积都在 3 000 平方米以上，装修考究；在菜品上，集中了麻花、果子煎饼等天津特色小吃及罾蹦鲤鱼等特色菜；在服务上，除了提供周到齐全的门店服务，还根据客人的需求提供天津快板、民族音乐乐队演奏等服务。这些举措，进一步扩大了"狗不理"品牌的影响，也让品牌的价值得到了充分挖掘。

近年来，全聚德、俏江南、德庄、小肥羊等知名餐饮品牌，连锁扩张步伐明显加快，多数企业利润呈现两位数增长。以四川省为例，四川 33 户重点餐饮企业 2008 年共开设连锁店 608 个，其中直营连锁店 193 个，特许连锁店 415 个，分别比上年增加 11.9% 和 17.8%，谭鱼头、成都市饮食公司、三只耳的连锁店分别达 151 个、116 个和 115 个，已覆盖全国大部分省市，并拓展到日本、新加坡等国家和地区。

中国烹饪协会秘书长冯恩援认为，我国餐饮市场目前正进入品牌化、连锁化大发展前期，消费者对品牌餐饮消费的要求也不仅仅是"吃饱吃好"，而是要在消费过程中带来精神和文化上的享受。就目前而言，连锁餐饮品牌所提供的服务大部分还停留在"吃饱吃好"阶段。餐饮企业必须认识到品牌塑造与提升是一个长期的系统工程，准确定位，向消费者提供一种物超所值的体验，是加强品牌认知、维护品牌忠诚度的前提；加强品牌营销，提升品牌价值则是持续获取品牌竞争力的关键。

（资料来源：经济日报，2009-05-21.）

4.3.5 服务品牌消费者选择过程

服务品牌联想和服务品牌沟通都影响顾客满意度和服务品牌态度。其中，服务品牌联想包括品牌名称、价格、服务环境、核心服务、员工形象、情感、自我形象一致性；而服务品牌沟通则包括可控制的沟通（如广告和促销）和不可控制的沟通（如口碑和公共关系等）。同时，服务品牌沟通对品牌联想产生一定的影响作用。服务品牌态度是消费者对品牌做出的积极或消极反应，它主要产生于消费者对服务品牌的感知和满意度。服务品牌选择是指消费者对品牌的最终决策和行为反应。服务品牌态度是影响消费者选择服务品牌的重要因素。如图 4-4 所示。

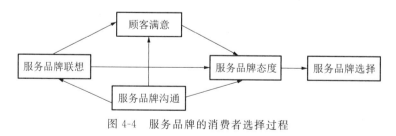

图 4-4 服务品牌的消费者选择过程

4.3.6 服务品牌管理流程

服务品牌管理是一个循环过程，起点是服务企业建立企业文化和界定品牌价值观，然后确定服务品牌承诺，接着分别对外部顾客和内部员工服务进行服务品牌沟通。一方面服务品牌的内部沟通主要是向员工解释品牌远景、品牌承诺，并提供顾客信息，对员工进行培训，使其形成一致的价值观。通过服务传递系统的协调支持，保证员工与顾客的每一次接触都能提供一致的服务；另一方面，企业通过服务品牌的外部沟通向消费者传达品牌承诺。消费者基于品牌承诺形成服务期望，对服务期望与实际感知的服务进行比较来评价服务品牌。顾客对服务品牌的积极评价能在顾客心中形成良好的服务品牌形象，而良好的服务品牌形象则是建立服务品牌与顾客关系的基础。同时，服务品牌与顾客之间长期持久的信任关系则会进一步巩固服务企业文化和品牌价值观（见图4-5）。

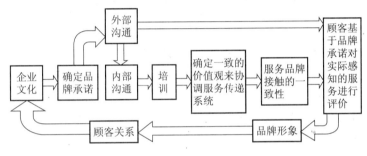

图 4-5 服务品牌管理流程

这个流程图将服务品牌的外部顾客沟通、内部员工沟通、员工与顾客的互动过程整合在一起，形成了一个完整的循环系统，为服务企业的品牌培育与管理提供了一个具有操作性的流程模型。此外，在服务品牌的管理过程中要注意以下问题。

4.3.6.1 确立以品牌为核心的企业文化和价值观

企业的品牌是经营理念和价值观念的集中体现，它所传递的是企业对顾客在商品质量、服务和价值方面的承诺，是顾客判断并决定购买的重要依据。企业的价值观决定着企业行为，行为则决定着企业绩效，那些具有社会责任感的企业往往受到顾客的尊重，品牌也会受到顾客的青睐。

4.3.6.2 从顾客的视角出发进行品牌规划

在明确了企业的发展目标和价值观后，企业要根据产业的竞争环境，确立企业的核心竞争力。同时了解顾客的心智资源，了解心智资源的分配，根据自己的相对性优点、竞争性优点和竞争优势，确立品牌定位，发展与竞争者具有差异化的服务产品。

4.3.6.3 建立服务品牌战略

服务品牌建设不仅仅体现在营销战略上，它是企业整体战略的核心，企业的投资战略、产品服务战略、人力资源战略、营销战略和日常内部管理上都要进行服务品牌整合，以保证服务品牌的一致性。

4.3.6.4 计划与执行

服务品牌资产的建立包括产品或服务、形象、顾客、渠道、视觉和商誉等，这些都可以通过营销传播活动来建立。所以，企业的营销传播计划的制订与执行应该考虑到顾客与服务品牌接触的每一个点，确保该服务品牌和顾客的每个接触点都能传达正确、一致和有效的信息。顾客与服务品牌的接触包括产品的使用、终端布置、广告、传单、经销商会议、赞助活动、记者采访、电话抱怨、展览、会场解说员、员工家属等。

4.3.6.5 建立服务品牌资产评估系统

为保证企业的服务品牌资产不断增值，企业需要建立科学的服务品牌资产评估系统，定期进行市场调研，不断进行跟踪，并以调查结果为依据，及时评估和改进企业的营销传播计划，了解服务品牌价值的变化情况，采取有效措施，不断提升该服务品牌的价值。

4.3.6.6 持续不断地投资服务品牌

服务品牌投资是指企业在服务品牌建设过程中要花费大量的人力、物力和财力来培植服务品牌资产，当该服务品牌积累了一定的资产后，会给企业带来丰厚的回报。服务品牌是企业的无形资产，所以应该重视对服务品牌的发展和完善的投资，即使是在企业财务或市场不景气时，仍然应该在服务品牌的建立上继续投资，并且要力戒因更换领导人而更换企业的服务品牌策略、广告公司和广告片的做法。服务品牌是企业最大的无形资产，应该尽量保持其健康发展、持续性和一致性。

习　题

一、名词解释

服务产品　服务包　服务产品组合　服务品牌　服务品牌识别系统　服务品牌资产

二、选择题

1. 一家酒店的客房应配备床、衣橱、桌子、椅子、毛巾、浴室、厕所等，这些属于服务产品（　　）层面。

   A. 核心利益　　　B. 基础产品　　　C. 期望价值　　　D. 潜在价值

2. 宾馆向顾客提供当地的旅游地图和旅游手册属于服务包模型中（　　）层面。

   A. 核心服务　　　B. 便利性服务　　C. 支持性服务　　D. 服务创新

3. 新加坡的五星级古德伍德酒店定位于高端市场，它同时也在纽约开设了一些姊妹店，如布乐雅和拉德西尔，这些姊妹店却定位于低档市场。这种服务产品线策略属于（　　）。

   A. 向下扩展　　　B. 向上扩展　　　C. 双向扩展　　　D. 产品线填充

4. 改变饭店的色彩设计，修改组织的标志，或给飞机涂上不同的颜色，这些属于（ ）服务创新。
   A. 服务扩展　　　B. 服务改善　　　C. 风格转变　　　D. 服务延伸
5. 迪士尼公司富有冒险精神、正直诚实、充满童真的米老鼠标志不仅得到了儿童的热爱，也是许多成人喜欢的对象，米老鼠是服务品牌构成中的（ ）。
   A. 品牌名称　　　B. 品牌标识　　　C. 品牌个性　　　D. 品牌利益

三、简答题

1. 服务产品包含哪几个层次？举例说明每个层次的含义是什么。
2. 解释服务包模型理论。
3. 服务产品线决策包含哪些具体内容？
4. 开发新服务产品有哪些必要性？
5. 简述新服务产品开发的程序。
6. 简述服务品牌的消费者选择过程。

四、论述题

1. 论述服务创新的类型及特点。
2. 举例论述服务品牌的构成要素。
3. 论述服务品牌与产品品牌的差异。
4. 论述服务品牌管理流程及服务品牌管理中应注意的问题。

五、案例分析

招商银行的创新

招商银行是一个成功的商业银行品牌，这是毫无疑问的。招商银行成立之初，在国有银行与国际银行的夹缝中，以完全市场化的姿态，用产品创新与服务创新的方式，一举奠定了一个银行业的颠覆性新锐品牌。可以这样说，招商银行，从默默无闻，到一举成名；从举步维艰到占有一席之地，用了仅仅20年的时间，并且其品牌认知度在某些方面，甚至还超过了四大国有银行。在国际银行在国内市场零售使用率并不高的情况下，招商银行的品牌认知更是名列前茅。

招商银行之所以能从市场中快速突围，缘于它有清晰的品牌意识和市场创新意识。从"一卡通"到"一网通"，再到"金葵花"到"信用卡"。招商银行一直把产品创新与服务创新、管理创新融为一体，始终不断领先、不断突破，采用始终比竞争对手先走一步的策略，奠定了今天的品牌认知局面。招商银行品牌的建立，缘于以下几个创新的提出。

市场定位的创新

招商银行一开始就是市场化的银行，企业定位紧紧围绕市场展开，从市场上打开突破口。如它一开始就没有从对公业务中寻求突破，而是从对私业务上开始发力，以大步转型的力度，快速切入零售市场，很快就在市场上站稳了脚跟，形成了全新的局面。一个在市场上全新的银行，服务网点不多，知名度很低，品牌内涵为零，产品同质化或匮乏，服务无从谈起。在面对如此多的困境时，招商银行以准确的市场战略定位，以服务于对私业务的公司人群为主，在服务网点极其匮乏的情况下，采用网络平台与产品创新同步发展的策略，一举打开了市场缺口。

差异化的产品创新

银行服务要靠独特的产品，没有差异化的产品，其他一系列服务都没有支持的有效平台，也无法与目标人群进行有效沟通。招商银行针对零售业务，推出了一个完全创新的产品"一卡通"，将存折及其他银行产品烦琐的内容彻底消灭。随着"一卡通"的成功，再推"一网通""金葵花"，使服务的产品，从储蓄到理财再到投资，步步升级，快步走在竞品的前边。

鲜明的品牌意识

不能说银行业的品牌意识是招商银行带动起来的，但可以说，招商银行的品牌意识是最强的。没有鲜明的品牌意识，招商银行就不可能在有了产品创新之后，还有那么多梳理消费者内心认知的品牌管理行动。无论是品牌形象："金葵花"符号，还是其品牌理念"因您而变"，招商银行在品牌确立的视觉系统、服务系统、理念系统、文化系统、传播系统、促销系统都有一套完整的思路与策略。这一系列发展战略的制定与实施，对招商银行服务品牌形象的建立起到至关重要的作用。

不断变化的服务创新

"因您而变"就是要随着不断生长的客户需求而变，招商银行的服务创新始终没有停止。银行业的竞争形式主要体现为服务的创新，包括服务态度、消费环境、消费体验、心理感受等一系列功能性与心理性的体会。在这一方面，招商银行超越竞品的服务创新是最多的。比如在客厅里摆上牛奶、咖啡、饮料，在氛围的温情上吸引客户。成都有一家楼盘因信风水，在晚上一点多开盘，配套服务的银行早都下班了，没有其他任何一家银行为这家楼盘提供服务，只有招商银行为其提供了服务。市场哪里有需求，哪里就有招商银行在。其服务围着客户的需求，服务因客户的变化而变化。

持续有效的品牌传播

招商银行在品牌传播上也有一定的创新，"因您而变"的品牌核心理念的提出，让招商银行的品牌传播有了清晰的诉求，并且，通过公益活动、事件行销、网络行销，增强了品牌传播的参与性和互动性，让招商银行的品牌认知更深入，更透彻。

分层级的产品品牌细分

招商银行一方面进行总行的母品牌诉求，一方面围绕"因您而变"的品牌定位，进行产品品牌的细分，以培养更多的产品品牌、服务品牌。如在服务品牌"伙伴一生"金融计划项目上，它们从消费者的年龄来细分，分为"炫彩、浪漫、和美、丰硕、悠然"人生五个阶段，以更适合于消费者的内心需求。这对于招商银行的子品牌建立与对母品牌的深度认知与沟通黏性都起到了重要作用。

营销通路的创新

招商银行一开始就规避自身在网络渠道上的短版，充分利用电话、手机、计算机、互联网等技术手段，开展电话银行、网上银行、手机银行建设，取得了比传统网点更为便捷的服务网络优势。充分体现了服务的方便性，把营销通路的核心价值真正体现出来，让招商银行的品牌形象如影随形地在消费者身边游走。

总的来说，招商银行自出道以来，始终以市场为目标，以建立品牌形象为战略核心，用抢先一步、层层深入、价值体现、深度传播的方法，将品牌塑造的方方面面，一网打尽。用超前的意识、规划的策略、换位思考的理念、网络先行的技巧，快速建立起品牌认知，奠定了使其成为大品牌的良好基础。

(资料来源：http://blog.ceconlinebbs.com/BLOG_ARTICLE_6574.HTM)

思考题

1. 分析招商银行获得竞争优势的因素有哪些？
2. 结合招商银行的服务创新，分析如何通过服务创新提升服务品牌的价值。

第5章 服务定价与收费

各种有形产品定价的概念、原理、模式和技巧均适用于服务产品的定价与收费。但是相对于有形产品来说,服务产品的不可感知性、不可储存性等特征,又决定了其在定价方法和策略上要根据自身的特点,在兼顾企业、环境、市场等诸多因素的影响下合理地制定能够被市场认可和接受的价格。

5.1 服务定价的特殊性和原则

对于购买者而言,服务价格传递着服务价值的信息。购买者希望用自己付出的成本获得与之对等的服务效用。但是,与有形产品交易不同的是,消费者对于服务的评价只能在获得服务的综合感受之后才能获得。因此,服务的质量和效用具有更大的不确定性。如果接受服务之后的感受与顾客预期的效用不相符,即不满意,也不可能像有形产品一样退货,顾客得不到任何的补偿;如果接受服务之后的感受和顾客的预期相符或超出顾客的预期,即满意或非常满意,就会使顾客觉得物有所值,甚至物超所值,顾客会在以后选择类似服务时,基于原先的满意感知,优先考虑某家服务机构和某一服务产品。

5.1.1 服务定价的特殊性

与有形产品的价格相比,服务价格具有明显的特殊性。这些特殊性,也构成了影响服务定价的因素。具体而言,服务定价的特殊性主要体现在以下几方面。

5.1.1.1 服务的异质性

由于服务产品是无形的,难以标准化,服务公司在所提供的服务形态上具有很大的灵活性。服务异质性对于服务价格的影响源于两个方面:一是专业的服务机构会根据所提供的服务组合的不同,设置不同的价格选项,顾客可根据自己的需求和兴趣进行选择,形成不同的服务成本;二是不同的服务机构之间定价标准也不完全一样。各个服务机构的专业化程度各有差异,收费标准无法统一。即使同一个服务机构,也会因为服务人员资质的不同产生差别收费。

5.1.1.2 服务价格难以评估性

许多服务机构不能或不愿意提前对服务价格进行评估。因为服务的形式灵活多变,服务提供者可能在服务过程中随时根据顾客的反映调整或更改方案,提高服务的有效性。如果评估价格准确,顾客等于是在了解价格之后进行消费,能够很好地把握自己的承受能力;评估价格不准确，高出顾客的预期，就会产生摩擦甚至纠纷。

5.1.1.3 顾客需求的差异性

不同的顾客由于其年龄、性别、收入、文化程度等因素的影响，他们的需求也会有区别。服务机构须针对顾客的需求制订具有针对性的方案。对于顾客来讲，这种方案是独一无二的，是个例的解决方案，因此不具有可比性。例如，顾客甲、乙都需要烫发和染发，但是顾客甲要求用最好的药水、技术最好的设计师、还要对头发进行日常护理；顾客乙认为普通的药水就好，对设计师也没有要求，也不需要日常护理。因此，两者的服务成本是不相同的。

5.1.1.4 信息的不确定性

服务机构在一定时期内会随着广告宣传、战略计划对服务价格进行相应的调整，或者在同一价格下会提供更多的附加服务。顾客往往会根据这一价格形成对某类服务的印象信息，并以此对服务及价格进行评价。同时，服务的环境、有形展示等也都是形成价格差别的因素。单纯地对比价格信息是不合理的。

5.1.1.5 服务的不可储存性

服务的不可储存性使服务的供求难以平衡。当供大于求时，服务机构可能进行优惠或降价促销，以充分利用相对过剩的生产能力，在边际定价策略的指导和驱使下，追求利润最大化。例如，航空公司和旅游团会在淡季时打折吸引顾客。同时服务的生产与消费是同时进行的，受到时间和地理条件的限制，这都会对服务定价造成影响。

5.1.2 服务定价的原则

服务定价的原则是指服务定价的基本准则，用于指导定价的全过程。服务企业应当在服务定价原则的指导下，制定适合本行业、本企业的价格。

5.1.2.1 经济效益、环境效益和社会效益兼顾原则

这一原则要求企业在做定价决策时，不仅要考虑自身的经济利益，而且要考虑对环境造成的影响和社会效益。任何一个企业都是在利润最大化的原则下向市场提供具有效用的产品。兼顾社会效益和环境效益，有助于企业树立良好的社会形象，提高企业和产品的信誉度和美誉度，为企业长期生存与发展铺路，加快企业成熟和培养品牌。

5.1.2.2 科学性原则

科学性原则要求企业在制定服务产品价格时杜绝主观盲目性和臆断性，搜集大量的价格信息，参照本行业的市场价格，根据企业的成本，对顾客、竞争、需求等因素进行科学的分析，制定一套具有可遵循的定价步骤和程序，并适时根据市场的变化对价格进行调整，使价格通过市场的检验。

5.1.2.3 动态性和稳定性相结合的原则

这一原则是建立在科学性原则的基础之上的。科学的定价原则要求企业根据市场的变化，调整企业定价目标、定价方法和定价策略；一旦制定了定价目标，企业就要保持一段时

间，即价格要稳定，不能频繁波动。价格的反复调整，会影响消费者对于价格的判断和评价，也不利于企业的长期发展。

5.1.2.4 目标明确性原则

目标的明确性是指定价的目标要明确具体、容易理解。价格的制定要量化，定性只能增加企业确立价格的复杂程度，而且难以度量和控制。只有将定价目标量化，才能使企业内部从高管到普通员工对其有更好的认识，清楚了解企业的成本、销售和盈利状况。

5.1.2.5 目标可行性原则

目标可行性原则要求结合市场和企业两方面的因素制定价格。目标过高，会导致顾客流失，加重企业负担；目标过低，会挫伤客户的忠诚度，影响企业地位和品牌形象，同时使员工产生骄傲情绪，从而导致目标起不到有效的激励作用。

 链接 5-1

"不合理低价"是旅游业乱象根源

由于不满游客消费少，云南一导游大发雷霆，质问游客道德、良心在哪里。对该导游的恶劣行为，毫无疑问应当谴责。旅游过程游客中被强制购物、强制消费，早已不是什么新鲜事，而是一道胜过任何景点的"风景"。不过，查处几个这样的低素质导游，对整个旅游市场秩序的改善，能起到多大作用？强制购物、强制消费的现象，会不会因此而有所减少？显然，这是连治标的效果也难以达到的。要知道，从目前旅游市场的情况来看，依靠游客消费取得个人收入的导游，绝不在少数。按照业内人士透露的信息，相当一部分导游是没有工资或工资极少的，必然依赖游客消费拿"回扣"方能生存。如此，他们怎能不在服务过程中强制游客购物消费？

众所周知，随着旅游市场竞争的不断加剧，旅行社之间的价格战也在不断升级，相当一部分旅行社打出的价格已经完全脱离了现实，脱离了旅游市场的基本规则。那么，等待游客的只能是各种不规范行为、各种不符合市场要求的服务。最终，使旅游进入省钱不省心、省旅游费不省购物费的恶性循环，使旅游质量大打折扣。

导游强制购物、强制消费，这只是问题的表象，问题的根源在于旅游业不健康的行业生态。从这个意义上说，一些无良导游固然可恶，但同时也是值得同情的，因为他们位于食物链的最底层，付出劳动如果没有报酬，基本生存都成问题。那个骂游客的女性导游称："我付出了四天的时间，有父母、孩子，如果大家（游客）不消费，对得起你们的良心吗？"一方面是在宣泄对游客的不满，一方面也诉说了自身的窘境。

所以，对于旅游业的种种乱象，别光把拍子打到导游身上。据报道，从 2015 年 5 月 1 日起，国家旅游局展开治理"不合理低价"专项行动。这种对于旅游业恶性价格竞争的治理，才是问题的治本之策。

然而，"不合理低价"该如何界定？如果没有法律的明晰规定，国家旅游局的执法恐怕将面临合法性的质疑。国家旅游局副局长吴文学表示,国家旅游局曾经为此专门向全国人大、法律界咨询过关于"不合理低价"的界定,但是截至目前没有权威而准确的说法。显然,这是个需要弥补的法律空白。

但法律未明晰之前,其实更好的办法应该是采取行业自律的形式。也就是说,通过旅游业行业组织定期发布各类旅游线路的合理价格,供消费者参考,对于一些旅行社恶性竞争、低价揽客的行为,由行业组织给予公开谴责等。

行政监管和行业自律,让旅游业形成更良好的竞争规则,旅游业恶性价格战的问题才会减少,如此,导游们就不需要依赖购物"回扣"生存了。

(资料来源:新京报,2015-05-03.)

5.2 服务定价基础和定价目标

服务定价基础是企业制定服务产品价格的主要依据,也是影响价格制定和实施的重要因素。企业通过对这些信息的了解和把握,能够准确地预测市场对同一产品在某一价格上的接受程度,从而选择不同的策略,有的放矢地在价格目标的指导下选择适当的定价方法。

5.2.1 服务定价基础

服务产品定价取决于三个因素,即成本、需求和竞争。成本是服务产品价值的基础部分,它决定着产品价格的下限,如果价格低于成本,企业就无利可图;市场需求影响顾客对产品价值的认识,决定着产品价格的上限;市场竞争状况调节着价格在上限和下限之间不断波动的幅度,并最终确定产品的市场价格。值得强调的是,在研究服务产品成本、市场供求和竞争状况的时候,必须同服务的基本特征联系起来进行研究。

5.2.1.1 成本费用因素

成本费用是传统定价的基础。从企业角度看,产品成本成为产品价格的重要决定因素,只有当价格超过了单位成本的时候,企业才能盈利。从定价的角度看,企业的成本费用可分为三种,即固定成本、变动成本和准变动成本。

固定成本不随产量的变化而变化,是指无论产量如何都要负担的成本。例如建筑物、服务设施、维修成本等。其在成本中占主要比例,对服务业的意义重大。因此,在最大服务承受能力内,服务的客户越多,在弥补固定成本的基础上获益越多。变动成本则随着服务产出的变化而变化,其在总成本中所占的比重往往很低,甚至接近于零。准变动成本是介于固定成本和变动成本之间的那部分成本,它们既同顾客的数量有关,又同服务的产量有关,如员工的加班费。准变动成本虽然不能直接计入某一变动成本,但是上限可控,这种控制以业务发生的必要要求为基准;另外其最低固定额也可用一定的方法来降低,如服务流程再造就是一种方法。

在产出水平一定的情况下,服务产品的总成本等于固定成本、变动成本和准变动成本之和，服务企业在制定定价战略时必须考虑不同成本的变动趋势。应用经验曲线有助于营销人员认识服务行业的成本行为。所谓经验曲线是指一种产品的生产过程中，产品的单位成本随着企业经验的不断积累而下降。在这里，经验意味着某些特定的技术改进，正是由于改进了操作方法、使用了先进的工艺设备、经营管理方法的科学化而形成的规模经营，才推动了企业成本的逐步下降。经验曲线是企业降低产品成本的有效分析工具。

案例 5-1

旅游业恶性竞争　"低价促销"需谨慎

一提起旅游，人们心目中不仅立刻就会浮现出碧海蓝天、青山秀水及异国风情的画面，脑子里也在盘算怎么省钱。暑假正值旅游旺季，很多游客报团的时候喜欢选择最便宜的旅行社。各家旅行社都铆足劲大促销，"云南双飞三日游只需888元，海南双飞七日游只需1 888元，北京五日游仅需1 288元"……往往旅游回来后，又抱怨旅行社一路上种种坑爹的行为，吃亏后方才感叹"便宜没好货"。记者了解到，随着旅游行业竞争加剧，价格战持续升温，不少旅行社用"零负团费"来吸引游客报团，但是路上却用各种方式"榨取"游客钱。

现象：低价团吸引了很多游客，特别是中老年人

近年来随着市民生活水平和休闲意识的提高，旅游越来越成为家常便饭。朋友圈里，各种各样的旅游照片也是频频刷屏。长沙市境内旅游和境外旅游的市民较前几年翻了两三倍。尤其是一放暑假，很多家长就带着小朋友出门旅游。为了省事大多数家长选择跟随旅行社的旅游团，但不少家长报团后却有种被坑了的感觉。

这个暑假张先生和妻子带着上小学五年级的儿子打算去云南玩，经过一番对比，他们选择了报价最低的一家旅行社。三个景点五天只要1 800元，包车包住包门票。看到如此优惠的价格，张先生夫妻俩感觉捡到大便宜了。

"性价比太低了，住的酒店、吃的饭菜、时间的安排、交通方式上，旅行社基本上都给我们安排了最省钱的，吃没吃好、睡没睡好、玩没玩好。真不该贪小便宜！"张先生表示，到了昆明后，导游先把大家带到一个偏僻位置的宾馆，并不像事先说的"繁华位置大酒店"，紧接着把大家用破旧的大巴拉着去了购物的地方。从昆明去大理的时候，也是晚上出发，在车上睡觉的……

云南双飞三日游只需888元，海南双飞七日游只需1 888元，北京五日游仅需1 288元……现在这样的低价团越来越多，吸引了很多游客，特别是中老年人。

"其实只要稍微一算就知道正常情况下根本做不到这个价格，这个价格比运营成本价格还低些。"代理多家长沙旅行社业务的刘正告诉记者，现在各大旅行社之间竞争激烈，很多旅游线路的报价比成本价还低，但是羊毛出在羊身上，旅行社不可能做亏本的买卖，肯定会通过各种各样的办法把钱从游客身上赚回来。

刘正表示，很多消费者尤其是老年人，就喜欢贪这个便宜，看到哪家价格最低就选哪家。结果玩没玩好、住没住好、吃没吃好。

原因：游客只选"最便宜"，旅游业恶性竞争

为何会出现"零负团费"和低价团呢？旅行社和导游肯定不会干赔本的买卖，那么"零负团费"的背后有何猫腻？

"现在各大旅行社之间竞争很激烈，大家都抓住游客贪便宜的消费心理，通过打价格战先把游客圈到自己的旅行社。"刘正表示，先通过低价让游客上自家旅行社的船，然后再通过各种各样的方式来让旅行社省钱、游客花钱，同时导游为了赚钱也会自己动些心思。

记者了解到，现在很多导游没有固定工资，得靠带团、进店购物、增加自费景点，来赚取生活费用，所以容易出现"零负团费"和旅游消费陷阱。惯用的方法通常有改加线路、购物消费等。

为何旅行社要"零负团费"呢？某旅行社负责人表示：你不能怪旅行社，为什么呢？因为现在中国游客，尤其是国内游的游客，报这种团，首选的就是价位低。游客只有自己吃过多次亏之后才会知道，宁可多花一点钱，也要选品质好一点的线路。但现在国人的旅游还没有到这一步，游客还是觉得，这家比那家便宜100元，就选择便宜的这家，他宁可少花100元钱，但却不知道到了目的地以后要受什么样的罪。

提醒：出游注重性价比，莫贪小便宜吃大亏

为了吸引游客，不少旅行社打出了优惠价，有的价格相当诱人，因为的确便宜，一部分游客正是看了这诱人的价格才决定在旅行社报名。结果，旅游回来，他们发现花费并不少，或者性价比特别低。

从长沙到普吉岛6天5夜游，正常报价都得6 000元起。包括入住普吉岛五星级宾馆、长沙到普吉岛直飞、签证费、全程领队及导游司机服务费。但是"长沙到普吉岛6天5夜游"就有旅行社报价4 500元。

"一分钱一分货，如果是高团费的，旅行社就会安排比较好的航班时间直飞，大家到当地就放心吃好喝好，不用与旅行社斗智斗勇了。因为大家已经把钱给导游和旅行社赚到了。"刘正表示，而低团费的旅行社则会给乘客挑选一个最便宜省钱的航班，而且为了省钱也不会选直飞，先飞到一个机票便宜的小地方再转机到普吉岛。到了目的地导游就得想方设法把他们该有的利润从游客身上赚回来。

比如，到了目的地，导游就会对游客说只要加一两百元就可以升级成VIP豪华游，游客一看很划得来一般都会升级。

刘正表示，低团费的旅行社会在旅行过程中想方设法把利润给省出来，于是"省钱"成为头等大事，包括时间安排、车辆安排、吃饭安排等都会从中抠出利润。

旅游达人周启立告诉记者，游客必须明白一点，旅行社的人都不是吃干饭的，他们不赚钱会干吗？有些旅行社报价的确便宜，可是它们会想办法将游客口袋里的钱掏出来，而且让游客不得不掏。比如，他们会将贪图便宜的游客统一带到一个饭店去用餐，收费可不低，你不吃是吧，可在别的地方他们不停车，你不吃就得饿着，诸如此种，还有很多。

"旅游别贪图便宜,因为倘若如此,你不但会花费不少钱,而且更让你不爽的是,你的旅游心情会大受影响,甚至可能留下旅游后遗症。"

(资料来源:新华网,2015-07-16.)

5.2.1.2 市场需求因素

市场营销理论认为,产品的最高价格取决于产品的市场需求,最低价格取决于产品的成本费用。在最高价格和最低价格之间,企业把产品价格定多高,则取决于竞争者同种产品的价格。可见,市场需求、成本费用、竞争产品价格对企业定价有着重要影响。而需求又受收入和价格变动的影响。因为价格和收入等因素引起的需求的相应变动率,称需求弹性。需求的弹性分为需求的收入弹性、价格弹性和交叉弹性。

1. 需求的收入弹性

需求的收入弹性是指由于收入变动引起的需求的相应变动率。

需求的收入弹性=需求量变动的百分比/收入变动的百分比

收入弹性越大,意味着消费者货币收入增加引起的该产品的需求量有更大幅度的增加;收入弹性越小,意味着消费者货币收入增加引起的该产品的需求量的增加幅度越小。如高档产品、娱乐支出属于前者,生活必需品则属于后者。

2. 需求的价格弹性

需求的价格弹性是指由于产品价格变动引起的需求的相应变动率,它反映了需求变动对价格变动的敏感程度。正常情况下,市场需求会按照与价格相反的方向变动。价格提高,市场的需求量会下降;价格下降,市场的需求量会增加。所以需求曲线是一条向下倾斜的曲线。

需求的价格弹性=需求量变动的百分比/价格变动的百分比

需求的价格弹性也称需求的弹性系数,用 E_d 表示,为了便于分析,通常取 E_d 的绝对值。当 $|E_d|<1$ 时,表示缺乏弹性,即价格变动时,需求量的变化不明显。例如食盐的消费。当 $|E_d|>1$ 时,表示富有弹性,意味着价格的微小变动,会引起需求量发生较大的波动。

价格弹性对企业收益有着重要的影响。通常企业销售量的增加会产生边际收益,而边际收益的高低又取决于价格弹性的大小。在现实生活中,不同服务产品的需求是不尽相同的,如果对服务的需求是有弹性的,那么其定价水平就特别的重要。

现在市场营销学的寻找理论有助于进一步解释需求的价格弹性。该理论认为,顾客对价格的敏感度取决于购买时选择余地的大小。可选择余地越小则需求弹性越小;反之,选择余地越大则需求弹性也越大。选择余地的大小来自于顾客对服务产品有关信息和知识的获得程度及他们对产品特征的认知。这些特征包括可寻找特征、经验特征和可信任程度。如果顾客能够根据可寻找特征评价产品,顾客选择的余地就比较大,产品的需求就有较高的弹性。当然,由于服务具有不可感知性的特点,对于大多数服务产品而言,他们更多的是拥有经验特征和信任特征,不过,价格本身就是一种可寻找特征。所以,在缺乏服务产品服务信息的情况下，顾客往往把价格高低作为衡量产品的一个重要指标，由此对价格的敏感度也就比较高。

3. 需求的交叉弹性

在为产品大类定价时还必须考虑各产品项目之间相互影响的程度。产品大类中的某一个产品项目很可能是其他产品的替代品或互补品，同时，一项产品的价格变动往往会影响其他产品销售量的变动，两者之间存在着需求的交叉弹性。交叉弹性可以是正值，也可以是负值。如果是正值，则此两项产品是替代品，表明一旦产品 Y 的价格上涨，产品 X 的需求量必然增加；相反，如果是负值，则此两项产品为互补品，也就是说，当产品 Y 的价格上涨时，产品 X 的需求量会下降。需求的交叉弹性等于 X 的需求量的变动率比 Y 的价格的变动率。

5.2.1.3 市场竞争因素

对市场竞争因素的分析属于外部分析，市场竞争状况直接影响着企业定价策略的制定。服务的不可感知性迫使顾客在消费时采用各种各样的参照系，其中竞争者的同类服务就是最佳的参照系，一些服务的同质性使这种参照更加容易导致激烈的竞争。对提供相似服务产品的企业而言，谁的价格高，谁就要失去客户。另外，越是独特的服务，卖方越可以自行决定价格，只要买主愿意支付此价格。因此服务企业必须在与竞争对手服务产品相比较的基础上来制定自己的价格策略：若自己服务产品无差异性，则不必考虑采用主导价格而要采用行业中各服务提供商可接受的共同价格，避免价格战的发生；若服务产品具有很高的差异性，则可采用相对歧视性的定价方式。

国内普遍存在的价格战现象说明什么呢？很多人把价格竞争误认为就是商品降价。市场竞争中频繁打折并不是好的价格策略，原因是：第一，竞争对手可以立即效仿；第二，顾客会对产品的质量产生怀疑；第三，价格战的恶性循环不利于促进整个产业的发展。我国某省会城市在某一特定时期建设了很多的高级宾馆，这些酒店在淡季时大打价格战，五星级的标准间在恶性降价竞争的怪圈中卖到了 20 元的价位，结果使该市的酒店经营陷入了极大的困境，后来政府与行业协会介入，限定了其价格底线并强制实施，效果仍然不佳。另一个例子，某运输服务企业打算以降低价格来扩大业务量。咨询人员通过对市场和顾客需求的周密调查，发现当时的市场需求很旺，而且顾客对该企业的服务也非常满意，即使适当提高价格，这些老客户也不会离去。于是咨询人员根据统计分析方法，为这家运输企业制定出一个略高的新价格。采用新价格之后，企业的利润大幅度增加。咨询人员又建议企业将多出的利润抽出，投入到设备更新换代和提高服务质量上，该公司进而以更高的质量和更好的服务吸引了更多的客户。这一实例说明采用科学的管理咨询建议，能够在价格提高的同时，不仅不减少业务量，而且随着服务质量的提高，还可使客户数量有所增加，销售额也随之有很大幅度的增长。

对于服务企业来说，在市场上除了从竞争对手那里获得价格信息外，还要了解他们的成本状况，分析他们的利润率，这不仅有助于企业分析与评价竞争对手在价格方面的竞争能

力,而且还可以帮助企业预见对手对自己价格策略的反应及对手可承受的刚性价格大小。

 链接 5-2

旅游业倒贴钱的竞争不会长久

据《每日经济新闻》报道,湖南省旅游饭店协会日前发表声明称,去哪儿网在没有得到相关酒店任何许可的前提下,单方面实行客房五折促销,属单方恶意违规行为。去哪儿网回应称这是为更好地服务消费者,还将进一步加大酒店促销力度。为此,去哪儿网遭到湖南200多家酒店断供。

一直以来,当互联网+产品或服务时,人们总会对其廉价产生较高的期望值。实际上,互联网正凭借渠道的虚拟性,直接省掉大量实体店面的租金和日益增长的人员工资压力,不断地蚕食实体企业线下门店的市场份额。可以说,去哪儿网等在线旅游企业正是依靠低价策略横空出世,并不断吸引客流量的,而且,不少实体旅游机构在旅游淡季时,也从中享受到了不少好处。

如今,去哪儿网之所以遭到强力抵制,关键并不在于打折,而在于打的折扣偏低,影响到旅游机构的既定价格策略执行,假如打个九八折或八五折,估计就不会出现今天的尴尬局面了。

当然,去哪儿网这种恶意违规并不能直接给相关酒店造成经济损失,否则,它将面临被诉讼的风险。从报道中不难看出,去哪儿网这种低价促销的方式,不仅自己得不到任何好处,而且还得贴钱。实际上,不仅去哪儿网如此,整个在线旅行社企业基本都因价格战而受过伤。据报道,2014年在线旅游网站净利润进一步下滑。去哪儿网去年亏损18.5亿元,艺龙亏损2.7亿元,途牛亏损4.6亿元,仅有携程盈利2.4亿元。不难看出,在线旅游企业目前仍处于大量烧钱跑马圈地抢市场份额的阶段。但是,价格战特别是严重牺牲利润的竞争方式,根本无法长久持续下去,资金链较弱者,往往会因此倒闭,而且,还会严重扰乱旅游企业的价格策略,进而影响到企业长远利益。

那么,去哪儿网等在线旅游企业应该怎么做,才能更好地与线下旅行社合作,渐渐走出价格战窘境,进而实现多方共赢呢?笔者认为,这是一项庞大而系统的工程,并非任何一家线上旅行社单兵作战所能实现,它必须依靠整个行业通力合作。

首先,去哪儿网等网站不妨建立在线旅行社联盟,通过联盟的方式,统一让价格回归理性,先保证整个行业获得适当的利润空间。在条件许可的情况下,可以制定一些行业自律公约,尽量杜绝恶性竞争,确保行业获得健康发展。

其次,在线旅行企业不妨将竞争的焦点转向产品介绍和售后服务,多组织互动活动,为旅行者提供个性化的服务。比如开展旅游摄影大赛、评选旅游明星等,进一步拉近和客户的关系,确保他们对网站的黏性。

最后,在线旅行企业在旅游淡季,也可以按照部分线下旅行社的需求,适当以较低折扣出售旅游产品,但要充分保证服务质量,而且要保持较低的比例,不能大面积降价促销,更不能以损害自身利润的形式,引起行业新一轮恶性价格竞争。

(资料来源:林春浩. 旅游业倒贴钱的竞争不会长久. 中国经济网,2015-05-11.)

5.2.2 服务定价目标

定价目标是指企业通过价格制定以求达到的企业目标。定价目标是价格策略的前提和首要任务,它是确定定价方法、制定价格策略的主要依据,应当明确、具体、可行、切合实际。

5.2.2.1 利润导向目标

通过预测客户、竞争对手、中介机构、供应商、市场管理者,以及其他人对企业的市场营销组合做出的反应,然后选择表面上能满足企业目标利润的市场营销组合。利润导向目标根据企业对利润期望程度的不同可以分为三种。

1. 最大利润目标

最大利润目标是指企业希望获取最大限度的销售利润或投资收益。理论上,追求利润最大化的企业应当根据经济学上的定价方法来制定价格和收费。一般的假设是价格越高,需求量越小。企业的定价应当使总收入和总成本之间的差额达到最大化。

追求最大利润,是指企业长期目标的总利润,如企业可以有意识地降低一些容易引起人们注意的商品的价格,借以带动其他商品的销路,甚至可以带动高价利润商品的销路。最大利润目标并不等于最高价格,产品的价格过高,迟早会失去顾客和市场。

2. 投资回报目标

投资回报目标是指企业以成本作为定价的基础,根据预期的投资收益率(也称投资回报率),即按照投资额或销售额的一定百分比估计收益水平。此定价方法需要企业事先估算服务产品按什么价格,每年销售多少,多长时间才能达到预期利润水平。预期收益率一般都高于银行利率。采用这种定价目标的企业,应具备两个条件:第一,该企业具有较强的实力,在行业中处于领导地位;第二,采用这种定价目标的多为新产品、独家产品及低单价高质量的标准化产品。

3. 适当利润目标

相对于最大利润目标和投资回报目标而言,适当利润目标显得比较保守。这种定价目标适用于想要保全自己、减少风险或者竞争力量不足的企业。例如,按成本加成法决定价格,就可以使企业投资得到适当的收益。而"适当"的水平,则随着产量的变化、投资者的要求和市场可接受的程度等因素有所变化。

5.2.2.2 数量导向目标

利润导向目标是企业根据预计销售额或者是投资额估算企业利润,数量导向目标则恰恰相反,它是以预计销售量估计企业的销售额及利润。这种方法有助于企业根据市场需求量预计本企业服务产品所占的市场份额。数量导向目标分为以下两种。

1. 最大销量目标

以最大销量为定价目标,包括增加服务产品的销量,从而争取最大的销售收入;保持或扩大市场占有率来保证企业的生存和决定企业的兴衰。采用此种定价目标的企业有大企业也有小企业。每个企业对本企业在市场中的所占份额是容易预计和掌握的。因而以此作为保持和增加份额的定价目标和依据,是比较切实可行的。此目标指导下的企业定价一般情况下比市场上同类产品的价格稍低,以同质低价吸引顾客,从而有效地扩大市场份额。"薄利多销"就是此目标指导下的定价思路。

2. 最多顾客目标

大多数企业对竞争者的价格都比较敏感,在制定价格之前会搜集多方价格信息,把自己的产品质量、特点同竞争对手的产品进行对比,然后做出抉择,是以低于竞争者的价格出售,还是与其等价出售,抑或是以高于竞争者的价格出售。市场上存在领导者价格时,新的服务提供商要进入市场,只能采用与竞争者相同的价格。当然一些企业因生产、销售费用较低,或者试图扩大市场占有率,定价会低于竞争者。与最大销量不同的是,它的目标在于尽可能多地赢得顾客。

5.3 服务定价方法

服务定价与有形产品的定价在一定程度上有很大的相似性,但是鉴于服务本身的特点,服务定价更趋于灵活和自由。

5.3.1 选择一种平均收费水平

这里所说的"平均收费水平"不是费用的平均,而是定价方法的平均。这种定价方法以较为明确的标准或依据为指导决定价格的高低,市场上同类服务价格的差异一方面是因为企业自身成本、期望利润等因素的影响,另一方面也取决于消费者的认可度和接受度。服务产品主要有三种定价方法:成本导向定价法、需求导向定价法和竞争导向定价法。

5.3.1.1 成本导向定价法

成本导向定价法是指企业依据其提供服务的成本决定服务的价格。一般情况下,企业首先要制定出一定服务的成本,然后再加上希望获得的特定水平的利润,这样可以确保制定出的价格能完全弥补成本并获得预期的利润。通常企业会制定一个"系数"或涨价幅度,这个系数应当能够使全部收费额在补偿所有成本之后仍剩余一定的利润,即企业预期的利润水平。企业确定此系数的方法有两种,因此成本导向定价法也可归为如下两类。

1. 成本加成定价法

所谓的成本加成定价法是在产品平均变动成本加平均固定成本加一个标准的加成。采用这种定价方法,成功的关键在于制定恰当的加成百分比。其计算公式为

单位价格＝单位成本×（1＋成本利润率）
　　　　＝（单位固定成本＋单位变动成本）×（1＋成本利润率）

这种方法的优点是：第一，计算成本比估计需求更有把握，企业不仅可以简化自己的定价工作，并且可省去根据需求变化频繁调整价格的麻烦。第二，如果行业内企业都采用这种方法，那么其价格相差不大，价格竞争就会比较缓和。第三，这种定价方法似乎对买卖双方都较为合理，但是买方需求急迫时，坚持这一定价方法的卖方有可能会失去额外的利益。

2. 目标利润定价法

采用目标利润定价法计算服务产品的价格，还需明确边际贡献的概念。顾客所支付的单价与单位变动成本的差，称作边际贡献，其贡献就在于它可以用来抵消固定成本。目标利润定价法的原理源自财务管理中的边际贡献分析法，基础是保本定价法：首先找到保本点，即在估计一定销售量的基础上找到总收入等于总支出的价格，或在一定价格下使总收入等于总成本。采用这种方法，定价企业会设法降低固定成本和变动成本，以降低其必需的保本量。

这种定价方法是企业根据预期的利润目标，反推产品的价格。即在既定利润水平下制定能实现该利润目标的服务价格。从某种意义上说，这种定价方法恰好与上述成本加成定价法相反。其计算公式为

产品出厂价格＝［（单位变动成本＋单位固定成本）/（1－销售税率）］＋目标利润/［预计销售量×（1－销售税率）］

目标利润＝（单位变动成本＋单位固定成本）×预计销售量×成本利润率

产品出厂价格＝［（单位变动成本＋单位固定成本）×（1＋成本利润率）］/（1－销售税率）

5.3.1.2　需求导向定价法

需求导向定价法是一种以市场需求强度及消费者感受为主要依据的定价方法，其着眼于消费者的态度和行为，服务的质量和成本则为配合价格而进行相应的调整，服务价格是以客户愿意支付的金额为基础的。客户心中确立的价格-价值关系的基础可以用下面的公式表示：

价值＝利益－成本

但是按照需求导向型方法制定价格确定潜在的客户会付多少钱购买某项特定的产品或服务很困难，特别是对于最新推出的产品或服务。以需求为导向的定价方法主要分为两种：感受价值定价法和反向定价法。

1. 感受价值定价法

所谓的感受价值定价法就是企业根据购买者对产品的感受价值来制定价格的一种方法。感受价值定价与现代市场定位观念相一致。企业在为其目标市场开发新产品的时候，在质量、价格、服务等各个方面需要体现特定的市场定位观念。因此，首先要界定所提供的价值及价格；之后，企业要估计在此价格下所能销售的数量，再根据这一销售量决定所需要的产能、投资及单位成本；接着，管理人员还要计算在此价格和成本之下能否获得满意的利润。如果能获得满意的利润，则继续开发这一新产品；否则，就要放弃这一产品的开发。

感受价值定价的关键，在于准确地计算产品所提供的全部市场感受价值。企业如果过高地估计感受价值，便会定出偏高的价格；如果过低地估计感受价值，则会定出偏低的价格。为准确把握市场感受价值，必须进行市场营销研究。

2. 反向定价法

反向定价法，又称可销价格倒推法，是指企业根据产品的市场需求状况，通过价格预测和试销、评估，先确定消费者可以接受和理解的零售价格，然后倒推批发价格和出厂价格的定价方法。这种定价方法的依据不是产品的成本，而是市场的需求定价，力求使价格为消费者所接受。分销渠道中的批发商和零售商多采取这种定价方法。其计算公式为

出厂价格＝市场可销零售价格×（1－批零差价率）×（1－销进差率）

采用反向定价法的关键在于如何正确测定市场可销零售价格水平。测定的标准主要有：

（1）产品的市场供求情况及其变动趋势；

（2）产品的需求函数和需求价格弹性；

（3）消费者愿意接受的价格水平；

（4）与同类产品的比价关系。

测定的方法如下。

（1）主观评估法。由企业内部有关人员参考市场上的同类产品，比质比价，综合考虑市场供求趋势，对产品的市场销售价格进行评估确定。

（2）客观评估法。由企业外部的有关部门和消费者代表，对产品的性能、效用、寿命等方面进行评议、鉴定和估价。

（3）实销评估法。以一种或几种不同价格在不同消费对象或区域进行实地销售，并采用上门征询、问卷调查、举行座谈会等形式，全面征求消费者的意见，然后判明试销价格的可行性。

采用这一定价法时，需要对产品的市场容量和商品的价格弹性有一个大体的估计，并且企业的目标利润是确定的。这才能确保反向定价在实践中可以完成。

5.3.1.3 竞争导向定价法

竞争导向定价法是指以竞争者各方面的实力对比和竞争者的价格作为定价的主要依据，以竞争环境中的生存和发展为目标的定价方法。此定价方法注重同行业或市场中其他公司的收费情况，但是并不意味着收取的费用与其他公司相同。主要包括寡头垄断定价法、主动竞争定价法、随行就市定价法和招、投标定价法。

1. 寡头垄断定价法

这种定价方法适用于少数大型的服务提供商，如航空公司或汽车租赁行业。这种类型的企业在市场上处于垄断地位，只有少数的竞争对手，具有绝对的定价优势。但是一般情况下，其竞争实力相当，占有的市场份额差距较小，因此在制定价格的过程中要受到竞争对手的影响。

2. 主动竞争定价法

即为了维持或增加市场占有率而采取的进取性定价。使用这种定价方法的企业在某种程度上具有与同行业市场领导者相当的竞争实力，两者都有较好的市场美誉度和信誉度，消费者在这两者之间进行选择时，价格就成了主要的考虑因素。因此，企业要制定稍低的价格，或者在相同价格水平上提供更好的服务，以获得更多的市场支持。

3. 随行就市定价法

所谓的随行就市定价法是指企业按照行业的平均现行价格水平来定价。在以下情况下往往采取这种方法：

- 难以估算成本；
- 企业打算与同行和平共处；
- 如果另行定价，很难了解购买者和竞争者对本企业价格的反应。

不论市场结构是完全竞争的市场，还是寡头垄断的市场，随行就市定价都是同质产品市场的惯用定价方法。

在完全竞争市场上，销售同类产品的各个企业在定价时实际上没有选择的余地，只能按照行业的现行价格来定价。如果把价格定得高于时价，产品就卖不出去；反之，如果把价格定得低于时价，就会遭到降价竞销。

在寡头垄断的市场上，企业也倾向于和竞争对手要价相同。这是因为，在这种条件下市场上只有少数几家大企业，彼此十分了解，购买者对市场行情也很熟悉，因此，如果各大企业的价格稍有差异，顾客就会转向价格较低的企业。所以，按照现行价格水平，在寡头竞争的需求曲线上有一个转折点。如果某企业将价格定得高于这个转折点，需求就会相应减少，因为其他企业不会随之提价（需求缺乏弹性）；相反，如果某企业将其价格定得低于这个转折点，需求则不会相应增加，因为其他企业可能也会降价（需求有弹性）。总之，当需求有弹性时，一个寡头企业不能通过提价而获利；当需求缺乏弹性时，一个寡头企业也不能通过降价而获利。

在异质产品市场上，企业有较大的自由度决定其价格。产品差异化使购买者会对价格差异的存在不甚敏感。企业相对于竞争者是要确定自己的适当位置，或充当高价企业角色，或充当中价企业角色，或充当低价企业角色。总之，企业总要在定价方面有别于竞争者，其产品战略及市场营销方案也尽量与之相适应，以应付竞争者的价格竞争。

5.3.1.4 投标定价法

即政府采购机构在报刊上登广告或发出函件，说明拟采购商品的品种、规格、数量等具体要求，邀请供应商在规定的期限内投标。政府采购机构在规定的日期内开标，选择报价最低的、最有力的供应商成交，签订采购合同。某供货企业如果想做成这笔生意，就要在规定的期限内填写标单，上面填明可供应商品的名称、品种、规格、价格、数量、交货日期等，密封送给招标人（即政府采购机构），这叫作投标。这种价格是供货企业根据对竞争者的报价的估计制定的，而不是按照供货企业自己的成本费用或市场需求制定的。供货企业的目的

在于赢得合同,所以它的报价应低于竞争对手的报价。这种定价方法叫作投标定价法。

然而,企业不能将其报价定得低于某种水平。确切地讲,它不会将报价定得低于边际成本,以免使其经营状况恶化。如果企业报价远远高于边际成本,虽然潜在利润增加了,但却减少了中标的机会。

5.3.1.5 招标定价法

与投标定价法相对应的是招标定价法。这种定价方法的主体是服务产品的出售者,与投标定价法不同的是,这种方法更具有公开性。同时,这种定价方法是出价最高者得标。例如央视的广告招标,自 1995 年中央电视台黄金时段广告实行招标以来,中标额逐年攀升。2001 年招标总额为 21.6 亿元,2005 年招标总额为 52.48 亿元,到 2010 年招标总额达到 109.66 亿元,到了 2013 年达到 158 亿元。

5.3.2 选择一种标价方法

除了制定价格水平以外,服务机构还必须决定使用何种标价方法。一般使用 9 种标价方法:①时间和费用;②固定数额收费;③百分比收费;④或然收费;⑤视履约情况收费;⑥按价值收费;⑦预聘费;⑧按所有者权益收费;⑨混合收费。以下就对每一种形式进行定义和评估。

5.3.2.1 时间和费用

这种方法是用专业服务履行的小时数和天数乘以每小时或每天的费率,然后再加上实际支出费用总额(或该总额的若干倍),如配置材料、出差、计算机时间及其他花费,最后得出的就是应收费额。

时间和费用方法的主要优点是公司不必担心收费不能弥补成本,如果企业在一个项目上花的时间比预期的多,多花的时间一样可以要求客户付费,这样不会降低企业的利润率。这种方法也经常被客户认为是"公平的"。这种方法使公司的员工意识到,他们应当把时间花在可计费的行为上,避免从事不能计费的行为。

时间和费用方法的主要不足在于它给客户带来不确定性,从而导致客户的不满。在做出是否购买的决策前,客户希望知道某项服务最终需要花多少钱。他们被告知的只是一个估计的数额,但当服务结束时,他们最终需要支付的可能远远超出预先估计的数额。因此,客户会担心项目和诉讼耗费了不应花的时间,这会造成专业人士和客户之间的关系紧张。

5.3.2.2 固定数额收费

按这种方法,在提供服务前费用就被确定为一个固定不变的数额,而不必考虑履行服务所需花费的时间和费用。这种方法消除了收费的不确定性,可使客户和专业服务人士之间的关系容易相处。客户可能会认为企业制定的每小时或每天收费额太高,这种方法可以用来"隐蔽"客户不愿接受的高费率。但是,这种方法把大部分不确定性和风险都转移给了服务机构。如果发生不可预见的事件或者客户不合作,那么按固定数额收费的专业人士会损失惨重。收取固定费用产生的压力甚至导致企业在服务质量上大打折扣,不像在按小时收费的情况下那样严格地实施质量标准。

5.3.2.3 百分比收费

某些行业的收费是按照某一"固定"价值的一定百分比收取的。广告代理公司在为客户购买广告时间时通常收取15%的佣金。旅行社经常按他们安排的旅行价值的10%收取佣金。职业介绍所如果为客户找到工作,则按照工作第一年年薪的一定百分比收取佣金。

百分比收费法的优点是直截了当,客户容易理解。固定价值越高,客户得到的实际利益越大,因此客户不会在意服务费的高低。但当一个传统比例(如10%或15%)不再足以弥补上升的成本及维持一个适当的回报率时,专业服务人士就会遇到麻烦。例如,在二手房交易市场,房屋中介机构按照交易房款的2%收取服务费用,房款越高,房屋中介机构收取的中介费越高。同时,房屋中介机构按收取的中介服务费的一定百分比支付房地产经纪人的工资。这种方式能够激励服务的提供方在利润的驱使下提供完善的服务。

5.3.2.4 或然收费

按照这种方法,是否收费取决于服务是否为客户创造了一定价值,若服务为客户创造了一定的价值,就按照该数额的一定比例收取服务费。该价值数额可以是法律判决或调解书确定的金额,建造一座楼的成本,客户实施了一项建议后节省的成本,或者是其他反映专业人士服务结果价值的金额。

或然收费方式的优点是相对简单。对于客户而言,这种方式显得比较"公平"。比如律师代理人身伤害索赔案件时,按照最后判决金额的一定比例收费;建筑设计师按照建筑楼房成本的合理比例收取设计费,但这种收费方法可能诱使专业人士不按照客户利益最大化行事。如果律师认为,即使他做很多的诉讼工作得到大额赔偿判决的可能性也很小的话,律师可能选择仅仅做很少的工作,然后接受一笔很小但实实在在的调停费。这种收费方法也会鼓励建筑设计师在设计楼房时添加客户本不需要但可以增加建筑成本的附属建筑。

5.3.2.5 视履约情况收费

与或然收费相似的是视履约情况收费。使用这种收费方法,至少公司的部分收入是与服务带来的可计算结果联系在一起的,比如生产周期的缩短、边际收益的增长,等等。视履约情况收费的优点在于:双方都有努力实现预期结果的动力,双方都有责任。但是视结果的收费安排也可能存在潜在的缺陷:客户可能担心咨询公司追求短期效益,咨询公司提出的建议是以它能获得更高的服务费为基础的,是为他自己公司而非客户的利益考虑。

5.3.2.6 按价值收费

咨询顾问有时会问他的客户解决问题的方案值多少钱,或者客户愿意出多少钱把他的问题妥善地处理掉。这就是典型的按价值收费。刘易斯·沃克在《今日会计》上发表的题为"全盘计划者"的文章中谈道,"21世纪,客户对计划者付款,是因为他们提供了增值的咨询服务,他们的工作激起了客户对他们的信任,而不是为双方交易而向他们付款。"沃克还强调,采取按照价值收取服务费的方法时,个人声誉和独立性是最重要的。但是,为了能让按价值收费的方法真正起到效用,客户需要告诉专业服务提供者某个项目对他有多重要。

以价值为基础的定价当然也有不足之处,客户和专业人士都很难估算出项目所需要的成

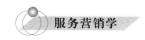

本。另外，市场可能不常使用这种定价安排。

5.3.2.7 预聘费

按照这种收费方法，客户向专业服务机构缴纳固定的费用后，在一段固定的期限内客户可以享受预定水平的服务而不再需要支付任何费用。对于预先收费的健康服务及法律服务机构，客户缴纳了预聘费之后就可以无限次地接受服务。

这种方法的主要优点在于能给客户和专业服务人士一定的确定性，双方都可以预测他们的关系给自己带来的经济后果。然而，采用预聘费方式的企业必须能准确预测在一定期限内客户使用某种服务的频率。如果企业在确定收费时低估了客户使用服务的次数，它可能会遭受严重损失。

5.3.2.8 按所有者权益收费

即收取客户公司的股票和期权而非现金。当新成立的公司没有足够的现金来支付咨询费时，就可能使用这种支付方法。按所有者权益收费的方法有一些不足之处。对于专业服务机构来说，这具有一定的风险。因为最后那些股票或期权可能一文不值。对于客户来说，这种方式可能是很昂贵的。比如，有一项股票上市的咨询工作，咨询费应该是 5 万美元，咨询顾问可能收 2.5 万美元的现金，再收 15 万美元的股票期权。不同于视履约情况收费和或然收费方式，这种收费方式的好处是，不必担心利益冲突。咨询顾问为了将来能获得巨额回报，他在工作时会为小公司的长远利益做打算。

5.3.2.9 混合收费

对于很多专业机构而言，最好的收费形式是混合收费或组合收费方式。一家律师事务所可能会觉得最好的收费方法是采用预聘费方式，但如果服务时间超过了某个特定额度，超过的时间则按照时间和费用方法进行收费。当然，判断一家公司最后采用哪种收费方法取决于很多因素，包括公司的目标、目标市场的性质、公司的竞争环境。比如，一家公司想渗透进一个竞争对手很多而且价格十分敏感的目标市场，公司可能被迫采用按固定金额收费的方法，而且不得不采取低价收费策略。另外，如果市场对价格很敏感而且市场上没有什么竞争对手，一家采取市场撇脂策略的公司最可能采取按时间和费用收费的定价方法，而且尽可能把价格定得很高。

5.4 服务定价策略

5.4.1 新产品定价策略

新产品定价，可采用以下三种定价策略。

5.4.1.1 撇脂定价

新产品进入市场时，需求弹性小，竞争对手少，企业有意识地将产品价格定得偏高，然后根据市场供求情况，逐步降低价格，赚头蚀尾，犹如从牛奶中撇去奶油一样，由精华到一般，故称此定价策略为撇脂定价策略。采用这种定价策略可使服务在短期内收回产品与服务的开发成本,迅速积累资金。另外,可以在部分求新欲强又有支付能力的顾客中树立独特的、高价值和高质量的产品形象,以期达到开发特定市场的目的。

5.4.1.2 渗透定价

渗透定价是指新的服务以低价导入市场以刺激试用或广泛使用的一种策略。这种策略有助于企业以低价吸引消费者,提高市场占有率,使产品逐步渗透,从而扩大销路和销量,占领市场,挤掉竞争对手,以后再将价格提高到一定程度。此策略适用于以下情况:

(1) 服务销售量对价格很敏感,即使在早期的产品导入阶段;
(2) 可以通过批量形成单位成本节约;
(3) 服务在引入后很快会面临强劲的潜在竞争威胁;
(4) 没有任何一类顾客愿意支付高价购买服务。

这种服务定价策略会在公司随后选择的"正常"提高价格时导致问题的出现。必须小心,不要选择会使顾客感到正常价格是在可接受价格范围之外的低价进行渗透。

5.4.1.3 试销价格

试销价格是指企业在某一限定的时间内把新产品的价格维持在较低的水平,以赢得消费者对该产品的认可和接受,降低消费者的购买风险。如微软公司的 Access 数据库程序在最初的短期促销价为 99 美元,而建议零售价则为 495 美元。试销价格有利于鼓励消费者试用新产品,而企业则希望消费者通过试用而成为企业的忠实顾客,并建立起企业良好的口碑。该策略也经常被服务性企业所采用,如开业之初的特惠价等。但只有企业的产品或服务确实能使消费者感到获得了很大的利益时,此种策略才能收到预期的效果。

5.4.2 折扣定价策略

折扣定价策略就是降低产品价格,在原价基础上给购买者一定的价格折扣或馈赠部分产品,以争取用户,扩大销售。常见的折扣定价策略有以下六种。

5.4.2.1 付款方式折扣

付款方式折扣是指服务企业为了鼓励购买者采用指定的付款方式或者有利于服务提供商尽快收取服务费用以降低发生损失的可能性的付款方式,而对按此方式付款的购买者给予的价格折扣。例如,在天津万达影城,用中信银行卡进行付账时,可享受每张电影票 10 元的优惠票价。在一些较大的专业服务机构中,对一次性以现金方式支付咨询服务费的企业给予一定的折扣。

5.4.2.2 购买数量折扣

购买数量折扣是指服务的提供商根据顾客购买服务产品的数量多少给予不同的折扣。购买的服务产品越多,折扣越高,买方获利也越多。实行这种策略的目的在于鼓励买方大批量购买服务产品。数量折扣可分为累进折扣和非累进折扣。顾客在一定时间内购买产品总量达到一定额度时,按其总量的多少给予的折扣叫作累进折扣。同一顾客在一次购买的产品达到一定额度时,按其总量的多少给予的折扣叫作非累进折扣。如中国移动曾推出的交话费送话

费的活动,即一次性交 240 元话费就返 120 元,即用户可以获得 360 元的话费。

5.4.2.3 季节性折扣

所谓季节性折扣,是指服务企业在淡季时给购买服务产品的顾客的一种减价,使服务企业的销售在一年四季保持相对稳定。例如,旅馆、航空公司等在营业下降时给旅客以季节折扣;旅游景点制定淡旺季差异价格等。季节性折扣比例的确定,应考虑成本、基价的资金利息等因素。季节性折扣促进服务企业均衡生产,充分发挥生产和销售潜力。避免因季节需求变化所带来的市场风险。

 案例 5-2

卡洛尔太太的理发店

卡洛尔太太在乡下小镇上经营一家小小的理发店,由于手艺精湛,很受当地人欢迎。但是,这家小店没有其他理发师,顾客在周末的时候常常要排两个小时的队才能等到服务,因此许多人并不愿意光顾她的理发店。罗伯特先生就是其中的一位,由于工作在外,他只有周六上午的时间可以用来理发,虽然很欣赏卡洛尔太太的手艺,但紧张的时间安排让他无法接受长时间的等待。罗伯特先生也曾劝说卡洛尔太太接受预约安排,但卡洛尔太太担心这样会疏远顾客,不愿意改变目前的经营状况,罗伯特先生同她一起详细分析了理发店面临的问题:

——理发店在星期六过于拥挤,但是星期二却很少有顾客来;

——一些工作繁忙的顾客只会在星期六来,而其他退休的或上学的顾客可以在一周的任何一天理发;

——卡洛尔太太在星期六损失了不少顾客;

——理发店租金等费用在增长,但是许多顾客并不认可价格应因此而提高;

——卡洛尔太太考虑过再增加一张椅子和一个兼职理发师,但是她不知道这样要花费多少钱,又能增加多少收入。

根据上面的分析,罗伯特先生提出,应当提高周六的价格而降低周二的价格。原因是有些顾客情愿多花点钱换取周六的便利;而另一些顾客为了省钱也会乐意在周二来理发,用收益管理的术语来讲,叫认清细分市场上顾客对价格与便利的取舍。

开始,卡洛尔太太不太情愿这样做。她认为自己提供了相同的服务,不应根据服务时间的不同来设定不同价格。但后来的一件事让她改变了自己的想法。有个周六,卡洛尔太太正在为罗伯特先生理发,有一个人站在门口不断张望,当他看到等候室里坐满人时,摇摇头走开了。罗伯特先生问:"他是你的老顾客吗?""不是。"卡洛尔太太回答。"那么,"罗伯特先生说,"他今天将找到另外一位理发师,如果不是手艺特别糟,他将再也不会到你这里来了。你不只是今天失去了一个顾客,而是永远失去了这位顾客。"听到这里,卡洛尔太太决定实行改革。

卡洛尔太太将周六的价格调高了20%，同时把周二的价格降了20%。结果，原本喜欢在周六等候聊天的退休老人和带小孩的母亲大都改成了在周二理发，周二生意不再清淡；匀出周六时间，可以服务更多情愿多花点钱换取时间便利的客人，那些摇头离去的顾客又被吸引回来。一年后，卡洛尔太太惊喜地发现，理发店收入增长了20%。

（资料来源：http：//opinion.news.hexun.com/2550429.shtml.）

5.4.2.4　交易折扣

交易折扣是指根据中间商在商品中的流通地位和作用，给予不同的折扣，叫作交易折扣策略。在服务产品市场中，这一折扣定价策略应用较多的是下设服务代理商和服务加盟商的服务企业。一般情况下，服务企业为服务代理商和加盟商提供的辅助是不相同的，他们在签订服务代理合同或加盟合同时所规定和限制的内容也不完全相同，企业对他们的控制及他们对企业支付费用的方式各不相同，因此服务企业也会根据其地位，制定不同的价格折扣。

5.4.2.5　组合折扣

组合折扣是指将相关的服务产品组合配套出售，对购买此产品的客户给予价格折扣。一般情况下，组合购买的价格低于分别购买的价格之和。组合定价一方面能促进旅游业收入的增加，刺激人们旅游的热情；另一方面这种定价方法能够更有效地利用旅游资源为人们提供心灵和精神的享受。

案例 5-3

京津冀旅游年卡　80元逛上百家景区

2015年11月27日京津冀名胜文化休闲旅游2016年年卡开始发售，普通市民最低仅需花费80元便能逛上百家京津冀景区。

京津冀旅游年卡办公室负责人介绍，2016年京津冀旅游年卡所涵盖的景区数量达到135家，其中，129家景区可免费无限次游览，129家景区的单次门票总价为4 871元。同时，2016年年卡首次纳入不少可打折优惠的健身旅游项目，游客持年卡可以到温泉、滑雪、射击场馆等地进行打折消费。

京津冀旅游年卡办公室负责人介绍，普通卡售价为130元，市民凭近期免冠一寸照片即可购买；还有80元纪念卡，不需要贴照片，不实名制购买（全年每景区限使用一次）；市民可在各大公园代售点、京津冀旅游年票网、携程网及部分区县的旅游咨询中心购买。同时还推出了200元联合年卡，这是与北京市公园游览年票联合发行，含市区颐和园、天坛、动物园等19家公园，共140家公园景区。

（资料来源：京华时报，2015—11—29，整理.）

5.4.2.6　预订折扣

预订就是在享受服务之前一定的时间交付费用，待到约定时间时消费者按照预订时规定

的内容享受服务。目前比较普遍的就是飞机票预订和旅游产品预订。提前预订一方面给服务企业在运营安排及现金流量等方面带来好处，另一方面也为消费者提供了低于正常价格的服务。除此之外还能促进淡季服务产品的销售。

5.4.3 差别定价策略

差别定价，是指企业根据顾客支付意愿的不同修改自己的基价而制定不同价格的定价方法。这些价格并不反映任何的成本比例差异。

差别定价策略主要运用于两种情况：一是建立基本需求，尤其是对高峰期的服务最为适用；二是用以缓和需求的波动，降低服务易消失性的不利影响。

服务产品差别定价的形式如下。

5.4.3.1 顾客细分定价策略

理解这种策略，得先介绍"顾客剩余"，它是西方经济学中的概念，是指顾客愿意为某产品付出的最高价格与其实际支付价格的差额。顾客由于购买力水平的差异，对服务的需求程度不一，或对抽象服务的感觉价值不一样。在这种策略下，收入是一个细分的重要依据。对于收入高的顾客，可将服务的价格适当提高，这样不仅不妨碍其购买积极性反而给他们带来心理上的满足；对于低收入顾客，适当降低价格，却可以提高其购买兴趣。在美国，医生、律师、经济与管理顾问等，对穷人和富人提供同样的服务，但收费却大不相同。除此之外，还可按顾客的年龄、职业和阶层来细分顾客，分别定价。如参观博物馆的学生票，老年人进入公园免费等。采用顾客细分定价策略的条件，在于目标市场可以细分，而且表现出不同的需求程度；在本企业进行高价销售的市场范围，竞争者不可能低价进行对抗；价格差异不会引起顾客反感；分割和控制市场的费用，小于差别定价所获得的额外收入。

5.4.3.2 产品附加价值定价

产品附加价值定价，是指根据产品增加的服务利益，对同一类产品制定不同的价格。服务产品增加的服务利益是差别定价的一个重要基础，如银行推出的信用卡和借记卡，二者的成本相差无几，但是定价的差异很大，就是因为二者虽然都可以异地取钱，但是信用卡还具有透支功能。因此借记卡一般免费即办，而信用卡不仅有办卡费用，而且每隔一定的年数还得缴纳更新费用；旅馆豪华间的舒适感及快速结账服务使客户心甘情愿地掏出更多的钞票。

5.4.3.3 服务的可接近性差异定价

在可接近（服务的易得性）性方面，主要考虑的是时间和地点。时间差别定价策略是以时间区分的差别定价策略。其目的不仅是增加企业收入，还可通过调整价格来抑制需求的波动，从而降低生产和经营成本。目前，时间差别定价策略在服务行业运用较多，海滨城市在七、八、九月旅游旺季中，各种服务如酒店服务、餐厅服务和海滨浴场服务的收费价格都比旅游淡季高很多；出租车收费的价格也是如此，白天载客按照标准价格收费，夜间按一定比例加价。地点差别定价策略则按地点区别进行定价，在不同的地点同种服务的附加值虽不同，但差别还是主要在于服务的可接近性差异。饭店和酒吧里的饮料、小吃等价格都比商店里的要高，环境幽雅带来的附加值纵然不同，更由于顾客在可接近性方面的需求强烈程度不同。

5.4.3.4 服务的形象及品牌差异定价

企业服务形象的定位和塑造及服务品牌价值的差别都是差别价格法的主要基础。现在我国有很多国有大酒店软、硬件设施实际上都超过了某些国际知名的连锁酒店，但是对同样的标准间，顾客愿意支付给香格里拉的价格往往高于愿意支付给国有酒店的价格，就是因为香格里拉是一个已经经营了几十年的酒店品牌，它标志着一种优雅的服务。

一项调查显示差别定价法是最为通用的定价技巧，约有58%的调查对象表示使用差别定价法。但是使用差别定价有可能产生下列问题。

（1）顾客可能延缓购买，一直等到差别价格实施。

（2）顾客可能认为采用差别定价的服务产品属于"低价折扣"，认为是一种例行现象，这样有可能破坏顾客的满意度。

由于上述原因，有些服务企业故意拒绝使用差别定价而干脆采用单一价格制度，对所有的顾客都制定相同的价格。

5.4.4 心理定价策略

心理定价策略，即根据顾客的不同心理，采用不同定价技巧的策略，常见的有以下四种。

5.4.4.1 尾数定价策略

在产品市场中，尾数定价法又称非整数定价法，即企业给产品定一个接近整数，以零头尾数结尾的价格。保留了尾数，一方面可给顾客以不到整数的心理信息；另一方面使顾客从心里感到定价认真、准确、合理，从而对价格产生一种信任感。

但是在服务产品定价中，尾数定价策略表现在两个方面。一是服务产品价格。即用尾数定价策略给服务产品确定价格，但是一般情况下，由于服务产品的特性，即使是尾数定价，也很少出现小数点以后的零头。例如某养生馆为其健身半年卡定价为999元。二是服务产品的尾数。例如电话号码的尾数、汽车牌号的尾数，也就是消费者所谓的吉祥尾数，这种尾数本身没有差别，但是由于消费者观念或文化等的差异而对其产生了不同的偏好，从而导致了价格的差异。例如"186"结尾的号码要比"174"这样的号码更受消费者的偏好，并且价格也高。

5.4.4.2 整数定价策略

对于无法明确显示其内在质量的服务产品，顾客往往通过其价格的高低来判断其质量的好坏。但是，在整数定价方法下，价格高并不是绝对的高，而只是凭借整数价格来给顾客造成高价的印象。整数定价常常以偶数，特别是"0"为尾数。例如，精品旅游风景区的门票可定为100元，而不必定为98元。这样定价的好处，既可以满足购买者炫耀富有、显示地位、崇尚名牌、购买精品的虚荣心，又在顾客心中树立高档、高价、优质的服务产品形象。

还省却了找零钱的麻烦。在星级宾馆、高档文化娱乐城等,由于其顾客都属于高收入阶层,也甘愿接受较高的价格,所以,整数定价策略得以大行其道。

5.4.4.3 声望定价策略

这是根据服务产品在顾客心中的声望、信任度和社会地位来确定价格的一种定价策略。声望定价可以满足某些顾客的特殊欲望,如地位、身份、财富、名望和自我形象等,还可以通过高价格显示名贵优质,因此,这一策略适用于一些有知名度、有较大市场影响、深受市场欢迎的品牌服务企业。比如,满汉全席的定价,北京皇城老妈火锅的定价等。为了使声望价格得以维持,需要适当控制市场容量。采用声望定价策略必须非常谨慎,估计不准,客户很容易被竞争者抢去。

5.4.4.4 招徕定价策略

一般顾客都有以低于一般市价的价格买到同质产品的心理需求。服务企业抓住顾客这一心理,可特意将某些产品的价格定得略低于同行的价格,以招徕顾客,这种策略即为招徕定价策略。这种廉价招徕顾客的策略,往往会吸引不少顾客在购买这种产品时,同时购买其他产品,从而达到扩大连带产品销售的目的。

习 题

一、名词解释

需求价格弹性　感受价值定价法　反向定价法　竞争导向定价法　撇脂定价　渗透定价　产品附加值定价　成本加成定价　声望定价策略

二、单项选择题

1. 服务难以标准化是指（　　）。
   A. 服务的无形性　B. 服务的异质性　C. 服务的不可储存性　D. 服务的时效性
2. 服务价格要稳定,不能频繁地波动,要求定价应遵循（　　）。
   A. 经济效益、环境效益和社会效益兼顾原则
   B. 科学性原则
   C. 动态性和稳定性相结合的原则
   D. 目标明确性原则
3. 当某一服务产品$|E_d|<1$,最适合采取（　　）。
   A. 市场撇脂定价　B. 市场渗透定价　C. 成本导向定价　　D. 竞争导向定价
4. 企业难以估算某项服务成本的时候,应当采用（　　）。
   A. 目标利润定价法　　　　　　　B. 反向定价法
   C. 感受价值定价法　　　　　　　D. 随行就市定价法

5. 为了维持或增加市场占有率而采取的进取性定价称为（   ）。
   A. 主动竞争定价　　B. 市场渗透定价　　C. 数量导向定价　　　D. 随行就市定价
6. 服务公司根据客户购买服务产品的多少来确定服务产品的价格，这种定价方法是（   ）。
   A. 预定折扣　　　　B. 数量折扣　　　　C. 交易折扣　　　　　D. 组合折扣
7. 某知名老字号企业欲在全国开设第 10 家连锁店，其应采取的定价策略是（   ）。
   A. 招徕定价法　　　　　　　　　B. 声望定价法
   C. 产品附加值定价法　　　　　　D. 顾客细分定价法
8. 服务的可接近性差异定价属于（   ）。
   A. 心理定价策略　　　　　　　　B. 统一定价策略
   C. 差别定价策略　　　　　　　　D. 新产品定价策略
9. 某美容店对统一服务项目给予持有金卡会员卡的客户 8 折优惠，这种定价方法属于（   ）。
   A. 顾客细分定价策略　　　　　　B. 产品附加价值定价
   C. 服务的可接近差异性定价　　　D. 服务的形象及品牌差异定价
10. 某一刚成立的服务企业想要聘请企业顾问，鉴于需要咨询的业务较多，对于该服务企业来说选择的最好标价方法是（   ）。
    A. 百分比收费　　　　　　　　　B. 或然收费
    C. 混合收费　　　　　　　　　　D. 按固定数额收费

三、多项选择题

1. 竞争导向定价法包括（   ）。
   A. 寡头垄断定价法　B. 投标定价法　　C. 主动竞争定价法　　D. 随行就市定价法
2. 能够较准确计算服务产品成本的企业可以采取的定价目标有（   ）。
   A. 成本导向定价　　B. 竞争导向定价　　C. 需求导向定价　　　D. 混合定价
3. 随行就市定价法适用于（   ）。
   A. 难以估算成本
   B. 企业打算与同行和平共处
   C. 如果另行定价，很难了解购买者和竞争者对本企业价格的反应
   D. 服务产品的同质性比较高
4. 渗透定价策略适用于（   ）。
   A. 服务销售量对价格很敏感，即使在早期的产品导入阶段
   B. 可以通过批量形成单位成本节约
   C. 服务在引入后很快会面临强劲的潜在竞争威胁
   D. 没有任何一类顾客愿意支付高价购买服务
5. 心理定价策略包括（   ）。
   A. 尾数定价策略　　　　　　　　B. 整数定价策略

C. 声望定价策略　　　　　　　D. 招徕定价策略

四、简答题

1. 简述服务定价的特殊性。
2. 简述需求的价格弹性对服务定价的作用。
3. 分析最大利润目标和最大销量目标的异同及其适用性。
4. 举例说明服务机构视履约情况收费的意义。
5. 简述折扣定价策略。

五、案例分析

2016年北京博物馆通票开售

2016年北京博物馆通票在2015年11月18日正式发布，通票共收集了112家博物馆、科普教育基地和文化旅游景点，每本零售价120元，门票减免总价值超过2 500元。即日起，市民可以在各大邮政支局、各博物馆、新华书店的主要门店购买通票，北京市内包邮。

北京青年报记者了解到，今年是北京博物馆通票发行20周年，2016年版的博物馆通票包含了历史、科技、艺术、名人故居、文化场馆旅游景点、免费开放博物馆共六大类，包括112家博物馆、科普教育基地和文化旅游景点。其中，61家收费博物馆和景点绝大多数提供成人两人次的免费或折扣优惠，51家免费开放博物馆则提供免预约、消费打折等各种参观便利。通票全年零售价120元，其中仅收费博物馆和景点提供的门票减免总价值即超过2 500元。

通票发行方负责人表示，今年的通票有以下几大亮点：首先，北京民营博物馆加大了服务的力度，如观复博物馆、古陶文明博物馆、励志堂科举匾额博物馆等往年的优惠力度都是"两人次半价"，今年在半价之余还有一个免费参观的名额。其次，博物馆通票留有"盖章留念"的地方，各博物馆独具特色的印章很有纪念价值，今年通票把"留念册"由铜版纸改成了书画纸，更便于收藏。

2016年北京博物馆通票继续采用口袋书形式，无须粘贴相片，全家通用。昨天起，市民可以在各大邮政支局、各博物馆、新华书店的主要门店购买通票，也可以通过电话咨询购票，北京市内包邮。

（资料来源：北京青年报，2015－11－19.）

思考题

1. 通用年票采用的是什么定价策略？
2. 目前的通用年票的营销策略还可以做哪些改进？

第6章 服务渠道

服务产品的特性决定了服务渠道与有形产品的渠道有着显著差异。因此,服务渠道的设计、形式也应当根据服务业的特性来制定。服务渠道是使服务顺利地被使用或消费的一整套相互依存的组织。服务渠道是服务提供商为了实现自身的功能而可以有效利用的外部资源。完善、畅通、合理的服务渠道将给服务企业带来更多的收益。

6.1 服务渠道设计

服务渠道的功能是将服务产品从生产商那里"转移"到消费者手中,从而弥补服务产品和使用者之间在时间、地点上的缺口。在实体产品的销售中,制造商、批发商、零售商及渠道中的其他组织,都要执行以下一种或几种职能:货物运输、刺激需求、实体分配、售后服务和质量保证。在服务业,营销渠道的主要职能包括扩大市场覆盖面、促进销售、传播和搜集信息、实现规模经济等。

6.1.1 服务渠道的类型和特点

6.1.1.1 直接渠道

由于服务的不可分离性和不可储存性,直接销售是最适合服务产品的配送方式。即没有中介的销售渠道,通过服务直销进入市场。

1. 直接渠道的优点
- 可以使服务的生产者与消费者保持不间断的接触。
- 能提供真正意义的个性化服务。
- 对提供服务的数量和质量可以保持较好的控制。
- 能保证经营原则得到始终贯彻。
- 服务的生产者无须把自己的利润与他人分享。

2. 直接渠道的弊端
- 成本较高。

直接渠道需要做大量投资,需消耗大量的管理精力和企业资源,成本比较高,风险在于投资与收益之间的比例浮动很大。

- 影响市场拓展。

对于某些特定专业的个人服务提供,如著名的辩护律师、资深的咨询专家,直销会严重

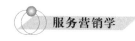

影响其市场拓展。

·地域的局限性。

在人的因素所占比重比较大的服务项目中，如果供需双方之间没有有效的联系方法（如网络终端等设备联系、分支服务提供点等机构联系）作为中间桥梁，服务提供者的不可复制性便造成服务市场的地域局限性。

6.1.1.2 间接渠道

服务的间接渠道是指通过中介销售服务，即存在中间商的服务分销渠道。由于一些新产品的推出，克服了服务不可分割性的问题，使服务得以"库存"，使服务商有能力维护远离交易地的客户。

 案例 6-1

去工商银行买演出票

2009年5月25日下午，中演票务通与工商银行北京市分行正式签署战略合作协议。这将"更好地为首都广大群众的文化消费提供便捷周到的票务服务"。

作为国内首屈一指、最具实力的商业银行，工商银行与中演票务通强强联合，在北京地区首推代理售票业务，是首都市场上金融与文化的结合，是搭建全国性票务服务与交易平台的全新尝试。中演票务通依托工商银行网点资源，将进一步拓宽售票服务渠道，将更多优秀的演出剧目向公众推介。广大受众可就近选择工行网点获取演出资讯，现场办理购票事宜，从而更加便捷地走进剧场，体验艺术的震撼。

文化部部长助理丁伟同志高度评价了这次战略协议的签订，他说："此次银企合作协议的签署，是在国际金融危机持续蔓延、世界经济增长明显减速的大背景下，充分利用文化产业反周期发展的特性，借助金融机构的服务资源和优势，加速我国文化产业发展，扶持和培育重点文化企业和文化项目的一项重要措施；也是我们全面贯彻落实科学发展观，积极应对国际金融危机，坚持保增长、扩内需、调结构、惠民生原则的切实行动。"

张宇总经理在讲话时表示，在工商银行北京分行的支持下，中演票务通将建立高效的票务网络运营机制，更好地为首都广大群众的文化消费提供便捷周到的票务服务。与此同时，还将推动演出院线联盟建设，整合文化资源，为促进国内演艺产业的发展和演出市场的繁荣做出新努力、新贡献。

（资料来源：http://www.beijingww.com，2009-05-25.）

 链接 6-1

银行信用卡这种新型货币产品的出现，使银行服务出现了新型渠道。信用卡是银行提供的服务的实物表征，通过信用卡，银行有能力克服不可分割性的问题，同时利用零售商作为信用的中介机构,而信用卡又可以让银行有能力扩大地区性市场,因为信用卡让使用者将银行服务变成"库存",在自己感觉方便时使用,因此银行就有能力维护远离交易地的客户。

许多服务组织发现把某些工作授权给他人完成具有较高成本效益。例如,航空公司依靠代理商处理与顾客之间的互动关系,如发布信息、接受订票和付款;一所大学既可以在自己的校园里也可以在当地的中学提供夜间和周末继续教育课程;物流公司利用各地代理商而不是到处设立分支机构。但值得注意的是服务分销的间接渠道不同于有形产品分销的间接渠道,它所分销的只是一个在何时何地以何种方式提供服务的承诺,而不是服务本身,就像邮政服务的间接分销,是通过邮票销售来实现的。

1. 中介的含义

所谓中介,就是指通过自己的活动,把有形产品或服务的生产者与消费者联系到一起的人或企业。

是否需要中介和选择谁做中介的决定对于服务来说是非常重要的,这意味着要决定消费者进入服务的方式,在何时、何地、以何种接触方式。服务业里的中介是特殊的,如上所述,服务分销通常没有中介,即使有,也不行使所有中介的职能,他们的作用有限;但在某些领域,中介又是不可替代的。

2. 中介的作用

服务间接渠道是否有效,取决于中介在服务销售过程中能否分担部分甚至全部职能。以下简要分析服务领域中中介的重要性。

(1) 在最合适的时间和地点将顾客引入服务销售系统。中介帮助服务生产者在顾客方便的时间和地点销售服务,中介地域分布的广泛性使服务可以在更长时间、更多地点进行销售。

(2) 提供各种信息引导顾客挑选。顾客往往对欲购买的服务不是很了解,仅靠报纸、电视、广播的宣传是不够的,需要服务生产(销售)者与顾客进行直接沟通。中介能缓解生产者人手不足的问题,帮助生产者向顾客提供各类信息,此时的中介变成了服务的共同生产者。

(3) 提供使顾客可以挑选的不同服务品种。服务直销点上往往只有单调的一种服务,而中介可以代理各种服务,包括竞争性的、互补性的服务,甚至可以将主要服务、附加服务打包配售,从而形成很强的消费吸引力。

(4) 承担一定风险并为投资做出一定贡献。中介的加入使流通环节外移,中介承担了服务销售所需的部分投资,节约了服务生产者的固定成本投入,节省了管理精力,买断式的服务分销对服务商甚至具有融资的效用。另外,中介在某种程度上承担了一定的市场风险。

(5) 把服务分解。这是批发商的典型职能,他们大量进货,再分销给零售商。例如,旅行社常常包下整架飞机或旅店的所有客房,为的是获取优惠的价格,然后再适当加价后销给旅行团或个人旅游者。

（6）提供售后服务。服务生产者很难分出必要的精力去跟踪顾客、解答疑问、取得反馈信息，中介的加入可以改善这种情况，它能帮助顾客办理有关手续，解决签约中出现的问题，及时处理赔偿，而这些都将有利于保持顾客的忠诚。

但是，中介也有局限性，其表现如下。

（1）中介很难采取和服务生产者一样的经营原则。中介与服务生产者经常存在着潜在的冲突，中介愿为利润高的项目做大量投入，但对新项目的推出则不愿冒风险。

（2）顾客往往认为通过中介所提供的服务质量不如直接得到的服务。

（3）中介的服务质量是否稳定的问题。

授权中介完成工作使生产者丧失了对服务传递过程的部分控制权，又由于中介提供的服务是多种多样的，顾客的态度也是多样化的，能否保证服务的质量稳定就成了一个问题。制造业的质量控制可以在生产过程和以后的产品销售中进行，但是对服务业而言，这往往是不可能的。

总之，由于服务的特殊性质，通过中介进行服务分销有利有弊，是否选择间接渠道是服务商需要做出的一项重要决策。

3. 中介的种类

近年来，随着服务业竞争的深化，各种形式的服务中介机构开始融入广义的服务体系当中，通过中介进行服务扩张，已成为服务业发展的一大趋势。目前，常见的服务中介包括如下几类。

（1）代理。代替服务生产者与消费者进行接触，他们收集订单将其转交给生产者，再以各种方式得到付款。使用代理的好处是投资少、风险小；更能适应某一细分市场顾客的特殊要求；好的代理人还能帮助开辟新市场；在某些国家的某些服务不允许服务的外国生产者与本国顾客直接接触，必须通过代理人。

代理人相当于服务生产企业的一线人员，是服务的组成部分。代理通常按销售额的一定百分比提成。

链接 6-2

保险代理。保险代理签署各类保险合同，如火灾、盗窃、意外伤害、疾病保险等，服务是由保险公司总部管理的，如核查、理赔、付款等。代理实际上是总部的零售点。

（2）零售商。零售商与顾客、服务生产者之间的关系都是直接的，但不使后两者相接触，零售商承担所有的买卖责任。但是，这类中介仅限于销售服务的使用权，顾客也并不认为服务的质量要由中介负责。零售商通常是独立企业，但是使用服务生产者的招牌（如柯达彩扩）。

链接 6-3

书报亭是电话 IC 卡的零售商,销售的是电话经营者(电信公司)的服务。到书报亭买电话 IC 卡如果用 IC 卡打电话遇到占线、线路干扰等问题,打电话者肯定不认为这是书报亭的责任。同样道理,旅行社代售机票,但它不是因大雾造成飞机停飞的责任人,而如果它向顾客提供的起飞时间错误,或者没有正确录入预订机票的数据,就应当承担责任。

(3)批发商。在服务领域,批发商似乎不多。批发商大量进货,再分销给零售商,它的主要职能是将服务进行分解。

 链接 6-4

英国汽车协会。该协会有 900 万会员,作为保险公司的批发商,向会员提供汽车保险,还提供由于汽车产权和使用权带来的各种风险的保险,甚至还提供住宅和健康保险。

6.1.2 服务渠道设计原则

服务渠道设计原则是进行服务渠道设计、评价、选择和渠道调整的基本准则,是进行服务渠道管理的主要依据,也是对服务渠道成员进行衡量的标准。主要包括以下内容。

6.1.2.1 目标一致性原则

服务渠道的选择要与本企业的战略目标一致,这是进行服务渠道设计的根本前提。并且本企业与服务渠道成员在服务渠道建设上的目标也应当一致,在相同的目标指引下,才能减少冲突,促进合作,增进相互了解,发挥渠道优势。

6.1.2.2 经济性原则

所选择的服务渠道一定要经济合理,正确评估各服务渠道的销售量与销售成本,在双赢原则的指导下,选择盈利能力较强的服务渠道。

6.1.2.3 可控性原则

服务渠道成员的可控性较差,则容易引起服务质量的不稳定。一旦发生服务渠道冲突,协调难度加大,因此应当尽量选择易控制的服务渠道。

6.1.2.4 适应性原则

企业提供的服务产品应当与服务渠道成员的经营范围有紧密联系。服务渠道应有灵活性,可以根据内外环境的变化及时调整。

6.1.2.5 发展性原则

选择的服务地点应为企业提供发展机遇。服务渠道成员间应当优势互补,共同发展,只有这样才能建立起持久、稳固的伙伴关系,从而为企业带来长期收益。

6.1.2.6 好声誉原则

由于服务生产商提供的服务往往与中间商提供的服务融为一体,而中间商也是追求利润的独立组织，导致服务生产商对服务产品质量的控制、对服务渠道成员的控制很难，所以选择一个声誉好的中间商极其重要。声誉好、规模大、财务状况优良、竞争能力强的中间商可以减少企业的协调成本，同时也有利于服务产品的销售。

6.1.3 服务渠道设计步骤

服务企业应当生产、提供什么样的服务，如何传递这种服务，采用直接销售还是中间商的形式，服务渠道的设计过程就是回答这些问题的过程。服务渠道的设计要讲究业务的优良性和客户的亲密性。业务的优良性是指企业应以有竞争力的价格向客户提供可靠的产品和服务，同时把困难和不便减到最小。客户的亲密性是指对市场进行精确的细分，更好地满足每个细分市场客户的需要。服务地点越贴近顾客，服务机会就越大，赢得的顾客就越多。

服务渠道的设计是一个开放型系统工程，企业应首先进行 SWOT 分析，然后在服务渠道目标的指引下对服务渠道方案进行评价、比较、选择，最后还要根据环境的变化做出相应的调整，如图 6-1 所示。服务渠道策略一旦制定，需要稳定运行一段时间，如果变动过于频繁，将影响企业的形象，也不利于服务质量的稳定。

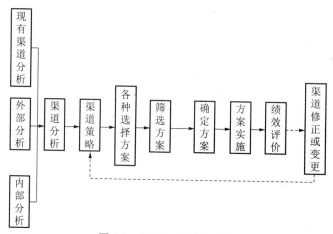

图 6-1 服务渠道设计步骤

（资料来源：范秀成. 服务管理学. 天津：南开大学出版社，2006.）

6.1.3.1 现有服务渠道的分析

现有服务渠道分析主要包括对现有服务渠道的结构和类型、服务渠道的盈利能力、与企业的适应程度等进行分析。分析的目的在于如果现有服务渠道不符合产品要求，就应当及时进行调整。信息的来源主要有市场调研、专家咨询或直接观察。新成立的企业没有这一步骤。

6.1.3.2 外部因素分析

外部因素分析主要包括宏观分析和微观分析，宏观分析的内容包括国家法规、政策、经济、社会、文化、信仰、价值观、产业链等，微观分析包括竞争对手分析和顾客分析。竞争对手分析包括竞争对手的实力、规模、战略、渠道策略、渠道结构、支持渠道的营销计划等；顾客分析包括消费者的消费心理、消费习惯、消费者的年龄、教育、性别、收入、生活方式等。

6.1.3.3 内部因素分析

内部因素分析主要包括企业的战略和目标、提供的服务产品、企业的规模和信誉、企业管理渠道的能力和愿望、内部业务流程、人力资源分析等。其中，服务产品分析包括服务提供方式分析、产品的种类、标准化程度、附加服务的多少、知识含量分析等。

6.1.3.4 服务渠道目标

服务渠道目标主要包括满足公司战略需要、提高市场占有率、盈利最大化、提高知名度、增加品牌价值、减少销售费用、提高用户满意度等。

6.1.3.5 服务渠道策略

在对内外环境进行充分分析的前提下，确定服务渠道成员的责任：价格政策、地区权利、销售条件、双方的责任，然后制定切实可行的渠道策略。

6.1.3.6 提出、筛选、确定方案

在初始阶段，可以提出多种可行方案，然后根据渠道原则或标准进行仔细筛选，最后找到适合企业的最佳服务渠道或服务渠道组合。这一步骤主要确定同一级服务渠道中间商的数目，一般有三种选择方案：专营性分销、选择性分销和密集性分销。专营性分销是指严格地限制经销商的企业的产品或服务地中间商数目，它适用于生产商想对再售商实行大量的有关服务水平和服务售点控制的情形。选择性分销是利用一家以上经销商，但又不是让所有愿意参与经销商都来经营某一种特定产品，可以使服务提供商获得足够的市场覆盖面，有较大的控制力和较低的成本。密集性分销是指尽可能多地使用服务地点销售商品和服务，当消费者要求在当地大量、方便地购买时，这种策略比较适宜。

6.1.3.7 实施和服务渠道绩效评价

服务提供商必须定期按照一定标准衡量中间商的表现。为了激励中间商或合作伙伴向消费者提供优质服务，可以采用五种力量来获得合作：强制力量、报酬力量、法律力量、专家力量和其他相关力量。绩效评价可以采用综合计分卡方法，这种方法不仅包含财务指标，还有非财务指标，是一种全面、系统的分析方法。

6.1.3.8 服务渠道调整或变更

当外界环境发生变化，服务渠道成员没有履行自己的责任，消费者的购买方式发生变化，企业要采用扩张策略，竞争者的服务渠道发生变化，新的竞争者出现等情况发生时，就需要对服务渠道进行调整或变更。一般包括四种方式的变更：增减个别服务渠道成员、改变服务渠道层级结构、增减服务渠道成员中服务的内容、创建全新的服务渠道。

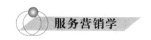

6.2 服务渠道策略

从某种程度来说，分销渠道的决策是服务企业管理最重要的决策之一，因为，服务渠道是企业连接顾客的桥梁，通过它服务产品可以快速准确地到顾客手中，也就是说，无论产品质量如何好，服务标准如何高，如果服务企业不能在合适的时间将合适的产品交到合适的地点，企业所做的一切等于零。

6.2.1 服务网点的位置决策

6.2.1.1 服务网点的分类

一般情况下，服务网点的位置选择对于服务型企业而言是非常重要的。重要性因服务企业的不同而有很大的区别。按照网点的选择与企业战略相关程度，可将服务企业划分为以下两种。

1. 与服务网点的位置几乎无关的服务

有些服务业企业，如住宅维修公司、汽车抛锚服务公司及公用事业公司等，其所在位置是无关紧要的。因为，这些服务都要在顾客的处所实现，因而服务设备的所在位置比起服务表现的特定地点较不重要。但是，这种服务最重要的是，当顾客需要服务的时候，服务如何能具有高度的可得性与可及性。就此意义来说，所在位置就不只是实体上的邻近而已。当然，实体上的邻近对于某些服务业企业是重要的，因而必须发展分支事务所，以接近客户（如广告代理、建筑师）。为了能使顾客顺利取得服务，重要的一个因素是传送系统，通过此系统可使顾客能获得迅速的反应。

2. 与服务网点的位置有关的服务

（1）集中的服务业企业。有些服务业企业经常是集中在一起的，主要原因是供应条件和传统两项因素。此外，促成集中现象的原因还包括：由于某些网点的地位关联、需求密集度低、顾客移动的意愿、邻近核心服务的补充性服务的历史发展及需求导向的不重要等。主要包括餐饮业、零售业和旅馆业等。

（2）分散的服务业企业。这类服务业企业主要与公共服务相关，如地区中心医院、电力供应部门等。分散的服务业企业所在的位置由于市场潜力、服务本身的特征及对服务需求的特征的不同而要求其必须分散于市场中；但是，有时服务机构可以集中（如企业顾问），但服务营运是分散的（如顾问走访特定客户）等。

6.2.1.2 多地点策略

多地点策略主要是指服务企业为了进入更多细分市场而在不同的地理区域设立分公司或服务点，以此来增加顾客消费服务便利性。多数服务业需要顾客高度参与，因此服务地点越邻近顾客，就越能节约顾客成本，顾客消费服务的可能性就越大。如各银行在不同的区域设立分行就是采用了这种策略。

多地点策略包括在同一地区的不同地点和不同地理区域两种方式。不同地区都有当地特有的亚文化、风俗习惯，消费者的消费心理、消费方式、价值观往往也大不相同，并且各地区的经济发展、人口密度、气候也有相当差距，这些因素决定了服务地点的选择相当重要，并且服务价格、服务设施、服务环境都要根据不同的地点做相应的调整。

服务地点的地理位置选择标准有三个：最大限度的利用、每区距离最小化、每次距离最小化。最大限度的利用是指服务能力必须与顾客需求量相符，过度或不足的服务产出都不利于企业的长期发展；每区距离最小化是指服务地点应当尽可能贴近目标顾客，使目标市场的所有顾客到服务地点的距离最小；每次距离最小化是指单位顾客到服务地点的距离应当最近。除了考虑距离最小化以外，可利用的不动产将是一个主要的限制，在最终决策时还要考虑许多因素，如表6-1所示。

表6-1 服务网点位置选择考虑因素

1. 进出	5. 扩展性
到高速公路出口和道路进口的方便性	便于扩展的房屋
2. 可视性	6. 环境
临街的障碍物，标牌放置	能说明完成服务工作的周围环境
3. 交通	7. 竞争性
能够表明潜在购买能力的交通流量	竞争对手的定位
妨碍交通的障碍物	8. 政府
4. 停车	区域限制，税收
充足的路旁停车位	

（资料来源：菲茨西蒙斯ＪＡ，菲茨西蒙斯ＭＪ.服务管理：运作、战略与信息技术.张金成，范秀成，译.3版.北京：机械工业出版社，2001.）

有时在人口密集地区或闹市区采用"饱和营销"策略比较有效。所谓饱和营销就是指服务企业集中资源于某一特定区域内。该策略的主导思想是在某地区集中定位许多相同的公司和网点。例如，在邻近的地方设置密集型服务网点来吸引顾客，如在商业区众多的报亭、各地的小吃一条街等。这一策略的优势是有利于顾客识别、降低广告费用、便于监督，其劣势为可导致无谓的自我竞争。

地理位置是服务网点的硬件，而服务网点的软件因素也起着相当重要的作用，硬件或软件都要以顾客的需求为出发点，如图6-2所示。

图 6-2　建立服务地点营销策略

(资料来源：LOUIS W S, ADEL I E, ANNE T C. 市场营销渠道. 赵平, 廖建军, 孙燕军, 译. 北京：清华大学出版社, 2001.)

麦当劳餐厅的布局策略

麦当劳的布点，有五个方面值得借鉴。

目标消费群

麦当劳的目标消费群是年轻人、儿童和家庭成员。所以在布点上，一是选择人潮涌动的地方；二是在年轻人和儿童经常出现的地方布点，方便儿童就餐；在百货商厦和大卖场开店中店,吸引逛商店的年轻人。

着眼于今天和明天

麦当劳布点的一大原则,是一定二十年不变。所以对每个点的开与否,都要通过3～6个月的考察,再做决策评估。重点考察是否与城市规划发展相符合,是否会出现市政动迁和周围人口动迁,是否会进入城市规划中的红线范围。进入红线的,坚决不设点;老化的商圈,坚决不设点。有发展前途的商街和商圈,新辟的学院区、住宅区,是布点考虑的地区。纯住宅区则往往不设点,因为纯住宅区居民消费的时间有限。

讲究醒目

麦当劳布点都选择在一楼的店堂,透过落地玻璃橱窗让路人感知麦当劳的餐饮文化氛围,体现其经营宗旨——方便、安全、物有所值。这样布点醒目,便于顾客寻找,也容易吸引人。

不急于求成

黄金地段,房产业主往往要价很高。当要价超过投资的心理价位时,麦当劳不急于求成,而是先在其他地方布点。通过别的网点的成功,让"高价"路段的房产业主感到麦当劳的引入有助于提高自己的身价,于是再谈价格,重新布点。

优势互动

麦当劳开"店中店"选择的"东家"不少是品牌美誉度较高的大型知名商场。知名商场为麦当劳带来客源,麦当劳又吸引年轻人逛商店,起到优势互补的作用。

(资料来源:李怀斌,于宁.服务营销学教程.大连:东北财经大学出版社,2002.)

6.2.2 特许经营

特许经营是一种成功的商业模式,是特许人授权给外部成员(受许人)在特定地点按规定的方式与条件进行特许服务的一种商业形式。他们之间的法律规范就是特许合同,进行特许权的转让。

由于服务是无形的,供应商按照其固定的服务程序提供服务,而潜在的受许人可能想得到完整的营销系统以支持其服务过程,这一类型的关系就是特许经营,如快餐店、酒店、汽车旅馆与商业服务等。许多全球性服务企业都是通过特许经营成长起来的,如麦当劳、必胜客、肯德基、假日酒店等。自20世纪70年代早期开始,通过特许经营的形式开设的会员店其销售额都得到了稳步上升。

6.2.2.1 特许经营的优缺点

从事特许经营的企业可以获得多方面的利益。

- 由于投资主要来自于受许人,可以实现低成本扩张。
- 特许经营意味着可以在许多地方快速建立销售点。
- 利用本地专业人员,受许人可以提供出色的市场管理。
- 通过本地受许人经营,可以增进社区对产品的接受程度。

- 可以与受许人分摊营销与渠道费用。
- 可以将部分运作成本转移给受许人。
- 可以从受许人那里收取月租。
- 出售给受许人的原材料与其他供应可以带来丰厚的利润。
- 通过特许协议保留了对产品质量的控制权。
- 能保持固定的销售利润率。

而受许人也能从特许经营中获得多方面的利益，从特许人那里得到健全的管理程序、培训和决策支持模式。具体表现为：

- 经营经过市场检验的流行产品，需要承担的风险较小；
- 现成的促销与广告计划；
- 成为庞大零售系统中的会员；
- 采购的部分商品可获得低息财务支持；
- 在库存与货源供应方面获得一定的信用额度；
- 获得销售地点决策方面的支持。

然而，作为一种营销渠道，特许经营存在一定的弊端：

- 需要对受许人进行远距离控制；
- 可能需要在投资、供应品采购与产品库存方面扩大对受许人的信用额度；
- 存在管理人员培训与监督方面的支出；
- 丧失一定的所有权。

6.2.2.2 特许经营的种类

特许经营按特许权的内容划分为两种基本类型。

- 产品商标型特许经营，又称产品分销特许。这是较早出现的特许方式，是指特许者向受许人转让某一特定品牌产品的制造权和经销权。这类特许形式的典型例子有汽车经销商、加油站及饮料的罐装和销售。目前在国际上这种模式发展趋缓并逐渐向经营模式特许演化。

- 经营模式特许经营，被称为第二代特许经营，目前人们通常所说的特许经营就是这种类型。它不仅要求加盟店经营总店的产品和服务，而且，质量标准、经营方针等都要按照特许者规定的方式进行。受许人缴纳加盟费和后继不断的权利金，这些经费使特许者能够为受许人提供培训、广告、研究开发和后续支持。这种模式目前正在快速发展。

6.2.2.3 特许经营的适用条件

在美国特许经营比其他的国家更为发达，至少有65类商业部门，这些部门包括：随处可见的快餐业、汽车出租、印刷和复印业、饭店和汽车旅店连锁经营、旅游代理商等。同时，特许经营已经渗透到了一些专业服务领域和金融服务业，例如，眼镜业、会计和保险经纪人。但不是所有的企业都适合引进特许经营这种经营方式，为了识别进行特许的基本条件是否存在，有一些需要考虑的特殊标准，如下所述。

- 提供的产品/服务应当是实际上已经被消费者认可的,这是为了确保特许权购买者相信他们正在进行一项有利可图的事业。
- 产品或服务具有特色,并且其品牌或商标在潜在的特许权出售者的经营领域已经著名,这使得特许权购买者获得了有价值的商业资产,这是他们在其他情况下很难获取的。
- 特许权出售者传递给特许权购买者的过程和系统必须是简单而易学的,而且还能够在特定时间内投入运营。这是为了确保在所有的网点上进行成功的拷贝和始终如一的形象设计。
- 边际毛利必须满足特许权出售者和特许权购买者可接受的投资回收标准。随着经营而进行的支持、援助和企业的发展,必须建立一个提供特许网络的机制。

6.2.3 电子渠道

服务企业越来越多地使用电子渠道销售服务产品。电子渠道是唯一不需要人员交流的媒介。它要求将服务事先设计好并通过电子渠道进行递送。电子渠道并不将产品推向市场,而是通过希望得到服务或信息的顾客在电子渠道的拉动下实现交易。越是基于科技的服务,其渠道就越不需要面对面的沟通。这种形式的服务不受不可分离性的影响,可以进行标准化。科技的进步使我们可以做到更大程度的定制化。

电子渠道最初出现在娱乐、广播、金融、教育、政府公共服务等行业。近些年来,随着IT产业的发展,电子渠道在服务业的应用越来越普遍。

 链接 6-5

积极借助网上银行,开辟间接分销的新渠道

网上银行,包含两个层次的含义,一个是机构概念,指通过信息网络开办业务的银行;另一个是业务概念,指银行通过信息网络提供的金融服务,包括传统银行业务和因信息技术应用带来的新兴业务。在日常生活和工作中,我们提及网上银行,更多是指第二层次的概念,即网上银行服务的概念。网上银行业务不仅仅是传统银行产品简单向网上的转移,其他服务方式和内涵也发生了一定的变化,而且由于信息技术的应用,又产生了一系列全新的业务品种。它开辟了银行间接分销的新渠道。

网上银行是指银行利用Internet技术,通过Internet向客户提供开户、销户、查询、对账、行内转账、跨行转账、信贷、网上证券、投资理财等传统服务项目,使客户可以足不出户就能够安全便捷地管理活期和定期存款、支票、信用卡及个人投资等。可以说,网上银行是在Internet上的虚拟银行柜台。

网上银行又被称为"3A银行",网上银行克服了自动柜员机(ATM)有固定地点、电话银行单向性的不足,可以为客户提供超越时空"AAA"式服务,它不受时间、空间限制,能够在任何时间(anytime)、任何地点(anywhere)、以任何方式(anyhow)为客户提供金

融服务。它具有交易品种多、更快捷、便利和客户足不出户便可办理银行业务的特点。从日常消费付款到企业调度资金交易，只需通过个人计算机，按几下键盘，几秒钟内就能交易完成，将银行业务推向了更高层次。网上银行开展业务简便、快捷、高效，大幅度地降低了营销成本，也受到了广大客户的欢迎。

（资料来源：http：//baike.baidu.com/view/58779.）

6.2.3.1 电子渠道的优势

使用电子渠道的服务公司可以得到以下利益。

1. 可以扩大市场

电子渠道不受空间的限制，可以大大便利顾客，使顾客随时随地都能获得服务。例如，一家拥有电话渠道和网络渠道的银行，它的市场就可以不受地理因素的限制而大大扩展。有了互联网，每一家服务机构在理论上都可以将其市场面扩大到全球互联网用户。

2. 可以增强顾客的自主参与感

由于电子渠道向顾客提供的服务是靠顾客拥有的终端设备（电话机、电视机、电脑、手机等）才能进行的，电子渠道的服务实际上是顾客的自助服务，即顾客自主地启动服务（设备）、进行服务（设备）操作等。因此，电子渠道可以大大增强顾客自主参与服务的积极性和由此增强服务的正面效果。如现在旅游者可以依靠携带的电脑和手机通过互联网与旅行社联系而进行自助旅游。

链接 6-6

医院就诊——手机全流程服务

轻点手机屏幕就能预约挂号、缴费、查看化验报告，享受便捷的就医体验。在天津医大总医院"Q医"智慧门诊手机APP全流程服务正式上线，给患者提供更加方便快捷的服务。

据介绍，医大总医院此次推出的"Q医"智慧门诊手机APP全流程服务，以"互联网＋医疗"模式，让患者通过使用手机APP和线下自助设备等方式，享受互联网线上挂号、分时段预约、实时缴费、排队叫号等服务，打开医院"围墙"，实现分级诊疗、自助就医、移动互联网服务等多种就医方式。

智慧门诊手机APP具有四大优点：患者可按病痛症状部位选择相应科室当日挂号，也可进行预约挂号，能提前5天预约，通过医院就诊卡与银联进行支付预约成功后，会发送短信到手机上，再从容到医院就诊；实时划价缴费，"Q医"智慧门诊APP开通了手机支付全流程，取药、检查、化验所需的费用，均可通过手机使用就诊卡/银联卡支付，通过实时与医保联网，实现与医保分隔，自费部分明明白白支付；动态推送，做相关检查和治疗项目，可通过APP候诊排队或预约，化验结果出来后，报告单会实时推送到患者手机上，无须再排队取报告单；信息互动，可对患者全部就医过程进行收藏存档，提供"我看过的医生"、

"我收藏过的医生"、"选择日期挂号"和"预约档案"、"挂号档案"、"缴费档案"、"处方档案"和"化验档案"等健康管家式服务。

(资料来源:今晚报,2015-09-23.)

3. 可以降低服务成本

服务成本中,人工成本占很大的比重。电子渠道可以大大节约服务中的人工,从而可以有效地降低服务成本。如据美国一家保险公司的统计,在网络上每销售一份保单,保险公司将节省一部分费用。又如许多航空公司推出网上订票,因为网上订票比通过传统的票务代理商节约成本。

4. 使用电子渠道的服务必须经过标准化,不会受到人为的干扰

电子渠道不像人员递送,不需要为服务进行解释,也不需要根据解释来执行。它的递送与所有的传送系统一样,这就保证了服务质量。

链接 6-7

互联网银行——透视微众"刷脸"贷款时代来临?

现代生活节奏飞快,白天要工作抽不出时间去朝九晚五的银行;坐在营业厅等叫号急得像热锅上的蚂蚁;业务办理效率太低,还须反复签字核对……互联网银行的到来,即将打破上述人们生活中经常遭遇的窘境。

用户社交大数据的引入,为互联网银行带来了巨大的想象空间,但是,社交数据能否作为征信数据,仍然有待观察。

"我们是银行?我们是互联网公司?我们是互联网银行!"打开腾讯旗下深圳前海微众银行的网络官方页面,在"科技—普惠—连接"这三个关键词下面,颇有开门见山意味的一句自问自答,直接揭示了微众作为一家前所未有的"新兴"银行的身份。

消费者怎么玩转互联网银行?简单来说,用户将不必去实体营业厅排队,可以坐在家里远程开户,可以"刷脸"贷款,7×24小时可在线上购买理财产品,不必去ATM机取款,利用手机客户端即可完成支付……

作为国内首家互联网银行,微众银行于2014年12月12日获得监管部门批准开业,16日拿到工商营业执照,2015年1月4日放出第一笔贷款。

微众银行的注册资本30亿元人民币,客户群可以从三个维度划分:年轻白领;不同层次的蓝领;小城镇非农业从业的互联网用户。由此看出,微众的客户锁定"屌丝用户",基本定调草根金融属性。

随着移动互联网的深入发展,微信未来的业务操作将侧重于移动端。在股权结构上,腾讯持股30%占大头,百业源和立业集团各占20%,剩下由7家企业分散持有。

无营业网点,无营业柜台,一切业务均依托互联网进行。但互联网能在多大程度上解决信息不对称性的问题呢?无论如何,它促成了一种愿望,并引发了人们对互联网银行的

追捧。

（资料来源：http：//bmr.cb.com.cn/shangyeanli/2015_0309/1116517.html.）

6.2.3.2 电子渠道的局限性

尽管电子渠道具有多方面的优势，服务供应商也必须明白它的局限性。电子渠道可能给服务机构带来如下问题。

1. 服务的人性化

服务质量具有主观性，服务质量的高低包含人性化的成分。电子渠道的服务接触不是人际的面对面的接触，服务的人性化程度受到影响。例如，电视大学、网络大学都存在这个问题，普通大学的教师与学生面对面地接触，即教师不但向学生传授知识，而且展现自己的人格，给学生一种人性化的感受。这一点在电视大学或网络大学很难做到。

2. 顾客自助服务的能力

电子渠道能增强顾客的参与感，但同时也对顾客自助服务能力有一定的要求。例如，网络渠道要求用户学会计算机操作；在一个计算机普及率较低的地区，很难采用网络渠道。因此，用电子渠道的服务机构存在一个帮助顾客提高自助服务能力的问题。

3. 网络安全保密问题

例如，网络对顾客个人隐私权的保护问题。有的服务公司在接受顾客上网时，要求顾客进行身份注册，这难免会涉及顾客个人隐私问题，从而会影响顾客上网。服务公司应保护顾客个人隐私权，不能强迫顾客进行所谓"身份注册"。

4. 电子渠道产生大量的信息，使人难以处理

许多不受欢迎信息的存在使不少顾客不喜欢使用这一渠道。太多的宣传资料与垃圾邮件也对顾客使用电子渠道产生负面影响。

5. 电子渠道是一种技术环境，服务供应商不能对此进行调整

这一渠道适用于事先设计好的服务，不能用于顾客定制。这里很难为满足顾客需求进行及时的改变。

习 题

一、名词解释

服务渠道　直接渠道　间接渠道　渠道目标　特许经营

二、单项选择题

1. 下列不属于直接渠道的弊病的选项是（　　）。
　　A. 成本高　　　B. 影响市场开拓　　C. 风险相对大　　D. 地域的局限性
2. 设计服务渠道的首要步骤是（　　）。

A. 渠道方案评价　　　　　　　　B. SWOT 分析
　　C. 服务方案比较　　　　　　　　D. 确定服务渠道
3. 内部分析强调（　　）。
　　A. 企业的战略目标　　　　　　　B. 提高企业的知名度
　　C. 控制内部成本　　　　　　　　D. 为客户提供满意的产品
4. 公司提供的服务产品应当与渠道成员的经营范围有紧密联系是指渠道的（　　）。
　　A. 经济性原则　　B. 适应性原则　　C. 可控性原则　　D. 发展性原则
5. 不经过中介的服务渠道指（　　）。
　　A. 专营性分销　　B. 选择性分销　　C. 密集型分销　　D. 限制性分销

三、多项选择题

1. 服务中介的作用包括（　　）。
　　A. 降低成本　　B. 拓展市场　　C. 分散市场风险　　D. 丰富消费选择
2. 服务渠道的设计原则包括（　　）。
　　A. 经济性原则　　B. 可控性原则　　C. 发展性原则　　D. 目标一致性原则
3. 对现有渠道进行分析，需要考虑的因素有（　　）。
　　A. 现有渠道的结构和类型　　　　B. 渠道的盈利能力
　　C. 与企业的适应性　　　　　　　D. 市场适应性
4. 渠道调整或变更的方式包括（　　）。
　　A. 增减个别渠道成员　　　　　　B. 改变渠道层级结构
　　C. 增减渠道成员中服务的内容　　D. 创建全新的渠道
5. 服务网点选择需要考虑（　　）要素。
　　A. 交通的便捷性　　　　　　　　B. 市场聚集程度
　　C. 环境便利　　　　　　　　　　D. 宏观因素

四、简答题

1. 服务营销渠道有哪几种类型？
2. 简述服务营销渠道的设计原则。
3. 简述服务中介的类型与作用。
4. 简述特许经营的种类与特点。

五、论述题

1. 说明服务营销渠道的设计步骤。
2. 论述电子渠道的优势与发展。

六、案例分析

物流企业渠道建设新思路——呼叫中心

物流企业建设呼叫中心系统,根本目的是为了改善客户服务,获得市场领先的客户服务水平,增加竞争力。同时也能够使企业提升内部管理,使得业务流程和营销渠道更加以客户为导向,接近客户、便利客户。

(1) 采用统一的对外号码,将客户从业务员的私有财产慢慢变成企业的资产。

(2) 增强了客户访问渠道,业务受理摆脱了时间、空间的限制,提供电话、传真、PC拨号、电子邮件、网上等多种渠道,为用户提供了极大的方便。

(3) 业务种类增多,提高了企业的竞争力,呼叫中心可以提供咨询、查询、下单等服务,不仅丰富和完善了物流业务,方便了用户,也提高了企业自身的形象,增强了竞争力。

(4) 降低服务成本。通过更加专业化的服务,起到了延伸网点、延长服务时间、提高工作效率的效果,大大降低了运营成本。

(5) 创造商机,增加业务量,通过主动服务,进一步挖掘客户潜在需求,使客户了解接受物流企业新的服务品种,一方面使得客户可以获得全面的、科学的服务,一方面必然增加企业的业务量。

(6) 通过提高服务质量,提高客户满意度和忠诚度,可以保留现有客户,同时吸引更多新客户,增加市场份额。

(7) 树立崭新的企业形象,作为面向客户的一个重要窗口,可以为企业树立崭新的、亲和可信的高科技形象,获得社会公众的认同。

总之,呼叫中心将成为物流企业未来的效益中心,其效益包括经济效益和社会效益,既是有形的又是无形的。

(资料来源:曲建科. 物流市场营销. 北京:电子工业出版社,2007.)

思考题

1. 讨论物流呼叫中心的渠道优势和特点。
2. 该种渠道策略有什么不足吗?

第 7 章　服务营销沟通

服务营销沟通是服务营销组合 7P 的重要组成部分之一。市场竞争越激烈，就越是需要采取有力的措施与顾客互动，促使其理解、接受服务企业的服务。服务营销沟通能够提高销售增长（尤其是在需求较弱的时期），加快新服务的引入，加速人们接受新服务的过程，使人们更快地对服务做出反应。服务营销沟通不只限于对顾客，也可以被用来激励雇员和刺激中间商。现代服务营销沟通已不仅仅是通过沟通来说服顾客购买，更重要的是要建立顾客的忠诚。

7.1　服务营销沟通的作用与特点

营销沟通是人们最容易看到、听到的营销活动。营销沟通的作用体现在：首先，营销人员通过营销沟通向顾客说明企业提供的价值主张；其次，多种形式的营销沟通也是成功的企业形象管理的基本要素。如果潜在顾客根本不知道企业的存在，不清楚企业可以为他们提供什么产品，可以为他们提供的价值主张，以及如何最大化使用产品，那么一项完美的营销计划也可能会失败。如果企业没有对企业形象进行有效的前瞻性管理，那么顾客就更容易受到竞争者和竞争产品的吸引，因此，营销沟通在服务产品的生产、销售、使用过程中至关重要。

 案例 7-1

京东商城服务整合营销沟通策略

国内 B2C 市场最大的 3C 产品购物网站之一——京东商城，2013 年全年交易额突破 1000 亿元，增长速度在 40% 左右。整合营销沟通在京东商城的发展过程中发挥重要的作用，具体体现在以下几个方面。

1. 广告

京东的广告投放，以网络营销配合户外广告扩大知名度，提升企业品牌形象，增加网站流量，达到吸引客户购买的目的。如在塞班手机论坛等投放与产品相关的网络广告，在户外投放公交车体户外广告等。

2. 销售促进

由于网络渠道的操作便利性，京东商城的促销活动比传统商城更为多样化和常态化。京东的首页上有丰富的特价商品、限时抢购商品等信息，同时对应不同的节日，例如五一节、母亲节等都会推出有针对性的促销活动。针对不同的特价商品，京东会有不同的促销方式，比如赠送的代金券有京券和东券两种，分别有不同的使用范围和规定。京东和其他 B2C 网站一样，综合性使用"打折销售"、"一元秒杀"、"限时抢购"、"购物送券"和"捆绑销售"等多种电子商务促销手段。京东的618和双11活动也深受消费者欢迎。

3. 公共关系

2014年，京东商城针对"三八妇女节"开展了"京东正妆蝴蝶节"整合营销传播活动，活动上线后，便引发了众多媒体的主动报道，网上关于该话题的讨论更是掀起一股"京东风暴"，京东轻松驾驭了这场公关战。类似的公关活动京东商城举办了不少。

4. 网站论坛建设

网站的内容化发展将是网站发展的大趋势，京东商城还发展了京东论坛。作为购物论坛，论坛内容带动流量，虽然与专业购物论坛存在一定差距，但是与京东的其他营销方式相互配合，形成了完整的营销传播链。

"2014年是中国电商行业飞跃发展的一年，京东率先登陆纳斯达克，成为国内第一家成功赴美上市的大型综合性电商企业，引起国内外资本市场和行业的高度关注。如何利用上市这一重大契机，提升京东在海外市场的品牌知名度和美誉度、加强海外市场对京东独特商业价值的理解是京东公关团队面临的挑战。"为此京东发挥整合营销沟通的合力，从公共关系、广告、新媒体、事件营销、粉丝营销多角度进行传播，将京东的商业模式、经营理念、发展战略及京东创始人兼 CEO 刘强东"从宿迁到华尔街"的奋斗史进行深刻解读和传播，赢得国内外媒体的广泛关注，好评如潮。

(资料来源：根据 http://finance.china.com/fin/sxy/201412/11/7879306.html. 改编.)

7.1.1 服务营销沟通的作用

目前对服务营销沟通，应该从更宽泛的角度去理解，而不仅仅是媒体广告、公共关系，以及专业的销售人员。服务企业还可以采用许多其他的方法与现有的、潜在的顾客进行沟通。服务传递设施的地点和氛围，公司的设计特色，例如，颜色与图形设计的协调一致、员工的形象和行为、企业网站的设计——这些都会对企业在顾客心中的印象产生影响。所有媒体都必须能够有效地吸引新顾客，同时向顾客教授如何顺利完成服务过程的知识。营销沟通组合在服务营销中的特殊作用如下。

7.1.1.1 明确服务定位与展示区别

企业通过营销沟通劝说目标顾客，向顾客说明与其他竞争企业相比，该企业提供的服务产品可以最大化满足顾客的需求。企业可以通过具体的线索向顾客传达企业的服务绩效，例如可以通过强调设备、设施的质量，强调员工的资质证明、工作经验、工作保证和专业精神来取得顾客的信赖。例如，航空公司一般不向顾客通报飞行的安全性，取而代之的是航空公司通过间接地向顾客传达飞行员的专业性、飞机的先进性，以及机械师的高超技能来打消顾客对安全性的顾虑。

7.1.1.2 增加服务人员和服务后台运营的作用

高质量的前台服务人员和服务后台运营是服务重要的区分要素。在高接触度服务中，前台服务人员是服务传递系统的核心要素。前台服务人员使服务更加有形化，在有些情况下，可以使顾客更加个性化。广告中如果显示工作状态中的员工，则可以有助于潜在顾客理解服务接触的本质，并且向顾客暗示，他们可以得到个性化的关注。

广告、宣传册和网站还可以向顾客展示服务后台的运营状况，借以保证良好的服务传递。强调顾客平常不可能接触到的员工的专业性和承诺可以增强顾客对组织能力和服务质量保证的信任。例如，星巴克通过宣传资料和网站向顾客展示服务人员的幕后工作，向顾客展示咖啡豆的种植、收获、生产过程——强调星巴克选用的是最好、最新鲜的咖啡豆。

广告信息可以产生顾客期望，因此广告必须合理、真实地对服务人员进行描述。企业也要告知员工最新投放的广告活动内容，以及宣传册中承诺的服务态度和服务行为，以便员工清楚顾客对他们的服务期望。

7.1.1.3 通过营销沟通内容增加服务价值

信息与咨询服务是增加产品价值的重要途径。潜在顾客可能会需要服务可获得性、服务的时间地点、服务的成本、服务的特点、功能以及可以得到的服务利益等一系列的信息和建议。

7.1.1.4 有助于顾客参与服务生产

顾客需要接受培训才能很好地完成服务参与过程。培训顾客的一种方式就是向顾客展示动态的服务传递过程。图像视频是一种比较有效的形式，因为它们能够吸引观看者，并且可以向观看者提供连续的视觉效果。例如，牙医在手术之前让病患观看手术治疗过程的视频，这样病患就能清楚手术的过程。这些培训帮助病患为治疗做好精神准备，并且可以让病患了解在服务传递过程中自己需要扮演的角色，以确保手术的成功以及术后恢复。

7.1.2 服务营销沟通的特点

服务行业因类型不同，各具有其特点。因此，要找出所有类别的共同点与差异，是一件不容易的事。下面所举的各项特点，都是从有形产品和服务的营销沟通之间的区别入手进行的探讨。

7.1.2.1 营销导向的不同

在有形产品营销领域营销活动已经经历了从生产导向、产品导向、推销导向、市场营销导向到社会市场营销导向诸多阶段，而在服务营销领域，由于起步晚，发展不平衡，有的服务企业还处于产品导向阶段，企业自我定位为服务的生产者，因而不十分清楚营销措施对业务有多大程度的帮助，只把自己当作服务的生产者，而不是提供顾客需要的企业。这类服务企业的经理人，未受过训练也欠缺技术，当然更不懂促销在整体营销中应扮演的角色。

7.1.2.2 专业和道德限制

在采取某些营销和促销方法时，可能会遇到专业上和道德上的限制。传统和习俗可能会阻碍某些类型促销的运用，比如殡葬服务，是被认为不适合促销的，还有一些服务的促销则被认为是"品位太差"，而在产品促销领域，更多的约束是来自法律和行业规范，在道德方面的约束要少一些。

7.1.2.3 许多服务业务规模很小

许多服务业企业的规模很小，他们不认为自己有足够实力在营销或在特别的促销方面花钱。比如一家私人的餐馆不大可能花大笔的广告费来宣传它在几十平方米营业面积内提供的各项服务，更多的促销可能局限于价格优惠之类的活动。

7.1.2.4 竞争的性质和市场条件

许多服务业企业，并不需要扩展其服务范围，因为现有范围内的业务已经用尽了生产能力。这些企业普遍缺乏远见，不认为在目前状况下，促销努力可以维持其稳固的市场地位，且具有长期的市场营销意义。在这种竞争条件下，大多数的服务企业都没有长期的营销计划。

7.1.2.5 对于可用促销方式所知有限

许多服务业企业对于可利用的广泛多样的促销方式所知有限。可能只会想到大量广告和人员推销方式，而根本想不到其他各种各样适当、有效而且可能花费较少的促销方式。

7.1.2.6 服务本身的性质，可能会限制大规模使用某些促销工具

也就是说，服务的种类、特定服务业的传统，在某些服务种类中，对某些促销方法的限制，使得许多促销方法不能自由发挥。例如，广告代理服务业企业极少会去使用大众媒体广告。

7.1.3 服务营销沟通中的问题

服务传递与外部沟通之间的差距，表现形式为过度承诺或缺乏在服务传递中为顾客提供很好的服务信息，因此在很大程度上影响顾客感知服务质量。这些问题主要体现在以下几方面。①对服务无形性的理解不够深刻；②服务承诺管理不当；③顾客期望管理不当；④顾客教育不充分；⑤内部沟通不顺畅。

7.1.3.1 对服务无形性的理解

服务的无形性为营销人员带来四个问题：普遍性、抽象性、不可搜寻性和难以理解性。服务的无形性会产生如下问题。

(1) 普遍性。普遍性是一些包含物体、人员、事件的服务项目，例如，飞机上的座位、机舱内的服务人员以及机舱服务。对这些普遍的服务项目，大多数的服务消费者都清楚服务的具体情况。营销人员的关键任务就是要寻求到区别于并且优于其他竞争服务的独特之处，并将其传递给顾客。

(2) 抽象性。对于一些诸如财务安全、专家建议或者安全运输等抽象的服务概念，服务过程中并没有与之匹配的有形物体，因此，营销人员需要将服务与这些抽象概念建立联系。

(3) 不可搜寻性。不可搜寻性是指服务的不可，感知性使顾客在购买服务之前不能对服务进行搜索、检查。对于一些有形的服务属性，例如，健身俱乐部的外观和健身设备，顾客是可以事先检查的，但是与健身教练合作产生的健身体验，顾客只有在随后的亲身参与感受

之后才能做出判断。

（4）难以理解性。许多服务非常复杂，并且是多维度的，或者非常新颖，以至于消费者很难理解服务可以给他们带来的体验和利益。

班瓦利·米托和朱莉·贝克建议，可以制造一些信息将无形的服务属性和利益清晰地传递给潜在消费者，服务营销人员可以采取以下针对性的营销沟通策略（见表7-1）。

表 7-1 克服服务无形性问题的广告策略

无形性特征	广告策略	具体描述
普遍性		
·客观声明	服务系统证明 服务绩效证明	客观证明有形系统的服务能力 以往服务绩效的证明和举例说明
·主观声明	服务表现片段	展示实际的服务传递片段
抽象性	服务消费片段	捕捉、陈列典型的顾客获得的服务利益
不可搜寻性	消费证明 企业声誉证明	证书、奖状，提供第三方独立审计证明企业绩效
难以理解性	服务过程片段 历史案例片段 服务消费片段	用生动的纪录片按部就班地展示服务过程中的步骤 展示企业为客户提供服务的真实历史案例 清晰地叙述或者描述顾客主观性服务体验

（资料来源：MITTAL B, BAKER J. Advertising strategies for hospitality services. Cornell Hotel and restaurant adminstration quarterly. Copyright 2002. Used by ermission of Sage Publication，2002, 43.）

7.1.3.2 服务承诺管理不当

当企业未能管理好服务承诺，即销售人员、广告和服务人员的许诺时，服务传递与服务承诺之间就会产生差距。产生这种差距的根本原因之一是企业缺乏满足服务承诺的信息与整合。例如，在新服务提供之前，宣传新服务时，没有确切信息表明何时能够实现承诺。此外供需变化对服务承诺的兑现也会产生影响。

7.1.3.3 顾客期望管理不当

适当而准确的沟通是营销和生产运营部门的共同职责：营销部门必须准确反映服务接触中的实际情况；生产运营部门必须提供传播中承诺的服务。在服务促销过程中，企业不能把服务期望提高到超出企业的能力范围。如果广告、个人销售或任何形式沟通建立不切实际的期望，那么就会诱导顾客形成过高的期望。

7.1.3.4 顾客教育不充分

服务企业对顾客教育不够充分将造成服务传递和承诺之间的差距。如果顾客不清楚公司如何提供服务，以及服务传递中顾客的角色和如何评价等，因为这些对顾客教育不充分，将最终导致顾客失望甚至是顾客抱怨。服务中的一些错误或问题，即使是由顾客造成的，顾客

仍然会不满意。尤其是在高参与度的服务业中，例如医疗服务和购置住房，都需要服务人员对顾客充分的教育。

7.1.3.5 内部沟通不顺畅

实现服务承诺需要组织多个职能部门（如营销部门和运营部门）联合起来提供服务，如果组织各职能部门间缺乏有效的沟通，那么将会发生服务失败。各部门或职能的协调或整合对提供高质量的服务是必需的，所有的服务组织都需要在销售力量和服务提供者之间进行内部沟通。例如，为传递优质的顾客服务，企业必须告知和激励员工以使他们提供顾客期望的服务。如果内部沟通不畅，服务质量的感知就会面临风险。

7.2 服务整合营销沟通策略

企业提供服务时必须关注整合营销沟通。整合营销沟通是指对组织或其产品追求一种专一的市场定位理念，它依赖计划、协调和整合组织的所有沟通工作来实现，是一种强调整合所带来的附加价值的营销传播理念。这种理念强调将广告、销售促进和公共关系活动等各种战略营销技能整合在同一营销计划中，并且通过其组织保持传播信息清晰、持续和传播效果的最大化。

无论是有意设计还是不断修正错误的结果，成功的服务组织总是多年一贯地对其营销沟通活动要素进行整合。具体地讲，就是每个促销沟通要素开展的营销沟通所传递的信息都是统一的。也就是说，不论信息来自广告、现场推销人员、杂志文章还是报纸上的优惠券，顾客收到的信息都应该是一样的。

站在顾客的立场看，企业的信息沟通工作已经是综合的了。一般的顾客并不会从广告、销售促进、公关宣传、人员推销几个方面来考虑，对他们来说，一切都是"广告"。将这些沟通要素加以分解的是营销人员自己。遗憾的是，很多营销人员在设计促销信息时忽略了这一点，没有把沟通的各个要素协调起来。其中，最常见、最典型的不一致出现在人员推销与促销组合的其他要素之间。

沟通方法上的这种不协调、不连贯性驱使越来越多的企业采纳整合营销沟通的观点，特别是对服务业、营销无形产品所固有的挑战，迫使服务组织思考克服其服务模糊性的手段，整合营销沟通便是仔细协调各种促销活动以产生面向顾客的、连贯的、统一的信息的方法。麦当劳、美国西南航空公司等众多的服务组合，能够成功地借助整合营销沟通为其各自业务树立了统一的形象。其他服务组织也应该依据整合营销沟通的总体规定来利用好其可控的每一种沟通工具，以保证组织持续统一地追求服务的清晰定位，做好与顾客的沟通。

总之，服务组织应对其营销沟通组合加以整合，慎重决定各个沟通要素在营销组合中应该发挥的作用，仔细协调各项沟通活动的顺序，认真监控每次沟通活动的结果，以便更加完美地使用沟通组合工具。企业的营销沟通活动是由一系列具体的活动所构成的，包括多种元素即广告、人员推销、营业推广、公共关系、口碑传播等。

7.2.1 服务广告

对无形的服务产品做广告与对有形产品做广告具有很大的不同。基于服务的一般特征，市场营销学家提出了服务广告的原则。在服务广告方面我们首先要认识到服务是行为而不是物体。因此，广告就不只是鼓励消费者购买服务，而应把雇员当作第二受众，激励他们提供高质量的服务。同时还应该提供一些有形的线索来冲销服务的无形特征——不只是展示员工，还包括物质设施，如提供服务的场所。

7.2.1.1 服务广告的指导原则

服务业利用广告的趋势在逐渐扩大，基于服务业的特征，服务业在利用广告时，可以提供几个指导原则，这些指导原则虽然也适用于实体性产品，但对服务业却更为重要。

1. 使用明确的信息

服务业广告的最大难题在于要以简单的文字和图形，传达所提供服务的领域、深度、质量和水准。不同的服务具有不同的广告要求，广告代理商因此而面临的问题是如何创造出简明精练的言辞，贴切地把握服务内涵的丰富性和多样性，使用不同的方法和手段来传送广告信息，发挥良好的广告效果。

2. 强调服务利益

能引起人们注意的有影响力的广告，应该强调服务的利益而不是强调一些技术性细节。强调利益才符合营销观念，也与满足顾客需要有关。服务广告所强调的利益必须与顾客寻求的利益一致，因此，广告中所使用的利益诉求，必须建立在充分了解顾客需要的基础上，才能确保广告的最大影响效果。

3. 只能宣传企业能提供或顾客能得到的允诺

"使用服务可获得的利益"的诺言应当务实，而不应提出让顾客产生过度期望而企业又无力实现的允诺。服务业企业必须实现广告中的诺言，这方面对于劳动密集型服务业较为麻烦，因为这类服务业的服务表现，往往因服务递送者的不同而各异。这也意味着，有必要使用一种可以确保表现的最低一致性标准的方法。对不可能完成或维持的服务标准所做的允诺，往往造成对员工的压力（如旅馆服务业和顾问咨询服务业）。最好的做法是，只保护最起码的服务标准，如果能做得比此标准更好，顾客通常会更高兴。

4. 对员工做广告

服务业雇用的员工很重要，尤其是在人员密集型服务业以及必须由员工与顾客互动才能满足顾客的服务业。因此，服务企业的员工也是服务广告的潜在对象：由于顾客所要买的服务是由人表现出来的，因此，服务广告者所要关心的不仅是如何激励顾客购买，而且更要激励自己的员工去表现。

5. 在服务生产过程中争取并维持顾客的合作

在服务广告中，营销者面临两项挑战：①如何争取并维持顾客对该服务的购买；②如何在服务生产过程中获取并保持顾客的配合与合作，这是由于许多服务业，顾客本身在服务的生产与表现中扮演相当积极的角色。因此，构思科学的广告总能在服务生产过程中争取和维持顾客的配合与合作。

6. 建立口传沟通

口传沟通是一项营销者所不能支配的资源，对于服务业企业及服务产品的购买选择有着较大影响，服务广告必须努力建立起这一沟通形态，其可使用的具体方法如下：

（1）说服满意的顾客们让其他的人也都知道他们的满意；

（2）制作一些资料供顾客们转送给非顾客群；

（3）针对意见领袖进行直接广告宣传活动；

（4）激励潜在顾客去找现有顾客谈一谈。

7. 提供有形线索

服务广告者应该尽可能使用有形线索作为提示，才能增强促销活动的效果。这种较为具体的沟通展示呈现可以变成为非实体性的化身或隐喻。知名的人物和物体（如建筑、飞机）经常可用来为服务提供者提供其本身无法提供的有形的展示。

8. 发展广告的连续性

服务企业可以通过在广告中，持续连贯地使用象征、主题、造型或形象，以克服服务企业的两大不利之处，即非实体性和服务产品的差异化。英国航空公司成功的"Fly the flag"标语广告，就是受益于连续性地使用某些品牌和象征而变得非常眼熟，消费者甚至可以从其象征符号的辨认中得知它是什么类型的企业。一项对于服务业企业使用的各种广告主题的研究调查中发现，效率、进步、身份、威望、重要性和友谊等主题最为突出。

9. 解除购买后的疑虑

有形产品和服务的消费者，经常都会对购买行动的合理性产生事后的疑虑。对于有形产品可以通过对实物客体的评估解除疑虑，但对于服务则不能如此。因此，在服务营销中，必须在对买主保证其购买选择的合理性方面下更多的工夫，并且应该鼓励顾客将服务购买和使用后的利益转告给其他的人。不过，最好也是最有效的方式是在购买过程中，在消费者与服务业企业人员接触时，得到体贴的、将心比心的、合适的和彬彬有礼的服务，这时，人员的销售方式就显得尤为重要。

7.2.1.2 服务广告的主要任务

服务广告主要有五项任务。

（1）在顾客心目中创造企业的形象。包括说明：企业的经营状况和各种活动；服务的特殊之处；企业的价值等。

（2）建立企业受重视的个性。塑造顾客对企业及其服务的了解和期望，并促使顾客能对企业产生良好的印象。

（3）建立顾客对企业的认同。企业的形象和所提供的服务，应和顾客的需求、价值观和态度息息相关。

（4）指导企业员工如何对待顾客。服务业所做的广告有两种诉求对象，即顾客和企业员工,因此,服务广告也必须能表达和反映企业员工的观点,并让他们了解,唯有如此才能让员工支持配合企业的营销努力。

(5) 协助业务代表们顺利工作。服务广告能为服务业企业业务代表的更佳表现提供有利的背景。顾客若能事先就对企业和其服务有良好的印象,则对销售人员争取生意有很大的帮助。

7.2.2 人员推销

7.2.2.1 推销有形产品与推销服务的差异

人员推销的原则、程序和方法,在服务业和制造业的运用上具有许多相似的地方,如销售工作必须予以界定;应该招募合格的推销员并加以训练;应该设计并执行有效的奖酬制度;销售人员必须予以监督和管理。在服务市场上,这些工作和活动的执行手段与制造业市场有相当的差异。如表7-2所示。

其中,在某些服务业市场,服务业者可能必须雇用专门技术人员而不是专业推销人员来推销其服务。另外一项差异是服务业的特征使得对推销员的资格有不同的要求。例如,对人寿保险业做一项调查,探讨消费者如何看待服务的购买、购买服务时的行为以及购买服务与产品有何不同等观点,这项有关服务销售的调查结果表明,推销服务比推销有形产品更困难。

这项调查报告是关于人寿保险服务业方面的营销,但其调查结果,与其他服务业方面已发表的营销调查报告相同。总之,以上调查结果,对于服务业企业促销措施的取舍和调整,必能有所帮助,而对于人员推销工作,则更有帮助。这些调查结果表明:服务业市场的正式的销售人员比产业市场重要,而所谓的推销员的定义则是较为广义的,其任务也较为重大。

表7-2 推销有形产品和推销服务的差异

1. 消费者对服务采购的看法
顾客们认为服务业比制造业缺乏一致的质量
采购服务比采购产品的风险高
采购服务似乎总有比较不愉快的购买经验
服务之购买主要是针对某一特定卖主为考虑对象
决定购买一项服务的时候,对该服务业企业的了解程度是一重要因素
2. 顾客对服务的采购行为
顾客对于服务不太做价格比较

续表

顾客对服务的某一特定卖主寄予最多关注
顾客受广告的影响较小,受别人介绍的影响较大
3. 服务的人员销售
在购买服务时顾客本身的参与程度很高
推销人员往往需要花很多时间来说服顾客购买

7.2.2.2 服务人员推销的指导原则

服务营销中人的接触的重要性和人的影响力已被普遍认同。因此,人员销售与人的接触已成为服务业营销中最被重视的因素。据调查,服务采购所获得的满足,往往低于对有形产品采购的满足,此外,购买某些服务往往有较大的风险性。因而服务业比制造业更应采取一些降低风险的策略。在服务营销的背景下,人员销售有着许多指导原则,主要如下。

1. 发展与顾客的个人关系

服务业企业员工和顾客之间良好的个人接触,可以使双方相互满足。服务业企业以广告方式表达对个人利益的重视,必须靠市场上真实的个人化关系协助实现,要注意下列问题:

(1) 实现的费用很高;

(2) 雇用员工增多增加了服务表现不稳定的风险;

(3) 引发公司组织管理上的问题。若要提供高水平的个人化服务,则服务业企业必须要有对应的组织和资源才能做到,如支持设施,对顾客所需的服务水准有充分、详细的了解。

(4) 个人化关注通常必须付出标准化的代价,这就意味着服务业在改进生产力方面可能遇到阻碍和问题。

2. 采取专业化导向

大多数的服务交易中,顾客总相信卖主有提供预期服务结果的能力,其过程若能以专业方法来处理会更有效。销售服务即表示卖方对于其服务工作能彻底胜任(如对该服务的知识很充分)。他们在顾客眼中的行为举止必须是一个地道的专家。因此,服务提供者的外表、动作、举止行为和态度都必须符合顾客心目中一名专业人员应有的标准。

3. 利用间接销售

三种间接销售形式如下。

(1) 推广和销售有关产品和服务,并协助顾客们更有效率地利用各项现有服务,以创造引申需求。例如,航空公司可以销售"假日旅游服务",旅馆业销售"当地名胜游览",通信运营商销售"手机"。将相关的服务业和其他服务或产品互相联系起来,可以给保险、银行、干洗和旅游等服务业,提供更多的销售机会。

(2) 利用意见领袖,以影响顾客的选择过程。在许多服务业,顾客必须仰赖他人给予协助和建议(如保险代理业、旅行社、投资顾问、管理顾问咨询、观光导游业)。因此,服务业的销售者应该多利用这类有关的参考群体、舆论意见领袖与其他有影响力的人，以增进间接销售。

（3）自我推销。这种方式在某些专业服务领域使用得相当普遍，包括较为非正式的展露方式，例如参加公众演讲、参与社区事务、加入专业组织会员以及参加各种会议讨论和课程等。

4. 建立并维持有利的形象

有效的营销依赖于良好形象的创建与维持。营销活动（如广告、公共关系）所试图达到的是要发展出一种希望被人看得到的个人或企业的形象，而且，要与顾客心目中所具有的形象一致。现有顾客和潜在顾客对某个企业及其员工的印象，在很大程度上影响着他们做出惠顾决策。

形象建立和形象维持在服务营销中是一个重要因素。因为，服务的高度非实体性意味着服务的名声和主观印象是营销所依赖的重点。其次，非营销者影响力来源（如口碑传播）在服务业营销中也不能忽略。其他使用者或非使用者对于服务推销和形象形成都有其一定的贡献和影响。因此，人员销售对服务业企业的整体形象很有影响。顾客往往从企业推销员的素质，判断这个服务业公司的优劣。推销人员的礼仪、效率、关心度和销售技巧，都会影响或提高既有的企业形象，而形象建立的其他方式，还有广告和公关，也都同样具有推波助澜的作用。

5. 销售多种服务而不是单项服务

在推销核心服务时，服务企业可从包围着核心服务的一系列辅助性服务中获得利益。同时，这也使顾客采购时较为简易、便利并省去许多麻烦。假期承包旅游服务就是一个明显的例子，即一系列的服务可以从顾客的立场出发，合并成为只需要一次购买的服务。事实上，目前保险公司、航空公司、银行和零售业公司都已经扩充了其所提供的服务项目范围（如财务处理），所有这些补充性服务都具有强化核心服务（如旅行、风险分散、信用）购买驱动力的作用。

6. 使顾客采购简单化

顾客对服务产品的概念可能不易了解，其原因可能是顾客不经常购买（如房子），也可能是因为顾客利用服务是在某种重大情感压力之下（如使用殡仪馆服务时）。在这类情形下，专业服务销售人员应使顾客的采购简易化，也就是说，以专业方式照顾并做好一切，并告诉顾客服务进行的过程即可，以尽量减少对顾客提出各种要求。

7.2.2.3 服务人员推销的模式

关于服务业的人员推销，人们提出了一个包括六项指导原则的模式，这个模式原是从具有代表性的产品和服务厂商调查，发现推销有形产品和服务有所不同的实证资料中总结出来的。该模式的六项指导原则如下。

1. 积累服务采购机会

（1）投入：寻求卖主的需要和期望；获取有关评价标准的知识。

（2）过程：利用专业技术人员；将业务代表视为服务的化身；妥善管理卖主/买主和卖主/生产者互动的各种印象；诱使顾客积极参与。

（3）产出：愉快的、满意的服务采购经验，且使其长期化。

2．便利质量评估

（1）建立合理的预期表现水平。

（2）利用既有预期水平作为购买后判断质量的基础。

3．将服务实体化

（1）教导买主应该寻求什么服务。

（2）教导买主如何评价和比较不同的服务产品。

（3）教导买主发掘服务的独特性。

4．强调公司形象

（1）评估顾客对该基本服务、该公司以及该业务代表的认知水平。

（2）传播该服务产品、该公司以及该业务代表的相关形象属性。

5．利用公司外的参考群体

（1）激励满意的顾客参与传播过程（如口传广告）。

（2）发展并管理有利的公共关系。

6．了解所有对外接触员工的重要性

（1）让所有的员工感知其在顾客满足过程中的直接角色。

（2）了解在服务设计过程中顾客参与的必要性，并通过提出问题、展示范例等方式，形成各种顾客所需要的服务产品规范。

7.2.3 公共关系

7.2.3.1 影响公共关系的显著性要素

服务和有形产品的公关工作基本上并无差异。在争取报纸杂志评论版面的方式、公关目标、公关工作对于服务业企业的重要性等方面也可能有所不同。但是，在竞争性公关的内容及诉求方面却都是相同的，而且都建立在三项具有显著性要素的基础之上。

（1）可信度。新闻特稿和专题文章往往比直接花钱买的报道具有更高的可信度。

（2）解除防备。公关是以新闻方式表达，而不是以直接销售或广告方式，更容易被潜在顾客或使用者所接受。

（3）戏剧化。公关工作可以使一家服务业企业的一种服务产品戏剧化。

公关是公共事务领域中较为普遍使用的一环。公共事务的主要工作包括媒体关系、产品和服务的公关、公司内部和外部的组织沟通、游说以及作为企业信息中心的角色。

7.2.3.2 公共关系的任务

公共关系的任务通常被认为是在各种印刷品和广播媒体上获得不付费的报道，以促销或"赞美"某个产品、地方或个人。目前，随着公关宣传的日渐增长，它还有助于完成以下任务。

(1) 协助新产品的启动。公关宣传能够帮助企业树立一个良好形象,进而容易使其以一种令人信服的方式向社会推荐新型或风险型产品,比如,媒体评论与宣传是电影、戏剧等推出新项目的首选手段。在其他服务业企业中,宣传在新服务早期接受过程中也会扮演类似角色。

(2) 建立并维持形象。良好的公关宣传可以成为积极的新闻素材,能帮助服务树立良好的品牌形象。如果服务企业能够作为技术领先者或服务冠军被提及,将有助于在顾客心目中形成高品质、高信誉的形象。

(3) 处理危机。如果反应及时、处理得当,公共关系能抵消诸如飞机坠毁或食物中毒等事件的负面宣传效应,帮助企业度过灾难性危机。

(4) 加强定位。步入成熟期的组织,通过媒体的经常报道或组织精心策划的公关宣传,有助于顾客保持认知和加强定位。沃尔玛的"天天低价"之所以能如此深入人心,与其公共宣传密不可分。

7.2.3.3 公共关系的工具

1. 宣传报道

宣传报道是介绍企业新型服务的重要工具,它通过发表免费的新闻信息或肯定的评价来帮助企业宣传新服务。宣传报道的信息要想被新闻单位采用,信息必须真实可靠、实事求是,而且还应该包含媒体和受众感兴趣的内容。

2. 事件赞助

服务业企业可以通过赞助有足够新闻价值的事件或社区服务来实现新闻覆盖。同时,这些事件也有助于提高企业的品牌知名度。

3. 公益赞助

企业也可以选择为社会上的公益事件提供赞助,从而将自己定位为富有爱心和社会责任感的企业,势必会受到人们的广泛关注并赢得他们的好感。

4. 互联网传播

互联网是新出现的一种公共关系工具。事实证明,企业在网站上进行的新闻发布有助于新闻界、现有潜在顾客、行业分析家、股东及其他人了解企业的相关信息。同时,网站也是新服务的公开论坛,可以获得访问者的各种反馈信息。

案例 7-2

京东成功赴美上市的公共关系传播活动

2014年1月30日,农历大年三十,京东向美国证券交易委员会提交IPO(首次公开招股)申请,计划赴美上市,消息一出,立刻引发了国内外媒体的高度关注。2014年5月22日美国东岸时间9点,京东在纽约纳斯达克交易所正式敲响了上市的钟声,从此翻开了京东新的一页,也翻开了中国电商新的一页。京东是中国第一个成功赴美上市的大型综合性电商企业。虽然在中国市场享有很高的品牌知名度,但由于京东尚没有开拓海外业务,在海外投资者和用户中,京东的品牌烙印不够鲜明,如何利用上市的契机使京东良好的品牌形象和独特的商业价值在海外市场得到广泛深入的传播是京东公关团队面临的挑战之一。为此,京东策划实施了一系列的公共关系传播活动。其目标是:

1. 借助上市活动迅速提升京东在海外市场的知名度和美誉度,充分展示京东的品牌故事与商业价值;

2. 进一步提升京东在中国市场的品牌形象,强化用户对京东未来发展的信心;

3. 引发正在开拓的3~6级县市的消费者群体的关注,吸引新的用户群体,为京东在这些区域的业务拓展打下良好基础;

4. 激发京东6万多名员工的自豪感、荣誉感,强化团队信心和凝聚力。

公司主要选择了社会化媒体进行公共关系传播。

第一,官方微博+官方微信。

官方微博:上市当天全程微博图文直播;有奖微博活动"说说这些年你和京东的故事";四幅微博海报"谢谢你""从中关村到华尔街"等。官方微信:官方微信共计推送4条信息,包含谢谢你海报、梨视频、敲钟现场图片、高管阵容海报、刘总海报、总部庆典Party等。

第二,第三方网络资源推转:潘石屹、周鸿祎、牛文文、北京国安俱乐部、微软、Intel等名人名企转发。

第三,KOL文章:13位来自IT、互联网、财经领域的KOL针对格局、未来及任务发表评论文章。

上市当天,纽约时代广场上有几十块大屏幕同时播放京东上市讯息,此举为有史以来纳斯达克首次为中国上市企业提供的重磅支持。传统媒体:京东上市发布会及后续专题、文章传播,传统媒体总计发布739次,其中电视台媒体30次、网络视频5次、平面310次、网络媒体394次;网络专题报道10家;除原发报道外,网络转载总计1 674家。其中,正面话题约占总话题报道的97%。截至6月5日,传统媒体总计传播覆盖人群约为55 457(万人次)。社会化媒体:5月22日21:30至5月23日20:30,23个小时中,京东官方微博共发布相关微博25条,其中发布有奖微博活动1条(说说这些年你和京东的故事)。总转发量超过15 000次,总评论量超过5 000次,平均每条互动接近400条。并且,官微互动中,超过85%以上评论转发为正向积极内容。截至6月3日16:00,"京东上市"标签下阅读量6 485万条,讨论内容30.3万条,成功进入"新浪微博话题排行榜"。

京东官方微信账号,共计推送4条信息,包含内容为:谢谢你海报、梨视频、敲钟现场图片、高管阵容海报、刘总海报、总部庆典Party等。共送达48万人,单条最高打开率创下京东微信有史以来最高打开率记录。海外公关:京东IPO吸引了大量国际媒体关注,IPO当日媒体报道数量剧增,多达324篇。大量国际顶级通讯社如道琼斯、路透社、彭博社、美联社、法新社,主流纸媒包括《华尔街日报》《纽约时报》《金融时报》《经济学人》,美国最具影响力的电视媒体包括CNBC、彭博电视、Fox电视,以及极具影响力的金融及科技类媒体如《投资者商业日报》、Pando Daily、TechCrunch、Tech in Asia等媒体均对京东上市做出报道。并且各大国际媒体对京东上市计划的报道总体口风中性偏正面。尤其值得一提的是,在华尔街日报有整版的广告传播。KOL:从5月20日至5月27日,有13位来自IT、互联网、财经领域的KOL共发表14篇有关京东IPO的热门评论文章,产生90余条发布链接,直接受众超150万(即微信公众号、微博、博客粉丝、百家阅读量等直接受众),再加上比特网、网易、腾讯等大众媒体位置推转,覆盖人群预计超过千万。

(资料来源:http://www.wtoutiao.com/p/od5YUI.html.)

7.2.3.4 公共关系的重点决策

公共关系工作的三个重点决策是:

(1) 建立各种目标;

(2) 选择公关的信息与工具;

(3) 评估效果。

这三个重点决策对所有的服务业企业都是必要的。许多服务业企业都很重视公共关系工作,尤其对于营销预算较少的小型服务企业。公关的功能在于它是获得展露机会的花费较少的方法,而且公关更是建立市场知名度和偏好的有力工具。

7.2.4 销售促进

销售促进是针对某一事件、价格或顾客群的营销活动,通过提供额外利益鼓励顾客或营销中介做出直接的反应。销售促进对于服务人员特别重要,因为它是一种短期因素,能用来加快服务的推进、吸引顾客的注意力和激励他们迅速采取行动。

7.2.4.1 采用销售促进的原因

服务企业采用销售促进这一促销工具时,通常出于下面的考虑。

(1) 需求问题:需求被动且存在废置产能。

(2) 顾客问题:

- 使用该项服务的人不够多;
- 购买服务的量不够大;
- 购买/使用之前的选择需要协助;
- 在付款方面有问题。

(3) 服务产品问题:

- 新服务产品正在推出;
- 没有人知道或谈起该服务产品;
- 没有人在使用该服务产品。

(4) 中间机构问题:

- 经销商对企业销售的服务未予足够的注意；
- 经销商对企业销售的服务未予足够的支持。

(5) 竞争问题：
- 竞争激烈；
- 竞争的趋势激烈；
- 新产品开发竞争激烈。

与有形产品的销售促进相比，服务企业采用销售促进时应该考虑的特殊因素有两个。

(1) 由服务业特征造成的问题。

例如，服务产品不能储存，因此，在销售促进措施的使用上，必须要有所顾忌，如使用高峰时的折扣定价技巧，平衡服务产品的需求数量。

(2) 某些服务业者本身专有的特殊问题。

例如，某些销售促进手段的使用可能涉及道德的限制，或者某一专业团体会认为某些方式太过冒进。因此，在实务上销售促进的进行，往往经过"伪装"或在另外的名义下行使。

7.2.4.2 销售促进的益处

(1) 调整需求和供应的波动周期。比如，为保证航空公司和旅馆都有稳定的客流，两者可以共同推出一项具有吸引力的假期服务捆绑销售，并以低价格和优质服务来吸引顾客，填充那些可能出现的空闲座位和房间。

(2) 形成强有力的防御手段。销售促进也可被服务企业用作强有力的防御手段。比如，当某一航空公司通过降低票价来争取客源时，其他竞争者通常会紧急跟进，否则就会面临顾客大量流失的风险。

(3) 形成新的服务特色。经过认真选择的销售促进手段，可以为服务注入新的内容。有奖销售或竞赛的激情，降价以及特别销售的刺激，都能提升顾客对服务的整体感觉。在某些情况下，销售促进甚至能制造轰动效应，帮助组织从竞争者中脱颖而出。麦当劳快餐推出的游戏促销就曾引发了一场大轰动。

7.2.4.3 销售促进的技术

服务企业可以采用六种促销技术来增加顾客对服务的兴趣，刺激他们采用购买行动。这些方法包括样品赠送、价格/数量促销、优惠券、未来折扣贴现、礼品赠送和有奖销售。

(1) 样品赠送。它给了顾客一个免费试用服务的机会。比如，信用卡公司可以向信用卡持有人提供信用卡包含计划中的一个月免费试用。

(2) 价格/数量促销。这种方法如果被顾客理解为短期促销而不是鼓励持续的大额订购，那么就应该在一个有限的时间内采用，而不宜作为长久之策，如航空公司向商务旅行人员提供特定航班上的多年通行证，条件是他们在某一个特定的时间范围内和航空公司签约。这样的策略有助于迅速建立一个顾客基础，同时还可以提高预付的现金流入。

(3) 优惠券。它通常采用以下形式直接降价；与最初购买者同来的一个或多个顾客可享受折扣或费用减免（如两张半价票的优惠券）；或在基本服务的基础上提供免费或有价格折扣的延伸服务（如在每一次洗车时都提供免费上蜡服务）。

案例 7-3

日本最经典 O2O 案例：麦当劳优惠券业务

从基础设施上来看，日本是全世界最适合发展 O2O 产业的国家之一。

日本 3G 网络普及率达到 100%，4G 的普及率已经接近 10%，手机网络信号好，且有一半的手机用户是流量不封顶套餐使用者，不会担心流量超标。手机近场支付的渗透率超过 40%。此外，日本的 7-11、全家、罗森等便利店高度发达，药妆店遍布全国，各种支持手机支付的自动售货机随处可见。

日本公认最经典的 O2O 案例是日本麦当劳的优惠券业务。日本麦当劳的手机优惠券业务成功后，美国、欧洲的麦当劳都纷纷前来取经。

在野村综研的安排下，我们不久前特地前往日本 NTT DoCoMo 拜访了负责麦当劳优惠券业务的负责人，双方进行了深入的交流。

我们希望分几次把日本麦当劳的优惠券业务详细地写出来，相信对中国移动互联网业界有很好的参考价值。

现在，日本麦当劳的注册会员数已经超过了 3 000 万人，也就是说每 4 个日本人，就有一个人在用麦当劳的优惠券业务，几乎所有的年轻人都在用。

形成 O2O 闭环后，日本麦当劳可以很好地采集用户交易行为数据，从而精准地向他们推送手机优惠券，大大提升到店率和销售额。

日本麦当劳优惠券发展的几个阶段

第一阶段：纸质优惠券。日本麦当劳的优惠券最早是通过印刷纸张的方式发放的。不仅发放成本高，而且印刷耗费时间长，且投放不精准。

第二阶段：2003 年开始提供在手机网站上下载优惠券，到店出示优惠券可享受打折（中国目前处于这个阶段）。

第三阶段：要求享受优惠券服务的人注册，并搜集他们的信息。2006 年 2 月麦当劳开始通过旗下的网站向注册会员发放优惠券，到 2007 年 9 月，麦当劳手机网站的会员数已经突破了 500 万人。

第四阶段：发展基于手机 NFC 支付的优惠券服务。2007 年，日本麦当劳和日本最大的移动运营商 NTT DoCoMo 成立了合资公司"ThE JV"，日本麦当劳占 70% 股份，NTT DoCoMo 占 30% 股份。NTT DoCoMo 有着著名的"手机钱包"近场支付业务，还有名为"ID"的手机信用卡业务。合资公司成立后，麦当劳的手机优惠券形成完整的 O2O 闭环。

日本麦当劳的完整 O2O 闭环

日本麦当劳一直想搜集用户的消费行为信息,然后精准地为他们提供优惠券。起初,麦当劳是让用户自行填写个人信息,例如性别、年龄之类的,但是这些信息价值不大。麦当劳真正采集到用户交易信息,是在 2008 年开始和 DoCoMo 一起在其旗下 3 300 家门店建设了 NFC 手机支付读取终端,并部署了 CRM 系统,采集用户信息。至此,日本麦当劳形成了 O2O 的闭环。

日本麦当劳的大数据挖掘

日本麦当劳实现了 O2O 闭环,最大的好处是能够精准挖掘用户行为信息。这些信息包括用户的消费频次、经常光顾的店面、单次消费的金额、购买的食物品种等。

日本麦当劳耗资数百亿日元,建设了一套顾客信息挖掘系统,并对门店采集来的用户交易数据进行非常精准的挖掘分析,然后个性化地向他们推送每个都不同的优惠券。

这些个性优惠券的具体例子有以下这些。

对于周六、周日白天频繁购买咖啡的顾客,发送周末早上免费兑换咖啡的优惠券;对于一段时间没有光顾的顾客,发送过去经常购买的汉堡等产品的打折优惠券;对于光顾频率很高,但没有购买过新品汉堡的顾客,发送新品汉堡大幅打折优惠券;对于经常购买汉堡套餐的顾客,发送苹果派等小食品的打折优惠券。

这些个性化的优惠券大大提升了日本麦当劳的门店销售,使用户更频繁地光临麦当劳,并每次消费更多的钱。或者说更好地起到了 CRM 的作用。

相比之下,中国的麦当劳优惠券,目前都是标准化优惠券。也就是说,你在丁丁优惠上下载一个麦当劳优惠券,和你去布丁优惠、大众点评下载一个麦当劳优惠券,是没有任何区别的。这种优惠券是单向的推送,无法采集到用户的有效信息,也就不存在精准营销。

(资料来源:http://baoding.house.163.com/13/0316/16/8Q3PMDVT0251053N.html.)

(4) 未来折扣贴现。它被竞争性市场上的航空公司、酒店和汽车租赁公司广泛用来保持频繁外出旅行人员的品牌忠诚度,他们进入某一个特定的常客计划之前必须签约。这类折扣采取一系列分阶段奖励的形式,如提供免费的服务升级(提供头等舱标准的服务、房间更大、汽车更好)、免费的陪同票等。采用这些折扣方案的一个有利之处在于,可以对服务的价格进行调整以反映竞争程度和需求的季节性。

(5) 礼品赠送。这是一种为短暂易逝的服务增加有形要素而提供的特殊促销方式。例如,银行和保险行业提供的服务很难进行差别化。作为对拥有不同的最初存款额的储户的回报,如果顾客在较长时间内把他们的存款放在银行里的话,这种方法可能比提供更高的存款利率成本更低。为了鼓励顾客(可能拥有几张信用卡)增加信用购买额或把应付款项集中在一个账户中,银行已经开始尝试一种促销活动,即向那些在一个给定时间段内应付款超过一定金额的顾客提供不同种类的奖品。

案例 7-4

天津一些培训机构为扩大生源搞促销报名送 MP3

为了招揽生意,各商场卖东西返赠品已不是什么新鲜事。如今,就连培训机构都搞起了这套促销手段,这不,一家培训机构就打出了"只要报名,就送 MP3"的广告。

这样的广告就张贴在天津工业大学的布告栏上。一张大黄纸上除了写明英语四、六级培训课马上就要开课,以及报名电话以外,还特意用红笔写出"现报名送 MP3 一部,数量有限,欲报从速"的字样。报名培训英语,还有 MP3 赠送,有这样的好事让不少看到广告的学生都持怀疑态度,大伙儿甚至以为是商家布下的"温柔陷阱"。不过,当拨通这个报名电话后,对方的回答却是异常肯定——"报名就送,不会有假"。

接听电话的是一名姓杨的男子,并表示是这家培训机构的招生人员。据该男子介绍,目前,他们主要针对英语四、六级进行培训,培训费用在 500 多元至 700 多元不等。"这个价格也不比外边其他培训机构的高。我们不仅培训费相对较低,而且还有赠品,还犹豫什么?"这名杨姓男子说,承诺"报名就送 MP3"并不是"忽悠"人的,"我们赠送的 MP3 是纽曼的,内存是 1G,在市面上也得卖到 100 多元。"之所以如此做,按这位杨姓招生人员所说,主要是培训机构太多导致竞争激烈造成的。

(资料来源:人民网·天津视窗,2008-10-10.)

(6) 有奖销售。这种方式引入了机会这个要素,如抽签中奖。它可以被用来有效地增加顾客对服务经历的参与和兴奋感,及鼓励顾客增加对服务的使用。

7.2.5 服务营销沟通其他方式

7.2.5.1 利用互联网进行服务营销沟通

互联网是增长最快的服务促销工具之一,它的主要优点在于新颖互动的方式和可以较细地区分细分市场。互联网对于服务促销的作用,主要体现在网络广告和网上公关宣传上。对广告而言,成本大幅度降低;对于公关宣传而言,增强了企业在公关宣传中的主动性和重要性。

1. 网络广告强大的交互沟通能力

通过设计和推出网络广告,借助鼠标的层层点击,可以将顾客吸引到服务企业发布的网上信息源。通过网上观看,更多地发挥了顾客的主动性。因此,只要网络广告能针对顾客的兴趣和需求,就会实现顾客与服务组织之间的"一对一"的沟通,顾客可以更广泛、更深入地了解服务企业及其服务,服务企业也可以更及时地传送最新信息,将交互作用发挥得淋漓尽致。同时,由于互联网提供的信息十分丰富,几乎不受时间限制,它可以让顾客自由查询,遇到基本符合自身需求的内容就可以进一步地了解相关信息,并向企业有关部门提出要求,让它们提供更多顾客所需要的信息。网络广告是一种即时互动式的广告,即"活"的广

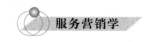

告，查询起来也非常方便。

2. 网络广告与其他促销手段的配合

对于服务业企业来说，网络广告是一种正在演进过程中的促销工具，经常与其他促销手段相互配合。一些服务企业，如肯德基、麦当劳，为顾客提供网上能够下载打印的优惠券。还有些服务企业用电子邮件来配合网上广告功能，以形成强有力的促销组合。如有些航空公司通过电子邮件来向已经注册的旅客发送特价机票信息，如果机票价格能激起顾客的兴趣，旅客就可以与航空公司联系并购得机票。

7.2.5.2 口碑传播

口碑传播是指一个具有感知信息的非商业宣传者和接收者关于一个产品、品牌、组织和服务的非正式的人际传播。大多数研究文献认为，口碑传播是市场中最强大的控制力之一。心理学家指出，家庭与朋友的影响、消费者直接的使用经验、大众媒介和企业的市场营销活动共同构成影响消费者态度的四大因素。由于在影响消费者态度和行为中所起的重要作用，口碑被誉为"零号媒介"。口碑被现代营销人士视为当今世界最廉价的信息传播工具和高可信度的宣传媒介。而服务行业最突出的特征之一就是口碑传播方式非常重要，它突出了人员因素在服务促销中的重要性。

1. 口碑传播对促销的影响

口碑传播对促销的影响是巨大的，如果在口碑信息和促销信息之间存在矛盾，那么促销信息通常会失去其影响力。口碑越不好，营销沟通如广告、推销等努力的效率就越低下。另一方面，积极的口碑会减少利用广告和推销等进行营销沟通的庞大预算。因此，良好的口碑是服务企业与顾客之间最有效的沟通载体，好的口碑能使顾客以更积极的态度来配合服务企业的外部沟通努力。

2. 口碑传播的蝴蝶效应

口碑传播的蝴蝶效应就是指口碑传播的乘数效应，这种效应在不同行业和不同情况之间差别很大。一般说来，消极效应通过口碑而放大的速度要远远大于积极经历通过口碑放大的速度。乘数值一般在3～30之间。也就是说，当顾客有不好的服务经历时，他不仅会停止购买，而且还可能告诉周围的3～30个人，使他们也取消购买打算。相反，顾客通常也会把一些好的服务经历告诉他人，但人数会有所减少。

3. 有效的口碑管理

口碑传播不是一个被动的人际传播过程，它不同于一般意义上的人际交往，而在于其商业性本质。因此，进行有效的口碑传播管理格外重要。

(1) 实施有效的主动口碑传播。实施的方式有如戴尔公司那样，注重"顾客体验"。所谓顾客体验，就是顾客跟企业产品、人员和流程互动的过程。就是让顾客置身于生产制造的全过程，或者让顾客切身享受消费的乐趣，从而形成"以自己希望的价格，在自己希望的时间，以自己希望的方式，得到自己想要的东西"的强烈消费欲望。体验式消费所带来的感受越是深刻难忘，形成的口碑传播越是生动形象，感染力也会越强烈刺激。实际上，这是IT

时代迎合定制化营销和关系营销的一种趋势。

运用典型故事或事件树立正面口碑。故事或事件是传播口碑的有效工具,因为它们的传播带着情感。在许多情形下,消费的即刻,往往是情感性的或已形成潜意识的信息捕捉,而非大量的费力的理性分析。

(2) 进行有效的负面口碑传播管理。整合传播理念认为,保持顾客比发展顾客更加有意义(富有效率和效益)。有研究显示,只有4%的不满意顾客会对厂商提出他们的抱怨,但80%的不满意顾客会对周围的人谈起自己的不愉快经历。在所有表达抱怨的顾客中,如果其抱怨得到了解决,有54%~70%的顾客会再次与企业发生商业关系。因此,建立完整的顾客档案系统和有效反馈机制,是消除负面口碑传播的关键。

案例 7-5

淘宝第一美女——"水煮鱼皇后"

"水煮鱼皇后"是淘宝千千万万卖家中的一个,她的小店主要经营服装、时尚用品等。但是店主年纪轻轻却月入两万,她的网络人气很高,被网友们封为"淘宝第一美女"。"月入两万、淘宝第一美女"的定位诱发了全方位的口碑,阿里巴巴、酷六、全球购物资讯网等多家媒体纷纷邀请水煮鱼皇后做专访报道;土豆网、新浪播客竟然邀请水煮鱼皇后参加2008年的新春节目。网友们在热烈讨论她的事迹,论坛中有很多她美丽身影的照片、视频,更有一群铁杆粉丝还为她设置维护了个人贴吧。淘宝第一美女一时间可以称得上淘宝的品牌形象符号,吸引更多的买家、卖家拥入淘宝交易。

在网络上,丑事传千里,好事不出门,塑造一个正面的品牌形象比炒作一个负面的形象要困难许多。但当"美女牌"在网络中泛滥之时,水煮鱼皇后不搞怪、不出丑、不脱衣、不哗众取宠,以正面形象脱颖而出,火了自己更大大提高了店铺的知名度和销量,在某种程度上说这是一个经典的口碑营销成功案例。

(资料来源:http://www.ebrun.com/20140703/103376.shtml.)

7.3 服务营销沟通的设计与管理

7.3.1 影响沟通设计的因素

选择了一项服务沟通方式以后,营销人员面临着具体沟通活动的设计问题。一般而言,以下六个因素是营销人员设计沟通活动时必须考虑的。

7.3.1.1 产品范围

产品范围解决的是应当针对哪些特定的服务或辅助性的商品进行沟通的问题。如果沟通的目的是防卫性的，那么就应当对那些面临竞争压力的服务进行沟通；如果沟通的目的是吸引顾客，那么就可能是对那些低风险、低价格的服务进行沟通，以吸引顾客，不然，他们就会成为其他服务交叉销售的对象；如果目的是在竞争中主动攻击，那么就可能要照这样一种产品进行沟通（如6个月的储蓄存单），它可以让服务营销人员与顾客建立一种更长期的关系。

服务产品线越宽，服务沟通选择决策的挑战就越多。一个要连续上演一出戏的戏院除了可以对座位进行沟通外，几乎没有其他可以沟通的服务，除非通过餐厅和零售商一起对一整套娱乐组合进行沟通；相反，一个酒店连锁集团可以对不同地点、餐厅的菜肴、度假者等提供各种沟通方式中的一种。

7.3.1.2 市场范围

这个因素考虑的是沟通活动是在所有市场上进行还是在有选择的市场上进行。考虑所存在的价格歧视问题，服务营销人员在这方面比有形商品的营销人员拥有更多的弹性空间。尽管一个酒店连锁集团可以通过开展定期的全国性的沟通活动来建立统一的企业形象，但是也应看到，在单个市场上存在着开展不同水平的价格沟通的需要。此外，服务营销人员可以把一次沟通活动限制在某一特定的消费人群范围内。

与顾客之间有着会员关系的服务企业能够追踪每一个顾客对服务的使用，并且以使用服务的数量、时间、地点和其他使用类型为标准来开发细分市场。市场细分方案也可以把企业首次签约或以后续约时收集的顾客概况作为依据。

7.3.1.3 沟通价值

这是指服务营销人员设计沟通计划时必须考虑到提供给顾客什么样的价值与形式。一些沟通活动（尤其是数量或价格沟通）提供给顾客的是一定的现金价值，即以较低的价格提供同样的服务；另外一些沟通活动提供给顾客的是一种延时价值，通常与所沟通的服务价格没有联系，即以同样的价格提供更多的服务。

服务营销人员在决定提供给顾客的价值形式和水平时，必须考虑顾客的偏好、成本和沟通目标。当顾客对服务的使用差异很大时，可以提供不同价值的奖励。以飞行的里程数、入住的酒店数、信用卡应付款项的金额水平作为依据的沟通活动就是很好的例子。

任何沟通活动都包含着一定的价格折扣。服务营销人员应当认识到顾客对此的反应可能随沟通种类的不同而不同，但可能不是线性的。例如，10%的价格折扣的沟通所导致的销售量的增加不一定是5%的价格折扣增加的销售量的两倍。

7.3.1.4 沟通时间

设计沟通活动还应该明确的一个问题就是时间。什么时候？多长时间？频率多少？这是关于沟通的三个关键问题。任何沟通的时间长度都应该考虑目标顾客的购买周期、企业提供的沟通价值以及竞争对手的压力。以平衡需求为目的的服务沟通时间的设定，应当减小而不是加剧销售的周期性变化。此外，在沟通活动中引入"出其不意"这个要素是有利的。这样精明的顾客就不会因为等待一次预期的沟通活动而延迟购买。

7.3.1.5 受益对象

由于沟通是用来影响或强化顾客行为的,因此,选择正确的细分市场就非常重要。有时候,不一定是服务的使用者本人付费,商务旅行人士使用的酒店和交通服务就是如此。向那些每天不享有固定津贴的人提供价格折扣产生的吸引力可能有限,因为节省的钱并不属于个人。航空公司和酒店已经通过常客计划对这种情况作了巧妙的应对,因为常客计划奖励的是旅行者个人而不是公司;但有的公司坚持认为所有的空中常客的奖励属于公司,应用于将来的商务旅行。

7.3.1.6 竞争防卫

最后一个要素是设计一种能够提供独特竞争优势的沟通活动,许多服务企业在设计沟通活动时发现很容易被对手模仿。因此,需要设计一种防卫竞争的沟通活动,例如,活动非常复杂以至于无法迅速模仿,或者一个或多个著名企业进行的排他性联合促销,这样其他企业就不可能直接复制这种计划。

7.3.2 有效沟通管理的原则

随着服务竞争的加剧,服务营销人员对服务沟通的运用正在迅速增加。为了使沟通更好地为企业的整体营销服务,避免人力、物力、财力的浪费,营销管理者必须考虑以下沟通管理的原则。

7.3.2.1 规划沟通策略

服务营销人员需要对服务沟通活动进行详细规划,表明对哪些服务,在什么时间、什么地点在哪些市场上沟通,沟通的目标以及使用的沟通技巧,而不是仅仅依靠采取无差异的沟通作为对竞争者的反应,从而确保沟通活动的统一协调和多样性。

7.3.2.2 限制沟通目标

服务营销人员应该正确看待沟通的结果,不应该过分夸大一次沟通活动可能实现的目标。任何一次既定的沟通活动都应当有选择性地集中于一两个目标,以使其产生最佳效果。

7.3.2.3 限制沟通时间

服务营销人员希望每一次沟通活动都能引发特定顾客的即刻购买行为,这就要明确限定活动的截止日期。无限期的沟通会被竞争者模仿,从而可能成为服务供给的一个组成部分,这样沟通就成为一个永久性的成本中心而不是收益来源了。

7.3.2.4 联合促销

服务营销人员通过同时对几种自有的服务进行沟通组合或加入其他企业的力量,常常能够有效地利用它们的沟通资源并设计出影响更大的沟通活动。商场消费和游乐园消费的联合,常常会给顾客带来惊喜,并且双方都可以从中盈利。

 案例 7-6

餐饮企业联合促销以小博大

某新开业的大酒店开业后为快速提升经营业绩，使用了很多的沟通手段，如每天免费送菜、每周特价菜、就餐打折、赠送代金券等，虽然沟通力度不小，但沟通方式没有新意，所以生意一直很平淡。在苦于无计可施之时，一个周末营销经理小张陪老婆逛超市买日用品，无意中他发现 A 花生油品牌与 B 芝麻香油品牌捆绑沟通：每买 5L 装 A 花生油一桶送 250mL 装的 B 香油一瓶，每买 500mL 装 B 香油一瓶则可获一次抽奖机会，有机会赢得 1L 装 A 花生油。而且购买者甚众，老婆也因此买了一桶 5L 装的 A 花生油，得了 250mL 的 B 香油，喜滋滋的。

小张突然想到这不是曾经在营销杂志上看到的联合促销的概念和具体实施吗？小张还记得书上所讲：所谓联合促销简单地讲就是两个或两个以上企业之间通过不同品牌或产品捆绑在一起，联合进行销售的一种营销方式。

没错！这就是联合促销！联合促销是最近几年发展起来的一种新的沟通方式。它能够充分利用不同企业之间的共享资源，更充分地满足顾客需求。何不策划个联合促销的方案，快速改善酒店的业绩呢？想到这里小张兴奋不已，快速催老婆购物完毕，送老婆回家后，直接去了酒店向正黑着脸的老板汇报了这个想法和思路。老板用茫然的目光看着他，轻声说道：真得能行吗？看到小张兴奋与肯定的目光，老板说道：那就再试一下吧！你先考察合作伙伴，并制订方案，然后我们开会讨论吧。

小张走出酒店大门在大街上漫无目的地散步和思考，突然眼前一亮！离酒店不足 50 米距离的斜对面有一家高档洗浴中心开业。过去看看！小张三步并做两步来到洗浴中心，向接待递上名片，说明来意，并很快见到总经理。这个洗浴中心的总经理也是一脸的无奈：洗浴业竞争激烈，价格战、沟通战极其残酷，业绩不太好。经过小张与这位总经理近一个小时的沟通，总经理的眼睛点亮了。"走，我请你洗个澡我们边洗边聊。"两个人这个澡一洗就是二个小时，二个小时内一个完整的联合促销方案出台了：在规定的时间内凡到此洗浴中心洗浴的客人消费金额每 100 元送一张价值 20 元的酒店代金券，凡在酒店消费每 100 元均送一张价值 20 元的洗浴中心代金券。并且双方约定在两家的大堂展示对方的大型海报和预订电话。

详细算来，这个沟通方案的沟通成本与现在两家的沟通活动成本比并没有增加。这个方案也很快被酒店老板批准了。说干就干，双方开始制作海报、传单宣传、横幅、代金券等，并一起在当地晚报上打了一周的广告。很快来酒店吃饭的顾客知道了对面的洗浴中心，而且得到代金券后许多直接就去了洗浴中心，而来洗浴中心的顾客很快知道对面的酒店，不少人得到代金券后直接去了酒店。一周之后两家企业顾客盈门，生意状况大为改观，两家老板从此成了好朋友。小张也因为突出业绩得到提薪，十分高兴的小张并没有放松下来，他又在策划下一个联合促销的方案了。

（资料来源：现代企业管理网，2008－12.）

7.3.2.5　搭配沟通

随着越来越多的企业对沟通活动的利用，关于沟通的噪声日益增加，服务企业可以通过搭配使用几种销售技巧来制造爆炸性的活动。

7.3.2.6　激励销售渠道

最有效的沟通能够通过激励销售渠道中的各方（顾客、沟通人员、中介机构等）来同时创造"推"和"拉"的效应。例如，服务企业可能针对顾客采取抽奖活动，同时对于其他两方则提供相似主题和奖品结构的销售竞赛活动。

7.3.2.7　平衡创新与简易的关系

服务沟通活动的设计应该考虑到创新性，以便从众多的沟通活动中脱颖而出，吸引顾客的目光，又必须考虑简易性，使其容易被顾客理解与尝试，以利于企业的发展。

7.3.2.8　评价沟通效果

服务营销人员必须衡量每次沟通活动产生的效果，比较沟通前后销售量的差异，检验是否达到了沟通的目标，考虑产生差距的原因，为将来的沟通活动积累经验与基础。

习　题

一、名词解释

整合营销沟通　服务广告　人员推销　公共关系　销售促进　口碑传播

二、选择题

1. 沟通工作的核心是（　　）。
   A. 出售商品　　B. 沟通信息　　C. 建立良好关系　　D. 寻找顾客
2. 以下关于沟通与营销的说法正确的是（　　）。
   A. 沟通就是营销　　　　　　　B. 沟通是营销的发展
   C. 沟通是营销策略的一部分　　D. 沟通是营销的重点
3. 营销沟通的具体方式包括（　　）。
   A. 市场细分　　B. 人员推销　　C. 广告　　D. 公共关系　　E. 销售促进

三、简答题

1. 服务营销沟通的目标有哪些？
2. 服务广告的主要任务是什么？
3. 服务人员推销应遵循哪些指导原则？
4. 在服务沟通中，口碑传播有哪些作用？
5. 有效服务沟通遵循哪些原则？

四、论述题

1. 服务沟通组合要素有哪些？如何看待服务沟通要素各自的作用？
2. 服务营销沟通在服务营销中的重要性和意义有哪些？

五、案例分析

张根硕咖啡陪你见面会

张根硕聚集中国千人品咖啡，入选大世界吉尼斯纪录！2014 年 4 月 26 日，被誉为"亚洲王子"的韩国超人气偶像张根硕空降北京，出席 Caffebene 主办的"Hello China 2014 巨星暖咖季——张根硕咖啡陪你见面会"。本次见面会是张根硕签约 Caffebene 品牌代言人后，首次在北京与粉丝们欢聚。活动主办方 Caffebene 通过网络票选、门店消费等多方渠道筛选出一千多位鳗鱼粉（张根硕粉丝名称），让粉丝近距离接触张根硕，感受 Caffebene 对客户的温暖关怀。这场活动吸引了超过千名鳗鱼粉的热情参与，刷新了大世界吉尼斯纪录。各大主流媒体、公证人员与 Caffebene 共同见证了这一历史时刻。

当天，张根硕手推单车亮相。对于这一特别的出场方式，张根硕解释称："随着全世界环境急速恶化，大家都在关注环境问题，这次别出新意的出场是想呼吁一直关注我、关心我的朋友们，绿色出行减少污染，共同维护我们生存的环境，希望大家跟我一样做一个暖咖。""暖咖"是 Caffebene 在本次活动中所推出的一个全新的、充满正能量的理念，这是 Caffebene 与张根硕共同的灵感。那么，"暖咖"一词到底代表了什么含义呢？在见面会现场，张根硕向大家做了详细的介绍，他说："暖咖寓意的是人的一种生活态度，乐观豁达，包容别人，心态阳光，喜欢助人为乐。现在中国不是一直在说正能量么！其实很简单，无时无刻不在散播正能量的人，就是暖咖。"并且，主办方 Caffebene 精心设计了多个精彩纷呈的互动环节，张根硕从衣食住行四方面将"暖咖"概念诠释得淋漓尽致，并与现场鳗鱼粉深度互动，引发数度尖叫浪潮，使"暖咖"这一理念深入人心。

作为高潮环节，Caffebene 邀请现场所有人共同参与、见证 Caffebene 值得铭记的历史时刻——张根硕作为 Caffebene 代言人，邀请超过千人共饮咖啡，刷新了一项全新的大世界吉尼斯纪录。事件获得国内外媒体和公众的强烈反响，为 Caffebene 全面进军中国打造了完美的开端。

由于千人品咖啡活动大获成功，2014 年 5 月 28 日 Caffebene 在上海举办了首场产品推广会，吸引了来自全国的 160 余名经销商参加。在此次会上，除了来自德国和韩国的产品专家亲临推广，Caffebene 还对首批加入 Caffebene 经销商队伍的经销商代表授予了合作铜牌，更有多家经销商在现场与 Caffebene 签订了合作意向书。

另外，招商银行联合 Caffebene 创新合作启动仪式也在北京成功举行，一直在零售银行业务保持领先并不断创新的招商银行将与韩国第一咖啡连锁品牌——Caffebene 进入更深层的合作。本次合作，双方首度发挥各自渠道优势，将银行"搬进"咖啡店，共同创建"咖啡银行"新商业模式。"咖啡银行"是将咖啡和银行两个独立行业结合在一起的一种创新模式，客户可以在咖啡银行网点轻松、舒适、愉悦的环境里，办理各种银行业务的同时，也可以和银行工作人员像朋友一样边喝咖啡、边聊财富的保值和增值。Caffebene将咖啡厅休闲、轻松的氛围和咖啡文化带入银行网点，为客户带来了别样的感知和体验。

（资料来源：边翠兰. 公共关系原理与应用. 北京：首都经济贸易大学出版社，2015.）

思考题

1. Caffebene采用的沟通方式有哪些？
2. 如何看待名人效应？名流公众对于公共关系活动的意义有哪些？

第8章　服务接触与传递

企业只有持久地向顾客提供卓越的价值和长久的满意，才有可能留住顾客，企业也才能在激烈的竞争中生存、发展直至成功。由于服务与有形产品相比具有不同的特征，即服务的不可感知性，以及生产与消费的同时性，顾客所感知的价值和满意不仅仅体现在他们获得的服务结果方面，更主要的是体现在与企业组织和服务提供人员的服务接触过程中。

8.1　服务接触的内涵与种类

8.1.1　服务接触的概念

关于服务接触的概念有许多，不同的学者和服务企业的管理者对服务接触有不同的认知和理解。伦南特·索罗蒙认为服务接触是"顾客与服务提供人员之间的互动",[1]萧斯塔克则把服务接触定义扩大为"消费者直接与服务互动的那个时间段"。[2]

通过上述定义我们了解到，服务接触就是顾客在服务消费过程中发生的所有接触，包括人员、布局、设计、设施等顾客可感知的服务要素。

用"真实瞬间"来描述服务接触更为形象。真实瞬间是指在特定的时间和特定地点，服务企业或服务人员抓住机会向顾客展示其服务质量。一系列真实瞬间的有机结合形成顾客对服务的总体服务质量感知。例如，乘坐飞机，乘客从抵达机场开始，直到取回行李离开机场为止要经历一系列瞬间。顾客的这一段经历形成对航空公司提供的服务的总体感受。

从顾客角度来看，当顾客与服务企业或人员接触时，所有服务要素，例如人员、设施、布局、设计等都能给顾客带来最生动的、最深的印象。例如，旅客在一家宾馆所经历的服务接触包括登记住宿、由服务人员引导至房间、在餐厅就餐、要求提供叫醒服务及结账等诸多环节。企业客户在采购和使用设备时所经历的服务接触包括与对方代表进行多轮谈判、签订合同、运输、安装、付款和售后服务等诸多环节。顾客通过上述一系列服务环节（接触过程）对企业整体服务质量形成第一印象，随后的再次接触都会影响顾客的满意度和再次使用产品和服务的意向。每一次服务接触都是企业为顾客提供卓越价值和提升满意度的机遇。

---

[1] 佩里切利. 服务营销学. 张密，译，北京：对外经济贸易大学出版社，1999.
[2] SHOSTACK G L. Planning the service encounter, in Czepiel, J. a., SOLOMON M R, SURPRENANT C F (Eds,), The service encounter, lexington books, lexington, MA, 1985：243—254.

 链接 8-1

少做让顾客更满意

如今许多行业中，顾客对服务提供商的期待已经从"为我做"转变成"和我一起做"。有些公司已设法提供工具和环境，让顾客来想象和创造自己的体验，帮助顾客完成自助服务。一方面，公司可以重新配置资源，提供更个性化、更有意义的服务，培育顾客的信任感和忠诚度；另一方面，顾客可以获得更出色、更经济、更贴合自身需求的服务。

邀请顾客参与，提供参与工具与规则，持续对话。以高端化妆品零售商丝芙兰为例，在丝芙兰专卖店，顾客可以像员工一样随意接触产品，而且购物者一进入店内，就会得到一个篮子。公司通过这一简单举动邀请她们自己搭配要买的美容产品。丝芙兰在每条走廊的尽头设置化妆站，让顾客在不受监督的状态下自行试妆。为引导顾客文明使用，公司把标记清晰的样品打开后放在每款待售产品前面，还在妆台旁边配备了垃圾桶，让顾客自己收拾。丝芙兰还通过会员项目、手机应用软件、产品演示及Face book上的美容建议链接等方式，与顾客持续对话，把双方的互动从"交易"变为"关系"。

企业可以通过以下三种途径来开展协作式服务：重新打造普普通通的顾客接触点，将服务内容延伸至新的接触点，随顾客需求变化而发展。

协作式服务让公司有机会打破陈旧的服务模式，运用自己的想象力去设计能改变业务类别的服务形态，不仅为人们提供更出色的服务，而且使自己的业务更加精简高效，让自己的品牌更为人称道。

（资料来源：http://www.ceconline.com/sales_marketing/ma/.）

虽然在顾客服务接触过程中，最先几个服务环节特别重要，但是在影响顾客满意度和忠诚度的众多因素中，任何环节的接触都可能成为关键性因素。例如，必胜客拓展新的顾客接触点，在公司网站上给顾客提供一个"比萨跟踪"窗口，让顾客掌握比萨制作进度，了解预期上桌时间。

顾客对服务企业或服务产品质量的评估，除了源于对使用或消费结果（服务）的感知，更主要依赖于他们与服务组织或服务人员的服务接触。服务接触是组织或员工吸引和保留合适顾客的重要途径之一。顾客愿意对优质的、满意的服务接触做出积极的反应，愿意建立良好的关系；顾客与服务企业或员工间的良好的、长久的关系自然会带来持续的经营、成本的降低和利润的提升。

8.1.2 服务接触的分类

由于服务接触的性质不同，顾客对服务接触要素的关注程度也有所不同。即服务要素在顾客感知质量形成过程中所起的作用不同。服务接触要素在一定程度上决定了顾客对接触是否满意，顾客是否愿意与服务组织或人员再次发生接触，从而与服务企业或服务人员建立并保持长久关系。因此,了解服务接触的类型对服务企业管理人员具有重要意义。

服务接触一般可以分为三大类:面对面服务接触、电话服务接触和远程服务接触。[①] 顾客可以通过任何一类接触方式或者综合的方式,接受服务并形成服务体验。

8.1.2.1 面对面服务接触

面对面服务接触是指顾客与服务企业或服务人员的直接接触。例如,参观博物馆,参观者要与售票员、讲解员、保安员及其他人员产生面对面接触。在面对面接触中,影响顾客感知服务质量的因素最多、最为复杂。语言和非语言的行为对感知质量产生重要影响。例如,服务人员的态度、着装、服务场所的环境及用于提供服务的设备等。为了使服务接触更加令人愉悦并最终获得成功,服务企业应做好一系列的工作:仔细的顾客细分和选择、选拔个人能力较强的一线服务人员、顾客易获得的服务、愉悦和舒适的环境、良好的技术支持、训练有素的员工、及时可靠的服务、令人信任的员工行为等。

8.1.2.2 电话服务接触

电话服务接触是指顾客以电话为媒介,从服务企业中接受服务(如顾客服务、顾客调查、顾客咨询等)。在很多服务企业中,例如银行、保险公司、公共事业公司、电信公司等,顾客往往通过电话与企业或服务人员进行接触。顾客通过接听电话人员的语气及其专业知识及沟通能力、处理顾客问题的速度和效率等方面的工作表现,来判断所感知的服务质量。

因此,电话接触这种形式在顾客感知质量方面是一个重要的潜在变量。为提高电话服务的顾客感知质量,服务企业应重点关注以下工作环节:话务人员的友好真诚的态度、易于理解和使用的工作程序、服务结果的易于查询、快速灵活的反应、需要时可以找到服务人员及信息和交易的安全性,等等。

8.1.2.3 远程服务接触

远程服务接触是指顾客通过设备与设备之间的接触而接受的服务,例如,顾客通过自动取款机与银行进行接触,或者通过自动电话订购系统与邮购服务机构进行接触,以及应用互联网进行交易等诸如此类的形式。

在远程服务接触中,顾客把有形服务及技术过程和系统的质量作为评估服务企业整体质量的主要标准。为此,服务企业应把这些工作视为影响远程服务接触的关键:有效的软件、软件和硬件的兼容性、跟踪能力(信息、发运等)、自动查询程序、信息和交易的安全性以及保密机制,等等。

[①] SHOSTACK G L. Planning the service encounter, in Czepiel, J. a., SOLOMON M R, SURPRENANT C F (Eds,), The service encounter, lexington books, lexington, MA, 1985:243—254.

 链接 8-2

让商家比你更懂得你

通常，人们在生活中会用现金和银行卡支付，但现在，只要在装有 NFC 的 POS 机前举手机晃一晃，支付便能完成。星巴克如今已经为消费者提供了这种酷体验。非接触式支付正是用手机来代替现金和银行卡。

一场有关非接触式支付的生存挑战不仅牵动着技术界的神经，也吸引着期待商业模式创新的企业界的目光。早在 2012 年 11 月，金雅拓就进行过一场非接触式支付的实验。

金雅拓邀请手机产业评论（Mobile Industry Review）的编辑 Ewan MacLeod 和 Jon Choo，使用已装有非接触式微型 SIM 卡的智能手机在没有现金或信用卡的情况下在伦敦生活 10 天。在详述他们的奇妙旅程之前，我们先要对非接触式支付有一个感性的认知。

使用中，非接触式支付具有几大优势，支付迅捷，提升客户满意度，商家在营业高峰时段也无须增加人手。愿意采用非接触式支付的消费者往往是年轻人和富有者，他们一旦习惯于这种支付方式，便会忠于相关的商家。商家亦可借助这一技术开发更多的富有竞争力的营销方案，比如设立顾客忠诚度积分、兑现优惠券、开展促销等。

NFC（near field communication，近场通信）由于具备未来近距离无线互联设备所应有的低功率、低价格、兼容性等特点，使它成为近距离无线互联领域极富竞争力的技术。由于相距几厘米的不同设备之间可以相互通信，手机端的一些非接触式的刷卡支付操作即采用这一方式。

"轻拍即付"实验

尽管非接触式支付在英国并不像其在亚洲那样普及，但是 MacLeod 和 Choo 这对实验者带着配有 NFC 技术的手机依然成功完成了多项任务，从购买午餐到发送明信片，两人在读卡器上挥动或轻叩非接触式手机或支付卡来完成付款。

令他们欣喜的是，麦当劳、赛百味和玛莎百货等大型连锁店已经成为非接触式支付的第一批零售商，还有更多的零售商都在准备采用这一技术。

MacLeod 很喜欢轻叩手机、抓起三明治然后离去的绝妙感觉，非接触式即时支付正在成为一种积极而强大的体验，这种体验可以即时分享到朋友圈而广泛传播。体验过后，Choo 期待的是这一技术的可视性和可用性的进一步提高，但是他已确信非接触式和无现金支付光明的前景。

NFC 的商机

随着云计算和移动网络的发展，移动终端——手机正在成为人们的随身钱包。而当人们的支付方式发生改变时，不仅商业模式出现了新的趋势，可信赖的第三方安全服务商也成为整个商业生态中重要且关键的一环。概括说来，NFC 的成功仰赖四个因素：丰富的终端，良好的互操作性，创新的商业模式及可信赖的第三方。

在移动终端强劲的发展中,整个商业的形态逐渐显现出以下的趋势。

趋势一　传统服务电子化。此时,消费者识别成为提供有质量服务的前提。电子化之后,从产品到消费者信息都是可见的,商家可以更为深入地研究消费者喜好,为精准营销创造巨大的空间。

趋势二　服务种类和服务场景多样化。随着云计算的发展,手机端可以创造的服务种类越来越多,金融服务、身份认证、物联网……一切皆有可能。

如今,新加坡已经推出面向全国民众的NFC服务,消费者通过具备NFC功能的POS设备,在两万多个包括便利店、快餐店、零售商店,甚至出租车在内的零售点自由地"轻拍即付"。消费者在地铁站利用手机与互动式目录选购商品,便可专享便利服务,万一遗失手机,也不用担心,所有与支付相关的信息都由个人密码保护,用户可以致电给服务提供商,暂停或重启支付应用,创新服务层出不穷。

趋势三　安全认证的市场商机。当消费者信息电子化,且处处可见时,买方和卖方的信任成为交易和服务的前提,而这种信任是基于数字安全。在移动支付的发展中,平衡安全性和易用性是驱动用户应用的关键。

现在,再让我们想象一下未来的生活场景。因为支付芯片功能的扩展,当你走在街头,系统会推送电子优惠券到你的手机,提示你200米远处有一家咖啡店享用第二杯咖啡半价;孩子拿着你的手机去超市买完东西付账时,父母身上的可穿戴智能设备马上显示购物清单;你在各个商家获得的积分和优惠也在手机端一览无遗,甚至你的口味偏好商家都一清二楚,根据你多次消费的痕迹和要求,哪怕你来到一家新咖啡店,给你端上的咖啡也能够调节到适宜你的甜度。

所以,非接触式支付的未来不仅仅是支付,这背后蕴藏着巨大的商业创新空间,当安全性得以保障之时,智能化的商业数据分析让商家比你更懂得你。

(资料来源:http://bmr.cb.com.cn/cfutureo/2014_0808/.)

8.1.3　服务接触的意义

服务接触为服务企业各方面经营管理带来积极的意义。

8.1.3.1　优质的服务接触有利于企业进行有效管理

企业把顾客作为整个体系运作的核心,围绕着顾客的体验构建整个服务体系,把服务融于体验之中并进行有效的管理。在企业的服务传递系统中要考虑顾客的参与及其参与程度的设计,通过顾客的参与,使顾客接触到与众不同的体验而形成美好的记忆,并愿意把其愉快的经历和朋友分享,从而使企业在公众心目中树立良好的口碑。

8.1.3.2　优质的服务接触有利于提高顾客满意度

企业在服务传递系统中设计出适宜让顾客参与的时间段和参与程度,通过满足顾客服务体验的心理需求,鼓励顾客积极参与服务,允许顾客在服务过程中扮演积极的角色,授权顾客,请他们帮助创造自己的服务体验,这对企业和顾客都会有很多好处,不仅为企业节省了人力成本，而且还提高了顾客的满意度。①

8.1.3.3 服务接触的过程可以用一个系统蓝图描述

美国著名的服务管理学家萧斯塔克认为，服务交付系统可以用一个可视图来描述，并可进行服务设计，亦即服务交付系统可以用服务蓝图表示。而服务蓝图又称为服务流程，是一种有效描述服务交付过程的可视技术，它是一个示意图，涵盖了服务交付过程的全部处理过程。企业的服务交付系统分为前台区域和后台区域两个部分。前台区域是指直接与顾客接触的区域，而后台区域是指不与顾客接触、只提供间接服务的区域。设计一个高效率的流程是后台区域工作的目标。有时，对于决定服务效果的要素的关键性操作，还应当确定一个标准的执行时间。企业服务交付系统的竞争定位是通过衡量系统结构差异的复杂程度及其多样性来完成的。企业设计服务交付系统涉及地点、服务人员的工作程序和工作内容、质量保证措施、顾客参与程度、设备的选择和足够的服务生产能力等方面的内容，而且在条件允许的情况下，服务交付系统开始运转后，还需不断地对其进行修正，以实现服务交付系统的良性运转。

8.2 服务接触的构成要素

服务营销的内涵和外延都远比有形产品的营销复杂。借助生产出来的产品来满足顾客需求的做法已经不再适用。

在服务过程开始之前，企业无法知道顾客的需求与期望，所以，对于顾客需要什么样的资源，需要多少资源，什么类型的资源之类的问题，企业也无法知道。例如，不同的顾客对同一类型设备维修的内容要求会有所不同，顾客所需要的培训内容和抱怨处理方式因人而异。只有当顾客与自动取款机和贷款人员产生互动关系时，银行才能知道顾客到底需要什么。所以企业必须根据不同的顾客、不同的情况，因地制宜调整其生产资源和配置资源。

如图 8-1 所示的服务营销三角形，其表示方式与产品营销三角形是相同的，但其中所包含的要素却完全不同。

与有形产品营销相比，服务营销最重要的变化是并不存在事先生产出来的产品。在服务企业中，只能实现设计好的服务概念和部分可事先准备好的服务。在许多服务企业，例如快餐店和汽车租赁公司，事先必须将食品做成半成品或将顾客欲租赁的汽车准备好以缩短服务时间，这些工作是整个服务过程不可缺少的组成部分。租赁业的汽车属于事先制造出来的产品，而快餐店中需事先准备的大多是半成品。但需要注意的是，这些产品如果不和特定的服务过程结合在一起，是没有任何意义的。它们不过是起作用的服务过程的组成部分之一，不同类型的资源在与顾客实时、互动过程中发挥出应有的作用并为顾客创造出价值。在同步进行的服务生产与消费过程中，服务提供者所能做的不过是根据顾客需要和所制订的大致的计

---

① 陈玲. 企业服务交付系统中顾客参与程度的设计 [J]. 商业经济文荟, 2005 (1): 60-62.

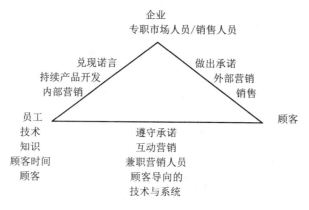

图 8-1 服务营销三角形

(资料来源：GRONROOS C, Relationship marketing logic [J]. Asia－Australia Marketing Journal, 1996, 4 (1)：10.)

划来最大限度地利用企业现有的资源。顾客感知价值的形成与企业对顾客关系的管理水平有关，与顾客的价格—价值比有关，而与企业事先提供的产品或半成品无关。

图 8-1 还表明，企业资源被分成了 5 个部分，即员工、技术、知识、顾客时间和顾客。企业中的许多"人"在不同的服务流程中承担着为顾客创造价值的职责（如服务传递、顾客培训、满足顾客要求、服务和维修等），另一些"人"则直接参与销售及与销售相关的工作。所以，他们也是营销人员。Gummesson 将这些与顾客直接接触的员工称为兼职营销人员。在许多服务企业，这些人员的数量远远超过了专职营销人员的数量。与专职营销人员不同，这些人通常在产品已经制造出来的关键时刻与顾客相遇，而且与顾客存在着交互关系。

除兼职营销人员外，从营销的角度来看，还有许多资源要素也是非常重要的，因为它们影响顾客感知服务质量和感知价值的形成。如员工的知识和技能对技术解决方案的形成影响很大，顾客时间管理也可以视为技术资源。无论是个体的顾客还是有组织的用户，都是决定价值形成的要素。在服务结果的最终形成和服务的及时性上，顾客都具有积极的作用，而且他们也形成各自的感知质量。

从顾客的角度来看，服务过程的消费结果，例如感知质量和感知价值，是由这个过程中一系列资源要素所决定的。企业必须将这些资源有效整合，为顾客提供他们所需要的价值。

通过资源要素的使用，企业进行销售和外部营销时所做的承诺得以实现。按照传统的方式来提高和使用这些资源远远不够，为了兑现承诺，企业必须不断进行内部营销，不断提高服务能力，优化资源要素的配置结构。

8.3　服务传递过程中员工的角色

员工满意度和顾客满意度显然是相关的。换言之，如果想让顾客满意，员工满意非常关键!一个服务企业的公共面孔是与顾客直接接触的人员。

从战略上讲,服务人员是产品差异化的一个重要来源。对于一个服务企业而言,提供和其他类似的服务企业不同的利益包或交付系统是很具有挑战性的。例如,许多航空公司提供类似的利益包和驾驶相同类型的飞机从相同的机场飞往相同的目的地。因此,其竞争优势的唯一指望就是服务水平——做事的方式。这些差异可以来自配备员工的水平或是为支持员工而设计的有形系统。然而,一个航空公司区别于另一个航空公司的决定性的因素通常是服务提供者的姿态和态度。例如,新加坡航空公司享有卓越的声誉,在很大程度上是由于其航班服务人员的美丽和优雅。其他一些在服务人员方面比竞争者拥有优势的企业包括里兹卡尔顿饭店、IBM 和迪士尼乐园。[①]

8.3.1 服务员工是赢得顾客忠诚和竞争优势的源泉

对顾客而言,与服务员工的接触是服务中最重要的环节。对企业而言,一线员工是差异化和竞争优势的主要来源,他们向顾客展示着服务水平和服务方式。而且,顾客与一线员工之间关系的强弱,通常是顾客忠诚的重要驱动力。因为一线员工具有如下特征,所以其对顾客和企业竞争优势的形成都非常重要。

- 一线员工是服务产品的核心部分,他们是重要的服务可见因素,他们提供服务并且决定服务质量。
- 一线员工代表服务企业,在顾客眼中,服务的一线员工就是企业。
- 一线员工是品牌,他们和服务是品牌的核心,他们决定品牌中蕴含的企业承诺能否被实现并传扬。

此外,一线员工在预测并满足顾客需要、提供定制化服务以与顾客建立个人关系的过程中发挥着关键作用,这些恰恰能最终促使顾客忠诚。

8.3.2 低接触服务中的一线员工

在服务管理的公开研究和最佳实践案例中,大多数是高接触服务。因为在高接触服务工作中,人是非常容易被观察的。当他们为顾客提供服务时,一线员工是这场服务戏剧中的前台演员。所以,显而易见,一线员工对顾客是至关重要的,也是企业竞争地位的来源。但是,事实上现在有一种趋势,即所有类型的服务以低接触渠道进行传递,如电话呼叫中心。许多常规的互动活动正在减少,甚至都没有一线员工参与。在一些案例中,服务是由网站、自动取款机、交互式语音系统等提供的。按照这种发展趋势,一线员工仍然重要吗?特别是当越来越多的常规互动活动转化为低接触或无接触服务时,一线员工还重要吗?

虽然技术质量和自助服务界面正日益成为服务传递的核心动力,并且其重要性已经得到迅猛提升,但是一线员工的质量仍是至关重要的。也许,许多人在过去 12 个月中拨打服务热线、

---

① KOTLER P. Marketing management,8th ed. (Englewood Cliffs, N. J.: Prentice-Hall, 1994: 303.

访问服务中心、光顾移动电话提供商或者信用卡提供商的商店的次数仅为一两次。但是，这一两次的服务接触显得格外重要，"关键时刻"决定了服务企业给顾客留下的印象。服务企业的差异性不是体现在相对更为商品化的技术上，而是体现在这短短的"关键时刻"。所以，一线员工提供的服务，无论是只闻其声或通过电子邮件，还是面对面，对顾客可言，仍然是高度可视而且非常重要的。所以，一线服务员工是服务战略和服务企业营销组合的重要组成部分。

 链接 8-3

半岛 Style，人人都是梦想家

从机场被一辆墨绿色的劳斯莱斯接走开始，一场优雅、魅力与奢华之旅便拉开了帷幕。

当车停稳在酒店大堂前，前台接待部的员工热情迎候，身穿白色制服的英式门童笑意盈盈地拉开大门，家的感觉油然而生。人来人往，岁月静好，半岛酒店曾是英国女王伊丽莎白二世的指定下榻酒店，也让张爱玲在下午茶时光中一抒胸臆。

在这里，酒店员工是半岛的脸面与记忆。他们的工作虽然平凡，但是却创造了一道独特的酒店风景线。

酒店业做的是"人的生意"，客人任何细微的感受都来自于基层员工是否以诚相待。这不是简单地能用语言来形容的，如果热爱这份事业，在日常工作中这种爱也会自然流露。因此如何提高员工的服务意识和服务水平，一直是半岛酒店重视的问题，培养员工专业精神、职业认同感及尊重员工的价值是半岛酒店管理的法宝。

挑战者文化，越难越有成长的动力

对半岛酒店而言，让员工保持工作兴奋感的方法就是去做所谓"不可能"的事。人人都是梦想家，一个平台就像一个竞技场，在一次次通关的过程中人们才能建立起对自己的认可，享受挑战的快乐。

糕点房副厨师长 Dominic 长着一双艺术家的手，修长而灵巧，这双手拿起刻刀、黄油、黄瓜、萝卜……个个都能幻化出玲珑有致的世界。"你得关注口感、新鲜度和食材。"一进半岛，总厨就给出这样的要求。这对于 Dominic 是个挑战。以往他会把 60% 的精力放在食物造型上，而现在 80% 的精力要投入食材本身，从食材天然的口感、新鲜度入手，搭配以适当的艺术加工，这才是连张爱玲都曾经为之倾心的"半岛 Style"。

周末的下午茶往往会有几百人预订，高峰来临时，Dominic 和同事们在厨房忙得脚不沾地，上菜前的最后几分钟才能摆盘，每个盘的方向、大小、位置都要一致。Minicooper 的新车发布会，Dominic 和团队领下"开动的 Minicooper 蛋糕车"这个任务。从策划到完成用了近一个月。蛋糕在移动中会有很多不稳定的因素，如果蛋糕过重，会压住底盘动不了，蛋糕车还要承受住上坡的倾角和冲击力。在这场"蛋糕车"之战中，Dominic 终于体会到半岛酒店工作是一种职业荣耀，因为来这里的客人见识过世界各地的奇趣和奢华，没有给人眼前一亮的方案根本无法让他们满意。

让员工认同自己的职业价值

让员工认同自己的职业价值，特别是在小事中找出工作的愿景和动力并非易事。每个人的价值观不同，工作的驱动力也不同。半岛会花时间了解员工需要什么，同时也会根据员工实际工作中遇到的问题做足培训，从中提升个人技能。

Chris 是水疗中心主管。Spa 的领域很窄，工作也很平凡，Chris 曾经在 Spa 的前台接过电话，"如果一个人热爱自己的工作，从接电话起就能理解客人的需求，可以为来店后的服务打下基础。"

细心、热爱、认真，就是这项工作的基本素养。曾经有位住店客人出行累了，想找女性理疗师按摩脚，但恰好排班已满。酒店服务的原则是不对客人说"不"。Chris 在推荐男理疗师时，客人起先勉强，可按摩完出来后连说太神奇了。理疗师通过足底的穴位就知道他的内脏和睡眠问题，以专业技能赢得了客人。

为提升员工的技能，半岛酒店每年都会选拔优秀员工参加酒店管理协会与香港职业训练局共同举办的管理研修课程。培训为他们的职业生涯加分，他们不仅视野变得开阔，对自己的职业也充满自信。

学习—付出—成就的职业发展路径

高品质服务和奢华服务之间的分水岭其实只在于细节。半岛有员工手册，强调服务规范。当客人第二次前来住店时，一线员工需要叫得出客人的尊称。背后的功课则是酒店提前将相关信息发给员工，要求员工复习。每天有那么多新老客人入住，对小事的训练也是服务水平的分水岭。

客人的要求越来越高，对服务人员整体素质的要求也在提高，服务人员需要付出更多的努力才能得到客人的认可。对于传讯部副经理 Jessie 来说，在传讯部工作不单是服务于酒店本身，还有精品廊和公寓，还要与各种艺术展合作，这些都是别的酒店没有的机会。

酒店业的特殊之处在于，要给客人难以忘怀的住店体验。半岛酒店从去年开始推出 IT 大使计划，让后台的 IT 团队也参与服务，为住店客人提供电子设备技术上的帮助，给客人不一样的感受。"因为要想得比别人超前，所以付出的也多，但这也是酒店给我们创造的价值，你总能与众不同。"信息技术部总监 Steven Tu 说。

(资料来源：作者根据相关资料整理.)

8.3.3 服务工作的困难和压力

在组织行为学中，服务员工是跨域协调者，是连接组织内外部的桥梁，他们在组织边界工作，传递组织内外部信息。跨域协调者所处的特殊地位使其经常扮演着相互冲突的角色。一线员工肩负着生产和销售的双重责任，即服务员工既要取悦顾客，又要快速有效地执行操作任务。总之，一线员工要身兼三职，即保证服务质量、生产率和销售。服务工作的多重角色导致员工角色冲突和角色压力。

8.3.3.1 冲突的来源

角色压力的三种重要来源是个人与角色的冲突、组织与顾客的冲突及顾客之间的冲突。

1. 个人与角色之间的冲突

服务员工感觉到在服务要求与其自身的个性、信念之间存在冲突。例如，在接待粗鲁的顾客时他们也必须面带微笑、和蔼友善，而如果换了另一种场合，他们可能就对那个粗鲁的人发脾气了。为了让员工提供优质的服务，企业需要聘用具有独立、热情、友善个性的员工。有高度自尊心的人大多数具有这些特征。但是，许多一线岗位被视为低贱的工作，受再教育机会少，工资少，没有前途。如果组织不能使一线岗位具有专业水准、改变这种鄙视的形象，这些岗位就与员工的自我感知相矛盾，就会产生个人与角色之间的冲突。

2. 组织与顾客之间的冲突

服务员工经常面临两难困境，他们不知道应遵守企业的规章制度还是应当满足顾客需要。这种冲突又称为双重困境，当顾客所要求的服务超出或违反了企业的规章时，员工就会陷入这种困境，并且，这种冲突在非顾客导向的组织中表现得尤为突出。在非顾客导向的服务企业中，员工经常要处理顾客的需求、要求与组织规章、程序、生产率之间的矛盾，让企业和顾客两者都满意。

3. 顾客之间的冲突

顾客之间的矛盾经常发生（例如，在禁烟区吸烟、插队、在电影院大声接听手机、在餐馆大声喧哗），服务员工经常被顾客要求去制止其他顾客的不良行为，这一任务所带来的困难经常让双方都不满意。

8.3.3.2 情绪劳动

当一线员工的内心情感与其被要求在顾客面前表现的情况不一致时，就存在情绪劳动。一线岗位需要一线服务员工通过其面部表情、手势和词语向顾客传达愉快、和蔼、真挚、忘我、富有同情心的情感。即使员工当时并没有这种情感，他们也必须克制自己的真实感受，满足顾客需求。

情绪劳动是摆在一线服务员工面前的实际问题，公司正采取措施帮助员工解决这一问题。例如，因为新加坡航空公司的优质服务久负盛名，所以顾客有更高的期望和更苛刻的要求，这给一线员工施加了相当大的压力。

链接 8-4

新加坡航空公司的商务培训经理抱怨说："商务新加坡航空公司最近实施的一项外部调研显示，有更多'挑剔的顾客'选择乘坐新加坡航空公司的航班，所以员工面临一些压力。我们的座右铭——'新航为您提供其他航空公司无法提供的服务。'所以我们鼓励员工将事件分类，竭尽所能为顾客做得更多。虽然他们非常自豪，用心捍卫着公司的声誉，但我们必须明白他们并不占优势，我们仍需要帮助他们处理面对顾客时的情感混乱。我们面临的挑战是如何帮助员工排忧解难,这将是我们培训项目的一个主题。"

企业需要发现员工承受的情感压力,并找到缓解压力的办法,例如培训员工如何处理情感压力,如何应对来自顾客的压力。

(资料来源:作者根据相关资料整理.)

8.3.3.3 角色压力对跨边界人员的启示

冲突和压力的结果是导致员工不满意、沮丧和流失。当员工面临其工作中的潜在冲突和压力时,他们会尝试用许多战略来保护他们自己。避免冲突最简单的方法就是避开顾客。例如,服务员拒绝注意一位想要发出指令的顾客。这个策略能够让员工增强其个人对接触的控制感。有形标志和陈设通常被用来提升员工的地位或增强他/她的控制感。在极端的情况下,员工可以夸张表演角色并强迫顾客进入一个恭顺的角色。

员工用来减少组织与客户的冲突的另一个战略是完全站在顾客一边。当被迫遵守一个其并不认同的规定时,跨边界人员将会替顾客提前列出有关组织的、但他们并不赞成的所有其他事物。员工试图以这种方式寻找来自顾客的同情来减少压力。

 链接 8-5

员工在网上力陈己见的地方

我们都听说过网上有顾客抱怨的网站。例如,不满意的联合航空公司的顾客可以在 http://www.united.com 上倾诉他们的抱怨,不满意的学生可以登录 http://www.ratemyprofessor.com 来表达他们的不满而且很多人已经那样做了!来自于 4 596 所学校的 558 559 名教授已经收到了超过 3 500 万条抱怨,而且还在以每天 3 500 条甚至更多的比率在增加。似乎有了顾客做出的反馈,转变——这里员工可以获得向有问题的顾客力陈己见的机会——就应该是机会平等的了。

尽管有格言——顾客永远不会错,但是 http://www.customerssuck.com 给员工机会去发泄他们从顾客那里体味的挫折。访问者可以订阅"令人讨厌的顾客!时事通信"与网站信息版的顾客服务代表聊天,也可以提交给以下的信件区管理人:

- 在电影院(来自于电影行业的故事)
- 顾客服务定义(给那些做确定事情的顾客使用的术语)
- 咖啡店布鲁斯(有关顾客在每天获得一剂咖啡因之前的故事)
- 真实的手机狂(来自于移动和数字电话行业的故事)
- 喜爱图书馆(来自于图书管理员的故事)
- 年老者的渴望(老来少的想法显然很真实)
- 应付醉酒者(顾客太过清醒了,但加上一点酒…)
- 没有过失的顾客(来自于那些知道他们搞砸了的顾客的故事)

- 给其他顾客带来危害的顾客（当顾客出于某种原因而认为他们是这家商店中唯一值得尊敬的人的时候）
- 不满的工会！（其他处理员工、顾客服务等事务的网站）

（资料来源：http：//www.customerssuck.com.）

传统上，营销活动有助于减小服务员工的压力程度。

1. 减少个人与角色之间的冲突

对于这个问题，通过慎重处理并积极地从员工处寻找投入，营销活动可以减少个人与角色之间的冲突。为了提高服务质量而在运营程序中做出一个改变可能是有必要的；然而重要的是，要确保服务提供者在新剧本中受到良好的培训，否则，当顾客在场时，他们可能会变得极其难堪。

2. 减少组织与顾客之间的冲突

类似地，营销活动有助于减少组织及其顾客之间的冲突，例如，顾客期望同服务系统的能力相一致至关重要。顾客不应该要求一些系统所不能提供的服务。

3. 减少顾客之间的冲突

如果各个顾客的期望相当的同质，顾客之间的冲突就可以避免。由于服务的不可分割性，顾客通常要与其他顾客共享服务体验。所以，一些成功的服务企业发现对市场进行有效细分很重要，它可以将两个或更多意见不同的顾客同时享受接触的概率降至最低。如果所有的顾客享受相同的剧本和期望相同标准的服务，顾客之间的冲突就可以大大减少。

8.4 服务传递过程中顾客的角色

在服务传递过程中，一定程度的顾客参与是必然的。服务是典型的生产与消费同时进行的活动。在许多情况下，员工、顾客、服务环境中的其他顾客相互影响生产出最终的服务产品。由于顾客的参与，他们成为服务企业生产过程中必不可少的因素。

8.4.1 接受服务的顾客

人是所有参与服务传递并影响到服务质量感知的角色，包括公司的全体员工、顾客及服务环境中的其他顾客。顾客参与水平的高低，在各类服务中是不同的，如表 8-1 所示。某些情况下，仅要求顾客出现在服务现场（低水平的参与），公司员工将完成全部服务工作。例如，去听音乐会，一旦就座，就不需要顾客再做什么；有些情况，要求顾客投入，帮助服务企业完成服务（中等水平的参与）。例如，顾客需要投入包括信息、精力或者有形物；对于有些服务，顾客扮演不可或缺的生产者角色，如果不能扮演此角色，就会影响服务产品的性质，例如某些咨询服务。

表 8-1 不同类别服务中的顾客参与水平

	高水平参与	中水平参与	低水平参与
特征	顾客积极参与客户指导； 没有顾客的购买与积极参与，便无法提供服务； 顾客投入影响并共同创造服务产出	顾客的投入使标准的顾客客户化； 服务的提供需要顾客的购买； 顾客的信息或材料等投入很必要，但由公司提供服务	产品的标准低； 服务向所有顾客而非单独的顾客提供； 顾客仅投入付费
企业对顾客服务	个人学习培训； 私人治疗计划； 留学咨询服务	理发； 例行体检	乘公交车、地铁； 看电影
企业对企业服务	企业管理咨询； 信息服务系统安装与升级	广告代理； 代发工资服务	清洁服务； 绿化保养

（资料来源：BITNER M J, FARANDA W T, HUBBERT A R, et. al. Customer contributions and roles in service delivery [J]. International Journal of Service Industry Management, 1997, 3 (8): 193—205. 有改动.）

链接 8-6

顾客参与对服务企业绩效的影响

中国学者范秀成和张彤宇提出了"顾客参与影响服务企业绩效的综合模型"（如图 8-2 所示），从直接影响和间接影响两种途径，探讨了顾客参与对服务企业绩效的影响机制，分析了对顾客参与实施有效管理的策略。

他们认为，顾客参与是一个行为概念，没有顾客的投入，很多服务便无法进行。顾客在服务过程中的投入包括智力投入、实体投入和情感投入等。智力投入指信息和脑力的投入，如向医生提供有关个人健康状况的信息，或整理相关材料以便向房产经纪人提出建设性的意见等。实体投入包括有形物和体力的投入，前者是指包括顾客自己在内的、顾客拥有或管理的物体；当顾客在快餐店内自助配制沙拉，或按照保健医生的医嘱节食或休养的时候，他们就要支出体力。当顾客同一名技能欠佳、态度冷漠的前台员工接触时，仍能保持耐心和愉悦，那么该顾客就需要付出情感投入。在许多服务环境中，顾客的参与往往是几种投入的组合。

顾客参与影响服务企业绩效包括直接影响和间接影响两种途径。直接影响是从服务企业生产角度来看，顾客作为生产要素（即生产资源和合作生产者）投入服务生产，直接影响服务效率和效果；间接影响则是从顾客角度来看，顾客参与服务过程会影响他们的服务质量感知及服务获取成本，进而影响顾客感知价值和顾客未来的行为。顾客感知价值高将导致高水平的顾客满意度，并强化顾客忠诚，提高企业绩效。顾客感知价值是这一链条的中心环节。

顾客感知价值是顾客基于其所得和所失而对产品或服务效用的总体评价，是对两者的比较和权衡。"顾客在对感知服务质量和为获取这种质量的成本进行比较后，会产生满意或不满意的心理。所以，感知价值决定了顾客是否满意"。在竞争性市场和没有契约约束的条件下，顾客满意度是建立顾客忠诚的先决条件；满意度越高，顾客越有可能忠实于企业。在成熟市场中，对企业利润而言，顾客忠诚是比市场份额更为重要的决定因素，因此，通过防御性营销策略留住顾客，培养顾客忠诚，是改善企业绩效的主要途径。

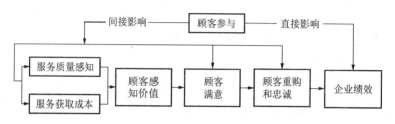

图 8-2　顾客参与影响服务企业绩效的综合模型

为吸引顾客参与服务，可以从以下几方面着手。第一，建立顾客的信任。顾客接受变革的意愿同他们对企业的友善程度密切相关。第二，了解顾客的习惯和期望。如果企业的变革有悖于顾客的习惯，同时又缺乏有效的措施让顾客明白此种变革符合他们的期望，那么变革自然会遭到抵制。第三，对新程序和设备进行预先的测试。在引入新的程序和设备之前，营销人员需要确定顾客可能产生的反应。第四，公开宣传其利益。通过大众媒体或个人沟通等手段，告诉人们有关创新的信息，引起他们的兴趣，并向顾客阐明改变行为和使用新的传递系统的具体利益。第五，回报顾客。如果顾客因为积极参与服务生产和有效地完成了角色而获得了回报，那么他们将愿意继续这样做。这些回报包括顾客对服务传递过程的控制力提高、节约时间、节省金钱及获得心理或身体上的利益。企业的机制应该能够保证，一旦顾客需要某种回报，那么他们相应的参与行为就可以自然地产生这样的回报。

（资料来源：范秀成，张彤宇. 顾客参与对服务企业绩效的影响 [J]. 当代财经，2004（8）.）

8.4.2　"其他顾客"行为

在大多数的服务环境中，顾客或者和"其他顾客"同时接受服务，或者在"其他顾客"接受服务时等待。在这两种情况下，"其他顾客"在服务现场，会影响服务结果或服务过程的特征。"其他顾客"可能增加或者降低顾客满意度和顾客对服务质量的感知。

"其他顾客"展示的某些方式，例如破坏性的行为、引起耽搁、过度使用、过度拥挤和明显不兼容的需要，会消极地影响服务体验。在餐厅、饭店、飞机上和其他的环境里，顾客接受服务时紧挨在一起，哭泣的婴儿、抽烟的同伴及高声喧哗不守秩序的群体，都会破坏或减损其他顾客的服务体验。服务提供商没有直接的过错，但顾客是失望的。另外一些情况下，满足过分要求的顾客（即使顾客的要求是合理的），可能会延误为"其他顾客"提供服务，这种情况在银行、邮局和零售商店的服务柜台经常发生。

此外，同时接受服务但是有不兼容需要的顾客会彼此产生消极影响，这种情况在多样化的细分顾客群接受服务时就有可能发生，如餐厅、大学教室、医院和一些服务性企业。另外，当"其他顾客"冷淡、粗鲁、不友好甚至是恶意时，也会导致顾客对服务不满意。

有时，某些顾客的行为也可能对接受服务的顾客产生积极的影响，即"其他顾客"的出现会增加顾客的服务体验。例如，在体育比赛现场、电影院和其他一些娱乐地点，体验真正的娱乐，"其他顾客"的出现是必需的。在某些情况下，"其他顾客"为服务体验提供了一个积极的空间。在健康俱乐部、教堂，"其他顾客"提供了社交和建立友谊的机会，通过老顾客为新顾客讲授有关的服务和如何使用服务，可以使新顾客变得更加适应。在一些情况下，如教学、小组评议和减肥计划，顾客实际上应彼此互相帮助，达到服务的目标和效果。

8.4.3 顾客的重要角色

顾客参与就是指顾客在服务生产过程中扮演角色。顾客参与到服务中来，其行为必须符合企业的期望要求、符合特定的角色要求。

在服务传递中，顾客扮演三种主要角色：顾客作为资源；顾客作为服务质量和满意度的贡献者；顾客作为竞争者。

8.4.3.1 顾客作为资源

顾客是信息资源、生产性资源和资源的投入者。顾客能够提供信息，服务员工根据顾客解决问题的能力做出服务决策；当服务需要"说明书"时，顾客倾向于信息交换活动，这种情况经常发生在定制化服务中。顾客是生产性资源，为服务生产投入时间、努力等服务生产要素。例如，病人遵照医生的嘱咐，他们的病情将很少反复，这进一步增加了组织的生产力。顾客是资源的投入者，其资源投入包括任何生产要素：资金、自然资源、灵感，或者对生产行为有益的任何有形和无形贡献。

顾客主动参与生产服务，其生产行为是服务员工的劳动所不可替代的，例如，减肥过程中需要顾客努力锻炼身体、执行饮食计划，这些行为是别人无法替代的，必须由顾客自己完成，并且其行为质量直接决定服务结果，这区别于顾客合作生产和自我服务对服务员工工作的替代。后现代社会顾客占据了与生产者同等的主导地位。

案例 8-1

从消费者出发，IBM 借 Made with 开创营销新篇章

从 2014 年 6 月开始，人们可以看到 IBM 新推出的 Made with 系列广告。这一系列广告聚焦与人们生活贴近的场景：有兴奋观看球赛的球迷，有动物园内尽情观赏动物的游客们，还有新鲜的牛奶和奶牛，有正在陶醉于音乐的年轻人，等等。我们发现，IBM 讲述故事的方式变了，这些广告的叙事方式完全从消费者的感受出发——IBM 的视角切换到了最终消费者。更重要的是 IBM 跟客户沟通的角度发生了变化。

营销转变的核心——客户驱动的时代

在新的互联网时代，互联网和云计算、社交、移动等新技术赋予了客户更大的权利，催生出首席执行客户（CEC）这一新的势力。被互联网技术武装起来的消费者，影响力不断扩大，从终端扩展到产品的研发、生产、营销等各个环节，拥有了主导商业的权利和能力。

过去 IBM 谈的是如何帮助企业优化性能流程、提升效率从而提升企业的竞争力。但现在消费者变了，市场变了，企业的需求也变化了，所有的企业都更加关注他们消费者的最终感受。

现在 IBM 公司正在进行第四次大的转型，以客户为中心是此次转型的重中之重。虽然 IBM 是服务于企业客户的，但是在 CEC 时代，IBM 需要关注企业客户的客户，也就是最终消费者的需求。那么在营销层面，IBM 需要将其如何帮助企业客户更好地服务于最终消费者的信息传递给每个企业，以及每个消费者。

IBM 要向企业客户证明，IBM 能帮助企业客户为消费者，也就是客户的客户，带来全新的体验，满足消费者的新需求。例如，在这次 Made with 一系列的广告中，来自中国的乐友孕婴童即通过采用 IBM Cognos，通过数据分析来为中国数百万的妈妈和宝宝提供更好的产品和服务。

Made With——"接棒"智慧的地球

Made with 中文被翻译为"携手"，突出了 IBM 新一轮转型过程中营销的核心理念，即通过云计算、大数据、社交、移动帮助 IBM 的企业客户提升消费者的体验。

数年前 IBM 在"智慧的地球"时期拍摄过创意短片《纽约警察局》。纽约警察局的实时犯罪监控中心正是使用 IBM 的大数据分析技术。短片聚焦于普通警察讲述科学办案工具如何提高了破案效率，纽约市民描述城市治安环境如何悄然得到了改善。

如今，Made with 承袭了"智慧的地球"的理念，通过聚焦生活中熟悉的商品和场景，展示了"智慧的地球"五年来的发展成果，从消费者的角度出发，告诉消费者生活中点点滴滴的新体验和新惊喜，都源于新技术带来的改变。

新一轮的广告营销从内容制作到投放渠道，皆与 IBM 以往的广告营销不同。而这，不仅仅是在广告角度，更重要的是 IBM 跟客户沟通的方式发生了变化。

从营销手段上，Made with 是比较新的理念，但是从 IBM 的初衷和价值看，其实它是

一直植根于IBM品牌里的重要理念。

IBM在2008年提了一个愿景"智慧的地球",当时提出智慧地球的实现是通过"感知化、互联化、智能化",虽然提出智慧地球理念之初能理解的人很少,但是今天智慧地球带给社会、企业、每个人的变化令人刮目相看。到2012年,在新的智慧的地球里就出现了大数据和分析。大数据就是从感知来的,你有了感知以后就要有了足够的分析能力,这些数据才能真的有用。而云则从根本上改变了IT服务的提供方式,然后是移动技术加上社交媒体,由此衍生了Made with。Made with——携手IBM,不是一个全新的理念,而是智慧的地球新的发展篇章,借助Made with,把新篇章里非常重要的消费者利益带了进来。

与客户携手前行的时代

与很多面向消费者的IT企业不同,IBM的技术不是生活中随处可见的消费品,普通人理解起来有一定技术门槛。但如今,新互联网时代的移动技术和社交网络的发展,不断缩短着IT技术与普通消费者之间的距离,如手机下载云服务,以及微信、微博等,都为生活带来了新的惊喜和体验。当消费者变成了"被新技术武装起来的最终用户"时,企业在营销上也需要做出相应的调整。

(资料来源:根据相关资料作者整理.)

8.4.3.2 服务质量和满意度的贡献者

顾客在服务生产过程中所扮演的另一角色是对服务质量感知和顾客满意度所做的贡献。顾客也许不关心他们的参与是否有助于提高服务企业的生产力,但是,他们可能非常在意他们自己的需要能否得到充分满足,而有效地满足顾客需要必须依赖顾客的积极参与。

例如,对于保健、教育和减肥等服务企业,要想获得有效的结果就必须高度依赖顾客的参与,即顾客必须有效地完成其角色,否则,顾客就不可能得到预期的服务效果,其顾客满意度也不会得到提高。

相关研究表明以下三种顾客的态度和参与行为对服务质量感知和顾客满意度的贡献较大。[1]

(1)顾客向服务企业或服务提供人员提问。顾客提问主要是因为自己对"做什么"和"怎样做"不清楚。而确定顾客在服务中应该做什么(顾客投入的技术质量)和怎样做(顾客投入的功能质量)是顾客整个参与的核心问题,它直接关系到服务质量。阅读链接8-7所展示的服务情景,顾客参与程度不同和最终的服务质量感知、顾客满意度的结果不同。

(2)顾客表现出对服务质量的责任感。责任感强的顾客,对服务失误带来的不满意程度较低。一般情况下,顾客的责任感与服务企业或服务人员的责任感有一定的关系。即服务企业或服务人员对顾客的责任感较强,受其影响,顾客对服务企业或服务人员的责任感也相对较强。例如,在学校,学生的责任感强弱很大程度上受其教师的责任感强弱的影响。

(3)顾客抱怨行为。顾客抱怨对服务企业在保证和改进服务质量感知和顾客满意度等

---

[1] 泽丝曼尔,比特纳. 服务营销. 张金成,白长虹,译. 北京:机械工业出版社,2013.

方面具有重要价值。服务企业的产品改进、创新，服务质量的保证和提高大多源于顾客抱怨。

链接 8-7

哪一位顾客（A 或 B）将是最满意的？

对每一种情景都提出一个问题："哪一位顾客（A 或 B）将是最满意的，并且将得到最好的质量和最大的价值？为什么？"

情景 1：一家较大的国际饭店

客人 A 在办理完登记手续后马上打电话给服务台，报告他的电视机是坏的，并且床头灯不亮。两个问题立刻得到解决，饭店工作人员为其更换了一台好电视机，修好了床头灯。随后，工作人员送来一盘水果作为补偿。客人 B 在结账离开时，才告诉管理人员他的电视机是坏的，而且他不能在床上看书（因为床头灯坏了）。他的抱怨被正在办理登记手续的客人无意中听到，他们怀疑是否选择了合适的住宿地方。

情景 2：税务代理服务所

客户 A 把纳税所需的信息分类，并且提供了所需要的所有文件。客户 B 带来了塞满了文件和收据的箱子，其中许多东西和交税无关，但是她所带的"全在箱子里"。

情景 3：一架从伦敦到纽约的航班

旅客 A 带着随身听、阅读材料，穿着暖和的衣服登上飞机，他还提前预订了特殊的食物。旅客 B 登机时什么也没带。乘务人员不提供毯子，他感到吃惊；他抱怨待选杂志和食物。当电视节目结束后，他开始坐立不安。

情景 4：为改造一栋办公楼进行建筑咨询

客户 A 邀请建筑师会见由经理、员工和顾客组成的改造和设计委员会，以便为这项将影响到在办公楼工作的每一个人和顾客的改造工作打下基础。委员会形成了初步计划，并且对员工和顾客进行了调查。客户 B 在决定对大楼进行改造的前一个星期邀请了建筑师，和两名专注于其他更直接工作的管理人员组成设计委员会。在办公楼的改造方面，对于公司需要什么，员工和顾客更需要什么，设计委员会几乎一无所知。

8.4.3.3 服务企业的潜在竞争者

顾客扮演的第三个角色是服务企业的潜在竞争者。如果把顾客自我服务视为企业资源，或者是"部分员工"，那么顾客在一定条件下可以部分或全部地为自己提供服务以满足自己的需要，而无须通过服务企业组织或服务人员来提供服务。这样，在一定程度上，顾客就成为提供该服务的企业的竞争者。顾客经常面临这样的选择，是自己为自己服务（内部交换），例如照顾孩子、维修房屋、修理汽车等，还是请他人为自己提供这些服务。

服务企业也经常面临这样类似的选择、是选择企业内部完成服务生产还是资源外取。一般而言，企业更倾向于集中精力做好核心业务，而把一些基本的辅助性服务工作交给具有更强专业知识的个人或组织。

8.5 顾客行为管理

服务企业在进行顾客参与管理时，应重点考虑参与服务生产的顾客类型及目前顾客参与的程度。一方面，由于顾客本身对参与的态度存在很大的差异，并不是所有顾客都想参与，例如，一些顾客喜欢自助服务，而另一些顾客则更喜欢别人为他们提供服务；另一方面，由于服务性质不同而导致顾客参与服务生产水平的不同，例如，有些服务只需顾客到场（如航空旅行、欣赏音乐会），而有些服务则需要顾客付出一定的精力、时间或提供必要的信息才能完成（如体检、理发），还有一些服务要求顾客在参与过程中必须积极主动全面配合，否则无法完成服务生产（如减肥、管理咨询）。

可见，在服务企业的生产过程中，顾客的参与水平和特征对服务企业的生存和发展具有战略性影响，它直接影响服务组织的生产力水平高低、竞争力的强弱、所提供服务质量的优劣及顾客满意与否。因此，加强顾客参与的有效管理不仅能提高服务生产力和降低成本，还能提高顾客服务价值感知及顾客满意度。

一般来说，服务企业增强顾客有效参与服务生产和传递的营销策略主要有以下几个方面，一是顾客自助服务策略，二是指导和教育顾客策略，三是管理顾客组合策略。如图8-2所示。[①]

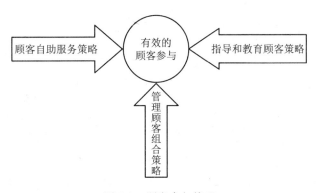

图8-2 顾客参与管理

8.5.1 顾客自助服务策略

顾客自助服务是指服务完全由顾客自行生产，没有任何公司员工的直接介入或与公

---

① 泽丝曼尔，比特纳. 服务营销. 张金成，白长虹，译，北京：机械工业出版社，2013.

员工之间的互动。也就是说，服务企业通过向顾客提供某些服务设施、工具或用品来让顾客自行生产与消费其所需的服务。随着科学技术的迅速发展、特别是信息技术的发展为服务企业更大范围地开发顾客自助服务提供了技术支持和保证。许多行业或企业为了提高生产效益或满足喜欢自助服务顾客群体的需要，都或多或少地制定和实施顾客自助服务策略。例如，零售业的超市、便利店，餐饮业的自助餐厅，公交行业的无人售票机及银行业的自动取款机等。

服务企业实施顾客自助服务策略，不仅能够使顾客最大限度地参与服务生产，发挥其主动性，还能使企业提高效率，提高竞争力。主要体现在以下几个方面。

1. 顾客自主参与感增强和服务质量一致性的提高

由于顾客在自助服务过程中，受他人限制因素较少，可以更大限度地自己决策，因此可以从中获得满意和愉悦。例如，顾客在超市购物过程中，可以自由选择、仔细挑选，而无须考虑其他人的态度或行为对自己决策的影响。从顾客角度来看，自助服务不仅使顾客能自己决策，还能节省顾客的时间、精力和财务支出。

2. 服务企业生产能力的提高

由于服务生产与消费的同时性，这在一定程度上限制了服务企业生产能力的提高，许多服务企业忽视了由于种种原因而不想参与服务过程的消费群体。通过"一对一"的方式向所有顾客提供服务，这势必造成顾客排队或等候现象，降低了顾客的满意度。如果实行顾客自助服务，由顾客自己完成部分或全部服务，那么不仅能满足上述消费群体的需要，还能使顾客排队等候现象减少。这样，既提高了服务企业的服务生产能力，也提升了更大范围的顾客满意度。

3. 服务企业生产成本的降低

服务企业通过顾客自助服务的方式来提高顾客在服务生产和传递过程中的参与程度。这样，顾客替代服务组织中的部分服务人员。即一些顾客成为服务企业生产资源的一部分，完成一些过去由服务人员或其他人完成的服务工作。因此，企业的服务成本（主要是人工成本）大幅度地降低，有利于增加企业收益。但从另一方面来看，虽然顾客自我服务降低了服务企业的服务成本，却增加了一些顾客群体的成本。例如，在公交服务业中，由于无人售票和不找零钱，给一些乘客带来了不便；顾客在超市购物过程中，因为无法详细了解一些产品的使用方法和效果，在一定程度上增加了顾客的购买风险。因此，服务企业在营销管理中，应注意平衡成本增减的关系，其中关键是让顾客分享企业由于降低成本而增加的利益。

8.5.2 指导和教育顾客策略

服务企业或服务人员对顾客进行服务指导和教育，也是加强顾客有效参与服务生产过程的策略之一。与制造业生产过程不同，大多数服务业是通过服务提供人员与所接受服务的顾客相互配合，才能生产服务并向顾客有效地传递服务，共同完成服务产品。由于顾客的兴趣、素质和专业服务知识等因素直接影响其参与生产的有效性和服务产品的质量，服务企通过对顾客的指导和教育（培训），提高顾客的兴趣和专业服务知识水平。

服务企业通过对顾客进行服务指导和教育，使顾客理解自己的角色及角色的行为要求，并能够按照要求完成自己的角色。同时，服务企业还要对按照要求完成角色的顾客予以奖励，以提高其参与服务生产的积极性。服务企业通过制定和实施指导和教育顾客策略，可以在一定程度上降低由于顾客参与而导致提供服务时机及服务质量的不确定性，可以加强顾客对其所接受的服务的理解，进而提高顾客的服务价值感知和顾客的满意度。

例如，在某些地区一年一度的高考咨询大会就是教育机构实施指导和教育参加高考学生策略的具体体现。每年高考结束后，所在区域的各高等院校在一些公共场所集中对参加高考的学生及其家长就报考志愿的问题提供指导和咨询。内容包括介绍学校的一般概况、课程设置、专业方向、近年学校录取的分数线、学校对新生的要求和期望及在教学和科研上的优势及特色等。这种教育不仅仅有助于高考学生填报志愿（选择学校）更具有针对性，而且对学生录取后有效地参加学校的教学过程也具有重大指导意义。

为了使顾客能有效地完成他们在服务生产和传递过程中所扮演的角色，服务企业有必要对获取的合适顾客进行培训或教育。通过培训或教育，顾客理解了服务企业、人员的价值观及服务产品的特征和结果，掌握了完成角色所必需的能力，熟知了对他们的期望和要求。服务企业实施顾客教育策略的方式多种多样，如"顾客入门教育"就是行之有效的方式之一。许多服务企业通过实施"顾客入门教育"，帮助顾客在接受服务之中理解其角色，并告知他们将从服务互动过程中得到的结果。这在一定程度上降低了由于顾客参与生产而导致不确定性因素所带来的顾客感知风险，提高了顾客的满意度。

8.5.3 顾客组合管理策略

顾客组合管理，有时也被称为顾客兼容性管理。"兼容性管理首先是一个吸引同类型顾客进入服务环境的过程，其次，对有形环境及顾客之间的接触进行主动管理，以此来增加令人满意的服务接触，减少令人不满意的服务接触"。[①]

对顾客组合进行有效的管理，也是加强和激励顾客有效参与服务生产和传递的重要策略之一。由于服务的生产与消费的不可分离性，顾客作为服务生产的合作者，更多地出现在服务过程中。因此，同时接受服务的顾客之间，以及接受服务的顾客与等待接受服务的顾客之间在很大程度上可能彼此相互影响，他们之间的相互影响或积极或消极。针对一些消极影响现象，如果服务企业或服务人员不能对其进行有效的控制和管理，势必会降低顾客服务质量感知，最终可能降低顾客的满意度。

例如，两种不同身份的顾客（一是举行生日聚会的大学生，另一是需要安静的三口之家），同时到一家餐厅就餐，如果餐厅或服务人员不对他们进行有效的顾客组合管理（如

---

① MARTIN C I, PRANTER C A. Compatibility management: customer-to-customer relationships in service environments [J]. Journal of Services Marketing, 1989, 3 (3): 5—15.

分区就餐），则很难避免他们之间的不良影响，进而可能降低他们的满意度和服务价值感知。因为上述两种顾客在需求上存在着巨大差异，大学生们需要的是热烈的气氛，而三口之家需要的是安静的环境。因此，顾客组合管理策略直接影响顾客服务质量感知及其顾客满意度。

实现顾客组合实施有效管理的途径之一是求同存异对其加以约束。所谓求同，就是服务组织通过对市场进行认真的定位和细分，最大限度地确定相似的顾客群体，以增加顾客间的兼容性。求同策略类似于传统营销中的市场细分策略。服务企业可以把顾客的年龄、性别、民族、国籍、宗教、消费认知、消费需要、消费动机、消费偏好、消费习惯、价值观念等因素作为识别顾客相似性或兼容性的重要依据之一。所谓存异，就是服务企业或服务人员把具有相似性的顾客群体安排在一起接受服务，或让差异性大的顾客分开接受服务。

对顾客组合实施有效管理的另一途径是服务企业通过顾客"行为规则"，约束某些顾客行为，减少顾客之间彼此的消极影响。另外，服务提供人员组织和协调能力是影响顾客组合有效管理的另一个重要因素。服务提供人员在服务生产和传递过程中，需要具有对不同顾客需要的观察和协调能力。一线服务员必须善于观察顾客之间是否互相兼容、相互影响，并对潜在的顾客冲突具有敏感性，他们能协调好顾客之间的关系，在特定的服务环境下，能主动促进顾客间的积极接触。

习　题

一、名词解释

服务接触　真实瞬间　兼容性管理

二、选择题

1. 服务接触可分为（　　）。
   A. 面对面服务接触　　　　　　　　　　B. 电话服务接触
   C. 远程服务接触　　　　　　　　　　　D. 全程接触

2. 有效描述服务交付过程的可视技术，并且涵盖服务交付过程的全部处理过程的示意图称为（　　）。
   A. 服务蓝图　　　　　B. 质量屋模型　　　　　C. 可视图

3. 服务员工感觉到服务要求与其自身的个性、信念之间存在冲突。这种冲突是（　　）。
   A. 组织与顾客之间的冲突　　　　　　　B. 顾客之间的冲突
   C. 个人与角色之间的冲突

4. 要求顾客投入，帮助服务组织完成服务，这类服务属于（　　）。
   A. 低水平的顾客参与　　B. 中等水平的顾客参与　　C. 高水平的顾客参与

5. 为提高电话服务的服务质量感知，服务企业应重点关注以下工作环节（　　）。
   A. 话务人员的友好真诚的态度
   B. 跟踪能力
   C. 服务结果的易于查询、快速灵活的反应
   D. 需要时可以找到服务人员及信息和交易的安全性
6. 服务企业应把这些工作视为影响远程服务接触的关键（　　）。
   A. 仔细的顾客细分和选择　　　　　　B. 软件和硬件的兼容性
   C. 有效的软件　　　　　　　　　　　D. 自动查询程序
   E. 安全性以及保密机制
7. 自助服务的价值在于（　　）。
   A. 建立综合的、动态的知识体系　　　B. 提高服务交付效率
   C. 提高顾客满意度　　　　　　　　　D. 为管理工作提供实施步骤
8. 在下列条件下，顾客在服务生产和供给中的行为可以得到促进（　　）。
   A. 服务接触
   B. 顾客能够按照要求完成角色
   C. 按要求完成角色可以得到可观的奖励
   D. 顾客理解其角色以及角色的行为要求

三、简答题

1. 简述服务接触的分类。
2. 简述服务接触的意义。
3. 简述服务接触的构成要素。
4. 举例说明"其他顾客的行为"影响服务质量感知。
5. 简述提高顾客兼容性的方法。
6. 简述顾客组合管理策略。

四、论述题

1. 论述不同服务中的顾客参与水平。
2. 论述顾客参与对服务企业绩效的影响。
3. 论述在服务传递中，顾客所扮演的三种主要角色。

五、案例分析

瑞典的宜家公司，顾客为自己创造价值

瑞典的宜家公司已设法使自己从20世纪50年代的一家小家具邮购公司转变为世界上最

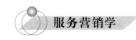

大的家具零售商。截至 2016 年 8 月 31 日，宜家集团在 28 个国家或地区拥有 340 家零售商场。

宜家产品系列涵盖了 9 500 种产品，每年大约会推出 2 500 种新品。2016 财年全球销售额为 342 亿欧元，比 2014 年增长 7.1%。2016 财年，宜家集团零售商场接待 7.83 亿人次的访客，共有 21 亿人次访问了宜家官网。宜家集团共有 163 600 名员工，其中 48% 的管理者是女性。

宜家愿景：为大众创造更加美好的日常生活

1998 年，宜家在上海开设了中国第一家商场。目前宜家在中国拥有 24 家商场，上海 3 家，北京 2 家，成都 2 家，沈阳、大连、天津、重庆、西安、南京、无锡、杭州、宁波、武汉、广州和深圳、济南、南通、佛山、哈尔滨和苏州各 1 家。

宜家中国 2016 财年的销售额是 125 亿人民币，与 2015 年对比整体增长 18.9%。2015 财年宜家中国共接待 8 346 万人次的访客，同比增长 20%，共有 7 200 万人次访问宜家中国网站，同比增长 34%。

宜家全球扩张成功关键在于公司的政策，它允许每一家商店根据当地的市场需求和预算制定自己的营销组合。

宜家引人注目的成功的另外一个关键因素是公司和顾客的关系。宜家使顾客加入其生产系统。影响宜家的顾客成为其基本的价值贡献者，他们通过参与制造和运送过程为自己创造价值。

宜家使价值的创造过程，成为顾客容易的、有趣的、愉快的经历

宜家商店是令人愉快的购物场所，给那些需要的人提供免费的轻便婴儿车、轮椅，并照顾孩子。顾客进入宜家商店时，商店将提供目录、卷尺、笔、信纸等供其使用，允许顾客自己完成通常是由销售人员和服务人员所做的一些工作。付款后，顾客把所购物品用手推车送到自己的汽车上，如果需要，顾客可以租用或者购买一个车顶架，来搬运较大的物品。这样，顾客也为自己提供家具装卸和运送的服务。

回到家里，宜家的顾客可以根据简单易懂的说明书来组装新家具，承担制造商的角色。宜家每年用 17 种语言印刷目录，使其产品与说明书在世界范围内都可以获取。

宜家成功的一部分可以归功于它认识到顾客可以作为企业系统的一部分，完成他们以前从未完成的角色。宜家通过清晰地定义顾客的新角色，并且使完成这些角色变得有趣，通过这个过程，顾客创造并增加了他们的满意度。

（资料来源：根据相关资料作者整理.）

思考题

1. 在宜家的服务过程中，顾客扮演着怎样的角色？
2. 这种角色扮演有什么特点？
3. 这种角色扮演对我国家居企业有什么启示？

第9章 服务有形展示

在顾客购买以前,服务的有形展示作为一个重要提示,影响着顾客的期望。在他们接受服务的过程当中,这些有形展示,特别是服务场景可以影响顾客的反应。因此,企业可以通过对服务有形展示的管理,为顾客提供整体的服务感受,增强顾客对服务产品的理解和认知,帮助顾客做出购买决定,并在适当的时候成为顾客回忆的线索。消费者有时也要依赖服务的有形展示来帮助他们形成对服务的评价。因此,服务企业对有形展示的有效管理是建立服务差异性的重要因素。

9.1 有形展示概述

9.1.1 有形展示的内涵

有形展示是指提供服务的环境、组织与顾客相互接触的场所,以及便于服务履行和沟通的有形要素。

由于服务的不可感知性,消费者难以客观地评估服务质量。消费者通常依赖服务的有形展示来帮助他们做出评估,如表9-1所示。在服务营销中,有形展示的角色是多方面的,有形展示可以分成三大类。①外部设施包括外部设计、标志、停车场、周围风景和周围的环境之类的要素。②内部设施包括内部设计、直接用于服务顾客的或用于企业经营的设备、标志、布局、空气质量和温度之类的要素。③其他有形物也是企业有形展示的一部分,包括名片、文具、收费单、报告、员工着装、制服、手册和网页等要素。

表9-1 有形展示的要素

服务场景	其他有形物
外部设施 • 外部设计 • 标志 • 停车场 • 周围景色 • 周围环境 内部设施 • 内部设计 • 设施 • 标志 • 布局 • 空气质量/温度	• 名片 • 文具 • 收费单 • 报告 • 员工着装 • 制服 • 手册 • 网页

(资料来源:泽丝曼尔,比特纳. 服务营销. 张金成,译. 北京:机械工业出版社,2013.)

链接 9-1

企业的有形展示管理包括一切有形的事物,从企业的有形设备到手册,从名片到人员。公司的有形展示影响到整个服务接触期间的消费者体验。让我们看看消费者饭店体验。

在进入饭店之前,消费者就会从电视或电话簿上看到的广告为基础对饭店进行评价。当消费者驾车抵达时,地理位置、找到此位置的难易度、饭店的招牌和建筑物本身都进入了消费者的评价过程。类似地,当顾客下车时,停车位的可获得性、停车场的清洁度和空气中充满的气味都影响到消费者的期望和感知。

在进入饭店时,饭店的陈设品、清洁度和总体氛围进一步提供了与随后体验质量相关的证据。企业员工的外表和友善度、顾客不必询问就能找到电话和休息室,这些方面都进入了消费者的脑海。

当顾客坐在一张桌子旁边时,他们会注意桌椅的稳固性和质量,以及餐巾、用餐器具和桌子的清洁度。额外的评价还发生在以下方面:菜单有吸引力吗?它是能读懂的还是被以前顾客弄破损的或者是被食物污渍弄脏的?服务人员是如何同其他的顾客进行交流的?其他的顾客看起来身份和地位如何?

当食物被端上来时,食物的外观又成为饭店质量的另一个指标。消费者会对食物的真实外观同广告中和菜单上所描述的样子做对比。当然,食物的品尝也是顾客用来评价的指标。

吃完饭后,账单本身也成了一个有形的线索。账单准确吗?费用清楚地写明了吗?账单清洁或是被果汁弄湿了?休息室干净吗?服务人员的致谢是真心实意的吗?

(资料来源:ANDERSON K,ZEMKE R. Delivering knock your socks off service. New York:AMACOM,1991:27—30.)

9.1.2 有形展示的战略角色

有形展示是否广泛使用要随服务企业的类型而定。诸如医院、旅游地之类的服务企业通常在设施设计及其他与服务有关的有形物中广泛使用有形展示。相反,保险和邮件快递公司则使用有限的有形展示。不管在使用上有何不同,所有服务企业都需要识别出其有形展示管理对于以下方面的重要性。

9.1.2.1 服务包装

企业的有形展示在服务包装方面起着重要作用。服务本身是无形的,利用企业的有形展示来包装服务确实在形象开发方面为服务增加了价值。形象开发反过来又提升了消费者的服务质量感知,同时降低了同购买有关的认知风险水平和购后的认知不协调水平。

企业的内外部要素和其他有形物构成了服务包装。企业的有形设施使得顾客形成了有关所提供服务的质量和类型的最初印象。例如,在购物中心,装潢和陈列中使用的标识、颜色、大堂内回荡的音乐等都能将其与其他购物中心区别开来。

9.1.2.2 促进服务交付过程的运行

企业有形展示的另一作用是促使服务生产活动顺畅地进行。有形展示能够向顾客提供服务生产过程如何运作方面的信息。例如，标牌清楚地指引顾客；菜单和手册向顾客阐释企业的产品促进订货过程。

9.1.2.3 对员工和顾客进行社会化

企业的社会化过程是一个人对其价值观、准则和企业所必需的行为方式进行适应和欣赏的过程。① 通过传达企业所期望的角色、行为和员工之间及员工与顾客之间的关系，企业的有形展示在社会化过程中起着重要的作用。社会化过程的目的是向公众传播一个正面的和一致的形象。然而，服务企业的形象就是每一个员工与公众交流时所传播的形象。②

例如，星巴克在店中配备了舒适的长沙发和桌椅，以促进顾客之间的互动，以便让他们停留更长时间。不仅如此，星巴克历史性地将音乐融入其创新的音乐咖啡屋中，这一音乐服务环境包括CD发烧区等，在此，顾客不仅可以品尝咖啡，听音乐，还可以制作自己的音乐串烧。这种环境鼓励一种与一般的咖啡厅截然不同的行为方式和顾客交流方式。

9.1.2.4 服务的差异化

对有形展示的有效管理也能够成为差异化的一个来源。③ 例如，人员和设施的外表常常对消费者如何看待企业处理其业务产生直接的影响。众多研究已经表明，穿着得体的员工被认为是更聪明的、更好的员工和更乐意与顾客交流的员工。④

利用有形展示在其顾客的眼中对服务企业进行重新定位可以形成差异化。对设施进行升级通常也升级了消费者心目中的企业形象，还可能打开更多理想的细分市场，这进一步有助于企业与竞争者加以区别。另一方面，对设施进行过于精致的升级可能会疏远一些顾客，这些顾客认为公司可能正在通过高价将升级的费用转嫁给消费者。这正是有些服务场所不进行豪华装修的原因。

案例 9-1

回味无穷的仙踪林

提到"仙踪林"，熟悉的人马上就会联想到绿藤缠绕的秋千、可爱的小兔子标志还有醇香的奶茶。来自台湾的上海仙踪林餐饮有限公司于1996年踏足上海，以"仙踪林"为品牌经营正宗台式泡沫红茶店。时至今日，"仙踪林"品牌的含义，已远不仅仅是好喝的泡沫红

---

① http：//www.rainforestcafe.com.
② SOLOMON, MICHAEL R. Managing services marketing, operations, and human resources. Prentice-Hall, 1988：318－324.
③ Plane seats get bigger, cost more：airlines betting fliers will pay extra for added legroom [J]. Denver Rocky Mountain News, 2000-2-28：2A, 31A.
④ Ibid.

茶，而是一个集自然、休闲、专业和茶文化于一身的多元化人文空间。

"仙踪林"进入上海市场的第一个分店选在复旦大学旁边的五角场。复旦大学有许多学生，他们在学校期间其消费观念、消费习惯还正在培育期，而且很容易接受新观念，他们对"仙踪林"自然而然就容易接受。之后，"仙踪林"又在上海最贵的黄金地段淮海路上设立分店，尽管200平方米店面的月租达到了20万人民币，但其营业额增长最快，为"仙踪林"树立了良好的品牌形象。随后，"仙踪林"在上海的繁荣地段淮海中路、福州路、四川北路、西藏南路等地设立了多个分店。"仙踪林"在上海的店址主要集中在办公区和商业区。现在很多上海人把"仙踪林"当成生活的一部分，他们并不是特意来这里，而是抱着一种休闲心态，即便是谈事情也要在轻松氛围下进行，这正是"仙踪林"的追求目标。

随着上海国际化程度的加深，上海地区的人们也趋向于国际消费习惯。因此，"仙踪林"在环境设计上追求国际化潮流，在卖场线条、空间取向上更加简洁，在大厅里有大树、秋千、各种图形、雕塑，规划比较高档，充分体现潮流化和休闲化的特征。进入"仙踪林"，你马上会感觉到扑面而来的青春气息。置身于绿树垂藤间，你会有点飘然成为绿林仙子的感觉。店内处处可见几个人才能合抱的"参天大树"、原木桌椅、秋千式的吊椅。三五成群的年轻男女白领，在秋千上荡来荡去聊天品茶。而在门口的吧台前，调茶师正在把滚烫的红茶与冰块混合放在不锈钢的调酒器里，手法娴熟地摇晃着，一切显得那样轻松惬意。"仙踪林"经营的奶茶，不仅原料新鲜丰富，而且含有极高的营养价值，就连装奶茶的杯子也十分新颖。坐在绿树垂藤间品着奶茶，倚窗而望马路上来去匆匆的人群，你会感觉仿佛来到了世外桃源……

（资料来源：http://www.6eat.com/DataStore/CardExpensePage/392578_0.）

9.1.3　顾客对服务环境的反应

有形展示运用于营造服务环境及对个人认知和行为的影响，被称为环境心理学。服务营销已经将环境心理学应用于更好地理解和管理顾客对服务环境的反应上。

9.1.3.1　梅赫拉宾-拉赛尔刺激反应模型

图9-1中展示的是由环境心理学家梅赫拉宾-拉赛尔开发的刺激物—有机体—反应模型，它用于帮助解释服务环境对消费者行为的影响。它阐述了环境及人们对其有意识或无意识的感知和解释。反之，人们的感知又会驱动他们对环境产生反应。感知是这一模型的核心要素，感知使人们产生后续行为。[①] 梅赫拉宾-拉赛尔刺激反应模型由三个部分构成：

(1) 一系列刺激物；
(2) 一个有机体的组成部分；
(3) 一系列反应或结果。

---

① GHOSH A. Retail management. 2nd ed. Fort Worth, Tex.：The dryden press, 1994：522—523.

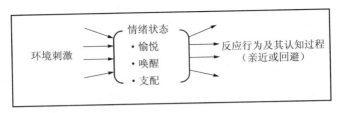

图 9-1　梅赫拉宾-拉赛尔刺激反应模型

(资料来源：DONOVAN R J., ROSSITER J R. Store atmosphere: an environmental psychology approach [J]. Journal of Retailing, 1982 (58): 42.)

在一个服务环境中，企业有形展示的不同要素，如内外部设计、灯光等构成了这一系列的刺激物。有机体组成部分描述了在服务接触中该系列刺激物的接收者。员工和顾客对这一系列刺激物的反应受到三个基本情绪状态的影响：愉悦—不愉悦、唤醒—不唤醒和支配—顺从。愉悦—不愉悦情绪状态反映了消费者和员工对服务体验感到满意的程度。唤醒状态反映了消费者和员工感到兴奋和受驱使的程度。支配—顺从情绪状态反映了服务环境中的控制感和自由行动的能力。最理想的是服务企业使用有形展示来创建带来愉悦和唤醒状态的环境。

9.1.3.2　情感动因

情感由感知过程和不同复杂程度的认知过程形成。认知过程越复杂，对情感的潜在影响就越大。例如，当顾客对服务水平感到失望，或对餐厅的食品质量感到失望时，这种失望的感觉不能用简单的认知（如提供令人愉快的背景音乐）进行补偿。

在实践中，大多数服务都是常规性的，很少会涉及深度认知过程。在常规性服务交易中，人们按照设计好的服务程序进行，如乘坐地铁、到快餐店就餐或者去银行存取款。在大多数情况下，人们对感觉只是一个简单的认知过程，包括人们对环境中的空间、颜色、气味等因素有意识或无意识的感知。然而，如果需要唤醒顾客的深度认知，例如，通过在服务环境中提供某些令人吃惊的因素，那么人们对这种惊奇因素的理解将决定人们的感觉。

9.1.3.3　情感的行为后果

愉悦的环境使人们愿意接近它，而不愉悦的环境使人们尽力回避它。唤醒能扩大愉悦效果。如果环境让人感到愉悦，那么不断的唤醒就会使顾客达到兴奋的程度，从而产生强烈的、积极的反应。相反，如果某种服务环境从本质上来讲是令人不愉快的，企业就应避免增加对顾客的刺激水平，因为这样有可能将顾客推向痛苦的深渊。例如，声音较大而且节奏很快的音乐会增加那些春节前忙着采购的顾客的压力。在这种情况下，我们应该设法降低环境提供的信息量。

对于某些服务而言，顾客具有很强的情感期望，例如，餐厅里浪漫的烛光晚餐、令人放松的SPA、激动人心的体育比赛或蹦迪。当顾客具有很强的情感期望时，设计与顾客的期望相匹配的服务环境是非常重要的。

最后，顾客对服务环境的感觉是导致顾客忠诚的重要因素。例如，积极的情感会提升顾客的购物体验，进而导致重复购买。而消极的情感会给顾客情感体验带来负面影响，从而降低顾客的再次购买的意愿。

9.2 服务场景

服务场景是指为服务经历、交易或事件所处的直接有形环境和社交环境。服务场景或服务环境在形成顾客期望、影响顾客经历和实现服务企业的差异化营销等方面，发挥着重要的作用。从吸引顾客，到留住顾客，再到提升顾客关系，在服务组织实现这一系列顾客关系目标的过程中，服务场景都有着深刻的影响。服务场景影响顾客对服务的满意度。在某些情况下，服务场景甚至成为顾客能否重复购买该企业的服务的决定因素。

服务场景不仅指服务所处的环境，还包括处于环境中的人，因为他们也同样塑造和影响着有形环境，所以社交环境也应该包括在扩展的服务概念之中。

 **案例 9-2**

迪士尼乐园的场景营造

在全球所有经营主题公园的集团当中，迪士尼乐园旗下所有主题公园在 2015 年的游园人数达到了 1.38 亿人次，相当于三分之一的美国人口。在全球最受欢迎的 25 家主题公园中，迪士尼旗下的主题公园就占到了 14 家。

迪士尼乐园中的演员们

迪士尼内部的表演丰富多彩。仅位于洛杉矶的迪士尼乐园就有 16 台表演上演。而每天晚上固定都会上演的烟火秀，每一场的花费在 41 000 美元至 55 000 美元之间。从 1955 年开始上演的花车巡游这么多年来已经走过了超过 4 000 英里的路程，相当于从中国的最东端走到最西端。

在服务细节上，迪士尼希望能够尽量取悦游客们。比如迪士尼乐园中米老鼠总共有超过 290 套不同的服装，而米妮则有超过 200 套服装。在每年的圣诞节，迪士尼乐园中会出现超过 1 500 棵圣诞树，而在正门处最大的那颗圣诞树有 18 米高，上面装饰了 70 000 只小灯泡及 2 000 件装饰品。

多年以来，迪士尼一直在更新乐园内部的游乐设施。2014 年在佛罗里达迪士尼乐园开工建设的阿凡达景区耗资超过 5 亿美元。而 2015 年，迪士尼又决定投资 10 亿美元扩建位于洛杉矶的迪士尼乐园。

游乐设施的设计

游乐设施的设计上，其中蕴藏的细节也很丰富，比如在场景中播放的音乐会在不同的时间段发生改变，而游乐设施运行的路线也有许多条，带领着游客体验电影中的不同方面，所以有时候游客需要游玩很多次才能够了解这个游乐设施的全部乐趣。为了适应数字时代，迪士尼想在乐园中引入一种魔法手环，帮助游客更好地享受游乐园。游客在一个特殊的画着米奇脑袋的装置上扫一下魔法手环，就能够进入游乐设施。

（资料来源：作者整理。）

9.2.1 服务场景的类型

由于服务生产和服务消费的性质不同，有形环境对顾客或员工的重要性也有差异。有些服务企业对某些具体要素有特殊的要求，有形环境对于企业实现其目标有重要的意义，而对另一些企业，有形环境意义可能不大。依据服务场景的用途及其复杂性两个因素，可以对服务企业的类型进行划分。

服务场景的有效分类有助于顾客了解服务的特点和把握服务场景的复杂性。表 9-2 展示服务场景的用途和服务场景的复杂性。

表 9-2 基于服务场景的用途和服务场景的复杂性划分服务企业的类型

服务场景的用途	服务场景的复杂性	
	复杂的	精简的
自助服务 （顾客自己）	• 高尔夫球场 • 冲浪现场	• ATM 机 • 大型购物中心的信息咨询处 • 邮局 • 互联网服务 • 快件递送
互动性服务 （顾客与员工）	• 饭店 • 餐厅 • 保健所 • 银行 • 航班 • 学校	• 干洗店 • 热狗摊 • 美发厅
远程服务 （员工自己）	• 电话公司 • 保险公司 • 公共事业 • 众多的专业服务	• 电话邮购服务台 • 以自助语音信息服务

（资料来源：BITNER M J. Service scapes: The impact of physical surroundings on customers and employees [J]. Journal of Marketing, 1992 (56): 57—71.）

9.2.2 服务场景的用途

首先，不同的服务企业在服务场景中实际的影响对象各不相同。即实际进入服务设施并因而潜在地受服务设施设计的影响——是顾客、员工或者是这两个群体兼而有之会有所不同。表 9-2 的第一列表明基于这一维度有三种类型的服务组织。

(1) 自助服务。在以自助服务为主的服务场景中，顾客自己完成服务，即使有员工参与也非常少。服务企业设计服务场景时能够专注于营销目标，诸如吸引适当的细分市场、使设施吸引人并便于使用等。

（2）互动性服务。互动性服务介于上述两个极端之间，代表了消费者和员工都需要置身于服务场景中的情形。例如，饭店、餐厅、医院、教育设施及银行等。对于此类型的服务，服务场景的设计必须能够同时吸引、满足、便利于顾客和员工二者的活动。对于服务场景如何影响顾客之间、员工之间及顾客和员工之间的社会性交互的属性和质量，也必须给予特别关注。

（3）远程服务。在此类型的服务中，顾客很少或根本没有卷入服务场景中。通信服务、公共服务、金融咨询、邮购服务等都是在顾客不能直接看到服务设施的情况下提供服务的例子。在这些远程服务中，服务设施的设计可以近乎完全专注于员工的需要和爱好，所建立的场所应能激励员工、有利于提高生产率、加强团队合作、提高工作效率及其他人期望的企业行为目标。

9.2.3 服务场景分类的意义

某些组织通过恰当地把自己置于服务场景分类方案的某个单元内，可以帮助其解决相关问题。

1. 在制定服务场景和其他有形展示的决策时应该向谁咨询？

如果企业属于自助服务类型，那么它可以将重点放在顾客的需要和偏好上。如果它属于远程服务类型，则可把重点放在员工方面。但是，如果它属于互动性服务类型，就该了解有关服务场景的决策会潜在地影响顾客和员工双方以及他们之间的交互。所以两个群体的需要和偏好都应予以考虑，这意味着决策过程将更加困难。

2. 通过服务场景的设计要达到什么组织目标？

对于自助服务企业来说，可以强调营销目标，例如吸引顾客和使顾客满意。对远程服务企业来说，在设计服务设施时首先应注意工作小组和员工的积极性、生产率及满意度。对于互动性服务企业来说，则应尽可能地强调营销目标和企业目标。

3. 关于服务场景的决策有多复杂？

相对而言，在空间、设备和所传递的服务差异性方面，越复杂的服务场景，关于该服务场景设计的决策就越复杂。较复杂的服务场景要求在设计决策中投入更多的资源，如时间、金钱和人力。服务场景决策的最复杂情形是互动性服务单元，因为要考虑员工、顾客及其之间的交流等多重需要。

案例 9-3

日本的一家牛排餐馆

日本的一家牛排餐馆，它把不同的顾客群体组合到一张桌子上，而不是像传统的那样每一方顾客都有自己的餐桌。显然，不管是好是坏，日本牛排餐馆的"集体座位设置"鼓励顾客之间进行交流。此外，每个餐桌有各自的厨师，厨师在生产过程中同顾客进行交流。在增加消费者的交流方面，Max's & Erma's 餐馆也取得了相似的进步。桌面都进行编号并装备了电话，这使得顾客之间能够互相通话。牛排餐馆中的超大的房间使得服务人员实际上能够坐在顾客的餐桌旁，向顾客解释菜单和获得用餐指令。尽管开始时一些不熟悉这种服务方式的顾客会感到很尴尬，但它确实方便了服务人员和顾客之间的交流，而又仅仅是限于简单地接受和传达指令的传统界限内。

（资料来源：作者整理。）

9.3 服务环境的维度

图 9-2 中描述的服务场景模型通过开发服务环境时常用的一系列刺激物说起。从广义上说，这一系列刺激物包括周边环境、空间布局/功能、标志符号和人工制品。周边环境反映了服务背景的独特氛围和包括诸如温度、空气质量、噪声、音乐、气味之类的要素。与环境维度有关的空间布局/功能使用包括诸如布局、设备和家具之类的要素。符号、标志和人工制品包括指示服务过程流动的招牌等。

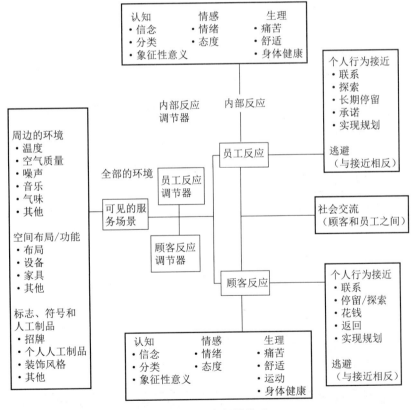

图 9-2 服务场景模型

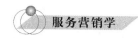
 链接 9-2

维 度		设计要素
外部设施	• 建筑物高度 • 建筑物大小 • 建筑物颜色	• 窗户的展示 • 入口 • 可视性
外部设施	• 外墙和外部标志 • 商店前门 • 草坪和花园	• 独特性 • 周围的商店 • 周围区域 • 停车场 • 堵塞
内部整体设计	• 地板和地毯 • 主题颜色 • 灯光 • 芬芳气味 • 难闻气味 • 声音和音乐 • 固定物 • 墙体构造 • 墙面油漆或壁纸 • 屋顶构造	• 温度 • 清洁程度 • 走廊宽度 • 更衣室 • 上下楼梯/电梯 • 死角 • 商品布局和展示 • 价格水平及展示 • 收银台的设置 • 技术/现代化程度
商店布置	• 销售区域、商品展示区、员工区、顾客区的划分 • 商品摆放 • 商品归类 • 工作间设置 • 机器摆放 • 收银台设置	• 等候区 • 交通流量 • 等候队伍 • 家具 • 死角 • 商店地理位置 • 商店内部安排
内部展示	• 卖点展示 • 海报、标志和卡片 • 照片和艺术品 • 墙面装饰 • 主题设置 • 整体效果	• 储物柜/储物箱 • 产品展示 • 价格展示 • 污物桶/垃圾箱 • 移动物体
社会维度	• 员工性格特征 • 员工制服 • 拥挤程度	• 顾客特征 • 私密性 • 自助服务

(资料来源：BERMAN B, EVANS J R. Retail management: a strategic approach. 8th ed,(Upper Saddle River, N J: Prentice Hall, 2001), 604; TURLEY L W, MILLIMAN R E. Atmospheric effects on shopping behavior: a review of the experimental literature [J]. Journal of Business Research, 2000 (49): 193—211.)

9.3.1 周边环境的影响

周边环境是与我们的五种感官有关。即使有时没有被意识到，它们也可能一直影响着人们的情感、感知，甚至态度和行为。周边环境或氛围是一个整体概念，周边环境中上百个可设计要素和其他因素共同创造出一个理想的整体氛围。氛围是一种感觉，由顾客自己感知和理解。人们既可以单独感知周边环境中的某些因素，又可以从整体上感知整个环境氛围，包括灯光和颜色的搭配，大小、造型是否合适，声音、噪声和音乐，温度和气味等。好的环境设计会激发人们做出我们所希望见到的行为反应。

案例 9-4

天津爱琴海购物公园

2015年11月7日，由红星地产投资开发，红星商业运营的天津爱琴海购物公园开业亮相。天津爱琴海体量25万平方米，是已开业爱琴海中体量最大的项目。开业当天，爱琴海购物公园创纪录地涌入35.6万人次的顾客，一举刷新天津地区商业项目开业客流新纪录，在2015年全国范围新开业项目中名列前茅。

项目内餐饮、儿童品牌之多超乎所有人的想象，而像红星太平洋电影城、玫瑰里一站式婚礼堂、世纪星真冰场、苏宁易购、孩子王及宴宾楼等特色商户也都让顾客眼前一亮。

纵观爱琴海购物公园，全场品牌构筑起了天津最全的业态集合。包含精品超市、服装零售、生活配套、电器卖场、餐饮、KTV、电影院、溜冰场、婚礼堂等业态组合，几乎满足顾客对于休闲购物的全部需求。

当人们走进爱琴海时，才真正明白这座购物中心为何以"公园"为名。因为在爱琴海内，几乎所有顾客都会拿起手机拍摄随处可见的美丽场景。

走进爱琴海，玻璃穹顶所形成的自然光与室内光源的交互搭配，最大限度地还原了户外街区的阳光环境，给予顾客最舒适的光感。而在天津罕见的双跨飞天扶梯的作用下，项目的立体层次性也得到极大提高，顾客在公园中"观光"的旅途将更加便捷惬意。

爱琴海用"一步一景、一店一色"定义购物公园。项目内希腊风格的优雅雕塑、精美的花艺绿植、遍布项目内外的景观，甚至每一家店铺的装修都被人视为艺术化的景观。爱琴海购物公园开业前就和商户进行深入沟通，与商家一起设计店面的装修风格与陈列，这才达到了如今"一店一色"的完美视觉感受。

在"公园"中漫步，在"风景"中休憩，顾客们慢慢发现越来越多爱琴海购物公园与其他购物中心的不同之处。这里的绿色植物更多、公共空间更宽敞、音乐更令人愉悦甚至连香氛味道都别具特色。其实这一切都不是巧合，给予顾客度假感受的背后，是爱琴海团队投入的巨大的人力、物力及精巧的用心。

场内的园艺植物源自国内顶级园艺设计团队，公共空间的扩大是爱琴海从长远考虑减少租赁面积收益的结果,场内的音乐由顶级主题配乐公司定制,独特的香氛味道是从法国专门定制。这一切的努力,都源自爱琴海购物公园对都市人内心情诉求的关注——爱琴海不仅是一个购买商品的地方,更是一个沟通情感、体验文化的公共空间。

爱琴海购物公园给了他们一个与家人、朋友共度闲暇时光的最佳选择。爱琴海购物公园相关负责人介绍,爱琴海所打造的是都市人家庭与工作地点之外的"第三空间",利用红星太平洋电影院、KTV、溜冰场、两万平方米的餐饮业态、咖啡馆及精心设计的公共空间,为顾客提供一个放松心情、约会社交的绝佳去处。

(资料来源:作者整理。)

9.3.1.1 音乐

在服务场景的设置中,音乐对消费者的感知和行为有很大影响。各种各样构成音乐的因素,包括音律、音量、协调性,对人的感知和行为的影响因个体差异而有所不同(例如,年轻人与老年人不同,他们更乐于接受不同类型的音乐,因此同一音乐可能对不同消费者造成不同的影响)。许多研究人员发现,快节奏的音乐和高音量的音乐会让人们走路变快,说话变快,在餐馆的进食速度加快。人们会自觉不自觉地调整步速,去配合音乐的节拍。这表明餐厅可以通过播放快节奏音乐和提高音量来加快顾客进餐的速度,以便多接待一些客人,也可以播放慢节奏的音乐和调低音量使顾客在餐馆的停留时间变长,增加饮料的销量。

例如,在一个商场里播放熟悉的音乐,同样可以刺激顾客减少逗留时间;而播放不熟悉的音乐可以促使顾客花费更长时间在那里。当顾客等待时,音乐可以从感觉上缩短等待时间,增加顾客的舒适感。轻松的音乐被证明可以有效降低急诊室的紧张度,而欢快的音乐可以提高顾客对员工的满意度(见表9-3)。

表9-3 背景音乐对餐厅就餐者的影响

餐厅行为	快节奏音乐环境	慢节奏音乐环境	快节奏与慢节奏音乐环境的区别	
			绝对差异	相对差异
顾客在餐桌上花费的时间/分钟	45	56	+11	+24
食物上的花费/美元	55.12	55.81	+0.69	+1
饮料上的花费/美元	21.62	30.47	+8.85	+41
总花费/美元	76.74	86.28	+9.54	+12
预期利润/美元	48.62	55.82	+7.20	+15

(资料来源:MILLIMAN R E. Using background music to affect the behavior of supermarket shoppers [J]. Journal of Marketing, 1982, 56 (3): 86-91.)

9.3.1.2 气味

周围的气味可以遍布整个环境，顾客可能会察觉到气味的存在，但也有可能察觉不到。对于气味带来的影响，例如，医院里消毒药水的气味传递一种清洁卫生的信息，爆米花的甜味会令游客在游乐园游玩时感到轻松和兴奋。气味的存在对顾客的心情、感觉和他们对服务的评价都有很大的影响，甚至会刺激人的意识和内在行为。表9-4表明气味的影响存在于零售业经营的各个方面，包括顾客对商店的整体评价、对购物环境的评价和对商品的评价。

表9-4 气味影响顾客对购物环境的评价

评价	无气味环境下的顾客评价	有香味环境下的顾客评价	两种评价的差异
商店整体评价			
・消极的/积极的	4.65	5.24	+0.59
・过时的/现代的	3.76	4.72	+0.96
商店环境			
・没有吸引力/具有吸引力	4.12	4.98	+0.86
・颜色单一/颜色丰富	3.63	4.72	+1.09
・令人厌烦的/令人兴奋的	3.75	4.40	+0.65
商品			
・过时的/现代的	4.71	5.43	+0.72
・不充足的/充足的	3.80	4.65	+0.85
・低质量/高质量	4.81	5.48	+0.67
・低价格/高价格	5.20	4.93	−0.27

注：顾客评价采用1~7分的量表。

（资料来源：SPANGENBERG E R, CROWLEY A E, HENDERSON P W. Improving the store environment: do olfactory cues affect evaluations and behaviors [J]? Journal of Marketing, 1996 (4): 67-80.）

在服务设计中，研究表明气味对顾客的感觉、态度和行为都有非常重要的作用。服务营销者会利用气味让你在餐馆感到饥饿和口渴、让你在牙医候诊室里放松、让你在体育馆里更加努力运动等。芳香理论普遍认为气味具有明显的特征，可以用于引导一定的情绪、心理和行为反应。

- 在拉斯维加斯的赌场里，当气味是宜人的人造香气时，赌博者就会在投币口中多投注45%的钱。随着香气浓度的增加，比例会增加至53%。
- 在充满花香的房间里，人们会愿意花更多的钱买耐克的运动鞋——平均每双鞋多花

1.33美元。即使味道淡得几乎让人闻不到，即气味还不能让人有意识地感觉到，它还是起到了作用。

除了在顾客中引发某种渴望的情绪、心理和行为的反应外，合适和正确的香味也可被用来提高员工生产力，这将最终创造一个更好的服务环境。例如，日本的贝岛公司在办公室里安装了一个整体环境控制系统来增加气氛，提高员工情绪。早上，公司通过空调散发柠檬香味，帮助员工集中精力；下午则释放雪松木味给员工提神。

其他研究同样显示出气味对顾客反应的效果，在芳香疗法中，人们认为气味有独特的作用，可以唤起某些情感的、心理的和行为上的反应。芳香疗法就是用香料的特定香味对对人产生作用。

  链接 9-3

香料按摩：不同香味对人们产生的影响

气味	气味类型	芳香课程	传统用法	对人的心理影响
桉树	樟脑类	调色、刺激	除臭、防腐、安慰；清除异味、清洁皮肤	刺激、提神；平衡，感到清洁
薰衣草	草本类	镇定、平衡、安慰	放松肌肉、安慰、收敛、调节皮肤	放松、镇定；产生归家和舒适的感觉
柠檬	柑橘类	活力、提神	防腐、安慰	提高能力水平，使人觉得快乐年轻
黑胡椒	辛辣类	平衡、安慰	平衡、安慰	平衡人的情绪，使人感到性刺激

9.3.1.3 颜色

色彩能够使人感到刺激或平静，富于表现力；使人心神不宁，能给人留下深刻印象，色彩与文化有关，并且种类繁多、有象征意义；色彩使我们每天平淡的生活变得更加美丽和更富有戏剧性。研究发现，色彩对人们的感觉有很大的影响。心理学研究中将颜色分为三维：色相、明度、饱和度。色相是颜色的色素（如颜色的名称：红、橙、黄、绿、青、蓝、紫）。明度是颜色亮或暗的程度，范围从纯白到纯黑。饱和度是指颜色的强度、饱和程度或亮度。高饱和度的颜色有很高的色素强度，看起来丰富生动；相反，低饱和度的色彩看起来比较乏味。

色相被分为暖色（红、橙、黄）和冷色（蓝、绿），橙（红和黄的综合）是最暖色，蓝是最冷色。这些颜色被用于控制环境的温暖程度。例如,暖色给人带来欢欣鼓舞的情绪,但也会增加人们的忧虑;相反,冷色能降低颜色对人们的刺激,给人们带来平和、宁静、爱和欢乐。链接9-4展示了人们对颜色的常规联想和反应。

 链接 9-4

人们对颜色的常规联想和反应

颜色	温暖程度	象征	普遍联系和人们对颜色的反应
红	温暖	地球	具有很高的能量和热情,令人兴奋,唤起人们的兴趣,增加人们的血压
橙	最温暖	落日	情感、印象深刻和温暖,鼓励人们勇敢表达出自己的情感
黄	温暖	太阳	乐观、透明、聪慧;明黄意味着情感的增强
绿	冷	成长、草木	抚育、疗伤、无限的爱
蓝	最冷	天空、海洋	放松和忠诚,降低人们的血压,帮助缓解紧张和不安;其凉爽和镇静的特性可以缓解人们的头痛
青	冷	落日	调节,具有灵性
紫	冷	紫罗兰花	减少压力,创造内心平和的感觉

(资料来源:MARBERRY S, ZAGON L. The power of color-creating healthy interior spaces. New York: John Wiley&Sons, 1995: 18; and LYNCH S. Bold colors for modern rooms: bright ideas for people who love color. MA: Rockport publishers, 2001: 24—29.)

研究表明,尽管人们有不同颜色的选择,但一般情况人们更倾向于暖色环境。然而,调查显示,与冷色调相比,红色卖场设计让人觉得更紧张。在顾客参与度低、存在冲动性购买的服务行业,暖色调鼓励人们快速决策。当消费者进行高参与度的购买决策时,则冷色更受欢迎。

9.3.2 空间布局和功能

服务环境设计必须满足顾客需要,达到某些特定目标。空间布局是指家具、仪器设备等的大小形状和摆放的方式。功能是指上述设施在服务交易中所起的作用。空间布局和功能影响顾客购买行为和满意度,以及服务设施的功能发挥。

9.3.3 标识、符号和人工指示牌

在服务行业,许多标识可以传达公司形象,帮助顾客找到路径(如确定柜台、部门或出

口在哪里），树立行为准则（如吸烟区与禁烟区，排队系统）等。尤其是初次光顾的顾客，可以通过标识、符号或人工指示牌了解情况，从环境中寻找线索帮助他们形成对服务类型和服务水平的期望，引导他们熟悉服务环境和服务传递过程。

进行服务场景设计的挑战在于如何通过标识、符号和人工指示牌等信号让顾客清楚地了解服务传递过程。这一点在新顾客或不经常光顾的顾客比例较大时尤其重要，在公司人手不够的情况下更是如此。标识、符号和人工指示牌设置应该清楚、直接地表达所要传达的信息。

9.4　服务环境的设计

在进行服务环境的设计时，服务企业必须考虑服务环境对顾客、员工和公司运营所产生的影响。就如同公司不能向所有的人提供所有的东西一样，服务环境不可能吸引所有的消费者。

服务企业可以运用视觉、听觉、嗅觉、触觉和味觉来设计服务环境，从而增强对顾客和员工的吸引力。①

9.4.1　视觉吸引

视觉向消费者表达的信息比其他任何其他感觉都多，所以在进行服务环境的设计时，应该将其看作是对服务企业最为重要的可用方法。吸引消费者的三种主要的视觉刺激是大小、形状和颜色。消费者从协调、对比和冲突三种视觉关系方面来理解视觉刺激。协调感知涉及视觉认同，与较为安静、漂亮和正式的商业环境有关。比较而言，对比和冲突则与令人兴奋的、令人快活地和非正式的商业环境有关。因此，基于大小、形状和颜色三种视觉刺激和消费者理解各种视觉关系的方式，对服务企业感知的差异出现了。

9.4.1.1　大小感知

服务企业的设施、标志和指示牌的大小对于不同市场所表达的含意会有所不同。一般而言，对于许多消费者，服务企业规模的大小及其相应的有形展示越大，与服务购买有关的感知风险就越小。这些消费者认为，当问题确实出现时，较大的企业更有能力和更有可能参与到服务补救努力中。所以，依据企业目标市场的需要，吸引力的大小会随不同细分市场而有所不同。

9.4.1.2　形状感知

对服务企业的形状感知是由许多来源所产生的，例如，对架子、镜子、窗户的使用和摆放的位置，甚至是墙纸的设计是否合适。研究表明，不同的形状引发消费者的不同情绪。竖直的形状或线条被认为是"刚硬的、严厉的。它表达强壮和稳定。"② 反之，水平的形状或

---

① LEWISON D M. Retailing. 4th ed. New York：Macmillan，1991：273—283.
② MILLS K H，PAUL J E. Applied visual merchandising. Englewood cliffs，N. J.：Prentice-Hall，1982：47.

线条引发放松和休息的感觉。倾斜的形状和线条引发前进、主动和移动的感觉。弯曲的形状和线条被认为是流动的。在设施设计中采用类似的和/或不相类似的形状将产生想要的协调、对比或冲突的视觉关联。

9.4.1.3 颜色感知

无论是在企业的手册中及其员工的名片中还是设施本身的内外部,企业有形展示的颜色通常对消费者形成了第一印象。

• 色彩可以分成暖色和冷色。对于不同的消费群体,暖色和冷色象征着不同的事物。一般来说,暖色倾向于引发消费者舒适和非正式的情感。

• 色调值还在影响顾客。用较亮颜色刷成的办公室倾向于看起来更小。更为明亮的色彩也适用于装置电子面板、空气调节口和头顶上的扬声系统。较暗的色彩可以用来吸引消费者的注意力。

• 颜色的强烈程度还影响到顾客对服务企业服务环境的感知。年轻人喜欢较亮的颜色,成年人则喜欢更柔和的色调。

案例 9-5

香港公立医院内的引导标识

香港公立医院急诊室超过 90% 的急诊室病人所患的病,都很可能除了诊断之外,需要及时打针、化验、照 X 光、药房取药等服务。在过去,医护及行政人员没有注意这一点,经常出现病人及其家属向碰见的医生、护士及工作人员问路,寻找打针室、X 光室等的情况,给医生等服务员工在沉重的工作压力下增加了工作负担,使他们不能专注地提供服务。何况遇上工作繁重,情绪不好时,更容易因没有尽心地为病人及其家属提供有关信息服务而引起他们的不满,以至于相互间发生误会,降低服务的质量。因此,医院在急诊室的地板上贴上不同颜色的细条,例如,黄色的条子引向打针室,红色的条子引向 X 光室,蓝色的条子引向药房,绿色的条子引向电梯等。当病人被诊断完毕后,医生或护士可告诉病人沿着黄色的条子走可去往打针室打针或沿着蓝色的条子会走可去往药房取药等。这项服务措施既能为病人接受医疗服务提供方便,又能教育病人及其家属如何参与服务的生产,还减少各类服务员工因为要为病人提供此类信息而浪费的宝贵时间,更避免双方因此等问题而产生不必要的矛盾。

(资料来源:作者根据相关资料整理)

9.4.1.4 企业的位置

企业的位置取决于其生产服务所需的顾客参与量。低接触服务的企业选址应当考虑偏远之地,这些地方更为便宜也更接近于供应源、运输和劳动力,但高接触服务则另作考虑。一般来说,企业的选址需要提出三个问题。

第一个问题是企业的可见度如何？顾客倾向于在他们意识到的地方消费。最为理想的是企业应该通过选址主要的交通干线旁和通过让企业面对最大的人流方向以提高其可见性。

第二个问题是有关正在考虑的这个地址同周围环境。企业与该地址正在规划中的建筑物的规模相适吗？更为重要的是，该地区内有些什么类型的企业？

第三个问题是企业的位置是否方便顾客。该地点是可接近的吗？它有足够多的车位或附近有足够的其他可供选择的车位吗？顾客使用公共交通工具到达可行吗？

9.4.1.5 企业的招牌

企业的招牌有两个主要的目的：识别企业和吸引注意力。企业的招牌通常是顾客注意到的第一个标志。企业其他的有形展示上的所有标志，例如名片和记录卡片，应该同企业的招牌相一致以巩固公司形象。最为理想的是，招牌应该向消费者展示服务提供物是由谁来提供、是什么、在哪里提供、什么时候提供。招牌的大小、形状、颜色和灯光都有助于企业形象的传播。

9.4.2 听觉吸引

声音吸引有三个角色：情绪煽动者、注意力捕捉者和告知者。有意将声音加入到服务接触中的前摄方法可以通过音乐和通知来实现。音乐可以帮助设定消费者体验，同时通知可以吸引消费者的注意力或者向他们宣传一些企业的产品。声音同样可以转移消费者体验的注意力；因此，同样应该考虑避免声音的策略。

9.4.2.1 音乐

研究表明，背景音乐至少以两种方式影响到销售。首先，背景音乐提升顾客对商店氛围的感知，这反过来又影响到消费者的情绪。第二，音乐常常影响顾客花费在店内的时间长短。[1]

表 9-5 展示了在一个饭店环境下背景音乐对顾客和服务提供者行为的影响。正如从表中可得出的结论，交付服务的节奏和顾客消费的节奏受到音乐节拍的影响。尽管当播放舒缓音乐时，估计的毛利要更高，但是饭店还应该考虑如果整天都播放节拍快的音乐会使餐桌数量增加。

表 9-5 饭店环境下背景音乐对顾客和服务提供者的影响

变 量	舒缓的音乐	节奏快的音乐
服务时间/分钟	29	27
顾客在餐桌边的时间/分钟	56	45

---

[1] BARRY M J, MAYER M L, WILKINSON J B. Modern retailing: theory and practice, 6th ed. Homewood: Irwin, 1993: 642—643.

续表

变量	舒缓的音乐	节奏快的音乐
在入座之前就离开的顾客群体	10.5%	12%
购买食物的数量/美元	55.81	55.12
购买吧台饮料的数量/美元	30.47	21.62
估计的毛利/美元	55.82	48.62

(资料来源：MILLIMAN R E. The influences of background music on the behavior of restaurant patrons [J]. Journal of Consumer Research，1986，13（9）：288；see also MILLIMAN R E. Using background music to affect the behavior of supermarket shoppers [J]. Journal of Marketing，1982：86—91.)

9.4.2.2 通知

服务设备中的另一个普遍的声音是对讲系统中发出的通知，例如，提醒食客餐桌已准备好、将目前位置告诉飞机乘客或者呼叫公司中的某些员工。通知声音的职业水准直接地影响到消费者对公司的感知。

9.4.3 嗅觉吸引

公司的服务环境受到气味的强烈影响，服务管理者必须意识到这个事实。像听觉吸引一样，在考虑嗅觉吸引时，服务管理者应该将避免难闻气味和制造芳香气味同等看待。另一方面，令人愉悦的气味常常促使顾客购买，同时能够影响顾客对那些天然并不具有香味的产品的感知。

9.4.4 触觉吸引

当消费者触摸一个产品时，该产品销售的机会就会持续地增加。但人们是如何触摸一个无形的产品呢？诸如邮件定购销售商之类的服务企业拥有一个能够被运送到顾客那里的有形的组成部分。无店铺销售额目前占总零售额的10%并仍在增长的原因之一就是实施慷慨的退还政策，以增加触觉吸引。

9.4.5 味觉吸引

最后的感觉提示是味觉吸引，它相当于向顾客提供一些样品。味觉吸引的运用取决于服务的有形程度。诸如洗车、干洗店和饭店之类的服务企业最初可以运用味觉来吸引顾客。在试用企业的服务样品时，顾客就会有机会去观察企业的有形展示并形成对该企业及其工作能力的感知。

习 题

一、名词解释

有形展示　环境心理学　服务场景　服务环境的维度

二、选择题

1. 在服务的有形展示中，内部设施包括（　　）。
   A. 内部设计　　　　　　　　　　B. 企业经营的设备
   C. 布局　　　　　　　　　　　　D. 制服和手册
   E. 空气质量和温度

2. 其他有形物也是公司有形展示的一部分，它不包括（　　）。
   A. 名片　　　　B. 账单结算　　　C. 报告　　　　D. 员工外表
   E. 制服和手册　　F. 指示牌

3. 梅赫拉宾-拉赛尔刺激反应模型的简称为（　　）。
   A. S-O-R　　　　B. EKB　　　　C. AIDA

4. 刺激物的反应受到如下（　　）情绪状态的影响。
   A. 亲近　　　　B. 愉悦　　　　C. 唤醒　　　　D. 支配

5. 复杂的自助服务包括（　　）。
   A. 大型购物中心的信息咨询处　　B. 高尔夫球场
   C. 冲浪现场　　　　　　　　　　D. 邮局

6. 交往性服务包括（　　）。
   A. 餐厅　　　　B. ATM 机　　　C. 学校　　　　D. 银行
   E. 美发厅

7. 远程服务不包括（　　）。
   A. 电话公司　　B. 保险　　　　C. 公共事业单位　　D. 航班

8. 个人的思考过程，包括的信念、分类和象征性意义，是指（　　）。
   A. 情绪反应　　B. 认知反应　　C. 生理反应

9. 声音吸引的角色有（　　）。
   A. 逃避　　　　　　　　　　　　B. 情绪煽动者
   C. 注意力捕捉者　　　　　　　　D. 告知者

10. 代表印象深刻和温暖，鼓励人们勇敢表达出自己的情感的颜色是（　　）。
    A. 红　　　　　B. 黄　　　　　C. 绿　　　　　D. 蓝
    E. 青　　　　　F. 橙

三、简答题

1. 简述梅赫拉宾-拉赛尔刺激反应模型。
2. 简述服务场景的类型。
3. 简述服务场景分类的意义。
4. 简述服务环境中周边环境的影响。

5. 简述服务环境在设计时需要考虑的问题。
6. 简述如何进行视觉吸引。
7. 举例说明听觉吸引的重要性。

四、论述题

1. 论述有形展示的战略角色。
2. 论述顾客对服务环境的反应。
3. 论述服务环境的维度。
4. 论述如何进行服务环境的设计。

五、案例分析

气味营销：闻香识品牌

初到逸林酒店的客人，一进大堂就会意外地闻到一股格外熟悉的味道，这气息悠悠而来，令人恍若回到美妙的童年时代：那分明是碎巧克力曲奇的香味——不是普通的碎巧克力曲奇，而是你12岁那年冬天，玩了一天雪橇尽兴而归时，守候已久的妈妈为你端出的那盘新出炉的香甜曲奇。

酒店前台摆放有曲奇饼，供客人取食，而那股弥漫在整个大堂的香甜气息已成为逸林酒店的一个标志性特征。其实逸林酒店的曲奇饼是用密闭烤箱烤制的，厨房的位置离大堂也很远。客人闻到的香味是专业人员在实验室里为逸林酒店专门调制的独有香氛，通过隐藏在植物背后的电子芳香仪源源不断地释放出来。

这个品牌香氛策略背后的设计者就是仙爱尔公司。这家公司由戴维·马丁于1984年创立，现已为遍布100多个国家的众多客户安装了芳香传递系统。马丁最初在迪士尼集团担任想象力工程师，在此期间开始接触环境香氛工作。只要你在过去20年间去过迪士尼主题公园或者迪士尼酒店，就很有可能亲历过由马丁设计的香氛环境，不过你自己可能尚未意识到这一点。

不光是仙爱尔公司，整个香氛营销行业都在蓬勃发展。仙爱尔公司营销总监埃德·伯克告诉我们，当前全球商业香氛市场总值约5亿美元，预计到2017年将增至10亿美元以上。对于许多行业来说，气味营销已经成为一种必需。气味营销具有独特的优势。

嗅觉永远开放

我们可以轻松闭上双眼或转移视线。我们很少看杂志末页刊登的广告，在读晨报时也会主动绕开广告。相比之下，主动关闭听觉感官或者转移倾听方向就不那么容易，但是苹果iPod和其他一些设备已经开发出了噪声消除技术，能够有效地屏蔽广告信息。我们也总能选择避开各种触觉和味觉体验。唯有嗅觉不能主动关闭，这是气味营销的一个巨大优势。我们每个人每天大约要呼吸两万次，每次呼吸都会激活我们的嗅觉感官。顾客一旦置身于被营销者掌控的香味环境中，就无法关闭被激活的嗅觉神经元，除非赶快离开。

独一无二，与众不同

气味营销的第二大优势在于其独特性，能够凸显品牌差异。与信息庞杂混乱的视觉和听觉营销领域不同，气味营销的受众通常不会想到自己遭遇了"嗅觉轰炸"。我们在这方面不会心存戒备，怀疑有人试图利用气味说服或诱惑我们。我们总是自然地以为，碎巧克力曲奇的香味来自点心作坊的烤箱。另外，气味也有助于企业塑造区别于竞争对手的品牌形象。

更具情感吸引力

气味营销的第三个关键优势在于，我们的嗅觉直接连通右脑边缘系统——人类大脑中情绪和情感的发源地。相比之下，视觉和听觉则与左脑直接连通。因此，理论上，气味或许是强化正面情感的最佳途径之一。在很多情况下，气味对人们的影响是在不知不觉中发生的。例如，欧洲某家居装修商店发现，店内使用了一种散发着新剪草坪芬芳的香氛之后，顾客对店内员工知识水平的评价便大大提高。另外，纽约布鲁克林的一家杂货店不久前开始在农产品售卖区使用橙味香氛，该区货品销量随即提高了7%。

意蕴深远，令人难忘

气味营销的第四大优势在于，它能帮助人们记住或创建品牌含义。尽管大多数品牌形象的精髓在于标志、口号和广告词，然而气味也同样令人难忘，甚至能够给人留下更深刻的记忆。气味通过两种方式对人的记忆产生影响。首先，正如逸林酒店的例子所示，气味可以触发自传体记忆。人们把这称为"普鲁斯特现象"，因为著名作家马赛尔·普鲁斯特曾经形象地描写过一块小点心触发的自传体记忆。关于这一点，我们每个人几乎在某个时刻都有过亲身体验。相关研究表明，人们对附有气味的杂志广告比普通杂志广告记得更牢。气味是用来制造第一印象的最佳手段。它能帮助大脑建立长期记忆。

（资料来源：郑毓煌．论科学营销，2015-03-06．作者整理）

思考题

1. 感官营销有哪些优势？
2. 从服务环境设计的角度分析逸林酒店是从哪些方面吸引顾客的？
3. 试分析逸林酒店的营销策略对其他企业的启示。

第10章 服务人员

在服务营销组合7P中,"人"的要素是比较特殊的一项。对于服务企业来说,人的要素包括两方面的内容,即服务员工和顾客。在服务企业员工的管理过程中,服务人员的挑选、培训、授权与激励等在服务企业的营销中的作用越来越重要。

10.1 服务人员在服务营销中的地位

10.1.1 服务人员的地位及服务利润链

在提供服务的过程中,人(服务企业的员工)是一个不可或缺的因素。尽管有些服务产品是由机器设备来提供的,如自动售货服务、自动提款服务等,但零售企业和银行的员工在这些服务的提供过程中仍起着十分重要的作用。对于那些要依靠员工直接提供的服务,如餐饮服务、医疗服务等来说,员工因素就显得更为重要。

从顾客的角度来看,与服务员工的接触是服务中最重要的方面。从企业的角度来看,服务质量的高低,以及前台员工传递服务的方式,是影响企业独特竞争优势的关键因素。而且,顾客与一线员工之间的关系是顾客忠诚企业的主要动力。服务员工之所以对顾客及企业竞争定位如此重要,就是因为一线员工的重要角色。①产品的核心部分。服务员工常常是产品的可见要素,传递服务并决定服务的质量。②服务企业的代表。一线员工代表服务企业,他们是企业形象的代表。③品牌。一线员工及其提供的服务是品牌的核心部分,服务员工决定了品牌的承诺能否兑现。④营销者。不管承认与否,也不管服务人员是否积极进行销售,他们都执行着营销职能。

1994年,哈佛商学院的赫斯克特、萨塞、斯莱辛格等五位教授组成的服务治理课题组在对上千家服务企业追踪、考察和研究的基础上提出了服务利润链模型。服务利润链模型如图10-1所示。

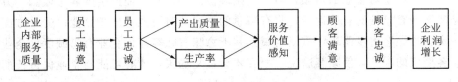

图10-1 服务利润链模型

该服务利润链模型指出了员工满足、顾客满足和企业利润之间存在着一定的逻辑关系。

其逻辑内涵是：企业获利能力的增强主要是来自顾客忠诚度的提高；顾客忠诚度是由顾客满意度决定的；顾客满意度是由顾客认为所获得的服务价值大小所决定的；顾客所认同的服务价值大小最终要靠企业员工来创造。所以，追根溯源，员工才是企业竞争力的核心。

10.1.1.1 企业内部服务质量推动员工满意

企业的内部服务质量描述了员工良好的工作环境、员工的筛选与培训、薪酬和福利及员工对工作的、同事持有的态度和情感等。它是形成员工满意度重要因素。因此，企业要加强内部营销，不断提高内部服务质量，提高员工的满意度。

10.1.1.2 员工满意推动员工忠诚

员工满意是指"工作付出"与"工作获得"之间的关系，将企业员工视为内部顾客，企业如何对待自己的员工，员工就会如何对待顾客。员工满意度提高的同时也会使他们对企业的忠诚度提高。因此，企业必须先让自己的员工满意，才能使顾客满意。只有满意的员工才可能对企业产生忠诚。

10.1.1.3 员工忠诚推动员工生产力提高

企业内忠诚、热情的员工是很难被竞争对手模仿的竞争优势。只有忠诚、敬业的员工才能为顾客提供优质的服务，才能提高工作效率。忠诚的员工能够形成强大、持久的工作动力，促使其为企业努力工作。

10.1.1.4 员工生产力推动服务价值创造

员工生产力是提高企业价值和竞争力的直接来源，也是创造顾客满意度与企业获利能力的主要因素。对于顾客而言，服务价值可以通过比较获得服务所付出的总成本与得到的总利益来衡量。对企业忠诚的员工，能够热情地为顾客服务，使顾客获得较高质量的服务，让顾客满意，进而为企业创造价值。

10.1.1.5 服务价值推动顾客满意提高

顾客满意度是由顾客获得的价值大小决定的。企业增加服务价值有两个途径：一是通过改进服务产品、改善服务人员形象、提高服务人员技能等，提高服务的总价值；另一方面可以通过降低各方面的成本，减少顾客购买服务的时间、精力与体力消耗等顾客总成本来提高服务价值。

10.1.1.6 顾客满意是顾客忠诚的前提条件

顾客满意与顾客忠诚是密切相关的，若顾客感知的服务价值大大超过顾客的预期，高度满意的顾客就会产生对企业的依赖，而不只是理性的偏好，从而产生顾客忠诚。一方面，顾客满意是实现顾客忠诚的有效途径，只有满意的顾客才有可能忠诚于企业；另一方面，顾客满意不一定会令顾客重复购买，重复购买也并不意味着顾客对该企业有忠诚度。企业必须提供超越顾客期望的服务，使顾客愉悦，顾客才会重复购买，才有可能与企业保持长期的互动关系。

10.1.1.7 顾客忠诚推动企业盈利能力提高

企业拥有了忠诚的顾客，便具有了持续竞争优势和利润增长空间。一般情况下，顾客忠诚度增加5%，利润可以增长25%～85%。一方面，忠诚顾客可以降低企业成本，因为维系现有顾客的成本是获取新顾客成本的1/5，顾客忠诚还可以降低交易成本、沟通成本等；另一方面，忠诚的顾客又会成为企业的"义务推销员"，通过良好的口碑传播为企业带来新的顾客，这些都可以为企业节约成本，增加效益。

10.1.1.8 企业利润增长又推动内部服务质量改善

企业盈利能力和成长能力的不断提高可为企业带来持续的利润增长，这些利润又可以用来不断改善企业内部服务质量。沿着服务利润链的路线，企业最终形成一个连续循环。

10.1.2 服务人员与顾客

服务人员和顾客是服务营销组合中"人"的要素的两个方面。

10.1.2.1 服务人员

服务人员在所有服务企业中都相当重要，尤其是在没有有形产品作为证物，顾客仅能从员工的态度和行为中形成对服务企业的印象。服务人员可能有生产或操作的任务，在服务企业中他们也可能是与顾客直接接触的角色，他们的态度对服务质量的影响程度至关重要。因此，服务人员有效地完成其工作任务很重要，服务企业应该促使每一位员工成为服务产品的推销员。如果服务人员态度冷淡或粗鲁，他们就破坏了为吸引顾客而做的所有营销努力。如果他们态度友善而温和，则可提高顾客的满意度和忠诚度。

10.1.2.2 顾客

一位顾客对某项服务质量的感受，很可能会受其他顾客意见的影响。顾客经常会与其他的顾客谈到服务企业，或者当一群顾客同时接受一项服务时，一位顾客对服务的满足感往往是由其他顾客的行为间接决定的。

人在服务的生产与营销中，扮演着一个相当独特的角色。人的服务代表了任何服务营销策略及服务营销组合中一个不可或缺的要素。服务企业与制造型企业的一大区别是，顾客所接触的服务企业人员的主要任务是实现服务，而不是营销服务。在有形产品市场，顾客对于整个产品的提供不可能有任何责任。但在服务业市场，绝大多数的企业员工都与顾客有某种形式的直接接触。

案例 10-1

谷歌——行业满意雇主

1996年谷歌的创始人拉里·佩奇和谢尔盖·布林在斯坦福大学的宿舍里开发了一个新的线上搜索方法，很快使用者就遍布了全世界。他们继续完善该项研究，并在1998年创立了世界上最大的搜索引擎——谷歌。它免费提供方便快捷的搜索服务，通常在一两秒内反馈搜索结果。2007年谷歌覆盖了158个国家、提供100多种语言的服务。在短短的时间内，谷歌成为《财富》杂志排名的美国最佳百名雇主第一名，成为全球员工超过11 000人的满意雇主，谷歌采用了各种各样的方法。

谷歌总部
谷歌总部是建在加利福尼亚的山景大楼。在公司网站上可以看到大楼的重要组成部分，包括有钢琴的大厅、熔岩灯，在门厅停放自行车、一楼是橡胶球练习场，世界各地的信息公告栏随处可见，三维立体旋转图像利用光点实时不停地切换显示整个网络的空间、颜色编码语言和交通格局。

娱乐设施
谷歌提供健身房、更衣室、洗漱间、按摩室、各种视频游戏、桌上足球、婴儿钢琴、台球和乒乓球。每周在停车场举行两次滚轴曲棍球比赛。

用餐设施
谷歌总部有11个免费咖啡厅，给员工提供免费用餐。他们的食品站包括"查理烧烤""回到阿尔伯克基""中西混搭""Vegheads"。点心房包括各类箱装谷物、奶糖、甘草、腰果、酸奶、胡萝卜、新鲜水果和其他点心。还有各种饮品，包括新鲜果汁、沙拉、自助卡布奇诺。

其他福利
谷歌为员工提供各种服务。例如现场洗车和换油。还提供理发服务。员工还可以参加自助运动班，按摩，学习中文、日语、西班牙语或法语，让前台给安排晚饭。其他服务还包括照顾小孩、现场公证、五个现场的医生提供检查服务，所有这些都是免费的。

其他优待
谷歌还提供很多其他优待。员工买混合动力汽车公司给付5 000美元。每周都举办TGIF派对，有现场乐队演奏。为方便妈妈哺乳小孩，提供备有吸奶器的房间。

这就不难理解为什么每天有1 300份的简历投往谷歌。正因如此，谷歌在人才竞争中经常胜过微软和雅虎。谷歌甚至还给予每位跳槽来的员工2 000美元的转岗费。

(资料来源：LASHINSKY. A. Search and enjoy[J]. Fortune, 2007(1): 70—82; and www.google.com, 2007.)

10.2 服务员工的授权

许多企业发现要真正做到对顾客需求及时反映，就必须授权给一线员工，使其对顾客的需求做出灵活的反应，并在出现差错时及时进行补救。

授权就是指上级给予下级一定的权力和责任，使下级在一定的监督之下，拥有一定的自主权和行动权。授权者对受权者有指挥、监督权，受权者对授权者负有汇报情况及完成任务的责任，授权意味着把为顾客服务的意愿、技能、工具和权力交给员工。尽管授权的关键是把决定顾客利益的权力交给员工，但是只是权力的给予还不够。员工需要做出这些决定的知识和工具，还要有激励措施鼓励他们做出正确决定。

在服务企业中，提倡向员工授权，在一定程度上激励员工为顾客提供更卓越的服务或者为顾客避免灾难性的损失。因为一线员工与顾客面对面接触，所以授权对服务企业更重要。研究表明，充分授权会产生更高的满意度。对许多服务而言，赋予员工更多的自由处理权力，能使他们提高现场服务的质量。授权使一线员工能够找到解决服务问题的方法，做出关于定制化服务的合理决策。

研究表明，当服务企业呈现以下特征时更适合使用授权战略。

- 服务企业经营战略基于竞争差异性，提供个性化、定制化服务。
- 与顾客建立广泛长久的关系，而不是短期交易。
- 服务企业使用复杂和非常规的技术。
- 服务企业环境不可预测，并且服务企业期望惊喜出现。
- 为了服务企业和顾客的利益，现有管理者愿意让员工独立工作。
- 员工具有强烈的在工作中获得成长和深化技能的需求，他们愿意与其他人一起工作，他们具有良好的人际沟通技能和团队合作技能。

案例 10-2

来宝集团的授权

亚洲最大的商品贸易商来宝集团在员工管理方面保持着令人羡慕的纪录。来宝集团的人力资源经理莉迪亚·劳说："200多名员工的自愿流动率绝对为零，而不是近似为零，我们每一两个月就去一趟香港。"

来宝集团保持如此之低的员工流动率的秘诀是什么呢？虽然使用具有吸引力的薪酬表示对员工的认同，公司CEO理查德·埃尔曼认为金钱几乎不是忠诚的主要决定因素。来宝集团员工奉行的哲学精髓是员工授权观念。劳女士说："从某种意义上讲，我们看待工人就像工厂看待它的生产线一样。我们必须与我们的员工共同工作，但是我们如何提高绩效呢？非常简单，给他们足够的自由权。"

埃尔曼先生赞成在一定的范围内给员工自由决策的权力。这赋予员工一种自我价值感，并且帮助他们感受到自己能够对公司做出真正的贡献。授权同样也使得员工有机会分享和展示他们对其决策负责的能力。"对员工授权意味着给他们权力，我们要做的是制定好目标并根据这些目标进行奖励。"

（资料来源：GASPER D. Empowerment：the key to staff retention [J]. Career Times，2003（9）.）

10.2.1 授权的原因

对工作授权的原因有很多。首先，是为了保证工作的完成。在合适的情况下给予员工更大的自主决策权、可能会使他们在服务现场提供优质的服务。他们不必参考规则手册，也不必请示上级的批准。从某种意义上看，鼓励员工发挥创造性并进行自主决策，是一个颇有吸引力的想法。授权一线员工去发现服务问题，并促使他们做出适宜的决策。其次，在"生产线"这种替代方法下，管理层设计了一个相对标准化的系统，并且期望工人们能够在狭窄的规则范围内执行任务；相比之下，授权方法更能激励员工和使顾客满意。

完整的授权涉及以下三个要素。一是任务，它是指管理者让员工去完成的具体事件；二是权力，它是指员工完成工作所需要的财力、人力及其他资源的自主支配权；三是责任，它是指员工在没有完成工作时所承担的风险。只有将任务、权力和责任相结合，才可能真正称其为授权。

授权是一项重要管理原则，无论是制造业还是服务业，都需要对员工进行适当的授权。然而，对于服务业来说，由于员工直接或间接与顾客接触，而顾客的行为模式和要求又是多变的，因此，授权对服务企业更有必要。

10.2.2 授权的益处与成本

由更大程度的授权所带来的回报，必然会被人员选择和培训所需的投资、人力成本的上升及服务速度的减慢而有所抵消，因为与顾客接触的人员在个别顾客的身上投入更多的时间，从而降低了服务传递的一致性。因此，服务企业应该对授权的收益和成本进行权衡考虑。

10.2.2.1 授权的益处

对服务人员授权的益处主要体现在以下几个方面。

• 在服务过程中可以对顾客需求更快速、更直接地给予回应，因为在特殊情况下，顾客通常要等到主管出现才会得到自己想要的决策结果。同时，顾客将感受员工是在自发及自愿地提供帮助，这将有助于改善服务质量感知。

• 在服务补救过程中，更快、更直接地回应不满顾客，在企业没有处理抱怨的系统时，他们不会对不满做出很正式的反应。

• 员工的工作满意度更高，自我感觉也更好，因为他们有权处理自己的工作并能和其他员工彼此信任。同时，也会减少缺勤和跳槽现象。

• 员工会以更加饱满的热情提供服务，因为他们有更强烈的工作动机。这要求员工能意识到自己的兼职营销员职责。

• 被授权的员工是新思想的宝贵源泉，因为他们直接和顾客接触，在服务过程中可以观察到各种机会和问题，以及顾客的需求、愿望、预期和价值。被授权员工更倾向于关注问题和机会，并与他们的主管和经理分享他们的发现。

• 被授权员工在创造好的口碑和提高顾客保持率方面极有价值，因为企业可以期待他们以服务导向的方式快速、纯熟地提供服务，这会让顾客感到惊喜，并倾向于重复消费和传播有利于企业的口碑。

授权可以使高层管理者从日常事务中解脱出来，专心处理企业的重大问题；授权可以增长下属的才干,使下属有机会独立处理问题,从而提高管理水平;授权可以创造一种参与的感觉和氛围。

10.2.2.2 授权的成本

虽然授权会带来以上好处,但有时授权也会给企业带来以下额外的成本。

- 对人员进行选择和培训所需的大量投资。发掘能在授权环境中胜任的员工需要甄选,这将导致许多的额外花费。由于员工需要更多的关于公司、产品的知识,以及如何灵活地与顾客打交道的方法,相应的培训花费也比较昂贵。
- 更高的人工费用。在选择被授权员工时,企业一般不使用兼职员工或季节工,而要为获得授权的员工所承担的责任给予相应的回报,为其增加工资。
- 服务速度减慢。如果被授权的员工为所有或部分顾客花更多时间服务,那么服务的总体时间将延长,这会惹火那些等候的顾客。授权还意味着顾客将得到其需要或要求的服务,如果顾客满意度由员工通过个人判断决定,服务的水平就可能因人而异。
- 可能损害顾客得到公平服务的感知。顾客可能认为照章办事才会对每位顾客公平。如果他们看到其他顾客得到不同水平的服务,或者员工为一些顾客提供特殊对待,他们可能认为服务企业没有公平待客。
- 员工可能"大手大脚"或做出错误决策。许多人担心被授权的员工会做出一些费用相当高的、服务企业无法承受的决策。这种事情有可能会发生,也可能会导致企业付出多余的成本并在顾客中造成不好的影响。但有效的培训和恰当的规章有利于避免这种事情的发生。

总的来说,授权和真正给员工权利产生的收益远大于它所造成的成本。服务企业可以通过减少缺勤、降低员工流失率及恰当的聘用和谨慎地给予员工权力来削减授权可能带来的成本。

10.2.3 有效授权的过程与方法

有效的授权必须按照完整的授权过程,选择适当的方法进行授权管理。

10.2.3.1 授权的过程

授权是一个过程,包括分派任务、授予权力、明确责任和确立监控权四个步骤。

一是任务的分派。在这个阶段,需要明确受权人所应承担的任务。二是权力的授予。在这个阶段,需要给予下属行动的权力或指挥他人行动的权力,它是实现所分配任务的基本保证。三是明确责任。在这个阶段,受权者向授权者承诺保证完成所分派的任务,保证不滥用权力,接受授权者的奖励或处罚。四是监控权的确立。在这个阶段,授权者可以向下级分派工作责任,但自己仍要对组织负有最终的责任。授权者给予受权人的只是代理权。因此,授权者有权对下级的工作情况和权力使用情况进行监督检查,有权调整所授权力或收回权力。

10.2.3.2 授权的方法

对员工的授权是一门管理艺术。影响授权程度的因素也很多,上级和下级对权力的追求程度、工作岗位的特点、服务对象的特点等决定了授权的方法。一般来说,授权的方法包括

以下四种。

一是充分授权。只给予员工目标和时限，提供必要的资源支持，允许员工有充分的自主权来完成任务。这有利于员工发挥创造力和聪明才智，适合独立工作能力强、经验丰富的员工。

二是部分授权。在给予员工目标和时限后，提供一定的策略指导，在完成任务的过程中适度监督和控制进程，随时协助处理棘手问题。这在任务比较困难和员工经验不足的情况下采用。

三是制约授权。在某项任务既重要时间又紧迫的情况下，授予多个子系统来协助完成，在任务进程中，各子系统在时限和任务相关上相互制约，形成一定的竞争氛围。

四是弹性授权。在完成一系列任务时，不同时期采用不同的授权方式，因任务不同授予不同权限。

10.3 服务员工的激励

10.3.1 激励员工

一旦企业雇用了合适的员工，就应对其进行良好的培训，授权给他们，建立高效的服务团队，那么如何确保能够提供优质的服务呢？员工绩效是能力和动机的函数，奖酬系统是关键的激励因素。激励和奖酬服务表现优秀的员工是留住员工最有效的方法之一，例如，让那些真正出色的服务员工得到晋升，而不能站在顾客角度提供服务的员工被解雇。

有些服务企业失败的主要原因是没有充分利用有效的奖酬方法。许多服务企业认为金钱就是奖酬，其实它并不是有效的奖酬方法。得到公平的奖酬只是关键因素。支付更多的薪酬只具有短期激励效果，这种激励作用很快就会消失。另一方面，员工为了得到红利而一次次地努力，所以，基于绩效的红利能保持更持久的激励作用。另外，更持久的奖酬是工作内容本身、反馈与认同、目标的完成。

10.3.1.1 工作内容

如果员工知道自己正在做一项好的工作，他们就会受到激励，得到简单的满足。他们喜欢这种感觉，乐意强化这种感觉。如果工作被员工视为能影响他人的生活、工作时，并且具有直接而清楚的工作反馈渠道（如取悦顾客、销售），那么员工会感受到更大的激励和满足。

10.3.1.2 反馈与认同

人是社会人，他们会萌发认同感和归属感，这种感觉来源于组织的认同和周围人（如顾客、同事、雇主）的反馈。如果员工因优质服务得到认同和感谢，他们将愿意提供优质的服务。

10.3.1.3 目标完成

根据员工的能力设定目标。明确的、有一定难度的，但是可以实现并且被员工接受的目标是强有力的激励因素,它能够比没有目标、模糊的目标或者无法达成的目标产生更高的绩效。

10.3.2 激励员工的不同方式

一些研究人员总结了激励员工的五种方式,这五种方式对服务企业激励员工非常有效,表10-1显示这五种激励方式的内容。

表10-1 激励员工的五种方式

	产生热情的原因	员工对企业有归属感的原因
使命、价值、荣誉的方式	相互信任、有集体荣誉感和自我约束力	为成就、守法和荣誉而感到骄傲,共享价值
过程和尺度的方式	透明的业绩衡量标准,清晰的结果追踪	知道企业要他们做什么,知道如何衡量业绩及这样做的原因
创新精神的方式	有个人自由,有赚更多钱的机会,行为规范更少;可以选择自己的工作活动,但承担很大的个人风险	能控制自己的命运,在高风险、高回报的环境中工作
个人成就的方式	对个人成就非常重视,不过分计较个人得失	因个人工作质量而得到承认和赞赏
奖励和庆祝方式	对成就进行奖励和庆祝	在高度互动的环境中享受乐趣和互相支持

(资料来源:KATZENBACH J R, SANTAMARIA J A. Firing up the frontline. Harvard Business Review, 1999 (5): 109.)

10.3.3 评估并奖励优秀员工

如果企业希望最优秀的服务员工留在企业中,就必须奖励和提升他们。这看似显而易见,但企业的奖励系统常常不能及时地奖励优秀的服务表现。奖励系统可能看重生产力、数量、销售额或其他一些对优质服务有潜在影响的因素。如果付出的努力不被人重视、得不到回报,即使那些传递优质服务的员工也会泄气,并开始跳槽。

奖励系统必须与组织愿景相联系,与真正重要的结果相联系。例如,如果认为保留顾客是关键的结果,就需要重视和奖励能提升顾客保留率的服务行为。

案例10-3

礼物体现的是善意价值

每到年底,送礼就成为麻烦事。在家就不用说了,圣诞老人会包办一切。在办公室,事情就没这么简单。给员工派送礼物的任务,就落在某个部门或者个人的身上,通常要去找一家供应商来解决问题,以防止企业内部腐败的问题。

在很多企业中,按规矩,如果礼物价值超过50欧元或者100欧元,受礼者就应该回礼。《回声报》也有类似的标准,那就是,记者不能收受任何有可能损害公正和独立性的礼物。经济学家研究表明,便宜的小礼物并不是对人毫无触动。

小礼物并不总是"鸡肋"

加利福尼亚大学马尔蒙蒂教授和慕尼黑大学斯密特教授合作,进行一项相关的研究,他们将学生分组,分别赋予不同的角色,并分配一笔预算。其中一位扮演采购者,一位扮演采购顾问,另外两个人扮演同类产品不同的供货方,供货方有一人想用一些小恩小惠来打动采购专家,使其做出有利于自己这一方的建议。

实验重复了多次,结果令人震惊。如果两个供货方的产品都很好,也都没向专家送礼,那么,两家得到订单的概率就一样。但是,如果供货方有一方送出一个小礼品,得到订单的概率就会比对方高出1倍。"礼物会在受赠双方间形成某种特殊联系"。在这一点上,两位教授的结论与社会学家和人类学家们不约而同。

更出人意料的是,昂贵礼物在这方面的功用反而不及小礼品。实验将礼物的价值翻上3倍,对方做出有利自己决策的概率将为50%,低于原来68%的概率。原因在于,受礼者通常都不太想跟受贿这件事扯上联系,反倒是青睐礼轻情意重,这句话反过来推敲,就变成"礼太重,情意倒轻了"。在现实情形里,很难估计有多少决策是在收受礼物的情况下做出来的。倒是有一项调查表明,在医务系统内,仅有39%的医生承认其处方受药厂影响,而84%的人都认为,自己的同事干过类似的事。

善意可以产生价值

企业交易过程中,员工同时也可以成为被收买的对象。德国卡尔斯鲁厄大学的三位研究者,对图书馆中整理书籍的3组学生展开了这样的研究:第一组学生拿约定好的工资,第二组学生,则会在工作几个小时后得到20%的额外奖金,第三组学生则每人得到一只保温杯,它跟奖金的价值差不多。结果显示,第二组的工作情况与第一组差不多,而第三组的工作速度提升了25%。如此看来,保温杯似乎让受赠者更加感到划算。但有趣的是,在工作结束后,第三组成员在接受选择时,却异口同声地声明他们更愿意直接拿奖金。

显然,一个保温杯的实际价值并不大,职场中的实际情形也比学生工作复杂得多,但是这其中蕴含的道理却是一样的:在工作环境里,礼物可以使受赠者的工作表现和价值有所提升,礼物背后的象征意义,无论是人类学还是社会学,都指向这样的共同规律,即对工作中的人表达善意是可以获取价值的,而且,承载这份善意的礼物是否贵重并不重要。

(资料来源:作者根据相关资料整理。)

习 题

一、名词解释

授权

二、选择题

1. 完整的授权涉及以下要素（　　）。
   A. 任务　　　　B. 使命　　　　C. 权力　　　　D. 责任
2. 授权是一个过程，包括（　　）这些步骤。
   A. 分派任务　　B. 授予权力　　C. 明确责任　　D. 确立监控
3. 只给予员工目标和时限，提供必要的资源支持，允许员工有充分的自主权来完成任务。这授权方法中的（　　）。
   A. 强性授权　　B. 充分授权　　C. 制约授权　　D. 部分授权

三、简答题

1. 服务企业呈现哪些特征时更适合使用授权战略？
2. 简述服务利润链理论的基本内容。
3. 简述授权的过程。
4. 如何对服务企业员工进行激励？

四、论述题

1. 论述服务人员在服务企业中的地位。
2. 论述授权的益处和成本。

五、案例分析

星巴克——品牌与文化的交融

星巴克（Starbucks）公司是一家从事咖啡制作和售卖连锁美国企业。总裁霍华德·舒尔茨最常说的一句话就是："服务是一门艺术。"他相信友好、高效率的服务一定会促进销售。星巴克致力于为顾客创造迷人的气氛，吸引大家走进来，在繁忙生活中也能感受片刻浪漫和新奇。

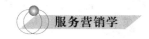

用环境塑造品牌

为了吸引客流和打造精品品牌，星巴克的每家店几乎都开在了租金极高的黄金地段，比如，星巴克在北京主要分布在国贸、中粮广场、东方广场、嘉里中心、百盛商场、友谊商店、东安商场等地，在上海则主要分布在人民广场、淮海路、南京路、徐家汇、新天地等上海最繁华的商圈。星巴克选择在黄金地段开店这种做法是星巴克刻意推行的，优质的环境为顾客提供不一样的体验。

不靠广告维护品牌

在各种产品与服务风起云涌的时代，星巴克公司却把一种世界上最古老的商品发展成为与众不同的、持久的、高附加值的品牌。然而，星巴克并没有使用铺天盖地的广告宣传和巨额的促销预算等传统手段。"我们的店就是最好的广告"，星巴克的经营者们这样说。据了解，星巴克从未在大众媒体上花过一分钱的广告费。

星巴克认为，在服务业，最重要的营销渠道是分店本身，而不是广告。如果店里的产品与服务不够好，做再多的广告吸引客人来，也只能让他们看到负面的形象。星巴克不愿花费庞大的资金做广告与促销，但坚持每一位员工都拥有最专业的知识与服务热忱。它们的员工犹如咖啡谜一般，可以对顾客详细解说每一种咖啡产品的特性。只有通过一对一的方式，才能赢得信任与口碑。这是既经济又实惠的做法，也是星巴克的独到之处！

另外，星巴克的创始人霍华德·舒尔茨意识到员工在品牌传播中的重要性，他另辟蹊径开创了自己的品牌管理方法，将本来用于广告的支出用于员工的福利和培训，使员工的流动性很小。

用文化来提升品牌

星巴克公司塑造品牌，突出自身独有的文化品位。它的价值主张之一是，星巴克出售的不是咖啡，而是人们对咖啡的体验。

星巴克人认为自己的咖啡只是一种载体，通过这种载体，星巴克把一种独特的格调传送给顾客。这种格调就是"浪漫"。星巴克努力把顾客在店内的体验化作一种内心的体验——让咖啡豆浪漫化，让顾客浪漫化，让所有感觉都浪漫化……舒尔茨相信，最强大最持久的品牌是在顾客和合伙人心中建立的。

星巴克认为它们的产品不但是咖啡，而且是咖啡店的体验。星巴克的一个主要竞争战略就是在咖啡店中同客户进行交流，特别重视与客户之间的沟通。每一个服务员都要接受一系列培训，如基本销售技巧、咖啡基本知识、咖啡的制作技巧等。要求每一位服务员都能够预感客户的需求。注重当下体验的观念，倡导"以顾客为本"。"认真对待每一位顾客，一次只烹调顾客那一杯咖啡"这句取材自意大利老咖啡馆工艺精神的企业理念，贯穿了星巴克快速崛起的秘诀，强调在每天工作、生活及休闲娱乐中，用心经营"当下"这一次的生活体验。

另外，星巴克更擅长咖啡之外的"体验"：如气氛管理、个性化的店内设计、暖色灯光、柔和的音乐等。就像麦当劳一直倡导售卖欢乐一样，星巴克把美式文化逐步分解成可以体验的东西。星巴克还极力强调美国式的消费文化,顾客可以随意谈笑,甚至挪动桌椅,随意组合。这样的体验也是星巴克营销风格的一部分。

(资料来源:根据http://wenku.baidu.com/view/423e6edd7f1922791688e82c.html.整理。)

思考题

1. 星巴克公司如何进行员工培训以使员工与企业的文化相符合?
2. 在星巴克公司日常的经营中服务员工的作用是如何发挥的?

第11章 服务质量

服务质量是服务市场营销的关键和核心，服务质量管理是服务营销管理主要范畴之一，这是由服务产品的不可分离性所决定的。服务质量形成的过程受服务营销过程的影响。服务营销就是让顾客实际感知到的服务质量与其期望的服务质量相一致，从而使顾客感到满意。优质服务是服务企业竞争的核心，加强服务质量管理是提高服务质量、实现优质服务的必经之路。

11.1 服务质量的概念

11.1.1 服务质量概述

服务质量是产品生产的服务或服务业满足规定或潜在要求（或需要）的特征和特性的总和。特性是用以区分不同类别的产品或服务的概念，如旅游有陶冶人的性情、使人愉悦的特性，旅馆有给人提供休息、睡眠的特性。特征则是用以区分同类服务中不同规格、档次、品位的概念。如同交通服务有航空、水路运输、公路运输、铁路运输之分。服务质量最表层的内涵应包括服务的安全性、适用性、有效性和经济性等一般要求。

鉴于服务交易过程的顾客参与性和生产与消费的不可分离性，服务质量必须经顾客认可，并被顾客所识别。服务质量同有形产品的质量在内涵上有很大的不同，服务质量的内涵应包括以下内容。

1. 服务质量是一种主观质量

这与有形产品的质量存在着很大的差异，有形产品质量可以采用许多客观的标准来加以度量，如对一部汽车，其耗油量、时速、刹车性能等即使对于不同的顾客，也存在一个客观的标准，这些标准不会因为产品提供者的不同、购买产品的消费者的不同而产生变化。但服务质量却并非如此，不同的顾客可能对同一种服务质量产生不同的感知。例如，服务过程中的可靠性常常被视为一个非常重要的服务质量维度，但不同文化背景的顾客对这个问题的感知却存在着较大的差异。对于其他的服务质量维度，也存在着类似的情况。即使是同一个顾客，在不同的时段，对质量的要求也可能会发生变化。

2. 服务质量是一种互动质量

有形产品的质量是在工厂里生产出来的，在没有出厂之前，质量就已经形成了。在整个质量形成过程中，消费者基本上是没有"发言权"的，当然，企业必须根据市场调查的结果，按照消费者的期望来提供产品，但在质量形成过程中，顾客的作用是微弱的。而服务质量不同，服务具有生产与消费的同时性，服务质量也是在服务提供者与顾客互动的过程中形成的，如果没有顾客的紧密配合、响应，或者是顾客无法清晰地表达服务要求，那么，服务过程将会失败，服务质量将是低下的。正是由于这个原因，有些学者将服务营销称为互动营销。

3. 过程质量在服务质量构成中占据极其重要的地位

正因为服务质量是一种互动质量，所以，服务过程在服务质量形成过程中起着异常重要的作用。过程质量是服务质量构成极其重要的组成部分。当然，并不是说结果质量不重要，服务结果是顾客购买服务的根本目的所在，如果没有服务结果，或者服务结果很差，那么，再好的服务过程也是无法弥补的。同样，即使服务结果很好，但服务传递过程很糟，最后形成的顾客感知服务质量也可能是低下的，忽视结果或者是忽视过程，在服务质量管理中都是错误的。

4. 对服务质量的度量，无法采用制造业中所采用的方法

在制造业的服务质量度量中，可以通过产品检验来证明产品与事先所制定的产品标准是否吻合，如果吻合或者超过，则说明产品质量是合格的或者是优异的。但在服务业中，不但要考虑服务质量与服务标准的吻合问题，更重要的是，还要衡量质量的外部效率，即对顾客关系质量的影响。也就是说，这种服务质量对服务提供者与顾客建立持久的关系具有什么样的影响。明确这一点，对于提高服务质量管理水平，具有非常重要的意义。

11.1.2 顾客服务质量感知

由于服务具有不可感知性、不可分离性等特性，服务质量非常复杂，其构成要素、形成过程、考核依据、评价标准均和有形产品质量存在差异。

1982年，Gronroos提出了顾客服务质量感知的概念和模型，这一概念成为服务质量管理最为重要的理论基础。Gronroos认为，服务质量是由顾客通过对服务的感知而决定的。服务或多或少是一种生产和消费同步进行的主观体验过程，消费者对服务质量的评价不仅要考虑服务的结果，而且要涉及服务的过程。在这一过程中，顾客和服务提供者之间存在着服务接触，它对服务质量感知的形成具有非常重要的影响。

服务质量是顾客期望的服务质量同其感知的服务质量的比较。期望是指顾客在购买产品或服务前所具有的信念或观念，顾客会将其作为一种标准或参照系与实际绩效即感知进行比较，从而形成顾客对产品（服务）质量的判断。如果顾客对服务的感知水平符合或高于其期望水平，则顾客将获得较高的满意度，从而认为企业具有较高的服务质量；反之，则会认为企业的服务质量较差。此外，企业形象是服务质量体验的"过滤器"，关键时刻是顾客体验服务质量的有限时机。如图11-1所示。

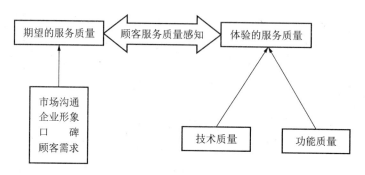

图 11-1　顾客服务质量感知模型

11.1.2.1　顾客所期望的服务质量

顾客所期望的服务质量是影响顾客对整体服务质量感知的重要前提。如果期望的服务质量过高、不切实际，则即使从某种客观意义上说顾客所接受的服务水平是很高的，他们仍然会认为企业的服务质量较差。期望质量受四个因素的影响：市场沟通、企业形象、顾客口碑、顾客需求。

市场沟通包括广告、直接邮寄、公共关系以及促销活动等，直接为企业所控制。这些方面对期望服务质量的影响是显而易见的。例如，在广告活动中，一些企业过分夸大自己的产品及所提供的服务，导致顾客心存很高的期望质量；然而，当顾客一旦接触企业则发现其服务质量并不像宣传的那样，这样就使顾客对其服务的质量感知大打折扣。

企业形象和顾客口碑只能间接地被企业控制，这些因素虽受许多外部条件的影响，但基本表现为与企业绩效的函数关系。

顾客需求则是企业的不可控因素。顾客需求的千变万化及消费习惯、消费偏好的不同，质量的巨大影响。顾客需求和对价值的理解也对顾客期望值的形成构成重要的影响。从价格对期望的影响来说，在星级宾馆花 500 元住一晚与在经济型旅馆花 50 元住一晚相比，顾客对服务质量的期望必然存在很大的差距。

服务期望对顾客服务质量感知的形成具有决定性的影响，如果服务提供者承诺过度，那么，顾客的期望就会被抬得很高，所感知的服务质量就会相对下降。过度承诺或过早承诺都会彻底毁掉服务企业质量改进计划的努力。因此，在进行外部营销时，营销人员必须避免做出不切实际的承诺。从营销实践看，将顾客期望控制在一个相对较低的水平，营销活动的余地就会大一些。

11.1.2.2　顾客所感知的服务质量

顾客所感知的服务质量可以区分为技术质量和功能质量。

1. 技术质量

技术质量也叫结果质量，是指服务过程的产出，是顾客在服务过程结束后的"所得"。通常顾客对技术质量的衡量是比较客观的，也便于评价。对于入住酒店的顾客，技术质量指客房；对于餐馆，技术质量指食物；对于管理咨询公司，技术质量指一份公司发展规划；对于律师事务所，技术质量指官司的结果。例如，宾馆为旅客休息提供的房间和床位，饭店为顾客提供的菜肴和饮料，航空公司为旅客提供的飞机、舱位等。对于技术质量，顾客容易感知，也便于评价。例如，旅馆设备是否舒适、饭店的菜肴是否可口、民航的舱位是否宽敞等。

2. 功能质量

功能质量也叫过程质量，与顾客服务消费过程有关，是指顾客是"如何"得到服务的。服务的功能质量取决于服务提供者与顾客的互动和接触。是指服务过程中顾客所感受到的服务人员在履行职责时的行为、态度、穿着、仪表等给顾客带来的利益和享受。功能质量完全取决于顾客的主观感受难以进行客观评价。

以酒店为例，一位顾客事先通过电话预订了酒店的一间客房，当他到达酒店时，门童先向他问候，迎宾员给他以指点，总台人员为顾客办理入住手续，然后楼层服务员引领顾客进入客房。在酒店居住期间，顾客要与服务人员发生多次服务接触，最后顾客退房并结账离开。在上述整个消费过程中，顾客是否得到服务人员亲切的对待就涉及服务的功能质量，而客房设施的好坏就涉及技术质量。

11.1.2.3 企业形象

服务企业的形象是顾客服务质量感知的"过滤器"。在服务业中，顾客参与服务过程，甚至亲自来到服务场所接受服务，在多数情况下，顾客都能够看到服务场景、服务人员以及服务的生产和传递方式。因此，服务企业无法像有形产品供应商一样隐藏到品牌或分销商背后。企业形象对于服务企业来说是最重要的，它可以从许多方面影响顾客服务质量感知的形成。如果在顾客心目中企业形象很出色，那么即使发生一些微小的服务失误，顾客也会原谅，但如果失误频频发生，服务企业的形象就将受到损害。如果服务企业形象原本就很糟糕，那么同样的服务失误对于顾客来说将难以容忍，顾客对服务质量的感知也会更加糟糕。

11.1.2.4 真实瞬间/关键时刻

服务提供者与顾客的互动和接触，决定了服务的功能质量。也正是在这种互动关系中，服务的技术质量被传递给顾客。例如，顾客在一家酒店所经历的真实瞬间包括登记住宿、由服务人员引导至房间、在餐厅就餐、要求提供唤醒服务及结账等。顾客正是在这些接触的过程中获得了对服务质量的第一印象，而且每个真实瞬间都会对客户的整体满意度和再次进行交易的可能性产生影响。据迪士尼公司估计，到其主题公园游玩的每位顾客平均要经历74种不同的服务接触，而其中任何一次不愉快的真实瞬间都可能导致对其整体否定的评价。

Normann将服务接触的每一个片段称为一个关键时刻。关键时刻是服务企业向顾客进行服务质量展示的有限时机。一旦时机过去，服务结束，服务企业也就无法改变顾客对服务质量的感知。在任何一个关键时刻，如果服务质量出现问题，服务企业将很难补救，因为糟糕的服务无法像有问题的商品一样还可以退换。因此，关键时刻是服务质量的特殊构成因素，是有形产品质量所不包含的要素。

服务生产和传递过程应计划周密,执行有序,防止棘手的"关键时刻"出现。如果服务企业听任各个关键时刻处于失控状况并任其发展,出现服务失误的概率就会大大增加。

11.2 服务质量差距模型

服务质量差距模型是20世纪80年代中期到90年代初,由美国的服务管理研究组合PZB(A. Parasuraman, Zeithaml, V. & L. Berry)提出的。服务质量差距模型见图11-2。服务质量差距模型是用来分析质量问题的基础。(差距5)即顾客期望与顾客服务感知之间的差距,是服务质量差距模型的核心。

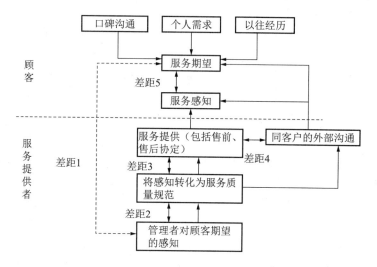

图 11-2　服务质量差距模型

11.2.1　管理者认识差距(差距1)

这个差距是指服务机构管理者所了解的顾客期望与实际的顾客期望之间的差距,它的存在,主要是因为服务机构没有充分地了解或低估了顾客对服务的期望。

11.2.1.1　影响服务机构对顾客(期望)了解的渠道

影响服务机构对顾客(期望)了解的渠道主要包括市场调研、市场细分、关系营销、管理层的沟通四个方面。

1. 市场调研

服务机构不了解顾客的期望的一个原因是因为市场调研做得较差。一是市场调研做得不全面、不深入。比如,抽样调查的样本太小,所得结构缺乏代表性,难以代表大多数顾客的期望。二是没有调研收集有关服务质量的反馈信息。比如,服务机构可能不敢或不愿意面对顾客对服务质量的投诉,从而难以获得有价值的服务质量反馈信息。三是调研方法不适合或市场调研设计错误。比如，服务机构可能偏重正式的问卷调查，忽视非正式的顾客访谈，而像顾客期望和顾客服务质量感知这样的心理特征，可能采用非正式的访谈能更真实地加以了解。

2. 市场细分

服务机构不了解顾客的期望的另一个原因是没有进行市场细分或市场细分不精确。事实上，不同地区、不同年龄、不同收入、不同职业、不同教育程度、不同文化背景、不同消费心理和不同消费行为的顾客群对同一种服务的期望是有差异的。不通过市场细分去了解这些差异，就难以深入地了解顾客的期望。若市场细分不够精确，把本不属于目标市场的非潜在客户也划进来。这样，服务机构纵使通过市场调查取得他们对服务的期望的资料，但这种资料却未能反映服务机构的真正目标顾客的服务期望。

3. 关系营销

服务机构不了解顾客的期望时，再一个原因是没有开展关系营销。一是侧重交易而轻视顾客关系，只注意顾客口袋里的钱，而不关心顾客心里的期望；二是侧重新顾客而轻视老顾客，只重视招徕新顾客，而不重视保持与老顾客的关系。事实上，了解新顾客（期望）的难度远大于了解老顾客。

4. 管理层的沟通

服务机构不了解顾客的期望，还因为管理层的沟通发生较大的障碍。一是服务机构管理层很少接触顾客，因而不了解顾客及其期望；二是服务机构管理层与一线服务人员之间缺少沟通。因此，虽然一线人员直接接触和比较了解顾客，但来自一线的信息却很难上传到管理层。服务机构的管理层次太多，是影响机构高层领导和一线人员之间沟通的一个主要因素。由于管理层是服务机构整个服务理念、服务标准的设计者和服务实绩的控制者，管理层对顾客期望的不了解是造成服务实绩（或顾客感知）与顾客期望之间差距的一个致命的因素。

11.2.1.2 差距 1 管理的内容

根据以上的分析，服务机构缩小服务质量差距 1 的营销管理应当包括下列活动。

- 市场调研：服务机构通过市场调研全面而深刻地了解顾客对服务（质量）的期望。
- 市场细分：服务机构通过市场细分有区别和有重点地了解顾客的期望。
- 关系营销：服务机构通过关系营销不断增进对顾客及其期望的了解。
- 管理层的沟通：服务机构通过内部营销改善管理层与顾客之间、管理层与一线人员之间的信息沟通。

案例 11-1

Sabel Wilderness 酒店的顾客期望管理

Sabel Wilderness 酒店位于斯堪的纳维亚一个自然公园内，附近还有几家酒店。整个酒店共有 80 张床位，以高标准的服务而闻名。这家酒店在宽敞的客房和温馨的餐厅里投入了大笔的资金,在餐厅里你可以品尝到当地及世界各地的美食。多年来,酒店投巨资用来培训员工,使这些员工能为顾客提供充满人情味的优质服务。

公司董事会确定的最新的服务主题是服务补救,并由此而建立了服务补救支持系统。近年来,公司所做的顾客满意度调查显示,酒店服务水平基本上达到了顾客满意水平。75%的顾客对酒店的服务非常满意,只有5%的顾客对酒店的服务表示不满意。几乎所有的顾客都是回头客。但是,由于近年来该地区新旅游者的涌入,Sabel 的新顾客比重越来越大。公司的管理层最近做出了一项战略性的举措,即将该酒店改造成为该地区最高档的酒店。但是,酒店直接负责营销和顾客服务的总经理 Leopold 却坚决反对这项决策。原因非常简单,虽然他认为酒店应当为顾客提供一流的服务,但他不想将顾客期望提得太高。Leopold 说:"让顾客带着较低的期望来我们酒店是一件好事,因为这样我们的服务总是可以超越顾客的期望,给顾客以惊喜。我认为,低承诺、高水平服务永远都是最好的策略。"按照 Leopold 的观点,这样顾客可以感受到他们接受了更好的服务,也会使 Sabel Wilderness 酒店的形象得到提升。另外,这种策略也可以强化正面的口碑效应。

(资料来源:格罗鲁斯. 服务管理与营销. 3 版. 韦福祥,译. 北京:电子工业出版社,2008.)

11.2.2 质量标准差距(差距2)

这个差距是指服务机构的服务设计和相关的服务标准与所了解的顾客对服务的期望之间的差距。在服务机构正确了解顾客对服务的期望的条件下,服务质量差距2的存在,主要因为服务机构在设计服务及相关的服务标准时不能准确地反映所了解的顾客期望。

11.2.2.1 影响服务设计和标准制定的因素

影响服务设计和标准制定的因素主要是服务标准的导向、领导层因素、服务设计、不适合的有形实据。

1. 服务标准的导向

服务机构的服务标准不能反映顾客期望的第一个原因与制定服务标准的导向有关。服务机构在制定服务标准时,不是从顾客的需要出发,而是从服务生产或运营的需要出发,即单从企业的角度考虑。这样制定的服务标准是以生产或运营为导向的,而不是以顾客为导向的。生产或运营导向的服务标准可能有助于提高服务生产率,但可能有损于顾客的利益。例如,有的资金短缺的服务公司会降低某些服务标准以节约成本及缩短服务时间以提高效率(满足运营上的需要),而这些服务标准的降低却导致顾客不满。服务机构没有从顾客需求的角度设计服务标准的原因包括:不重视顾客的企业文化,缺乏反映顾客需求的沟通渠道和领导的管理作风等。

2. 领导层因素

服务机构的服务标准不能反映顾客期望的第二个原因与服务机构的领导有关。一些服务机构的领导"重财务,轻服务",缺乏顾客导向的服务理念,不重视顾客及其期望,不重视按照顾客的期望来制定服务标准,没有在机构内设立良好的沟通渠道收集和反应顾客需求的信息，不按照顾客的期望来考核机构的服务实绩。一家服务机构的领导不重视顾客导向，那么这家服务机构制定的服务标准就很难体现顾客的期望，从而导致服务差距2的出现。

3. 服务设计

服务机构的服务标准不能反映顾客期望的第三个原因与服务设计有关。以设计新服务而言，服务的不可感知性使得服务产品的设计只能用语言来表述。但语言不一定能准确表达服务的每一个特点。况且，利用语言描述新服务时往往出现以下问题：一是语言表述过于简单，而服务过程、服务行为及顾客对服务的要求是复杂的；二是语言表述不完整，遗漏服务过程的某些环节或某些方面；三是语言表述带有主观色彩，服务设计者往往受主观经验影响，对个人所偏爱的某些组成部分加以强调，对服务的其他组成部分未予以足够的重视。结果，根据带有强烈偏差性描述设计出来的服务将会偏离新服务的定位，与目标顾客的期望有距离；四是语言的模糊性，如对服务标准的用语"快速""灵活"等，不同的人很难有相同的理解，服务机构很难参照这些模糊表述而设计出符合顾客真正期望的服务。

4. 不适合的有形实据

服务机构在设计新服务产品时，服务产品的组合部分包括语言、行为、气氛，服务人员和设施、服务场所的环境及其他有形的元素。事实上，为了解决服务的不可感知性带来的问题，很多设计者往往采用有形的元素，以提示或证明新服务产品的特点或利益。然而，受个人偏爱等主观因素的影响，某些服务机构采取与新服务产品概念及特点不配合的有形实据作为服务内容的组成部分，导致目标顾客难以理解，从而错误理解新服务产品，认为它与自己所期望享受的服务，在特质及质量上皆有距离。

11.2.2.2 差距2管理的内容

根据以上的分析，缩小服务质量差距2的营销管理应当包括下列内容。

服务标准导向的确定：服务机构通过服务标准导向的确定，围绕顾客的期望或需要来制定服务标准。

加强服务领导层的市场导向概念：服务领导者树立和贯彻顾客导向的服务理念，并以此指导服务标准的制定。

服务设计：服务机构通过用准确的服务语言表达顾客对服务的期望和机构的服务理念以及新服务产品的概念和内容，减少服务设计上不必要的偏差和偏离产品的定位。

有形实据：不能单凭设计者主观看法，而要通过市场测试，确保采取的有形元素真正成为提示新服务产品的特点和好处的证据。

案例 11-2

度量服务质量：联邦快递的方法

当联邦快递（今天大家都知道是 FedEx）在 1973 年 4 月 17 日首次开张营业时，它只运送了八只包裹，其中七只还是试验性的，地址是从联邦快递的一个雇员到另一个雇员的。没有人知道这件事标志着整个行业的诞生——隔日邮递或快包专递。对于大学生们特别有激励作用的是 Fred Smith——联邦快递的 CEO,在耶鲁大学本科生论文中勾画出了公司早期的运作细节。这篇论文所得到的成绩是"C"。到1990年,这家公司每年的销售收入已经达到了70亿美元,并控制着航空快递市场约43%的市场份额。

联邦快速有两个雄伟的目标:对于每次的交往和交易保证100%的顾客满意及对于每个经过处理的包裹100%履行完成。在早期,联邦快递把服务质量定义为准时提交包裹的百分率。在对多年的抱怨进行分类以后,他们清楚地看到,准时提交目录的百分率是服务质量的内部度量指标,并不一定反映从顾客标准来看的绝对服务质量。

顾客对服务质量的定义包括八种可以避免的服务失误,包括:①提交日期错误;②日期正确但提交时间延误;③没有上门收集包裹;④包裹丢失;⑤联邦快递通知顾客的信息有误;⑥账单和文字处理错误;⑦员工的表现糟糕;⑧包裹损坏。根据对顾客抱怨所得到的这些分类,已经可以很清楚地看到,准时提交对于联邦快递的顾客来说并不是度量服务质量的唯一重要的指标。

除了对顾客抱怨分类外,联邦快递每天还通过跟踪12个服务针对质量指标,从单个指标和总体指标两方面来度量服务质量。此外,公司每年还针对五种主要类型的顾客进行了大量的研究。

(1) 对于以下四个市场,进行每季度一次的服务质量研究:给联邦快递打电话的公司、美国出口商、人工控制中心的顾客、分发量大的顾客。

(2) 每半年对10个目标市场的顾客进行一次研究,与对于联邦快递的10个特定的业务阶段,如:顾客服务、账单和收据调整等,与有经验的顾客联系。

(3) 联邦快递中心建议卡,它们是一年两次收集信息并编制成的表格;这些信息用于对每个中心经理的反馈。

(4) 对占联邦快递包裹总量30%的7 600个顾客的顾客自动化系统的研究;这些顾客配备了能跟踪包裹及提供其他各类自助式服务活动的自动化系统。

(5) 每年一次的加拿大顾客研究,它是在美国境外包裹运送的最频繁的目的地。

联邦快递有多成功呢?从钱的方面看,它的成功是历史性的奇迹。联邦快递是美国历史上第一家在开张的头10年内就达到销售收入10亿美元的公司。联邦快递的顾客满意得分也是标志性的。来自于顾客的从"完全不满意"到"完全满意"的五级评分量表上,每季度一次的评价中,"完全满意"达到94%。大多数公司在计算顾客满意度时都把"有点满意"和"完全满意"的回答合并在一起。但是联邦快递不是这样。由于取得了这些及其他许多成果,联邦快递获得了 Malcolm Baldrige 国家质量奖。

(资料来源:BRIEFING STAFF. Blueprints for service quality:the federal express approach. AMA management. American Management Association:New York,1991. Reprinted by permission of the publisher,1991. American marketing association. All right reserved.)

11.2.3 服务交易差距（差距3）

这个差距是指服务机构执行服务时与制定的服务标准之间的差距。在服务机构制定的服务标准能准确地反映顾客期望的条件下，服务质量差距3主要来自服务标准的执行。

11.2.3.1 影响服务标准执行的因素

影响服务标准执行的因素主要是服务人员、参与服务过程的顾客、代理服务的中间商、服务的供求关系。

1. 服务人员

服务标准没有很好执行的第一个原因与服务人员有关。一是服务人员的招聘不当。从生产的观点而不是从营销的观点招聘服务人员，这样的人员可能难以理解服务标准中的营销理念和顾客的要求和期望，难以有效地执行顾客导向的服务标准。二是服务人员在服务过程中没有很好地进入角色。服务人员在服务过程中常常受到自我角色的干扰，按照个人主观判断及经验提供服务，因此难以很好地扮演服务标准规定的角色。三是服务人员的服务技术水平达不到服务标准的要求。四是服务人员的考评和报酬体系有缺陷。五是管理上对服务人员授权不够，服务人员缺乏灵活处置问题的权力，影响了服务人员提供变通的，或额外的服务以满足服务标准以外的顾客要求。

2. 参与服务过程的顾客

服务标准没有很好执行的第二个原因与顾客有关。一是参与服务过程的顾客缺乏角色感和责任感，顾客在服务过程中不予配合及不愿意或延误执行某些应由顾客负责的活动，影响了服务标准的执行。二是顾客之间的相互关系出现矛盾（如争吵、拥挤），影响服务人员及顾客参与服务生产过程的情绪，也会影响服务标准的执行。三是顾客愿意参与服务生产过程，却欠缺所需的服务知识和技巧，导致"帮倒忙"，而使服务达不到服务标准。

3. 代理服务的中间商

服务标准没有很好执行的第三个原因与代理服务的中间商或渠道有关。中间商在服务代理中因不同原因没有很好地按合同执行委托服务商的服务标准，而且服务商对中间商缺乏控制或管理不足，这就使得顾客在中间商那里感知到的服务质量不如在服务商那里。此外，服务机构提供给中间商的培训不足，使后者缺乏足够的知识和技巧，不能生产符合服务标准的服务。

4. 服务而供求关系

服务标准没有很好执行的第四个原因与服务供求的不平衡有关。服务的不可储存性意味着服务机构无法用库存来调节服务市场的供求矛盾。因此，服务市场常常处于供求不平衡的情况下。在供大于求的时候，服务被"浪费"，服务生产能力被闲置，谈不上服务标准的执行；在供小于求的时候，服务生产能力不足，服务人员及设施又被超负荷地使用，为了勉强应付需要服务的所有顾客，服务人员容易为追求数量而忽视服务质量，缺乏尽心尽意的服务态度，从而不可避免地降低服务标准。

11.2.3.2 差距3管理的内容

根据以上分析，服务机构为缩小服务质量差距3的营销管理应当包括下列内容。

1. 服务人员的管理

服务机构通过对服务人员的管理，包括服务人员的招聘、培训、岗位设计、激励和考核等，增强服务人员执行服务标准的自觉性、积极性。

2. 顾客的管理

服务机构通过对顾客的管理增强顾客的参与感、角色感和责任感，减少顾客对服务标准执行的干扰。

3. 服务渠道的管理

服务机构通过对服务中间商的管理培训和其他支援，控制服务代理中服务标准的执行。

4. 服务供求的调节

服务机构通过对服务供求的调节，包括对需求的刺激和对供给的调整，平衡服务供求之间的矛盾，在供求比较均衡的条件下保证服务标准的执行。

11.2.4　营销沟通的差距（差距4）

这个差距是指服务机构对顾客的承诺与服务实绩之间的差距。在服务标准执行良好的情况下，服务质量差距4出现的原因，主要来自服务机构通过对外的市场沟通活动所传播的服务企业对其服务特点、内容以至承诺的信息。这些信息是影响顾客对服务质量、服务特点及相关的利益的期望的一个主要因素。倘若市场沟通活动传播的信息提升顾客对服务的期望或使其错误理解有关的承诺，但所提供的服务其表现不如服务承诺的那么好，就意味着顾客对服务的实际感知低于对服务的期望，这就造成服务质量的差距。

11.2.4.1　影响顾客对服务的理解和服务质量的期望的因素

影响顾客对服务的理解和服务质量的期望的因素主要是服务沟通欠整合及过度承诺、横向沟通不足、缺乏有效管理顾客的服务期望。

1. 服务沟通欠整合及过度承诺

过分或不实的服务承诺首先出自广告、人员推销和公共宣传等营销沟通。夸张或吹嘘过头的广告、人员推销和公共宣传，可能向顾客明示或暗示某些不实的服务承诺，从而导致顾客期望的提升。而一旦在实际的服务中无法兑现这些服务承诺，或顾客无法感知到广告里所承诺的服务质量，就会使顾客失望。营销中不实的或过分的承诺，往往源自服务机构营销部门与运营（或生产）部门之间的沟通不畅。由于沟通不畅，营销部门不了解生产部门实际的服务水平，为了吸引顾客，过高地宣扬和承诺生产部门的服务水平，其结果必然导致差距4。此外，服务机构没有全面整合针对顾客而设的各种市场沟通活动及渠道，导致不同的活动和渠道所传播的服务信息缺乏一致性，使某些顾客对服务有不恰当的期望。

其次，过度的服务承诺出于服务定价。服务定价对服务质量有一种暗示承诺作用。如前所述，服务产品的无形性使得顾客往往根据服务定价来间接地判断服务质量。在顾客看来，较高的服务定价意味着或"承诺"着较高的服务质量和水平。因此，较高的服务定价会提升顾客对服务的期望。如果服务机构的服务定价与其服务实绩（实际的质量）不符，或超过其服务实绩，那么容易使顾客感觉上当，顾客实际感知到的服务质量低于服务定价所"承诺"的服务质量。

过分的服务承诺还出自服务环境、实施、工具、用品等服务的有形实据。服务的有形实据也对服务质量有明示或暗示的承诺作用。如前所述，服务产品的无形性使得顾客也往往根据服务环境、实施、工具、用品等服务的有形实据来判断服务质量。在顾客看来，优良的服务环境、实施、工具、用品，提示着或"承诺"着较高的服务质量和水平。因此，优良的服务环境、实施、工具、用品会提升顾客对服务的期望。如果服务机构提供的服务表现（实际的服务质量）与其优良的服务环境等不相称，那么也容易使顾客失望，顾客对这样的服务机构会有一种"金玉其外，败絮其中"的评价。

2. 横向沟通不足

服务机构的横向沟通分为对外及对内两部分。服务机构外部横向沟通指服务机构如何管理顾客的口碑。顾客采购服务产品的主要行为特征之一是依赖人际沟通渠道获得服务机构及其所提供服务的信息。在人际沟通渠道中传递的信息便是"口碑"。基于服务的不可感知性及质量的变异性，顾客的口碑内容都是根据个人与服务机构接触的经验组成的。部分顾客的口碑可能是负面的，但导致负面的服务经验的背后原因可能是该顾客个人的错误。因此，服务机构应培训其服务人员，特别是前线服务人员，懂得如何在与顾客接触时影响顾客口碑，避免顾客基于错误的口碑而对服务质量有过高或过低的期望。

服务机构内部横向沟通是指服务机构内跨部门的沟通系统及活动。营销沟通中不切实际和过分的承诺，往往源自服务机构内的营销部门与营运及其他部门间的沟通不足，导致双方对各自的运作处境和服务质量的理解不够，这样既会误导顾客对服务质量的期望，也会因对对方的运作程序认识不足，在共同提供服务时出现不协调以至互相矛盾的现象，对服务质量带来负面影响。

3. 缺乏有效管理顾客的服务期望

服务机构必须采取相应的市场沟通活动以了解和影响顾客对服务的期望。除传统的市场沟通活动外，服务机构应根据服务的生产及消费的不可分割的高级特性，利用互动市场沟通活动影响顾客的服务期望。其中最主要的是利用服务人员与顾客接触的机会，双方进行互动的双向沟通。让服务人员直接对顾客解释和澄清服务的内容、特点、服务标准等，是由顾客对服务机构的服务形成合理期望的沟通方法，这远胜于传统的单一方向的沟通方式。

11.2.4.2 差距4管理的内容

根据以上的分析，服务机构为缩小服务质量差距4的营销管理应当包括下列内容。

1. 服务沟通的管理

服务机构通过对广告、人员推销和公共宣传等沟通的管理，增强服务沟通的真实性和沟通中所含服务承诺的可兑现性。服务机构通过对服务定价的管理，增强服务定价反映服务质量或衡量服务价值的准确性。服务机构亦可通过对服务环境、设施、工具和用品的管理，增强这些有形物提示服务质量的准确性。

2. 增强横向沟通。

3. 有效管理顾客的服务期望。

案例 11-3

高端网吧异军突起 服务质量堪比海底捞

近年来，随着计算机、手机、平板电脑的普及，WiFi、4G 网络的迅速扩展，网吧受到冲击，该行业一度被称为"夕阳产业"，曾遍地开花的网吧已大幅减少，众多小网吧已难觅踪迹。

网吧是否就此到了穷途末路？2014 年以来，一些网吧开始改头换面，以集休闲、娱乐于一身的高端"网咖"形式出现，试图重新吸引消费者。

一些网吧经营者将业绩下滑的原因，归结为互联网的普及。其实一些网吧无法满足消费者日益增长的需求，是网吧风光不再的深层次原因。一些"低端"网吧整日烟熏缭绕，计算机设备落后，上网时常"卡壳"等，达不到顾客的要求。网吧经营没有特色，对一些高端网民缺乏吸引力，是导致网吧走下坡路的根本原因。2012 年至 2014 年，上海的网吧数量维持在 740 家左右，比 7 年前减少近百家。

现在，网吧的客户群也变了。以往网吧的客户群主要是学生和进城务工人员，近几年渐渐变为对上网环境、设备有较高要求的都市年轻人。

据悉，很多网吧功能早已拓展，一些新式网吧与咖啡厅融合，变身网咖，还有的网吧融入了电玩等设备。"客户群在转变，网吧也需升级！"

服务堪比"海底捞"。高端网吧现火爆与多数网吧还在老路上苦撑不同，今年 3 月，26 岁的赵威（化名）投资 200 多万元，建立了高端网吧，名为"轴心网咖"，是面积为 400 多平方米的网络会所。

走进轴心网咖，只见玻璃大门内，精美的装饰、明亮的灯光让人耳目一新，完全颠覆了人们对某些传统网吧"脏乱差"的印象。会所内设大厅区、沙发区、轴心区，上网价格按区分别为每小时 4 元至 6 元。同时，会所还设有休闲雅座区，消费者可在这里喝咖啡、聊天。

爱好旅游的赵威称，"做市场调查时，我发现网吧行业已接近饱和。"他说，网吧之间仅靠价格战招徕顾客，只会让网吧经营进入死胡同，他便尝试在硬件、环境、服务上下功夫，走高端路线。

"来这里的客人都能感受到'海底捞'式的贴心服务。"赵威说，网吧内不许抽烟，有一流的计算机设备，还聘来 7 名美女做服务员。"顾客一坐下，她们就递上一杯水，还会为坐在空调附近的客人送上一块毯子。"

设备先进、功能多样，许多客人慕名而来，每天早上，轴心网咖的上座率都超过 60%，下午上座率可高达90%。

"下一步想开分店，打造一个集上网、休闲娱乐、文化交流于一身的综合休闲会所。"赵威说，为了打造"高端"网咖，店内销售的小零食都是进口食品，而且不销售香烟。

（资料来源：http://www.paigu.com/a/194219/12548053.html）

11.3 服务质量的测量与提高

11.3.1 服务质量维度

服务质量维度是指对顾客服务质量感知产生影响的要素。在顾客服务质量感知评价与管理研究中，对这些要素的界定有着十分重要的意义。有关服务质量的维度，学者们观点各异，现将其观点总结如下。

Sasser、Olsen和Wyckoff认为服务质量的维度包括七个方面：安全性、一致性、态度、完整性、调整性、方便性和时效性。

U. Lehtinen和J. Lehtinen从服务生产过程角度，将服务质量区分为实体质量、互动质量和企业质量；从顾客的角度，将其区分为过程质量和产出质量。

Mitra则将服务质量分成四个组成要素：服务人员的行为及态度、时效性、服务不合格点和设施有关特性。

Rust和Oliver认为顾客服务质量感知除技术质量和功能质量外，还应纳入第三个要素，即有形的环境质量。他们认为服务质量由服务产品、服务传递和服务环境构成。

Gronroos认为良好服务质量的维度有七个，即职业作风与技能、态度与行为、服务的易获得性与灵活性、可靠性与信任性、服务补救能力、服务环境组合和声誉与信用。

Brady和Cronin将服务质量分为交互质量、实体环境质量和结果质量。

PZB认为服务质量的构成要素包括可靠度、反应力、胜任力、易接近性、礼貌性、沟通性、信赖性、安全性、了解和熟知顾客及有形性。1988年又将服务质量的要素缩减为五个，它们分别为：有形性、可靠性、响应性、保证性和移情性。

可以看出，虽然学者们提出的服务质量要素中有一些共同的要素如有形要素、人员的态度等，但要素结构和数量的差异却很大。这种现象的发生可能是由于研究对象的不同所造成的，所以有关服务质量的统一维度还没有形成。

11.3.2 SERVQUAL服务质量测量方法

尽管服务质量测量方法种类繁多，但最重要的无疑是PZB组合发明的SERVQUAL测量方法。SERVQUAL为英文"Service Quality"（服务质量）的缩写。SERVQUAL测量方法完全建立在顾客服务质量感知的基础之上，即以顾客的主观意识为衡量的重点，首先测量顾客对服务的期望，然后测量顾客对服务的感知，由此计算出两者之间的差距，并将其作为判断服务质量水平的依据。SERVQUAL量表所测量的服务质量的五个维度如下所述。

- 有形性：包括实际设施、设备及服务人员的外表等。
- 可靠性：指可靠地、准确地履行服务承诺的能力。
- 响应性：指帮助顾客并迅速地提高服务的愿望。
- 保证性：指员工所具有的知识、礼节及表达出自信与可信的能力。
- 移情性：关心并为顾客提供个性化服务。

SERVQUAL量表具体内容由两部分构成：第一部分包含22个项目，记录了顾客对特定服务行业中优秀公司的期望。第二部分也包括22个项目，它度量顾客对这一行业中特定公司（即被评价的公司）的感知。然后把这两部分中得到的结果进行比较就得到五个维度的每一个"差距分值"。顾客的感知与期望的距离越大，服务质量的评价越低。相反，差距越小，服务质量的评价就越高。因此SERVQUAL是一个包含44个问项的量表，它从服务质量五个维度来度量顾客的期望和感知。问卷采用7分制，7表示完全同意，1表示完全不同意，*表示分值相反。如表11-1所示。

表11-1 SERVQUAL量表

要素	组成项目
有形性	1. 有现代化的服务设施 2. 服务设施具有吸引力 3. 员工有整洁的服装和外表 4. 公司的设施与他们所提供的服务相匹配
可靠性	5. 服务企业对顾客所承诺的事情都能及时地完成 6. 顾客遇到困难时，服务人员能表现出关心并提供帮助 7. 服务企业是可靠的 8. 能准时地提供所承诺的服务 9. 正确记录相关的服务
响应性	10. 不能指望他们告诉顾客提供服务的准确时间 * 11. 期望他们提供及时的服务是不现实的 * 12. 员工并不总是愿意帮助顾客 * 13. 员工因为太忙以至于无法立即提供服务以满足顾客的需求 *
保证性	14. 员工是值得信赖的 15. 在从事交易时顾客会感到放心 16. 员工是有礼貌的 17. 员工可从公司得到适当的支持，以提供更好的服务

续表

要素	组成项目
移情性	18. 服务企业不会针对不同的顾客提供个别的服务 * 19. 员工不会给予顾客个别的关怀 * 20. 不能期望员工会了解顾客的需求 * 21. 服务企业没有优先考虑顾客的利益 * 22. 服务企业提供的服务时间不能符合所有顾客的需求 *

（资料来源：PARASURAMAN A, ZEITHAMAL V A, BERRY L L, et al. A multiple-item scale for measuring consumer perceptions of service quality [J]. Journal of Retailing, 1988, 64 (1): 12—40.

1. 问卷采用7分制，7表示完全同意，1表示完全不同意。中间分数表示不同的程度。问卷中的问题随机排列。

2. *表示对这些问题的评分是反向的，在数据分析前应转为正向得分。）

对面向消费者的服务（汽车维修、航空公司、医疗和网上经纪业）、企业对企业的服务（建筑业）、内部服务（公司内部的信息处理），表11-2给出了各个服务质量维度的例子。

表 11-2 顾客评价服务质量维度的实例

	有形性	可靠性	响应性	保证性	移情性
汽车修理（消费者）	维修设施、等候区、制服和设备	第一时间确定问题并按承诺的时间完成	可接近，不用等待，对要求做出反应	具有知识丰富的技工	以名字来认识顾客，记住顾客原先的问题及顾客偏好
航空（消费者）	飞机、订票柜台、行李区、制服	到达指定地点的航班，按时刻表起飞和抵达	迅捷快速的售票系统，空运行李的处理	真实姓名、良好的安全记录、胜任的雇员	理解特殊的个人需要，预测顾客需要
医疗（消费者）	候诊室、检测室、设备和书面材料	按约定时间会面，诊断准确	可进入，不用等待，愿意倾听	知识、技能、证书和声誉	承认病人是人，记得以前的问题，良好的倾听能力、耐心
建筑业（企业）	办公区、报告、计划本身、费用报告及员工着装	按承诺提出方案并使之在预算范围内	回电，能适应变化	资格、声誉、社会上的名气、知识和技能	明白顾客的行业，承认并适应特殊顾客需求，逐渐了解顾客

续表

	有形性	可靠性	响应性	保证性	移情性
信息处理（内部服务）	内部报告、办公区域及员工着装	按要求提供所需服务	对要求及时做出反应，杜绝官僚主义，及时处理问题	具有丰富知识的员工，良好的培训、资格	将内部顾客以不同个人来看待，明白个人及部门的需求
网上经纪（消费者和企业）	网站及附属物的外观	提供正确信息，准确执行顾客要求	快速、易进入且无障碍的网站	网站上可信的信息来源，品牌识别、明显的网站资格	根据需要与人配合做出反应的能力

11.3.3 SERVQUAL 测量方法的应用

在服务企业管理中，SERVQUAL 的应用如下。

· 更好地了解顾客的期望与服务质量感知过程，从而达到提高服务质量的目的。当然，在应用于不同的行业时，服务质量的五个维度可能会发生变化，从而要求根据行业的特性进行"微调"。

· 对同一行业中不同企业的服务水平做出比较分析。利用 SERVQUAL 评价方法，结合其他评价手段，可以计算出本企业现在的服务水平及同其他企业之间的质量差距，从而更好地做出质量改进决策。特别是它可以分别计算出各服务质量维度的水平，也可以寻找到在服务质量维度中，对顾客感知服务质量影响较大的维度，从而使企业可以寻找到影响服务质量的关键问题，以利于采取措施，对其加以提升。

· 定期利用 SERVQUAL 评价方法，并将其与其他评价方法相互结合，可以较为准确地预测企业服务质量的发展趋势。例如，对于一个零售商来说，利用 SERVQUAL，同时配合使用员工对服务质量看法的调查、收集顾客建议和抱怨分析等方法，就可以更有效地改进服务质量。SERVQUAL 是基于顾客的服务质量评价方法，而顾客也包括内部顾客，即员工。通过这种对员工的调查，可以寻找到良好服务传递的障碍之所在。

· SERVQUAL 评价方法的另外一个应用是，以一个公司的顾客的 SERVQUAL 评分为基础，对其进行分类，从而寻找企业的目标顾客。例如，经过对参与调查顾客评分情况的分析和分类，以及顾客对各维度重要性的认识，可以对顾客做出许多有益的分类。例如，考察评分高的顾客接受服务次数，如果评分高，同时又接受过企业的服务，那么，这些顾客成为企业忠诚顾客的可能性就比其他类型的顾客要大得多，等等。

· 通过对不同顾客群对服务质量维度重要性的认知，寻找到在不同文化背景下，顾客感知服务质量方面存在的差异。不同文化背景的顾客，对质量的要求是存在差异的。经过对不同文化背景的顾客的抽样调查，可以排列出这些顾客对质量五个维度的感知情况，从而决定企业质量改进的重点所在。

从总体上说，SERVQUAL 是一种较好的评价方法，但使用时需要注意两点：一是将 SERVQUAL 应用于不同的行业时，必须对表中的项目做出适当的调整，这样才能保证 SERVQUAL 评价方法的科学性；二是如果需要的话，服务质量的五个维度也可以做出适当的调整，以满足对不同类型企业研究的特殊需要。

 链接 11-1

不同文化背景下服务质量维度的重要性

有形性、可靠性、响应性、保证性、移情性这五个服务质量维度是在对美国多种情境的研究基础上产生的，作为一条普遍规律，可靠性在美国是最重要的服务质量维度，响应性相较于余下三个质量维度来说也处于比较重要的地位，但我们若从不同的文化背景来看，那又会出现什么样的情况呢？这些服务质量维度还重要吗？哪一个最重要？对这些问题的回答对于在跨文化或在多文化环境中提供服务的企业来说具有极大的价值。

学者们已经运用 Hofstede 所建立的文化维度模型来评估服务质量重要性是否会随不同的文化导向而变化。举例说，权力差距即指一个文化环境中人们期望和接受地位差异的程度。研究结果已经显示，许多亚洲国家具有权力差距大的特点，而许多西方国家的权力差距则较低。泛泛地说，个人主义反映的是西方文化以自我为中心的特征，与之相反，集体主义在东方更为典型。有人从其他维度，即刚性，不确定性的规避和长期导向在不同文化间做了类似的比较。问题是这些文化差异会不会影响消费者对服务质量维度重要性的定位。

从 Furrer，Liu 和 Sudharshan 公布的研究图上可以看出，在不同文化维度定义的顾客群中，服务质量各维度重要性之间存在很大差别，这些顾客群的文化概况描述如下。

跟从者：权力差距大、高度集体主义，很强的刚性、中度的不确定性规避，短期导向。
平衡主义者：权力差距小、高度集体主义，中度刚性、高度不确定性规避，中期导向。
自我主义者：权力差距小、高度个人主义，中度柔性、低度的不确定性规避，长期导向。
感性主义者：权力差距大、中度个人主义，很强的刚性、低度的不确定性规避，短期导向。
理性主义者：权力差距小、高度个人主义，很强的柔性、高度的不确定性规避，长期导向。

从中可以清楚地看到，各服务质量维度在不同文化中都很重要，但其相对重要程度却随文化价值导向的不同而不同。例如，在权力差距小，中度个人主义和长期导向的文化背景中，自我主义者和理性主义者的可靠性和响应性是最重要的两个维度。另一方面，权力差距小，刚性强的文化背景下跟从者和感性主义者可靠性与响应性则显得不那么重要，有形性维度表现出了最大的差别，感性主义者将之定为最重要的，而理性主义者则将之定为最次要的。

这项研究的学者们提出了一系列关于此研究对于服务于多文化背景的企业的意义。例如，如果目标市场是跟从者的文化背景，服务提供者们在通过有形性和移情性来传递服务质量的同时，还要强化员工培训以使他们获得专业知识，提高可信度，并取得顾客的信任。另一方面，若服务于自我主义者，企业应该加强员工配备并授权员工以使他们有能力为顾客提供可靠、及时的服务。

(资料来源：HOFSTEDE G. Cultures and organizations：software of the mind. New York：McGraw-Hill, 1991；FURRER O, SHAW-CHING LIU, B. SUDHARSHAN, The relationships between and service quality perceptions [J]. Journal of Service Research, 2000, 2 (4)：355—71.)

11.3.4　服务质量测量的具体程序

服务质量测量一般采取评分量化的方式进行，其具体程序如下。

(1) 选取服务质量的评价标准；

(2) 根据各条标准为所调查服务行业的地位确定权数；

(3) 对每条标准设计4～5道具体问题；

(4) 制作问卷；

(5) 发放问卷，请顾客逐条评分；

(6) 对问卷进行综合统计；

(7) 采用消费者期望值模型分别测算出期望质量和感知质量；

(8) 根据上述公式，确定服务质量，即服务质量＝期望服务质量－服务质量感知。求得差距值，其总值大，表明服务质量感知离期望服务质量差距大，服务质量差；相反，则服务质量好。

对以 A、B、C、D、E 五家医院为例对服务质量感知的测算举例描述，如表 11-3 所示。

表 11-3　医院的感知服务质量

	A	B	C	D	E	权重
诊断准确	95	95	85	75	85	0.5
等待时间	95	75	65	55	75	0.2
价格明晰	85	85	95	95	85	0.1
医疗设备	95	95	85	75	65	0.1
倾听、耐心	85	85	85	55	75	0.1

根据表 11-3 可计算出顾客对上述 5 家医院的服务质量感知的评分总值，具体计算如下：

$A=95\times0.5+95\times0.2+85\times0.1+95\times0.1+85\times0.1=47.5+19+8.5+9.5+8.5=93$

$B=95\times0.5+75\times0.2+85\times0.1+95\times0.1+85\times0.1=47.5+15+8.5+9.5+8.5=89$

$C=85\times0.5+65\times0.2+95\times0.1+85\times0.1+85\times0.1=42.5+13+9.5+8.5+8.5=82$

$D=75\times0.5+55\times0.2+95\times0.1+75\times0.1+55\times0.1=37.5+11+9.5+7.5+5.5=71$

$E=85\times0.5+75\times0.2+85\times0.1+65\times0.1+75\times0.1=42.5+15+8.5+6.5+7.5=80$

假定消费者对这 5 家医院的期望质量分别为：

$A=98\quad B=94\quad C=88\quad D=76\quad E=87$

然后将各医院的期望服务质量与服务质量感知进行比较,得出:
$A=98-93=5$ $B=94-89=5$ $C=88-82=6$ $D=76-71=5$ $E=87-80=7$

比较结果 C、E 两家医院的差距最大,期望服务质量低于 A,服务质量感知低于 A、D;其他 3 家医院虽然差距相同,但 A 的期望服务质量明显高于其他两家,A 的服务质量最优。

链接 11-2

Malcolm Baldrige 国家质量奖评奖标准

1987 年 8 月 20 日,美国国会设立了 Malcolm Baldrige 国家质量奖。这项奖励主要是授予那些质量成就和管理上表现优异的美国公司,每年评选一次。这个奖包括三个奖项,授予三类不同的企业:制造企业、服务企业和小企业。

申请参加评选的公司将在表 11-4 中所列举的评奖标准上被测验并得分,重点强调"业务结果"和"集中于顾客和顾客满意"。测验结果不仅作为评奖基础,还被用于衡量申请者的整体质量管理表现。所有申请者都将收到美国质量专家组的反馈意见。由于这项奖励具有质量审计的功能,Motorola 公司要求其所有供应商都申请这项奖励。

表 11-4 评奖标准

评奖项目	分数
1. 领导	90
1.1 高层领导	45
1.2 领导体系和组织	25
1.3 公共责任和企业市民	20
2. 信息和分析	75
2.1 信息和数据管理	20
2.2 竞争比较和标杆瞄准	15
2.3 公司级数据的分析和使用	40
3. 战略规划	55
3.1 战略开发	35
3.2 战略展开	20
4. 人力资源开发和管理	140
4.1 人力资源规划和评估	20
4.2 高绩效工作体系	45
4.3 员工教育、培训和开发	50
4.4 员工福利和员工满意	25

续表

评奖项目	分数
5. 过程管理	140
5.1 产品和服务的设计和推出	40
5.2 过程管理：产品和服务的生产和传递	40
5.3 过程管理：服务支持	30
5.4 供应商绩效管理	30
6. 业务结果	250
6.1 产品质量与服务质量结果	75
6.2 公司经营与财务结果	110
6.3 人力资源结果	35
6.4 供应商绩效结果	30
7. 集中于顾客和满意	250
7.1 顾客及市场知识	30
7.2 顾客关系管理	30
7.3 顾客满意的决定	30
7.4 顾客满意结果	160
	总分：1000

（资料来源：FITZSIMMONS J A，FITZSIMMONS M J. Service management：operations, strategy and information technology. 2nd ed. McGraw-Hill：209－210.）

11.3.5 提高服务质量的方法

研究人员和企业界人士曾提出许多方法和技巧来提高企业的服务质量。这里主要介绍以下几种常用的方法。

11.3.5.1 标准跟进法

企业提高服务质量的最终目的是在市场上获得竞争优势，而获得竞争优势的简捷办法就是向自己的竞争对手学习。标准跟进法是指企业将自己的产品、服务和市场营销过程等同市场上的竞争对手尤其是最好的竞争对手的标准进行对比，在比较和检验的过程中逐步提高自身的水平。施乐公司是较早采用这种方法的公司之一。

尽管标准跟进法最初主要应该用于生产性企业，但它在服务行业中的适用性也是显而易见的。服务行业在应用这种方法时可以从战略、经营和业务管理等方面着手。

（1）在战略方面，企业应将自身的市场战略同竞争对手成功的战略进行比较，寻找它们的相关关系。比如，竞争对手主要集中在哪些细分市场？竞争者追求的是低成本战略还是价值附加战略？竞争者的投资水平如何？他们是如何分配在产品、设备和市场开发方面的投资的？通过一系列的比较和研究，企业将会发现过去可能被忽略的成功的战略因素，从而制定出新的、符合市场条件和自身资源水平的战略。

(2) 在经营方面，企业主要从降低竞争成本和提高竞争差异化的角度了解竞争对手的做法，并制定自己的经营战略。

(3) 在业务管理方面，企业应该根据竞争对手的做法，重新评估那些支持性职能部门对整个企业的作用。比如，在一些服务企业中，与顾客相脱离的后勤部门缺乏适度的灵活性而无法同前台的质量管理相适应，在学习竞争对手的经验后，使得二者步调一致，这无疑是提高服务质量的重要保证。

11.3.5.2 蓝图技巧

服务企业要想提供较高水平的服务质量和顾客满意度，还必须理解影响顾客认知服务产品的各种因素，而蓝图技巧（又称服务过程分析）为企业有效地分析和理解这些因素提供了便利。蓝图技巧是指通过分解组织系统和架构，鉴别顾客同服务人员的接触点，并从这些接触点出发改进企业服务质量的一种方法。它最先由萧斯塔克引入服务营销学中。

蓝图技巧借助流程图的方法来分析服务传递过程的各个方面，包括从前台服务到后勤服务的全过程。它通常涉及以下四个步骤。

(1) 把服务的各项内容用流程图的办法画出来，使得服务过程能够清楚、客观地展现出来。

(2) 把那些容易导致服务失败的问题找出来。

(3) 确立执行标准和规范，使这些标准和规范体现企业的服务质量标准。

(4) 找出顾客能够看得见的服务证据，而每一个证据将被视为企业与顾客的服务接触点。

在运用蓝图技巧的过程中，甄别和管理服务接触点具有重要意义，因为在每一个接触点，服务人员都要向顾客提供不同的职能质量和技术质量。而在这一点上，顾客对服务质量的感知好坏将影响到他们对企业服务质量整体的印象。例如，一家航空公司提供服务的过程中至少涉及以下几个接触点：顾客向航空公司寻求信息；顾客预订机票；顾客到达机场大厅；顾客排队等候；顾客寻找登机门；乘务人员验证顾客的登机牌；顾客登机；顾客寻找座位；顾客摆放行李以及顾客落座等。如果其中的任何一个环节出现问题，都可能会使顾客认为该航空公司的服务质量较差。

11.3.5.3 建立服务绩效监督系统

要提高服务质量，服务企业必须建立服务绩效监督系统以准确衡量服务质量，该系统有以下职能。

- 确定顾客重视哪些服务属性。
- 衡量整个企业、各个部门乃至员工的服务绩效，并论功行赏。
- 确定服务质量改进重点。
- 定期审计本企业与竞争对手的服务绩效。
- 表明服务质量改进活动的结果和服务质量投资的回报。

服务企业可使用以下各种调研方法，系统地收集、整理、分析质量信息，监督服务绩效：

- 顾客投诉分析。指服务企业收集和记录顾客的投诉，并利用投诉信息识别不满意顾客，改正服务过程中存在的缺陷，研究经常出现失误的服务环节。
- 事后调查。如旅行社在旅行结束后致电顾客询问满意程度。通用电气公司一年发出70万张调查卡给许多家庭，请他们对公司服务人员的绩效进行评比。
- 固定样本连续调查。使用科学的抽样程序，对符合调查要求的固定目标顾客开展持续性定期调查，目的是确定顾客对服务质量的评价。
- 小组访谈。分别与顾客和服务人员进行小组深入访谈，对特定问题进行深入研究。
- 神秘顾客。目的是衡量单个雇员的服务行为（也常用于人力资源评估和营销决策），监督服务人员在服务可靠性、响应性等方面的表现。

链接 11-3

神秘顾客——服务质量检测项目

神秘顾客法的由来

神秘顾客的监督方法最早是由肯德基、罗杰斯、诺基亚、飞利浦等一批国际跨国公司，引进国内为其连锁分部服务的。在中国大家都以为"将大象装进冰箱里要分几步"这样的故事很可笑，但西方人的做事标准就是如此：把自己当成"笨蛋"，不论是简单还是复杂的事情，都会分成若干步骤逐一完成。有了严谨的标准，即制度，就需要客观的检查。麦当劳就表态，它们在全世界主要的市场都有被称为神秘顾客的项目，即影子顾客，中国也有相同的项目在进行之中。

这项活动旨在从普通顾客的角度来考核麦当劳餐厅的食品品质、清洁度及服务素质的整体表现。麦当劳还表示，神秘顾客项目帮助麦当劳管理者和餐厅经理设立对表现杰出员工的鼓励及奖励机制。一些市场的反馈显示这些奖励机制对于鼓舞员工士气及对员工的工作表现非常有益。由于影子顾客来无影、去无踪，而且没有时间规律，这就使连锁卖场的经理、雇员时时感受到某种压力，不敢有丝毫懈怠，从而时刻保持饱满的工作热情，提高了员工的责任心和服务质量。

KFC的神秘顾客并不是由随意的人员扮演，而是必须经过KFC培训，熟知各个环节的标准制度，按照拟订的"消费计划"进行检查。对检查的情况按照标准进行客观的分值评述，最后各店根据评比的结果进行比较检讨。

第一个把快餐带进中国的罗杰斯快餐店总经理王大东先生认为，罗杰斯设"神秘顾客"的原因是为了让他们客观地评价餐饮和服务做得是否好，要他们给员工打分，而他们打的分数与餐厅员工的奖金等是直接挂钩的，但之所以叫"神秘顾客"，就是因为员工们都不知道哪位是"神秘顾客"。中国电信下属许多分公司都聘请在校学生、下岗职工、政府工作人员和企事业单位职工作为"神秘顾客"，监督窗口服务。方式为询问营业员简短问题、用半小时观察营业员的整体表现，然后填写有关监测问卷，按月度整理后反馈给有关部门。有关部门据此对营业员进行考核，决定是否继续予以聘任。短时间内营业人员服务态度和热情，有了极大的改观，杜绝了过去应付检查的现象。

神秘顾客的服务范围

• 了解各种类型窗口行业营业/服务的环境、服务人员的服务态度、业务素质和技能等情况，广泛应用到如电信、银行、超市、连锁店、医院等窗口服务性行业。

• 作为竞争对手调查，了解竞争对手商铺销售商品的种类、品牌、价格、摆放情况等信息。

神秘顾客的运作方法

• 观察法：调查者对被调查者的情况直接观察、记录，以取得必要的信息。

• 问卷法：用事先准备好的调查表和询问提纲对接触过被调查者的人群进行询问，得到相应的评价。

• 询问法：调查者根据调查的要求对被调查者，有目的地提出问题进行询问。

在实际的现场操作中，各种方法是相互穿插运用的，其作用也是相辅相成的。

（资料来源：http://wiki.mbalib.com/wiki/%E7%A5%9E%E7%A7%98%E9%A1%BE%E5%AE%A2。）

• 重要性-绩效分析。服务企业可以根据服务属性的重要性和绩效来评价服务质量。表11-5表示顾客如何评价一家餐馆各种服务属性的重要性和绩效。例如"饭菜可口"在平均重要性等级方面得4.50分，在平均绩效等级方面得2.65分，这说明顾客感到"饭菜的味道"这项服务属性是非常重要的，但该餐馆做得不理想。

表11-5 对某餐馆在顾客重要性和绩效的评分

属性序号	属性说明	重要性评分	绩效评分
1	饭菜可口	4.50	2.65
2	优惠待遇	4.10	2.75
3	服务热情友好	3.40	3.10
4	上菜确认	3.35	3.50
5	饭菜分量足	3.30	2.00
6	上菜迅速	3.25	3.30
7	方便到达	2.50	2.05
8	餐具高档	2.30	2.50
9	就餐气氛好	2.10	2.25
10	可满足顾客个性要求	2.10	3.50

注：重要性采用"极重要、重要、稍微重要、不重要"四个尺度来评价。绩效采用"优、良、中、劣"四个等级评价，亦提供无法判断一栏。

根据表11-5中这10项因素的评价数据，可以绘制四个区域的重要性与绩效图，如图11-3

所示。

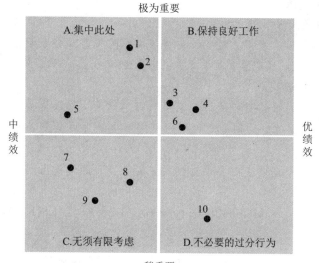

图 11-3 餐馆服务质量的重要性与绩效图

区域 A 表示没有达到期望水平的重要服务因素，包括因素 1、2、5，餐馆应在这些因素上致力于改进服务部门的绩效。

区域 B 表示服务部门做得很好的重要服务因素，包括因素 3、4、6，餐馆要努力将高绩效保持下去。

区域 C 表示服务部门在次要的服务因素上表现糟糕，包括因素 7、8、9，但由于它们不甚重要，所以改正的需求不是特别迫切。

区域 D 表示服务部门在次要的服务因素上表现非常出色，包括因素 10，但这属于一种不必要的过度行为。该餐馆应将更多的精力集中于改进其重要服务属性。

重要性-绩效分析还可以在每个项目上与附近的同类餐馆进行对比。最坏的情况是，与它最接近的竞争者在最重要的项目上比该餐馆做得好。

 链接 11-4

服务质量难以改善的问讯服务

某饭店的总台问讯服务从未引起管理人员的重视，无论是总经理、前厅经理还是总台服务人员，都认为问讯服务只不过是一种不直接产生效益而又简单的工作。一天，陈女士来到总台询问三天后有无回程航班，服务员莫小姐微笑着接待她，弄清客人的来意后，莫小姐从柜台的抽屉里翻出一本"航班信息小览"，认真地查找起来，由于对这本小览很生疏，莫小姐有些摸不着头绪,陈女士站在柜台外耐心地等待着。随着时间的推移,莫小姐意识到自己对这次服务不胜任,便请同班的柳小姐帮忙,说着便离开了陈女士,跑到柜台的另一端与收银员闲聊起来。为了提供针对性服务,柳小姐又请陈女士重说一遍所要查询的内容,陈女士愕然。5分钟后,柳小姐终于找到了陈女士所要的航班,陈女士掏出纸笔准备记录,柳小姐忽然慎重地告诉陈女士说:"这本信息小览不是最新的,所查航班不一定确切,仅供参考。"陈女士听后愤然说:"请您给我一个正确的答复。"事后,前厅部经理受理了陈女士的投诉,并决定在总台工作例会上宣布几条问讯服务质量标准,明确要求服务人员能以口头形式回答客人提出的任何问题,并将此列为考核员工的内容。员工对此茫然不知所措,而问讯服务质量却依然未见提高。问题发生后前厅部经理决定从制度上解决问题,这是对的。但是该饭店前厅部经理提出的服务质量标准不切合实际,要员工口头回答客人提出的所有问题,超出了员工的能力范围。

(资料来源:http://www.canyin168.com/glyy/yg/ygpx/fwzl/201011/25272_3.html.)

习 题

一、名词解释

技术质量　功能质量　真实瞬间　服务质量差距模型　蓝图技巧　服务质量维度

二、选择题

1. 服务质量是以两项之间比较的结果(　　)。
   A. 顾客期望与感知　　　　　　B. 技术质量与功能质量
   C. 顾客需求与企业形象　　　　D. 口碑沟通与以往经历
2. 期望质量受四个因素的影响:市场沟通、企业形象、顾客口碑和(　　)。
   A. 顾客需求　　B. 关键时刻　　C. 响应性　　D. 移情性
3. 影响服务设计和标准制定的因素主要是服务标准的导向、领导层因素、不适合的有形实据和(　　)。
   A. 服务人员　　　　　　　　　B. 代理服务的中间商
   C. 服务设计　　　　　　　　　D. 市场细分
4. 企业将自己的产品、服务和市场营销过程等同市场上的竞争对手尤其是最好的竞争对手的标准进行对比,在比较和检验的过程中逐步提高自身的水平。这种提高服务质量的方法称为(　　)。
   A. 蓝图技巧　　B. 标杆跟进法　　C. 顾客投诉分析　　D. 神秘顾客法
5. 通过分解组织系统和架构,鉴别顾客同服务人员的接触点,并从这些接触点出发改进企业服务质量的一种方法称为(　　)。

A. 蓝图技巧　　　　B. 标杆跟进法　　　　C. 顾客投诉分析　　　　D. 神秘顾客法

三、简答题

1. 举例说明影响服务机构了解顾客期望的因素。
2. 简述提高服务质量常用的方法。
3. 简述 SERVQUAL 量表所测量的服务质量的五个维度。

四、论述题

1. 举例论述顾客服务质量感知模型的内容。
2. 论述服务质量差距模型的内容及弥合差距的方法。

五、案例分析

没有冬天的酒店——温特莱酒店

温特莱酒店位于北京CBD商务区，开业以来围绕打造一个"没有冬天的酒店"的理念，管理层和员工做了大量努力。该酒店是一家通过 ISO 9001、ISO 14001 和 OHSAS 18001（职业健康安全体系）认证的酒店，有8位中国区国际金钥匙代表。

一位台商10年来一直住在该酒店，他说是温特莱酒店的细腻打动了他。

总经理贾翠萍介绍说，为了打造温馨的商务酒店环境，管理层在许多方面进行了创造性探索。所有客房没有带"4"的号码，充分考虑了中国人的文化传统；在客房卫生间，专门制作了一个眼镜托架，为戴眼镜的客人提供方便。考虑到康体中心占地面积大、利用率不高，决定把健身器材布置到各个楼层，供客人免费使用，不仅如此，还提供水果和矿泉水。为增加客房的文化内涵，所有名人住过的客房，都在门口做了明显标志，客房内有名人的照片、签字的饭店浴袍等用品。

2003年，酒店特别推出了女性客房，在客房配置了女性用品及女性喜欢的工艺品，投入使用后，受到客人欢迎。为了体现酒店为商务客人服务的特色，酒店在客房进行了一些富有文化味道的布置，比如酒店和附近的社区、学校进行合作，把学生的绘画作品，按照CBD主题的要求进行裱装。在公共卫生间，酒店做了许多漫画。酒店下大力推出湘粤菜系，在较短的时间内，获得中国餐饮名店称号，有两名厨师获得大师称号，五色豆、金猪手成为招牌菜。"我们希望客人出了客房就能闻到菜的香味。"餐饮总监隋立华这样介绍。

温特莱的细腻也表现在对待员工的态度上。员工的家属生病了，酒店会派人去看望。在总经理的安排下，酒店根据每个员工的实际情况，对员工进行职业生涯设计，大大提高了酒店的凝聚力和战斗力。

饭店业是深刻实践着"细节决定成败"的行业。细节的完美来自于饭店对服务质量的不懈追求。

（资料来源：中国旅游报，2007-04-04．整理）

思考题

1. 通过了 ISO 9001、ISO 14001 和 OHSAS 18001（职业健康安全体系）认证，温特莱酒店的管理者为什么还要特别强调细节？

2. 结合服务质量差距模型，分析该酒店是如何提升服务质量的？

第 12 章　服务失误与补救

对于有着最佳意识的企业乃至世界级的服务系统来说，服务失误都在所难免。随之而来的问题是，如何在失误发生后采取有效的服务补救，并通过提高补救水平来维护客户满意和忠诚，维护企业形象。这既体现服务企业应对失误的能力，也是服务企业提高竞争能力、保持竞争优势的重要举措。

12.1　服务失误

要实行有效的服务补救，先要对服务失误的内涵和类型有一个客观的认识，包括服务失误的内涵、原因、表现形式、特征和效应等，顾客对待服务失误的态度也会影响企业后续服务补救的实施。

12.1.1　认识服务失误

对于何谓服务失误，可以从服务管理学者们的研究中理解和挖掘。不同学者基于不同的研究视角，从多个角度给出了服务失误的定义，主要有以下观点：从服务提供者的角度出发，认为服务失误的发生是因为企业无法提供消费者所要求的服务、服务未依标准作业程序执行、服务因某种缘故延迟或核心服务低于可接受的服务水平等。从顾客的角度出发，认为不管是谁的责任，顾客觉察到服务出了差错的时候，服务失误就发生了。而综合了服务提供者和顾客感知的双重视角，可以认为，当服务提供者的服务低于顾客预期，或者顾客要求的服务未能实现时，就发生了服务失误。通过学者们从不同角度给出的定义可以看出，服务失误具有客观性和感知的主观性。而强调顾客对服务经历的感知和主观判断，相对于企业对其提供服务的判断评价，更具现实意义的顾客导向。因此，基于顾客感知来定义服务失误更有利于帮助企业全方位判定其服务质量，因而具有实践指导价值。

在这里，我们将服务失误定义为：当企业没有依照标准作业程序向消费者提供其所要求的服务，服务没有如约履行，服务不正确或执行质量低劣，或因某种缘故延迟服务，表现为服务水平低于顾客可接受水平，使顾客感知到服务的差错，这时候就发生了服务失误。

案例 12-1

情况 1：

一位客人到一家餐厅吃饭，他对服务员说，他有急事，要一份快餐炒饭就行。服务员马上开单，然后送到了厨房，见厨师正在忙着炒菜，服务员就把这张单子用一个碗压住，并告诉厨师赶快做。但客人等了二十多分钟也没有见到他的炒饭上来。这位极度不满的客人告到了经理处。经理听了他的投诉，马上到厨房去催，可是翻遍了所有的地方也没见到单子，最后终于在地上找到了已经弄脏了的单子，才最终给客人上了一份迟到的炒饭。

情况 2：

有两位客人在一家餐厅里就餐。只见餐厅内杯盘狼藉，叫了半天服务员，才有人慢慢走来收拾。客人问她有什么饮料，服务员就连珠炮似的一下报出七八种，听都来不及听。然后客人只见服务员们在聊天，却再没有人问他们需要什么服务。客人等了半小时后，才问服务员，怎么没有人为他们服务。不料服务员却说："你们为什么不举手？不举手我们怎么知道你们需要服务？"客人只能愤然投诉后离去。

情况 3：

某高级酒店的西餐厅里，一位客人正在宴请朋友，当浓汤上来后，这位客人尝了一下，对服务员说，自己是吃西餐的行家，能够尝出来这个汤味不正，而且不热，要求重做。服务员向客人道了歉，把汤拿回厨房。过了一会儿，汤又被重新端了上来，厨师长跟在身边。当客人对重做的汤表示满意时，冷不防厨师长说出一席话："老实告诉你，这就是你刚才尝过的汤，只不过稍稍热了热。可见你根本不懂西餐，是个十足的外行！"客人大怒。

（资料来源：厨房之家．http：//blanc.blog.meadin.com.）

12.1.2 服务失误的归因

要对服务失误进行有效管理和补救，首先要厘清的一个问题就是：为什么会出现服务失误？为此，从多方面来分析服务失误的归因，是有的放矢地制定服务补救策略的前提。宏观环境方面，随着 21 世纪经济的飞速发展，服务业取得了长足进步，对经济增长的贡献也是日趋显著。相对有形产品而言，服务具有不可感知性等特点，决定了服务管理的独特之处。顾客方面，对服务结果的评价具有主观性，具有个体差异的不同顾客对服务的不同感知和评价使得服务失误不可避免；企业方面，作为服务提供方的服务企业会因服务延迟、顾客等待、服务提供者专业水平差异等，导致企业不能保证每次提供的服务完全一样，即使标准化的服务，也会因人、因事、因地的差异及其他很多不确定的偶然因素等导致不同的服务结果，引起顾客的不同反应，导致服务失误。

可见，服务失误的归因讨论包含了顾客自身、服务提供商、服务情景等多种因素，有的属于服务属性所固有的自然因素，有的属于随机因素。它们既体现了服务失误的必然性，也都可以纳入服务失误归因体系。

由于服务在生产、传递和感知等诸方面的不确定性,归纳起来,关于服务失误的原因不外乎以下三方面。

1. 服务提供者的服务质量问题

基于对服务提供者服务质量的评价,是理解服务失误的原因之一。服务质量是指顾客比较服务的期望与实际的服务表现,对特定服务者的整体性评价。由于服务的无形性、异质性、不可存储性及生产与消费的同时性等特点,使得对服务质量的评价难度要远远大于对有形产品质量的评价。P2B提出著名的SERVQUAL量表,说明了顾客从有形性、可靠性、保证性、响应性和移情性五个维度来感知服务质量的好坏,当服务提供者所传递的服务在这五个维度中的任何一个维度没有达到顾客的期望时,就很有可能让顾客感知服务失误的发生。P2B提出的服务质量差距模型,进一步明确了可能造成顾客感知不一致的各个环节,表明如果顾客的实际服务质量感知低于期望,即有可能被认为是出现了服务失误。

2. 服务接触过程的不确定性

服务接触是一个动态过程,其中的不确定性也是造成服务失误的原因。Binteretal指出服务接触是顾客与服务提供者产生互动的一段时间,这其中包含了服务双方互动的所有层面。顾客会将现场所接受的服务,与先前所期望的服务水平进行比较,进而衡量服务满意度的高低。对接触过程诸多不确定性难以控制,也是导致服务失误的原因之一。

3. 顾客本身的差异性和主观性

由于顾客的差异性和多样性,使得顾客对服务的评价具有主观性,并且参与服务过程的表现不同,因此服务失误还有可能是顾客自身或在场的其他顾客造成的。例如,Binter、Booms和Mohr提出的"问题顾客行为",还有可能是受到随机因素的干扰而导致的。Hariis和Reynolds认为问题顾客的行为主要表现在无故任意中断服务提供过程、对待服务员工态度不友善、有语言侮辱或暴力的行为等几个方面。可见顾客本身的差异性和主观性也是服务失误构成的原因。

12.1.3 服务失误的类型

服务失误的表现形式因人、因时、因地的不同,而具有了多样性。在目前服务营销相关研究中,多数学者都赞同的服务失误的表现形式及其类型划分主要有两种,即过程失误和结果失误。其中,过程失误是指顾客获得服务的方式,具体是指服务传递方式上的缺陷和不足。例如,顾客在接受服务时服务人员的无视、冷漠等不礼貌行为和不具备相应的知识等。结果失误是指顾客实际从服务中得到的需要未被满足,即服务提供者没有实现基本服务内容。例如,顾客在餐厅预约失败、在理发店中做的发型失败。实证研究表明,与结果失误相比,过程失误所带来的顾客不满意程度更大。可见,过程失误对顾客的情感伤害毫不逊于结果失误。

另一方面，因为服务失误在不同的服务行业表现形式不同，所以对该问题的认识最好结合具体的行业背景来展开。例如，在零售行业，服务失误主要表现在三个方面：一是产品和销售系统的提供能力，二是零售店的选择、实际购买和接受产品，三是产品购买后的使用和消费。又如，餐饮业的服务失误可分为三大类：第一类是服务传递系统失误，包括产品缺陷、缓慢/未提供服务、设备问题、政策不清楚；第二类是食物未按照订单烹调、座位问题；第三类是不好的雇员行动，包括员工不当行为、订单错误、订单遗失和账单错误等。可见，服务失误的表现形式多种多样，但不论是何种服务行业，其服务失误的类型大都可以归结为过程失误和结果失误。明确服务失误的表现形式和类型划分，将有助于服务企业找出服务失误究竟发生在服务接触的哪些环节，并有针对性地实施补救。

12.1.4 服务失误的后续影响

前述分析表明，服务失误可因各种原因产生，服务提供者的服务没有如约履行、送货延期或太慢、服务不正确或执行质量低劣等，都会导致顾客评价感知的服务失误，所有这些种类的失误会进一步引起顾客的消极情绪，这对服务企业来说无疑是危险的信号。接下来情况会更糟，随着顾客的离开，他们会将其沮丧的服务失误经历告知其他顾客，甚至通过消费者权益组织或法律渠道投诉该企业。可见，服务企业必须密切关注服务失误的后续影响，尤其是采用积极的补救努力来挽回顾客的信任。当然，面对服务失误，不同顾客会有不同的反应（见图12-1）。服务管理者有必要摸清顾客采取的任何一种或几种形式结合的反应类型，尤其警惕通过互联网发帖将不满意的服务失误经历予以公开的顾客反应，因为这样会形成广为传播的负面口碑。

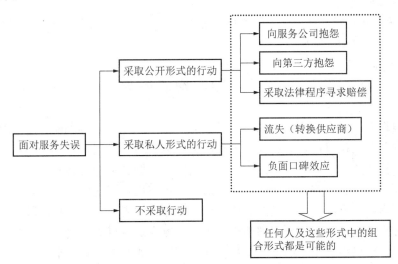

图12-1 顾客对服务失误的不同反应类型

可见,由服务失误所带来的后续影响主要表现为顾客的一系列反应,和由此给服务企业带来的难题。在所有这些反应类型中,最值得服务企业关注、并能给企业带来"改过自新"机会的,当属顾客抱怨了。通过对顾客抱怨行为进行分析,服务企业发现,原来,服务失误并不可怕,顾客通过"抱怨"这种特殊形式向服务企业传达着丰富的信息,让企业了解顾客抱怨的原因所在,从而明了服务失误于何处,进而进行有效补救。

 链接 12-1

服务失误:面子丢失对顾客抱怨倾向的影响

在中西方文化中,"面子"具有不同的文化特征。有学者基于中国文化中特有的面子理论,对消费者在服务失误中的心理反应机制进行探讨,提出了以顾客损失、面子丢失和情绪为核心的顾客抱怨倾向模型。研究发现,消费者在服务失误中的功利损失和象征损失都会导致面子的丢失,而且象征损失对面子丢失的影响更强烈。不仅如此,面子丢失也是一种认知过程,当面子受到威胁时,负面的情绪反应迅速伴随而来,不仅直接影响抱怨倾向,还通过负面情绪对抱怨倾向产生间接作用。所以,虽然面子丢失是一个内在的心理加工过程,但消费者会采用外在行为维护自身的面子。对服务企业来说,应尽量避免由于服务失误导致消费者损失面子的事件,通过对服务流程的改进和服务质量的完善减少消费者的功利损失,通过对员工的培训和监督减少消费者的象征损失。如果服务失误已经发生,则应在快速弥补消费者功利损失的同时,关注消费者的面子补偿和情绪反应,通过安抚、真诚换取顾客的谅解,最终降低顾客的抱怨倾向。

(资料来源:杜建刚,范秀成. 服务失败情境下面子丢失对顾客抱怨倾向的影响[J]. 管理评论,2012,24(3). 整理.)

12.2 顾客抱怨行为

当服务失误后,顾客会因内在情绪的低落而产生如图 12-2 所示的抱怨行为。可以肯定的是,在出现服务失误以后,顾客在某种程度上都会产生一系列的负面情绪,包括生气、不满、失望、自怜和焦虑等。这些负面反应会影响顾客对服务补救的感知和评价,以及顾客对服务企业的评价和选择。许多顾客对其不满采取消极态度,只是停留在口头上,其采取行动的动机在某种程度上取决于顾客是想保持其原有服务提供者还是转向新的服务提供者。通常意义上,顾客采取抱怨不是坏事,那些没有抱怨的顾客最有可能离去。企业应该把抱怨行为看成是顾客对自己仍抱有希望的暗示,积极面对顾客抱怨,企业任何消极面对、甚至不理会不满意的顾客,都是极为不明智的做法。

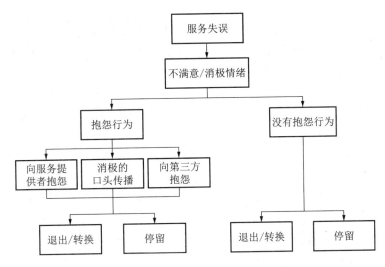

图 12-2 服务失误后顾客的抱怨行为

12.2.1 认识顾客抱怨

为了有效处理顾客不满和抱怨，服务管理者有必要对抱怨行为有所了解。关于顾客抱怨，它不是一种简单的顾客行为，其中蕴含着丰富的情感和心理内涵。Hirchman 认为，不满的顾客有三种行为选择：退出（解除交易关系）、呼声（将不满表达出来）和忠诚（顾客试图忘却不满并继续保持忠诚）。将忠诚作为顾客对不满的第三种反应，引入这个概念有两层含义：一方面，它本身是一种结果，即不满的顾客认为选择忠诚比选择退出和呼声更有益；另一方面，忠诚可以作为一个中间变量，成为高度忠诚者在呼声失败以后与退出之前的选择。

我们可以认为，顾客抱怨行为是指一部分或全部由于购买商品或服务而感到的不满意引起的多重反应，这些反应可以是"表达不满意"的任何行为，也可以是非行为的，例如，顾客忘却了这个问题而没有采取任何的行动。研究表明，当遭遇服务失误时，大多数消费者都不会抱怨，尤其当他们认为无大碍时[①]。可见，当服务失误出现后，即使顾客不表达抱怨，也不说明他们心里完全平静，但这对企业来说并不见得是好事情。

12.2.2 顾客抱怨的原因

顾客为什么要抱怨？有一些顾客比其他顾客更可能抱怨。这些消费者相信投诉总会有积极的结果且对社会有益，因而支持抱怨行为。归纳起来，可以将消费者抱怨行为识别为四个主要动机。

---

① LOVELOCK C, WIRTZ J. Services marketing in asia（Second Edition）.

1. 获得赔偿或补偿

消费者认为自己由于服务提供者服务失误而应该获得某种形式的赔偿，或重新获得服务。他们相信得到公正的对待和良好的服务是应该的，并且在服务失误时，服务提供者本应该将其做好。

2. 发泄怒气

一些顾客通过抱怨来重树自尊或发泄怒气，当服务过程极其不合理或服务员工明显不关心顾客需求时，顾客会感到沮丧恼火。

3. 利他主义原因

在有些情况下，一些消费者认为有一种社会责任在促使其抱怨，以帮助其他人避免遇到相似的情况或者惩罚这家服务提供者。

4. 帮助提高服务绩效

高度参与服务的顾客提供的反馈将有助于企业不断提高服务绩效。

研究表明，社会经济水平高的人相对更容易抱怨。这些人们受过良好教育，有较高的收入和社会参与度，并且对产品比较了解，因而当遇到问题时，他们有自信和动力说出来。可以预见，只有极少数消费者拥有"抱怨"的个性，他们仅仅是喜欢抱怨或是制造麻烦。

应该注意到，还有一些不大可能采取任何行动的消费者，他们为何不抱怨呢？这是因为，这类消费者通常怀有相反的信念，将抱怨看作对其时间和精力的浪费。他们不相信经过其抱怨行动，会有任何于己于人都积极的事情发生。这些消费者有时候甚至不知道怎样抱怨，他们不了解或可能没意识到还有倾听其抱怨的开放渠道。还有一些情况是未抱怨者可能会使用"感情对抗"来处理其消极活动，包括自责、否定和可能寻求社会帮助，他们消极地认为那些错误是由其自身的原因造成并且得不到赔偿。

另一方面，失误的个人关联程度同样能影响人们是否抱怨。对于那些昂贵、高风险和涉及自我的服务（比如度假服务、航空旅行和医疗服务），消费者的投诉多于对那些廉价的频繁购买的服务（比如出租车服务）的投诉。后面这些服务显然不很重要，不足以花费时间抱怨。不过，虽然这种经历对顾客可能一时不是很重要，但当再次需要这些服务时，这一次不满意的经历可能驱使消费者转向其他服务提供者去购买服务。这也是不高兴的顾客不抱怨的原因。研究显示，有5%～10%的不满意顾客对服务进行抱怨①，有时这个比例更低。

此外，抱怨行为还受角色感知和社会标准的影响。在有些服务领域，顾客拥有"较低的权力"，因而不太喜欢口头抱怨，尤其当问题涉及专业人士，如医生、律师或建筑师时，社会标准不鼓励顾客评价这些人，因为他们是专家，顾客经常犹豫要不要对职业化服务提供者进行抱怨。这也是一些专业性很高的服务领域中顾客抱怨相对较少的原因。

---

① TAX S S, BROWN S W. Recovering and learning from service failure [J]. Sloan Management Review, 1998, 49 (1): 75-88.

12.2.3 顾客抱怨的渠道

当服务失误后，若顾客决定采取行动，其抱怨渠道会是各种各样的，包括正式渠道和非正式渠道、公开渠道和私下渠道、当面渠道和电子化渠道等。每种渠道都为顾客提供了抱怨的环境，并且效果各异。

首先，顾客可能选择当场对服务人员进行投诉，给服务提供者一个立即反应的机会。当然这对服务提供者来说往往是最好的情况，因为服务提供者有第二次机会当场满足顾客需要，保留未来的关系，并潜在地避免了任何负面口头宣传。没有马上投诉的顾客可能选择以后通过电话、信件或通过网络向服务提供者投诉，这样服务提供者也有机会进行补救。这些属于较为正式的抱怨渠道。

其次，还有一些顾客不直接向服务提供者抱怨，而是宁愿向朋友、亲戚及同事传播关于服务提供者的负面信息。这种非正式渠道的负面宣传非常有害，因为它会加强顾客的消极情绪，并将这种负面影响传给他人。另外，如果负面宣传没有与投诉一起传递给服务提供者，服务提供者就没有机会进行补救。

如今，随着网络信息技术的普及应用，已有越来越多的顾客通过网络来投诉，一系列的网站，包括基于网络的顾客意见平台，使顾客投诉更加便利，也为顾客负面口头传达提供了更为广大的听众。一些愤怒的顾客因为对某个产品或服务失误很不满意，以致特意建立一个以企业现有顾客或潜在顾客为目标的网站，传播他们对服务提供者的不满。如今，也有越来越多的消费者通过网络社交媒体来抱怨。可见，网络平台是一把双刃剑，既可以传播美誉，也可能成为潘多拉魔盒，服务提供者必须对此种电子化抱怨渠道保持警惕。

最后，不满的顾客还可以向第三方抱怨，第三方包括政府相关机构、保护消费者权益的组织、行业协会和法律机构等。不管采用哪种抱怨渠道，最终顾客都会决定是否会再次惠顾该服务提供者或是转向其他服务提供者。如果顾客转向其他服务提供者，就是顾客表达不满的最终方式。

链接 12-2

来自社交媒体的客户抱怨：服务提供者面对的新挑战

根据尼尔森公司发布的数据，世界各地的网络用户 2009 年 12 月使用社交网站的平均时间是 5.5 小时，几乎是一年前的两倍。有越来越多的消费者在谈论他们关于产品和服务的不满。2010 年 4 月接受调查的 1 040 名美国人中约 20% 的人表示，曾使用社交媒体来讲述有关某个产品或某项服务的不愉快经历。也正是这些人表示，他们所在的公司无力抵御来自社交媒体的攻击：其中近三分之二（64%）的人表示自己的公司没有制定如何在社交网站上谈论自己公司的政策。

这些统计数字从微软那里有了清晰的反映。到 2009 年，微软共进行了超过 20 亿次的客服互动,其中通过呼叫中心提供的客服互动仅占5%,其余95%都是在社交媒体和其他渠道中发生的。

社交媒体为公司带来了一系列挑战。

首先,对于一位愤怒的客户而言,社交媒体成了理想的临时演说台,可以无所顾忌地"呐喊",让全世界都听到。无论这些意见是真是假,公司都无法控制并隔离它。以前监管机构和公众可能要几个月或几年以后才能注意到的产品或服务问题,现在当某个客户发出抱怨时,问题就暴露无遗了。

第二个颠覆性的变化是速度。通过社交媒体发表不满的客户可以在短时间内获得大量受众,客户意见像病毒一样得到迅速传播。好莱坞导演凯文·史密斯曾向超过100万粉丝发微博,抱怨美国西南航空公司因他太胖而将他赶下飞机,这个很出名的事件已成为社交媒体的传奇故事。歌曲《美联航弄坏吉他》(*United Breaks Guitars*)也是如此(如果网络浏览次数等于歌曲销量,该歌曲已经达到了超白金唱片标准)。

社交媒体带来的第三个新挑战是客户期望的提高。因为受委屈的客户不只有一个,而是几十个、几千个甚至几百万个,与很多人的切身利益相关,因此企业的应对方案必须迅速、及时、有效,尽量避免客户的不满情绪进一步蔓延。

(资料来源:沃伦. 来自社交媒体的客户抱怨:服务提供者面对的新挑战. 中欧商业评论,2011-07-01. 整理.)

12.2.4 抱怨者的种类及其特点

顾客群体因个性、价值观等方面的差异,在服务失误出现后会表现出不同的反应。根据顾客对服务失误做出的反应,可将其进行分类,一项针对零售业、汽车修理业、医护业、银行及金融服务业的研究将其划分出了四种反应类型,即:消极者、发言者、发怒者及积极分子。尽管这四种类型在不同的行业背景中可能有不同的比例,但其划分是相对一致的,并且每种类型都能在所有公司或行业中找到。

1. 沉默的消极者

这类顾客极少会采取行动。与那些进行负面宣传的人相比,他们不大可能对服务人员说任何事,也不大可能向第三方进行抱怨。他们经常怀疑抱怨的有效性,认为结果与化费的时间和努力相比不值得,有时其个人价值观或标准会抵制抱怨。与发怒者和积极分子相比,这些顾客以沉默的方式面对服务失误,他们不喜欢找麻烦。

2. 理智的发言者

这类顾客乐于向服务人员抱怨,但他们不大可能传播负面消息、改变服务提供者或向第三方讲述不满。这些顾客应该算作服务提供者的最好朋友,他们主动抱怨,这样一来就给服务提供者以改正的机会。与沉默的消极者相似,这类顾客与另外两类顾客相比不会感到与市场的疏远。他们倾向于认为抱怨对社会有益,所以从不犹豫说出自己的感受。他们认为向服务人员抱怨的结果会产生非常积极的影响,并且不太相信其他抱怨形式。

3. 离去的发怒者

这类顾客与其他类型顾客相比更有可能极力向朋友、亲戚传播负面消息并改变服务提供者。他们的普遍嗜好是向服务提供者抱怨,且不太可能向第三方抱怨。这些人会逐渐感到同市场有些疏远。就像其绰号表示的那样,他们对服务提供者更加愤怒,虽然他们确实相信向服务提供者抱怨会带来社会利益。他们不可能给服务提供者第二次机会,取而代之的是转向原服务提供者的竞争对手,并且一直向朋友、亲戚传播负面消息。

4. 恐怖的积极分子

这类顾客的特点是在各方面更加具有抱怨的习性:他们向供应商抱怨,还会告诉其他人,并且比其他类型顾客更可能向第三方抱怨。抱怨符合他们的个人标准。就像离去的发怒者那样,这类顾客比其他顾客群体更疏远市场。他们对所有类型抱怨的潜在正面结果都感到非常乐观。在极端情况下,这类顾客往往最令企业头疼。

针对不同类型的抱怨者,服务提供者应及时采取有效的应对策略,来降低顾客抱怨所导致的负面影响。尤其是要通过有效的服务补救,来将顾客的不满降至最低。对于与顾客直接接触的一线人员,更应把处理顾客抱怨的能力作为最基础、最重要的业务能力来培养,不断提高企业应对顾客抱怨、化问题为机遇的水平。

案例 12-2

美联航的教训:一首吉他曲使其付出了惨重的代价

加拿大歌手 Dave Carroll 与乐队成员一起乘美联航的航班赴美,在芝加哥机场转机时,他亲眼看见了演出器材被行李员像"扔链球"一样装卸的过程。随后他与机场 3 名雇员交涉,他们均不以为然。到达演出地后,Carroll 发现他那价值 3 000 美元的吉他被摔坏了,他花了 1 200 美元修好了这把吉他,但演奏效果已不如从前,Carroll 一气之下走上了维权之路。

他通过电话、传真、电子邮件等方式,向美联航在芝加哥、纽约、加拿大甚至印度的服务部门投诉,结果被"踢皮球"。在长达一年的投诉过程中,听到的答复通常是"不要问我""对不起,先生,您可以去别处索赔",最后一位名叫艾尔维格的女客服代表干脆对 Carroll 说"No",这下激怒了他。于是他开始以自己特有的方式来"惩罚"美联航了。

2009 年 7 月,他把这件事情的经过写成了歌曲——"United Breaks Guitars",并做成视频上传到 YouTube,仅 10 天的时间这首歌曲的点击量就达到 400 万人次。Carroll 的遭遇得到了大家的同情和支持,并在网上广泛传播,在接下来的几天内,美联航的股价下跌了 10%,相当于蒸发了 1.8 亿美元的市值。美联航的态度随之来了个 180 度大转弯,主动要求赔偿,这是后话。

(资料来源:陈志浩,刘新燕. 网络营销. 2 版. 武汉:华中科技大学出版社,2013.)

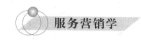

12.3 服务补救

服务提供者应该如何有效应对顾客抱怨、化问题为机遇？最有效的方式无疑是服务补救。因为，当顾客确实花费时间和精力来抱怨时，他们一般抱有很高的期望，包括：期望服务提供者能够负责任，期望自己能迅速得到帮助，期望服务提供者对其不幸遭遇及引起的不便进行补偿，期望在服务过程中得到亲切对待，诸如此类，不一而足。所谓服务补救，就是企业针对服务失误所采取的一系列行动，通过解决服务失误问题来应对顾客抱怨和保留顾客的服务努力。成功的服务补救对于帮助企业化解危机、重新赢得顾客信任和忠诚具有重要作用。

案例 12-3

服务员打翻饮料后：一次成功的服务补救

夏日中午，酒店宴会大厅正在举行欢迎记者的午宴，百余名客人在互相交谈，舒缓的背景音乐响起。这时，一位男侍应生手托饮料盘向客人走来，一不小心，托盘上的饮料翻倒，全部洒在邻近的一位小姐身上，小姐被这突如其来的事情吓得发出了一声尖叫："啊呀！"，响声惊动了百余名客人，大家目光一齐投向这位小姐。这样的场合发生这样的事情，年轻的小姐显得无比尴尬。那位服务员手足无措，脸色煞白。这时，公关部沈经理和杨小姐一前一后从宴会大厅不同的方向朝客人走来。沈经理对站立在一边的服务员说道："请尽快把地毯上的饮料和杯子收拾干净。"同时对客人说："小姐，请先随我来。"说着与小杨一前一后用身体遮挡着女记者走出了宴会厅。沈经理对客人说："小姐，对不起，发生这样的事是我们服务上的失误，请您多多原谅！"客人从尴尬到气愤，抱怨不停："你们是怎么搞的，我的衣服被弄湿了，叫我还怎么出去啊？……第一次到你们酒店就碰上这样的事，真倒霉。"沈经理一面安慰客人，一面把客人安排到一间空客房内："小姐，请告诉我们您衣服的尺寸，我们马上派人去取衣服。"随后，沈经理到客房部借了一套干净的酒店制服；小杨把客人的衣服送到洗衣房快洗。客人换上了酒店的制服，沈经理对客人说："您的衣服我们送去快洗了，很快就会取来，我们先去用餐吧！"说着陪同客人一起到一楼餐厅单独用餐。客人渐渐平静了，一面用餐一面与沈经理闲聊起来。得知这件事的总经理也特意赶到一楼餐厅，对正在用餐的客人道歉："同志，我代表酒店向你道歉，我们的服务质量不高……"客人被总经理的诚意打动了，笑道："你看，我都成了您酒店的员工了。"说着指指身上的酒店制服。用完餐，客人回到客房，看到自己的衣服已经洗净熨好送来了，换上自己的衣服后，她满面笑容地对沈经理道谢："谢谢你们。虽然碰到不愉快的事，但你们入微的关怀，快捷的处理措施，妥善的安排却令人愉快，你们的真情和诚意更令人难忘。"可见，当酒店服务发生过失而给客人带来不快时，在向客人道歉的同时，更应采取有效的措施使客人的利益得到补偿，各部门相互配合做好善后处理工作,处理得当,可以将事件的消极影响减少到最低限度。

(资料来源:http://luosangbbs.com,根据现实案例素材编写。)

12.3.1 顾客对服务补救的期望

尽管企业不可避免地在提供服务过程中出现了这样或那样令人不愉快的失误,顾客对此抱怨也好,沉默也罢,但有一点是不言而喻的,那就是大多数顾客都会本能地对服务补救抱有期望,顾客这种希望和宽恕的心理就为服务提供者带来了机遇。

12.3.1.1 理解和责任

这是最根本的人类道义和美德,也鲜明地存在于顾客对服务补救的期望中。在很多服务失误发生后,顾客并不从服务提供者那里寻求特殊的行动,他们在尝试着理解发生了什么,服务提供者应该对它的哪些行为负责。一项研究确定了七个顾客在经历了严重问题时会去寻求的"补救方法"[①];这些补救方法中的三个是修理产品或服务弥补,全部或部分退款。值得注意的是,其他四个补救方法,包括服务提供者的道歉,服务提供者对发生了什么的解释,保证问题会被解决和一个顾客向服务提供者发泄其愤怒的机会,并不花费服务提供者多少成本。而这四个相对经济的补救方法恰恰成就了员工与顾客交流的机会。

理解和责任在顾客经历了服务失误后是最重要的,因为一旦发现服务过程中有不公平的事情发生,就会有人遭到指责。顾客期望事情出错时能够得到道歉,而能够提供道歉的服务提供者就表明了礼貌和尊重;顾客同样想知道服务提供者能够保证问题不再发生。研究结果表明,如果一个服务提供者对服务失误不采取任何措施,86%的顾客对这样的"回应"不满意;然而,如果服务提供者向顾客道歉,不满意顾客的比例将降低到20%。为顾客提供一个发泄不满的机会有同样的效果,因为这样做将顾客对回应的不满降低到了33%。如果顾客了解了失误发生的原因,以及服务提供者正在采取补救的努力,顾客的不满可以得到缓和。顾客认为这样的沟通很有价值,因为这些非金钱的补救方法被发现与抱怨过程中的满意度、持续的忠诚及积极的口碑宣传相关。

链接 12-3

餐饮业现场服务补救中对顾客的理解

餐饮业现场服务管理必须有效揣摩客人的消费心理,理解客人关于自尊、自由、追求愉悦等的心理需要。首先,客人是具有优越感的人。客人来就餐往往习惯于发号施令,从某种意义上说,客人到饭店希望感受到一种作为支配者的优越感。为此,在饭店服务中,出现服务失误后,一线人员应出于尊重客人、关心客人、乐于为客人用心服务的心理来为客人解决

---

① GRANIER,KEMP,LAWES. Customer complaint handling: the multimillion pound sinkhole.

问题。其次，客人是情绪化的，客人所处的不是一个工作角色，而是一种生活状态。为此，出现服务失误后，饭店对客人应承担责任，主动道歉，设身处地为客人着想，提供人性化服务补救，而客人与饭店之间的理解和沟通是有效补救的基础。再者，客人来饭店是寻求美食享受的，这是客人最基本的需求。作为消费者，客人追求饭菜的物有所值、货真价实、美味可口。饭店服务补救必须环环紧扣，步步到位，如果出现服务失误，要详细说明原委，保证向客人提供令其感到更舒适和舒心的服务补救。补救时，不仅要提供标准化服务，同时还应尽可能提供超出顾客期望的新鲜特色服务，如节日里向顾客赠送时令小吃等，就能使客人的不愉快心理得以扭转。最后，客人是最爱面子的人。几乎所有的客人都喜欢表现自己，而且希望被特别关注，给予特殊待遇。对此，饭店进行服务补救时应真诚地理解客人这种心理，给客人提供充分表现自己的机会，让客人在饭店多一份优越感和自豪感。此外，饭店员工在整个服务补救过程中必须懂得欣赏和适度恭维客人的艺术，要善于发现客人的闪光点，使服务补救过程充满人性的理解、责任和温暖。

（资料来源：黄亚芬，吴伟琦. 论中餐业现场服务补救：基于马斯洛需要层次论[J]. 商场现代化. 2009, 562（1）.）

12.3.1.2 公平对待

发生服务失误后，顾客在投诉时尤其想要正义和公平。服务补救专家史蒂夫·布朗和史蒂夫·塔克斯已经总结出三种顾客在投诉后所寻求的特别公平类型：结果公平、过程公平和相互对待公平。结果公平是关注顾客从抱怨中恢复的结果；过程公平是指投诉过程的政策、规则及时间限制；相互对待公平注重投诉过程中接受的人与人之间的待遇。表12-1为经历过投诉解决过程的顾客所表述的公平感受。

表12-1 服务补救中的公平主题：来自客户的表述

公平类型	公平	不公平
结果公平	"服务员同意有问题存在，将食物放回厨房并更换，我们还得到了免费饮料。" "服务员对我们的抱怨不厌其烦，一周后我们还得到了该店的免费兑换汽油的赠券一张。"	"他们拒绝退款或弥补失误，冰冷的食物是不可宽恕的。" "如果想要退款，我就不得不在第二天跑回店里。这需要花费20分钟，不值得这么麻烦。" "我想要的只是票务代理人因不相信我的话而道歉，但从来没有得到过道歉。"

续表

公平类型	公平	不公平
过程公平	"旅店的经理说无论是谁的错，她都会承担起立即解决这个问题的责任。" "销售经理在我投诉的一周后给我打电话以确认问题的解决方式是否能够使我满意。"	"他们应该帮助我解决问题，而不是给我一个电话号码。没有人接我的电话，我从来没有机会和一个真正的人来诉说。" "我必须将问题说给很多人听。我不得不发怒，这样才能和经理谈话。这是唯一一个能够提供解决方案的人。"
相互对待公平	"非常有礼貌，有知识，并且考虑周到——他始终让我知道诉讼的进度。" "出纳员告诉我他们早上停电了，所以一些工作需要延迟。他完成了大量的文件（努力）以使我明天能够回来。"	"处理我的空调修理失误的人没有做任何事，而且好像也不在意。" "接待员非常之粗鲁；她让我觉得医生的时间是宝贵的而我的就不是。"

（资料来源：根据 TAX，BROWN，CHANDRASHEKARAN. Customer evaluations of service complaint experiences. Recovering and learning from service failure. 研究整理。）

1. 结果公平

顾客希望结果或赔偿能与其不满意水平相匹配。这种赔偿可采用实际货币赔偿、一次正式道歉、未来免费服务、折价、修理或更换等形式。顾客希望公平的交换，他们想感觉到公司为其服务失误而采取某种行动的付出至少等于他们已经遭受的损失。顾客希望的公平还包括他们希望得到的赔偿与其他顾客经历同样类型服务失误时得到的一样，他们同时赞赏公司给其一些赔偿选择。例如，一位酒店客人到达酒店时发现预订的房间已经没有了，作为补偿，这时他可以选择是要退款还是更换到更好的房间。结果公平在顾客对服务补救的回应相当消极的情景下尤为重要。在这种情况下，补救努力应该主要从顾客的角度来提高结果水平。譬如，在巴黎 Med-Cancun 俱乐部旅行团，顾客们得到如下补偿：在机场得到迎接，还提供了食品和饮料，由专人送达旅游地，享受丰盛宴会及整晚的聚会，这些都不是原有旅行计划的一部分。这些顾客在其长期盼望的假期被耽搁的过程中遭遇了许多事，但补偿肯定是足够的。请注意在这起事件中服务失误并不仅是那家俱乐部的过错，服务失误的原因有可能是多方面的。

 **案例 12-4**

绝境逢生：一次成功的服务补救

一个良好的服务补救措施可以将愤怒、失望的顾客转变成忠诚的顾客。事实上，它可以创造出比事情一直进展顺利的情况下更多的信誉。想一想巴黎的 Med-Cancun 俱乐部是怎样从服务失误的噩梦中恢复并赢得了一群休假者的忠诚的。

休假者从纽约到了墨西哥除了麻烦什么都没有得到。航班晚6个小时起飞，中途有两次意想不到的停留，着陆之前在空中盘旋了30分钟。由于这些延误和不幸，飞机旅途比预计的多了10个小时并且饮料和食物都耗尽了。终于飞机在深夜两点时到达目的地，但着陆时又很颠簸以致氧气罩和行李都从头顶落下。当飞机停下时，旅客几乎被气昏了，他们肯定他们的假期在开始之前就被毁掉了。飞机上的一位律师已经联系好了诉讼的名称和地址。

Silvio Bortol 是 Med-Cancun 俱乐部的主要管理人员，也是该机构中有着能让顾客满意的能力的传奇人物。当他听说了这次可怕的飞行，立即想出了对策。他将一半的工作人员带到了机场，那里排放着一桌子的零食和饮料，并且还有一个可以播放在线音乐的音响系统。当客人走过大门时，他们每个人都受到了欢迎，还有人帮他们拿行李，还得到了安慰的话语，另外还请司机开车将他们送到度假区。在 Med-Cancun 俱乐部等待这些游客的是丰盛的宴会，宴会以墨西哥巡回乐队的演出和香槟结束。除此之外，这些员工还集合俱乐部其他客人来欢迎这些新到来的客人，聚会直到日出时才结束。很多客人说这是他们大学毕业以来过得最开心的一次。

最后，客人得到了比从纽约起飞就正常飞行更好的经历。虽然这是 Med-Cancun 俱乐部可能没有预料到，但在那天因为服务失误补偿措施到位而赢得了市场份额。虽然，赢得市场份额的战役不是通过人口统计趋势、利率点和全球测量来达到的，更不是靠一次满足顾客所能达到的。

（资料来源：HART C W L，HESKETT J L，SASSER W E J. The profitable art of service recovery [J]. Harvard Business Review，1990（7—8）：148—149. Copyright©1990 by the Harvard Business School Publishing Corporation. All rights reserved. ）

2. 过程公平

过程公平是指除公平赔偿外，顾客希望抱怨过程的政策、规定和时限公平。他们希望很容易进入投诉过程，并且希望事情被快速处理，最好是通过他们接触的第一个人就能解决问题。他们欣赏那些适应能力强补救努力能迎合其个人状况的企业。某些情况下，特别是在企业对企业的服务中，企业会向顾客征询它们所需要提供的失误补救措施，顾客们实际要求的可能会少于企业的预先估计。公平过程的特点包括清晰、无争吵和快速处理程序。不公平过程使顾客感觉到缓慢、拖延和不方便。如果非要顾客提供证据，也会使顾客感到不公平和不被信任。

3. 相互对待公平

相互对待公平关注的是服务补救中的人际交往方式。除对公平赔偿、无争吵及快速处理程序的期望之外，顾客们希望被有礼貌地、细心地和诚实地对待。如果顾客感到服务企业及其员工态度漠不关心和几乎没做什么以试图解决问题，这种形式的公平会支配其他公平形式。这种员工行为看来很奇怪，为什么在某些情况下他们会漠不关心或者粗暴地对待顾客？多数情况是由于缺乏培训和授权。在顾客本身心情不佳的情况下，如果一线员工对顾客的补救要求漠不关心，就会使服务失误后的情况变得更糟。

12.3.2 顾客的服务转换行为

　　服务失误出现后，尽管很多顾客对此抱有补救期望，但仍有部分顾客决定更换服务提供者。研究发现，服务失误可能导致顾客转换服务提供者。虽然顾客决定更换服务提供者的原因很多，但服务失误和糟糕的服务补救常常是最主要的原因。一项对大约500个顾客转换服务提供者的研究识别出了8个因素[①]，如图12-3所示。一项研究表明，25%的回应者认为核心服务的失误是顾客转换服务提供者的原因，20%的顾客认为，服务交互失误是转换服务提供者的原因。被调查者列举了核心服务失误、服务交互失误，以及企业对失误糟糕的反应等，这些都成为顾客转换服务提供者的原因。

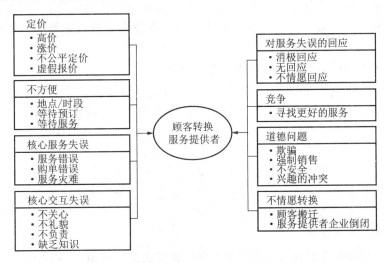

图12-3　顾客转换服务提供者的原因

（资料来源：根据Keaveney，"Customer switching behavior in service industries"研究整理。）

　　顾客的服务补救期望能否得到满足，企业如何管理服务失误，以及补救的有效性等诸方面，都会影响到顾客未来的决策——是对服务提供者保持忠诚还是转向其他服务提供者。顾客在遭受服务失误之后是否要更换一个新的服务提供者依赖于许多因素。服务失误的大小和危险程度很明显会影响顾客未来再次购买决策。不管补救工作怎么样，失误越严重，顾客就越有可能更换服务提供者。可见，服务补救不是万能的，服务失误的程度在更大程度上影响着顾客服务的提供者的转换行为。

　　值得思考的是，顾客转换服务提供者的行为可能不会在服务失误的补救措施之后马上发生，也可能会是一系列事件积累的结果。这表明，服务转换更可能是由一系列决策和重要的服

---

① KEAVENEY. Customer switching behavior in service Industries.

务决策相结合而产生的一个过程,而不是做出决策的一个特定的瞬间。这种过程导向也说明服务提供者可以根据一系列的事件来跟踪顾客的交互作用并且预计变更的可能性,来较早地介入这个过程以阻止顾客的更换决策。为此,服务提供者需要制定一系列有效措施建立服务补救体系,以减少顾客转换行为。

链接 12-4

商业银行:通过建立服务补救体系减少顾客转换行为

面对诸多的银行竞争对手,维系顾客忠诚、减少顾客转换行为是银行发展的根本。尽管在任何服务行业服务失误都不可避免,但是可以通过有效的服务补救来降低顾客不满,进而维系顾客。商业银行是如何建立服务补救体系以减少顾客转换行为的呢?主要有以下几个方面。

建立以顾客为中心的商业银行企业文化

服务补救是一种以顾客为中心的管理思想,商业银行通过对顾客投诉或抱怨信息的收集、分析和整理,采用适当补救措施对顾客实行物质和精神上的补偿,提高顾客满意度和忠诚度,从而达到提高商业银行收益的经营目标。商业银行应建立以顾客为中心的企业文化,促使员工从内心认识到顾客的重要性,认识到顾客投诉或抱怨不是一种麻烦,而是有效促进银行改进服务质量、带来财富和效益的重要渠道。由于员工是在一线向顾客传递商业银行服务的关键要素,只有满意的员工才能向顾客提供满意的服务,并及时有效地对顾客的投诉和抱怨进行处理和补救,商业银行应树立员工也是顾客的企业文化,通过内部服务补救机制来提高员工的满意度和忠诚度。

建立快速、便捷的多元化顾客投诉和抱怨的渠道及受理机制

顾客的投诉和抱怨是商业银行改进服务流程和质量的重要信息来源和依据。由于顾客不清楚自己的权利和商业银行应尽的义务,以及商业银行投诉流程和渠道等信息不对称,顾客认为商业银行对其投诉和抱怨不会做出反应或者进行及时处理,担心投诉成本过大等原因,抑制了顾客投诉的积极性和热情。商业银行通过增加信息透明度,制定规范和具体的服务标准,有效地消除顾客的"模糊预期",以便服务具有可衡量性。同时,设立由一线员工、电话、网络构成的多元化便捷投诉渠道及快速投诉处理反馈机制并进行广泛宣传,加强对员工和顾客的培训工作,以便降低顾客的投诉成本,提高顾客投诉的热情和积极性。

建立有效的服务补救成本和收益预测机制

服务补救需要付出成本,成本收益是商业银行实施服务补救战略应考虑的要素。顾客终身价值,即商业银行在顾客整个生命周期能从顾客处获得的全部价值,是商业银行成本收益的一个重要指标。如果顾客终身价值远低于服务补救成本,商业银行应该调整服务补救的策略和强度。由于不同顾客对于商业银行的服务预期和服务容忍度不同,具有不同的终身价值。商业银行应建立有效的成本收益预测机制,对不同价值层次的顾客实施适时的服务补救，在保证顾客满意的基础上，尽可能降低服务补救成本，以便提高商业银行的收益。

建立商业银行服务补救预警机制。

服务补救不同于传统的顾客抱怨被动处理策略，它是通过对顾客投诉信息进行跟踪、服务失误识别、统计分析的主动预防策略。商业银行应建立服务补救预警机制，通过对顾客投诉或抱怨数据的统计分析，查找商业银行潜在的服务失误和服务失误"高发地带"，并主动进行预测和防范，降低服务失误发生的概率。

完善商业银行客户服务中心的功能，建立自我学习型的服务补救系统

商业银行客户服务中心是为适应服务经济时代竞争而设立的机构，目的是更好地为顾客服务。当前我国商业银行客户服务中心的功能以业务查询和咨询为主，缺乏服务补救的功能。商业银行应加强客户服务中心服务补救功能建设，使其成为协调商业银行与顾客关系的核心部门。由于服务补救是一个自我学习和自我完善的过程，商业银行应建立由顾客投诉的信息库、专家库、方法库等构成的自我学习型服务补救系统，为制定服务标准和规范、处理顾客投诉及解决流程等提供依据。

（资料来源：施若，顾宝炎. 我国商业银行管理中的服务补救初探［J］. 金融理论与实践，2008（7）. 作者编写整理。）

12.3.3 服务补救对顾客忠诚的影响

企业实施服务补救管理的最主要目的之一是保持顾客忠诚，减少顾客的服务提供者转换行为。顾客忠诚是正向的消费者行为倾向，关于服务补救与行为倾向关系的研究很多。其中，基于公平理论对服务补救后顾客行为的研究发现，如果顾客认为服务补救缺乏互动公平及分配公平，则较可能采取负面宣传或降低再购意图，转换行为更有可能发生。例如，Chebat 研究了服务补救属性、认知公平的三个维度对顾客满意度及其忠诚度的影响，如图 12-4 所示。

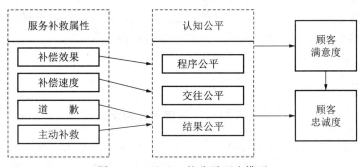

图 12-4　Chebat 的公平理论模型

企业的服务补救及时、效果良好，并且在服务补救过程中体现出了对顾客的关怀和尊重，这样在顾客间自然会形成良好的口碑，可见服务补救对顾客满意和顾客忠诚有不可忽视的影响。经历服务失误的顾客如果经过服务提供者努力补救并最终感到满意，将比那些问题未被解决的顾客更加忠诚。这种忠诚度对企业而言将转变成收益。那些因投诉而使其问题迅速得到解决的顾客与那些投诉但未得到解决的顾客相比,更可能发生再次购买行为,那些从未投诉的顾客相对最不可能再次购买。来自技术协助调查程序(TARP)的资料证实了这种关系,如图 12-5 所示。当顾客不满意但是没有抱怨时,对不同类型产品的再购买意愿比率从 9% 到 37% 不等。如果顾客抱怨了,服务提供者积极地倾听,但是没能解决抱怨使顾客满意,那么再购买意愿比率从 9% 提高至 19%。如果抱怨解决了,使顾客满意,那么再购买比率增长到 54%。如果问题在第一时间被迅速地解决,再购买比率最高将达到 82%。

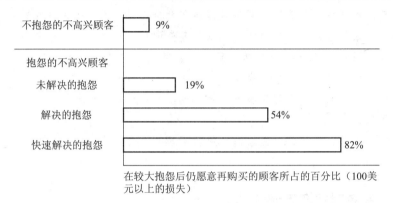

图 12-5 不满意顾客的再次购买意图

(资料来源:Adapted from data reported by the Technical Assistance Research Program.)

由此可以得出结论,抱怨处理应该被看成是利润中心而不是成本中心。如果不满意的顾客流失了,那么服务提供者失去的价值将远远大于下次交易的价值。同时也将失去来自那个顾客的长期的利润或其他利润,比如一个不满意的朋友的负面评论使某个顾客转换服务提供者或者不再与那个服务提供者进行业务往来。服务补救就是对初次服务提供过程中损失的顾客价值的弥补和更多补充,旨在扭转顾客的态度。否则,服务失误后没有进行及时有效的补救,定会造成顾客流失,给企业带来不可挽回的顾客资源损失。

 链接 12-5

服务补救后:顾客的行为意向

现实生活中,顾客的选择是多样性的,顾客在经历了服务失误和服务补救后,如果再次面临消费选择时,不仅会考虑之前服务提供者采取服务补救措施后给自己带来的满意度,还会考虑到其他服务提供者。外部的比较、顾客看重的企业的独特价值,都会影响顾客在服务失误和获得补救后的行为意向。但是,如果顾客感知的服务失误严重程度很高,顾客认为服务失误带给自己的损失大于服务补救带给自己的利益,就有可能转变自己的消费选择,那么企业想要通过服务补救来重获顾客满意就要慎之又慎了。服务补救的最终目的,是要使得顾客有积极的行为意向。研究证明,顾客越是满意,其越是可能会再次光顾和传播该企业的良好口碑。由此可见,顾客的行为意向不仅受到顾客满意度的影响,也受到顾客感知的服务失误严重性的影响,顾客认为失误的严重性越高,其转换的行为意向就越高。

(资料来源:钟天丽,胡培,孙靖.基于外部比较下的服务补救后顾客行为意向的探讨[J].管理评论,2011,23(1).编者整理。)

有效的服务补救策略对顾客忠诚度有多方面潜在的影响,主要体现在,能够提高顾客满意度及忠诚度,并产生积极的口头传播影响。作为不断改善服务努力的一部分,一个得到较好设计及文字化的服务补救策略提供了能够用于改善服务的信息。在服务补救经验的基础上通过调整服务过程、系统及产出,服务提供者能提高服务水平,更有可能实现"第一次做对",这相应会降低失误成本,并提高顾客的初始满意度。正如 Tax 和 Brown 所认为的,服务补救是一种管理过程,它首先要发现服务失误,分析失误原因,然后在定量分析的基础上,对服务失误进行评估并采取恰当的管理措施予以解决。服务补救的实质是服务提供者在出现服务失误时所做出的一种实时性和主动性的反应,其目的是通过这种反应,将服务失误给服务提供者所带来的负面影响减少到最低限度,重新建立顾客满意和忠诚。较高的顾客满意度和忠诚度会带来重复购买,使服务提供者的交易成本降低,利润上升,竞争力得到增强。

然而,服务管理实践中也有调查表明,很多服务提供者并没有使用有效的补救措施,50%以上经历过一系列问题的顾客并没有从企业方得到回应。没有服务补救或缺乏有效的服务补救策略会产生相当大的副作用。糟糕的服务再加上低劣的补救,可能导致顾客极大的不满以致变成言语极端分子,他们会积极寻找机会公开批评使其不满的服务提供者,并且不计后果。有研究表明,一个对服务提供者的补救努力满意的顾客平均会对 7 个人讲,然而每一个不满意服务提供者回应的顾客平均会对 25 个人讲[①]。如果顾客能在互联网上发泄其不满经历,不满意所波及的范围可能更大。可见,反复的服务失误并且缺乏有效的补救策略,会使服务提供者付出惨重代价。

链接 12-6

服务补救的常见错误

下面是一些典型的服务补救的错误。
管理者不认为服务补救将产生重要的财务收益
近年来,许多企业关注削减成本,而且仅对最盈利的顾客付出口头努力。从这一点上看,它们缺乏眼光,应该尊重所有顾客才对。

---

① GRANIER, KEMP, LAWES. Customer complaint handling: the multimillion pound sinkhole.

企业在避免服务问题方面没有足够的行动

理想状态下，服务策划人员在顾客提出问题之前应该确定潜在的问题。虽然避免问题的方法不能降低顾客对服务补救措施的需求水平，但是在很大程度上减轻了一线员工和服务补救系统的负担。

服务人员态度不佳

在服务补救中最重要的是态度。无论设计或策划得多么好的服务体系，如果没有一线员工友好的态度（包括表情和声音），这个服务体系也不会奏效。

企业没有为顾客抱怨或反馈设置方便的渠道

虽然，我们可以看到企业在这方面做出的一些努力，如酒店和餐馆提供的意见卡，但企业很少将意见卡的方便性和意义与顾客进行沟通。研究表明，顾客抱怨在很大程度上是因为他们没有找到方便的反馈渠道帮助他们解决问题。

（资料来源：Dissatisfied customers require service recovery plans [J]. Marketing News，2003，37 (22)：44—45.）

由此可见，在现实中并不是所有管理者都能意识到服务补救对于维系客户忠诚的作用和影响，并且肯为保护长期利润而在服务补救方面进行投资。这也是值得服务管理者和一线服务人员共同关注和思考的问题，因为当顾客抱怨得到满意解决时，企业将有更多机会使顾客保持忠诚。

12.3.4　服务补救悖论

所谓服务补救悖论探讨的是这样的情况：一些业务会有这样的一些顾客，他们开始的时候对服务经历很不满意，而后又经历了高水平的服务补救，这样的经历似乎使这些顾客比什么问题都没有发生过的顾客满意度更高，也更加愿意重新购买。也就是说，他们在遭受了服务失误后似乎比遭受服务失误之前更加满意了。举例说明，设想一位酒店顾客到前台登记房间时发现没有他想要的房间了，作为一种补救，酒店前台人员立刻以原价格向顾客提供了更好的房间，顾客被这种补救措施所打动，对这次经历非常满意，甚至获得比以前更深的印象，并发誓今后将成为忠诚顾客。虽然这种极端的例子相对较少，但是一个开始不满意的顾客在经历了优质的服务补救之后可能更加满意、更加忠诚，这种状况被称为补救悖论。

既然如此，那么企业是否应该表现出一些小小的失误以便很好地修复这些失误呢？如果这样做确实能使顾客更加满意，这个策略是值得推崇的吗？企业是否应该使顾客失望以便他们能够很好地从失望的情绪中恢复过来，从而得到顾客更多的忠诚呢？为了解释这些问题，应该更多地从顾客本身寻找线索。

首先，很大一部分顾客在经历了问题后并不抱怨。补救的可能性只存在于企业能够发现问题并能够很好地进行补救的情况下，如果顾客不能让企业了解到失误，不满则是最可能的结果。其次，补救失误的费用昂贵，重新制造或重新履行一项服务对于一个企业来讲费用太高。再次,鼓励服务失误的确显得不可理喻,毕竟可靠性(第一次就做好)是服务质量最重要的决定因素。最后,虽然服务补救悖论表明顾客在经历了服务补救后可能更加满意,但是并没有保证顾客会更加满意。如图 12-6 所示。

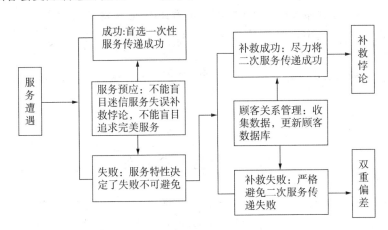

图 12-6　服务传递过程中失败和服务补救悖论

(资料来源:曹忠鹏,马钦海,赵晓煜. 服务补救悖论的研究综述及管理启示[J]. 预测,2012, 31 (5): 74—80.)

值得注意的是,当第二次服务失误发生时,矛盾论就不成立了。这就好比顾客可以宽恕服务提供者一次,但是如果失误再次发生,顾客就不会被迷惑了。此外,研究还显示出在顾客经历了一次非常好的服务补救后,期望将会被提升,其结果是出色的服务补救成为他们期望的日后处理失误的标准。

与此相呼应,已有研究向服务补救悖论提出了挑战。安德烈森对不同服务领域的消费者进行了 8 600 次电话访谈。研究显示,服务失误后,顾客的再购买意愿、对服务提供者的态度和服务质量感知将永远不会超过那些没有在第一时间经历过服务失误的满意的顾客,即使当服务补救做得非常好并且顾客对服务补救非常满意时也是如此。

由此可见,服务补救悖论高度依赖于具体情况,而且顾客是否对服务补救满意还取决于服务失误的严重性和这种服务失误能否补救。好比没有人能补救一张不满意的结婚照、一次荒废的假期或由某个服务设备导致的伤害,因为无可挽回。所以,服务提供者的最佳战略仍是第一次就做好。正如迈克尔·哈格罗夫强调的:"服务补救是将服务失误转变为你意想不到的机会。"圆满实施服务补救措施固然很重要,但失误仍令人倍感沮丧。

由服务补救悖论引起的思考引发了在这个问题上进行的专门实证研究。一项研究发现,只有那些水平最高的顾客服务补救等级才能带来增加的满意度和忠诚度。[①] 这项研究表明,顾客在决定是否再购买时非常看重最近的经历。如果最近的经历是消极的,那么

---

① SMITH, BOLTON. An experimental investigation of customer reactions to service failure and recovery encounters.

顾客对该企业的整体印象会打折扣，并由此降低再购买的意图。由此可见，除非补救成果非常出色，否则不足以克服最初经历带来的负面影响，也不足以达到顾客第一次就得到正确服务的程度。还有研究发现，不管补救的成果如何，从未经历过服务失误的顾客整体满意度都高于经历过服务失误的顾客。此后还有研究发现，服务补救悖论现象可能只存在于一次服务失误之中，如果顾客经历了第二次服务失误，顾客对服务表现进行正面评价的可能性很小。

研究表明，虽然一次服务失误后的令人满意的服务补救可以产生服务补救悖论，但不可能在两次服务失误后引起同样的效果，服务补救不是万能的，企业必须客观地看待该问题。

12.4 服务补救策略

既然服务失误不可避免，其带来的直接后果是顾客满意度的下降和抱怨行为，企业意识到顾客就是价值资产，服务补救对于保持不满意的顾客不转换具有重要意义。

12.4.1 提高初始服务的可靠性

服务补救策略的第一条规则，也是服务质量的基础，就是避免服务失误，争取在第一次就做对。顾客们得到了他们所希望得到的，企业还可以节省再次服务的费用和对错误的赔偿。可靠性，是否第一次做对，是所有行业关于服务质量的最重要的量度。为此，企业通常会采用全面质量管理（TQM）、"零缺陷"行动等措施来实现可靠性。但是在现实的企业管理运营中，由于服务业与制造业固有的不同，上述手段要在服务业中发挥作用还需要相当大的改动。

12.4.1.1 引入防故障程序的 TQM 概念，改善服务可靠性

在现实管理中，如果服务企业欠缺考虑服务业的含义，盲目采用 TQM 手段，就会不可避免地遭到失败。曾有学者建议服务业采用防故障程序的 TQM 概念来改善服务可靠性，将防故障程序方法用于服务装置，对服务进行"错误防护"，也用来确保遵循必要的程序，以及按恰当的顺序和适时的方式进行服务。防故障程序通过现场自动报警和控制来确保不发生错误，本质上这是质量控制手段，典型应用于组装生产线，现今也可将此应用于服务管理。例如，在医院经常采用防故障程序来确保按照程序工作，防止出现潜在的危及生命的失误，外科手术工具托盘上每一件工具都有对应的凹槽，并且每一件工具都放在与其外形一致的凹槽内，外科医生及其助手们在缝合病人的伤口前可以清楚地知道是否所有的工具都在它们的位置上。

12.4.1.2 树立零缺陷企业文化，提升服务可靠性

形成一种零缺陷的企业文化来保证第一次就把事情做对是至关重要的。在这种零缺陷企业文化观念下，每个人都理解可靠性的重要性。员工们和经理们的目标是让每个顾客都满

意，并且寻找改善服务的方法。零缺陷企业文化下的员工充分理解和领会"顾客的关系价值"概念。于是，他们受到激励，每时每刻对每一位顾客都提供优质服务。毕竟，任何形式的亡羊补牢都会给企业和顾客双方带来麻烦，影响感情和未来关系。为了避免此种令人不快的情况发生，使零缺陷企业文化深入服务管理者和员工的内心，并以此对其进行有效激励，是明智之举。

12.4.2 建立有效的服务补救系统

为建立有效的服务补救系统，必须遵循一些原则，即建立方便的反馈系统、实施有效的服务补救、建立适当的补偿标准。图 12-7 展示了有效服务补救系统的核心。

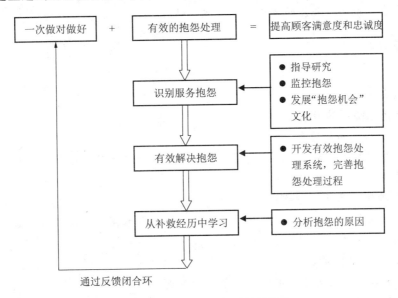

图 12-7 有效服务补救系统的构成

（资料来源：LOVELOCK C H, PATTERSON P G, WALKER R. Service marketing. Sydney：Prentice Hall Australia, 1998：455.）

12.4.2.1 互动基础：建立有效的顾客反馈系统

很多企业的服务管理者发现，一些不满意的顾客不愿意抱怨服务失误，为此，最好的方式就是直接列出他们不愿抱怨的原因。许多企业已经完善了它们的抱怨收集过程，如设置免费电话，开设相关的网络链接，在其分店显眼的位置设置顾客意见卡等，甚至为记录抱怨提供视频终端，等等。它们在给顾客的信件中说，服务水平的提高直接来源于企业在"您告诉我们，我们立即响应"的管理理念下所收集的顾客反馈。

链接 12-7

方便反馈系统：减少顾客抱怨的策略

不满意顾客的抱怨障碍：

1. 不便利
- 很难找到正确的抱怨程序
- 需要付出努力，如写信和邮寄信件

2. 怀疑抱怨行为是否起作用
- 不确定企业是否会关注顾客抱怨并采取行动

3. 不高兴
- 害怕被粗鲁对待
- 害怕争论
- 害怕尴尬

减少顾客抱怨障碍的策略：

1. 使反馈变得容易和便利
- 在给顾客的所有资料（信件、传真、票据、电话号码簿等）中都留下热线电话、电子邮件地址和通信地址。

2. 进一步确保顾客反馈会受到重视并且会回复
- 有恰当的服务补救程序，并通过一定方式（如信件和网络）让顾客知道
- 明确来自顾客反馈的服务质量提高

3. 使反馈成为愉快的经历
- 感谢顾客反馈（公开在所有顾客面前表示感谢）
- 培训一线员工不与顾客争执
- 允许匿名反馈

案例 12-5

运用顾客反馈：提升酒店的社交媒体表现力

为了利用社交媒体来提升顾客满意度，酒店不仅需要在最新的社交网络平台上创建资料页面，它们还需要具备较高的"社交反应能力"。在任何一个旨在提升顾客满意度的计划中，"倾听"都是一个必要条件，但酒店要做的并不仅仅是倾听而已，酒店做出答复的速度和质量将决定顾客对其提供的服务的满意度。酒店必须更快速地进行回复。通过技术来增加酒店对顾客请求或反馈的关注使它能全面倾听客人的信息，这将使关注上述在线互动的顾客和其他人获得答复的过程变得简单：直接并公开地对顾客反馈进行答复。

答复形式一：对评论网站上的顾客反馈进行答复

对评论网站上的顾客反馈进行答复是最直接的答复形式。你可以从酒店经营者的视角来发表意见。对很多酒店而言，每一条评论和答复都是很重要的，因为它会被数以百计的人看见。如果酒店做出了一次答复，那它就不仅仅是服务顾客，它还向所有浏览这些互动信息的人传递了一个信息。其目标很简单："在顾客需要的时候为他们提供服务。"通过提供关键的、即时的服务，酒店可以化劣势为优势，消除顾客的不满，并使他们感到满意。"这会使顾客对酒店产生信任。"通过提升对顾客的关注度和反应能力来建立信誉至关重要。

答复形式二：对社交网络上的顾客反馈进行答复

酒店在实时社交网络（如 Twitter）的答复时间是一个关键要素。可能用几天的时间与团队协商，以在评论网站对顾客反馈提供一个详细的答复，但相比之下，在社交网络进行答复的时间要短很多。有些问题的确需要花时间去进行调查，但至少应该尽快让顾客知道该酒店已经在处理他们的问题。《哈佛商业评论》公布了最近的一份调查报告，该报告指出，酒店解决问题的速度与顾客挽留和忠诚度直接相关。因此企业的首要任务是针对问题提供快速和简单的解决方案。服务的重点在于减少顾客为解决问题而花费的精力。我们可以看到，那些建立了互动最活跃和最忠诚的用户在线社区的酒店集团，他们在为顾客提供即时答复这方面也是做得最出色的。酒店可以有效地通过社交网络来提供实时服务，消除那些可以避免的不满意见，这就使酒店取得对其在线声誉的主导权。

答复形式三：通过改变沟通方式和营销信息来对顾客的反馈进行回复

信誉度高的酒店能通过改变策略的方向来对顾客反馈进行答复，而信誉度一般的酒店则无法做到这一点。通过回复顾客的评论和社会媒体活动来针对顾客进行答复，可以形成一个循环进行的反应—回复过程，为了建立可靠的在线声誉并不断提升信誉。酒店需要根据顾客反馈来对酒店运营和产品进行调整，包括销售信息，使这些信息精确地反映服务产品以及顾客的看法。位于纽约的 Roger Smith Hotel 在这方面是一个很好的范例，该酒店的室内设计采用的并不是现代风格，它看上去更像是你的一位艺术家朋友住的一个乡村的房子。因此，Roger Smith Hotel 这样进行定位：它位于纽约市中心，却像一个"平静而舒适的家园"，期待着您的到来。该酒店真实地进行产品定位，他们也设定了相应的目标：吸引那些寻找这类体验的旅行者，并让他们入住。因此，该酒店成为纽约艺术家和数字媒体精英聚集的中心。通过在最新的社交网络上创建酒店的页面，并积极地参与到所有这些平台上的社区互动，该酒店的社交媒体表现力大为强化。

（资料来源：http://socialbeta.com，2012-05-24．编者整理。）

企业可以综合使用多种顾客反馈收集工具，尽管每种工具都有各自的优缺点，但是对它们进行综合运用可以扬长避短。主要的顾客反馈收集工具如下。

1．整体市场调研和年度调研

典型的整体市场调研和年度调研主要评估顾客对服务过程和产品的满意度，评价工具水准较高，其目标是得到全球指数或对企业整体服务的满意度指数。

2. 服务反馈卡

这是最有力、最便宜的工具，就是在完成每一主要服务项目后给顾客一张反馈卡。这些反馈卡能很好地反映过程质量，能对好的和不好的服务过程记录提供详细的反馈。但反馈有时不具备代表性，企业需要对一些有失偏颇的顾客意见进行甄别。

3. 神秘购物

这种办法经常被服务业用来检查一线员工是否按预想的方式工作。银行业、零售业、汽车租赁业和酒店业都很愿意使用神秘购物者。神秘购物能对培训员工和绩效评估给予可行性极高的深入见解。

4. 主动提供的反馈

顾客的抱怨、称赞和建议可以被转换成信息流，用来帮助对服务设计和服务质量进行监督和改进。抱怨和称赞是企业的宝贵财富：让企业了解是什么帮顾客解决了难题，是什么取悦了顾客。主动反馈不是衡量全部顾客满意度的可靠尺度，但它是改善服务质量的信息源泉。

5. 焦点小组讨论和服务评论

典型的焦点小组是由关键的细分市场顾客群或使用者构成的。服务评论则是一对一的深度访谈，经常是一年一次与企业最有价值的顾客们进行的，目的是维护最有价值的客户和提高服务补救水平。企业的一名高层经理拜访顾客并参与讨论一些问题。

12.4.2.2　有效识别：鼓励并跟踪抱怨

企业对顾客抱怨必须持有积极、乐观的迎和态度，这样才能够识别出真正对企业发展有价值的顾客抱怨。服务补救策略的关键组成部分就是鼓励并跟踪抱怨。企业可以通过培养"抱怨是好事"的心态，来做一个积极的倾听者，使顾客抱怨更加容易，并随时进行简短的预告性调研，来帮助企业实时确定问题并使实时的服务补救成为可能。

此外，企业还可以利用多种方法来鼓励和追踪抱怨，如顾客满意度调查、重大事件研究和丢失顾客研究。完全免费的呼叫中心、电子邮件、网络平台。都是为了便利、鼓励并追踪抱怨。大量的企业软件的应用使抱怨可以自动地被分析、储存、回应并追踪。某些情况下，采用现代信息技术可以在问题和抱怨发生前实现预测，甚至使服务员工在顾客发现问题存在前对问题进行诊断。

 链接 12-8

图书馆服务补救策略

图书馆作为一个以服务为主要功能的机构，大可以通过借鉴服务性企业的先进管理理念和方式，来提高图书馆服务质量。服务补救策略如下。

1. 鼓励读者表达抱怨和不满

一般情况下，图书馆的服务补救都是在确认了服务失误后才加以实施的，而现实中这种先有失误再有补救的做法使得许多潜在的服务失误得不到补救，从而也使图书馆提升自身形象的愿望难以实现。近年来，各图书馆都相继建立了自己的网页或网站，公布了馆长信箱，设立了读者交流窗口，这就为鼓励读者向图书馆表达自己的意愿搭建了平台。其他诸如设立读者问卷调查、定期召开读者座谈会也都能起到激发读者表达不满的目的，使许多潜在的服务失误及时显露出来。但要注意，图书馆通过这些意见表达渠道了解了更多的服务失误，重要的是必须及时做出反应和回馈，否则，即使已经进行了有效的补救，也难收到满意的效果。

2. 强化实施主体的补救意识和专业技能

图书馆的服务失误会产生于服务过程中的各个环节，因此，服务补救实施主体包括图书馆领导和全体员工。图书馆产生服务失误的原因是多方面的，一些发生在借阅过程中的主观上的失误，可以通过解释、更改、调换、指导及道歉等方式得到补救，这需要工作人员具备熟练的专业知识。而一些由于馆舍面积狭小、座位有限、馆藏文献不足等客观原因造成的失误，就需要更为丰富的知识技能来辅助专业知识进行补救，如与读者沟通的方法、对突发事件的应变能力及再建新馆的建筑布局和馆藏体系建设。这就要求加强对全馆人员的教育，尤其是直接面对读者的一线人员，要给予服务补救工作足够的重视，通过长期的、分层次的、有侧重的和多种形式的培训来提高图书馆工作人员的专业技能和服务意识。

3. 完善各项服务制度和管理措施

服务失误与服务部门的制度和管理有着密切的关系。一些服务失误的产生根源就在现行的管理制度上。所以服务补救应该重新审视图书馆的各项规章制度，取消涉嫌不尊重和不公平对待读者的管理办法，制定和完善旨在方便和鼓励公众阅读的制度与措施，将服务失误降至最低。

（资料来源：郑琳. 论图书馆的服务失误与服务补救 [J]. 怀化学院学报，2008，27（3）. 编者整理。）

12.4.2.3 快速行动：使服务补救更有效

现代企业所处的竞争环境更为复杂、动态、多变，既然企业欢迎甚至鼓励抱怨，它就必须准备快速对其采取行动。因为抱怨的顾客希望快速的反应。快速反应不仅要求有适合快速行动的系统和程序，还要有被授权的员工，多方共同配合使服务补救更为快速、及时、有效。

在服务员工方面，企业必须对员工进行培训和授权，以使问题在发生时就予以解决。一个未被解决的问题可能很快会升级。因为互联网的使用鼓励了抱怨，也相应需要有及时的反馈发生，否则顾客会因为抱怨未得到答复、问题得不到及时解决而背离现有的服务提供者。这说明，技术既要被有效地连接到其他系统中，更要有效地连接到员工。高水平的服务员工应能够在问题发生前就预见到苗头，并给顾客以惊奇的解决方法。例如，旅行社带领来自北方的游客到江南名镇观光，不巧赶上阴雨连绵，游客们不适应潮湿天气，并感到疲惫饥饿，旅行社导游在安抚这些游客的同时，预计到北方人在饮食方面大多口味偏重，而南方饮食多为清淡，因而提前关照提供餐饮的饭店在为该团游客提供菜肴时，烹制略加重口味，并在食材选用等方面考虑游客缓解疲劳、去除湿气的需要，因而得到了该团游客的赞许，虽然是小事情，但使游客们感到被关注，心情也随之明朗。

由此可见，为使服务补救更为快速有效，对服务人员进行补救培训等相关职业训练很有必要。因为顾客要求服务补救在现场即时进行，一线员工需要有技巧、权力和激励来从事有效的补救。有效的补救技巧包括：倾听顾客问题、采取初始行动、辨别解决方法、即兴发挥及变通规则。员工们不仅需要权力来行动（通常在某种限定范围内），同时他们不应因采取行动而受惩罚，必须有一些激励措施鼓励员工行使其补救权力，鼓励员工为快速有效地解决顾客抱怨而负起责任。

如今，随着现代科学技术的发展和顾客自身层次的提升，允许顾客自行解决问题也是一种有效的快速处理问题和抱怨的方法。为此企业需要建立一个允许顾客亲自解决服务需要和处理遇到问题的系统，在必要的技术支持下得以完成。顾客们直接应用企业的技术完成对自己的服务，给自己提供即时答案。例如，联邦快递就用这种策略来进行包裹跟踪服务，使顾客对每一次互动和交易都感到满意，由及时投递率反应顾客满意度，顾客可以通过在线服务来与公司进行反馈和互动。

 链接 12-9

网上零售业如何进行服务补救

在分秒必争的网络经济时代，如何有效利用资源、提高服务补救效率对网上零售企业的生存和发展意义重大。若想合理利用资源，首先要明确顾客对服务补救行为的评价过程。与传统服务业一样，顾客主要通过感知公平和期望差距来评价网络企业的服务补救行为。而且，网上零售业中，顾客并没有因为缺乏与员工面对面的接触就忽略了对互动公平的感知。研究发现，即使没有面对面的交流和沟通，顾客仍然能够通过与客服人员用电话、E-mail或即时通信工具等方式的沟通来体验互动公平，进而构成他们判断网络商店服务补救质量优劣的一个重要因素。因此网络商店实施服务补救行为时，要注重补救行为的公平性；在日常管理中尤其不能忽略对客户服务人员用电话、E-mail用语等虚拟礼仪的培训。另外，服务承诺虽然能降低顾客对网上购物风险的感知，但同时也提高了顾客的期望，无形中加大了服务出现失误时企业进行补救重新挽回顾客满意与忠诚的难度，因此，网络企业在制定服务承诺时（比如三天之内送货，不能按时送货给予相应赔偿等）一定要把握好服务承诺的尺度。

补偿、快速回应和道歉三种服务补救措施中，单独使用道歉处理网上零售企业的服务失误问题作用不大，但如果与补偿或快速回应配合使用，却能强化服务补救的效果。尤其当发生"送货迟延"等结果型失误时，相比在"客户服务人员态度不好"这样的过程型失误，快速反应再加上向顾客正式道歉，能为企业带来较高的顾客满意度。也就是说，如果在实际运作中，企业同时处理多个投诉问题，首先应该把"快速反应"和"道歉"这种资源投向结果型失误（如送货迟延）的投诉问题，而不是过程型失误（如服务态度不好）的投诉问题。另外，相比高严重程度的服务失误，企业应该首先对低严重程度的服务失误做出回应，因为网上零售业中回应速度这一服务补救措施的附加价值随服务失误的严重性增加而减小，严重程度高的服务失误，即使做出快速回应也很难挽回因失误给顾客造成的损失。所以当网上零售业在服务补救资源有限的情况下，应首先关注严重程度低的服务失误，以发挥资源的最大效用。

（资料来源：郑秋莹，范秀成. 网上零售业服务补救策略研究：基于公平理论和期望理论的探讨［J］. 管理评论. 2007，19（10）. 编者整理。）

12.4.2.4 提供充分解释：优化与顾客接触的态度

研究表明，当服务提供者没有能力提供足够的结果，给顾客提供充分的解释理由也能减少顾客的不满。因为在许多服务失误中，顾客尝试着去了解为什么失误会发生。为了使顾客感知到提供的解释是充分的，给出的理由必须有两个主要的特征。首先，解释的内容必须是正当的，相关事实和信息对于顾客了解失误发生原因十分必要。其次，企业向顾客传递解释的适当风格和方式也可以减少顾客的不满。风格包括给予解释者的个人性格特点，包括其信用度和真挚度。顾客感知到的诚实的且是非操作性的解释是最有效的。因为既然服务失误已经发生，顾客如果能够感到自己被重视并且获得了充分而合理的解释，那么其怨气和怒气会在得到真诚解释后得以很大程度的消解。这也是理解和沟通艺术在服务管理中的应用，它需要服务提供者以足够的耐心和诚恳来面对顾客，使顾客感到被尊重和被关怀。服务失误并不可怕，可怕的是失误后的搪塞和责任推诿，这会使顾客感到茫然和被漠视而使恼火升级。因此，服务管理者及其员工需要掌握解释的态度和方式，提高接触顾客的专业化水平。

12.4.2.5 公平对待：培养与顾客的关系

服务失误出现后，企业在快速反应时，公平对待每一位顾客也至关重要。顾客们希望在服务补救结果、服务补救过程及相互间的接触等方面都受到公平对待，而且这种公平对待是有效服务补救策略必不可少的部分。只有当顾客感知到的是公平的人文关怀，服务提供者才可能在令人不快的服务失误后仍有可能与顾客建立长期关系。与此同时，关系营销另一个好处就是当服务失误时，与服务提供者有坚实关系的顾客更容易原谅服务失误并更容易接受服务提供者的服务补救努力。

12.4.2.6 从补救经历中学习

服务失误不可怕，重要的是要善于从补救经历中积累经验，使企业获得学习和成长。问题解决状况并不仅仅指有机会补救有缺陷的服务和加强与顾客的联系，同时也是一种有助于改进顾客服务的特征性和规范性信息的有价值的来源，不应被忽视。通过追踪服务补救的努力和过程，经理们能够获知一些在服务交付系统中需要进行改进的系统问题。通过进行根本原因分析，识别出问题的来源，进行过程改进，有时能彻底消除对补救的需要。从补救经历

中学习，可以使企业获得最宝贵的服务经验，尽管会为此付出代价，但如果善于学习利用，也不失为一种有效的补救策略。

物流服务补救策略：从失误中学习

首先，分析物流服务失误的原因。在物流服务领域，物流服务失误既有物流企业的原因，也有顾客自身的原因，可归纳为以下几个方面。

- 物流服务提供者的原因

在物流服务中，大多数服务是通过服务员工与顾客的互动实现的，而由于员工情绪波动、服务技能、沟通能力、危机处理能力等方面的原因，错误是不可避免的，从而导致物流服务失误。同时，物流服务系统无法保证每时每刻都处于良好状态，也会导致服务失误的发生。

- 物流顾客的原因

物流顾客作为服务活动的参与者，会对最终服务质量带来影响。同时，在服务互动过程中，顾客可能不知道如何参与到物流服务活动中，从而导致服务失误。

- 双方理解差异的原因

服务企业没有对物流顾客做充分的市场调查，或者由于物流顾客文化背景和经历的差异等因素，造成顾客与企业对该物流服务产品的理解不一致，此时服务失误就不可避免。

- 外部原因

有些是不可抗力因素，比如气候因素，如果某地发生洪灾导致公路和桥梁垮塌而运输中断，耽误运输的时间，导致货物变质造成货物损失，就发生了服务失误。

虽然物流服务失误难以避免，但仍要采取有效的物流服务补救策略，具体如下。

完善物流企业内部沟通环境。物流企业应为员工提供沟通平台，比如公司内部期刊，或者公司QQ群、内部论坛等，也可以通过一些高层接待员工活动或者公司沙龙来进行沟通，员工提出的意见将有利于服务补救工作和服务质量的提高。

提升服务员工的服务补救能力。第一，对服务员工进行危机管理和业务培训。通过危机管理培训，提高员工的危机意识和危机处理能力，以保证遇到突发事件时还能继续提供服务。第二，进行适度授权。在服务失误情境下进行员工授权，能扩大员工处理服务失误的灵活性和自由度，满足不同顾客的需求和期望。

鼓励顾客投诉，吸取服务补救中的经验教训。物流企业要通过制定明确和具体的服务标准来有效地消除顾客的模糊预期，使物流服务具有更强的可衡量性，便于顾客发现服务失误。设计方便顾客投诉服务失误的程序和机构，并广而告之，方便和鼓励顾客进行投诉。还要对服务补救整个过程进行跟踪，服务管理者可以总结服务系统中一系列亟须解决的问题，并及时修正服务系统中的某些不当环节和方式。

结合不同的顾客自我调整导向,进行差异化的服务补救。在"多获利"型服务补救措施下,趋利导向的顾客比避害导向的顾客更满意;但在"少损失"型的服务补救措施下,避害导向的顾客比趋利导向的顾客更满意。对于两种不同自我调整导向类型的顾客,要使用不同的服务补救方式。面对的是看重获得结果的趋利导向型顾客时,"多获利"型处理问题的方式(例如,赠送附带物流服务)将取得更好的服务补救效果;对于避免负面结果的避害导向型顾客,"少损失"服务补救方式(例如,物流服务降价)将会获得更好的效果。

建立双方的信任和承诺关系以维系老顾客。关系是无形的生产力,成功的服务补救可提高物流企业对顾客的关系营销能力,强化它们之间的承诺关系,为物流服务企业维系与顾客关系提供新的方式和策略。

(资料来源:韦家华.基于服务失误的物流服务补救策略研究[J].物流技术,2014,33(4):43—45.编者整理.)

12.4.2.7 从失去的顾客身上学习

失去的顾客往往是企业最好的老师,通过研究他们,企业可以知晓自己究竟失误在哪里,是哪些深层原因导致顾客流失。因此,有效服务补救策略的另一个重要部分是从已经决定离去的顾客身上学习。企业应通过正式的市场调查来审视自己的失误,尽管这个过程令人不快,但为了避免同样的失误和损失更多的顾客,这些审视确有必要。企业要对离去的顾客进行研究,通过对顾客的深入调查来确定其离去的真正原因。具体做法可由训练有素和真正了解业务的人员进行深度访谈,而且最好由企业高层人员来进行这类研究,特别是对大宗顾客如果丢失其会带来巨大影响的企业。这类深层分析经常需要一系列开放式问题,来发现顾客离去的真实原因。进行这类研究时,重要的是要将重心集中在那些已经离开的、重要的或有利可图的顾客身上,而不是针对离开企业的每一个人。例如,对于保险公司而言,出现离去的顾客很正常,因为有些正失去的这些顾客其实无利可图,公司如继续深入研究如何保留这部分顾客,就不是明智的投资,而对于购买保险的大客户,其去留状况则必须引起管理者的注意。

链接 12-10

建立药店服务补救系统的有效策略

服务补救是药店提供服务的一个重要环节,有效地实施服务补救不但能提高顾客的满意度,而且能够使药店保有稳定的客户源,从而获得更好的利润。实施服务补救应采取以下策略。

鼓励顾客投诉和反馈

作为药店服务的提供者,首先要制定药店服务标准,消除顾客的"模糊预期",使药店服务具有可衡量性。最常见的药店服务标准就是各种药店服务承诺。热情接待群众有关药品、服务质量方面的举报投诉;在药店内公布投诉电话号码,欢迎顾客及时给药店管理部门反映问题;设立投诉接待人员,药店可根据实际情况设立专门人员或管理人员或某个营业员兼任此职务。

高度重视，识别问题

药店应通过听取顾客意见来确定药店服务中存在的问题和不足，采取有效的措施进行补救。顾客到药店不仅仅是买药而已，他们都希望药店能够提供更多的附加服务，例如，提供营业员导购服务。顾客希望营业员能够正确引导其购买所需要的药品品种，对顾客的用药需求（处方药、非处方药及特殊管理的药品）分别加以对待和处理，希望营业员能够态度诚恳，热情周到。营业员不仅要熟练掌握自己管辖柜台的商品情况，还一定要十分清楚店内其他药品的摆放位置。药店顾客需求目标的指向性，决定进店顾客需要尽快找到自己所需药品摆放的柜台，这时，需要营业员正确熟练地引导顾客。

快速反应，尽快解决问题

由于服务的特殊性，药师或营业员希望能抢在顾客之前发现和改进服务中的错误是有一定难度的，而错误和服务不当会明显降低顾客的满意度和服务价值感知。即使在完全解决客户问题需要较长时间的情况下，对客户投诉药店服务做出快速的反应仍然是十分重要和必要的。尤其是出现对药品不良反应时，应按照《药品不良反应报告制度》的规定，及时予以处理，一刻也不能耽误。

对一线员工适当授权

药店服务人员直接与顾客接触，其行为直接影响到药店的服务质量和顾客的满意度。药店服务人员是药店形象的代表，也是药店与顾客之间沟通的桥梁。让一线店员有一定程度的自主解决客户问题的权限，可以增加员工的责任感，提高其工作的主动性。药店的前台服务人员与顾客直接进行接触，对顾客的不满和抱怨会有直接的认识，必须由其主动参与问题的解决，向顾客道歉并当面解决问题。

建立药店服务补救预警系统

药店最好能建立一个跟踪、识别服务失误的系统。有效的药店服务补救策略需要药店不仅能通过客户的投诉来确定药店服务失误之所在，还要主动地查找那些潜在的服务失误。例如，药店要及时对新进入药店销售的新药进行药理、药效、说明书学习，这样就能防止卖给顾客时出现药品不对症及不正确服用或禁忌证等问题。

（资料来源：刘春波，陈玉文. 药店服务补救策略探析［J］. 中国药物经济学，2008（2）. 编者整理.）

链接 12-11

网络自助购物焦点：快递服务失误的补救

随着网络购物的普及和兴起，促进了我国快递服务企业迅速成长。然而，快递服务企业的成长，也伴随着服务投诉数量的持续增加。如何提高快递服务质量，成为快递服务企业面临的重要问题。在完善快递服务系统基础上，提高快递服务人员素质，按照顾客需求构建快递服务运营系统，为各类服务失误提供顾客期待的积极补救措施，成为我国快递服务企业提高服务质量的必由之路。如表 12-2 所示。

表 12-2　快递服务顾客期待服务补救措施表

服务失误	期待服务补救措施									
	更正	人员介入	替换	服务态度	赔偿	赠品	服务升级	沟通	多种措施	没有期望
服务缺失	91	4	2	8	2	1	17	26	4	3
服务延迟	88	9	1	5	4	2	20	9	4	15
政策失败	12	0	0	0	1	0	2	2	1	1
产品或包装问题	29	7	7	0	22	0	7	2	6	7
产品丢失	7	1	2	3	6	0	0	2	2	2
信息不匹配	9	2	4	0	1	0	0	10	0	4
特殊要求	7	0	0	3	0	0	6	5	0	0
顾客问题	6	0	2	1	0	0	7	7	1	2
服务态度	7	0	2	21	0	0	14	6	1	2
地址或快件混淆	15	1	1	0	0	2	2	2	0	2
总计	271	24	21	41	36	5	75	71	19	38
百分比/%	45.09	3.99	3.49	6.82	5.99	0.83	12.48	11.81	3.16	6.32

（资料来源：刘顺忠，陈凡．网络自助购物过程中快递服务失误与补救研究［J］．华中师范大学学报（自然科学版），2015，49（5）：672－679.）

12.4.3　服务保证

企业向顾客提供服务保证是指承诺如果出现服务失误，或没有达到预期标准，或与承诺不符，顾客有权获得一种或多种形式的补偿。有些服务保证是有条件的，有些是无条件的。承诺作为一种保证或誓约，可以作为一种特别的补救工具。有效的服务保证可以补充企业的服务补救策略系统，也是服务促销和确保服务质量的有力工具。这是因为，服务保证迫使服务提供者关注它们的顾客在服务环节的每一部分的期望，通过设定明确的服务标准，告诉顾客和员工公司能提供什么，低质量服务带来的赔偿促使管理者严肃对待服务保证，因为他们强调服务的经济成本。同时，服务保证强迫服务组织了解失误的原因，鼓励它们识别和克服潜在的错误，通过降低购买决定的风险和建立长期的忠诚来实现企业成长。有效的服务保证促使企业关注顾客，为此服务提供者必须了解顾客的期待和价值。一个有效承诺还为组织设立了清晰的标准，使企业员工的士气和忠诚度得到增强，因为承诺可以使员工产生自豪感。对顾客来说，一个好的服务保证可以激发顾客给企业的快速反馈，降低了顾客的风险感并建立对服务企业的信任。

服务承诺的类型包括：满意承诺和服务属性承诺、外部承诺和内部承诺。其中，满意承

诺是指如果顾客不满意可以不付款的无条件的满意承诺。服务属性承诺是指公司仅对那些对顾客重要的服务内容提供承诺。例如，著名的互联网服务提供商 AT&T 公司提供的虚拟个人网上业务，承诺如果一天内服务掉线超过 10 分钟，公司将免收本月上网费用的 5%。上述承诺均为适用于外部顾客的外部承诺。内部承诺是指组织内部的某部门对另一部门的服务承诺，是联结内部服务运营的有效方法。

设计服务承诺可以遵循以下原则：首先，有效服务承诺应该是无条件且可信的，带有各种约束和限制的承诺通常不是有效承诺。其次，有效承诺设计应该是对顾客有意义且易于理解和沟通的，服务提供者应保证服务元素对顾客是重要的，再次，服务承诺的提出应该少依靠顾客，更多依靠服务提供者。最后，服务承诺应该容易利用和收集，如发生服务失误，顾客可以很容易地找到服务承诺。

需要注意的是，凡事都有正反两方面的影响，实行服务保证也要考虑到一些潜在的问题，包括：服务保证适用的条件、企业本身的服务质量水平、防止顾客滥用服务保证和投机行为等。具体而言，如果企业现有服务质量低劣，服务保证的成本就会很高，在服务质量无法控制的情况下就不适于采用服务保证。如果企业本来质量声誉就已很好，服务保证实施的必要性相对就不大，如果实施反而会带来问题，因此服务保证需要与企业形象吻合。另外，服务承诺在竞争者质量水平差异很大或竞争者之间质量水平普遍较低的行业中很有效，这对第一个使用承诺的企业会更有利。同时，服务保证的实施还要考虑顾客的感知风险，当顾客对服务质量感知不确定时，服务保证可以降低不确定性和风险。最后，为防止个别顾客利用服务补救来为自己谋利，企业应该对服务失误补偿和服务保证索求进行严格监管，本着信任顾客的原则，真正提高服务质量。因为，当企业的服务质量水平远远超过顾客的满意水平时，顾客会更加信任企业，令人不快的事情也就不大可能发生。可见，服务保证有其适用的条件和环境，并需要掌握一定的方式和原则，企业需要恰当地运用服务保证。

香港 Eaton 酒店的服务保证

这家香港的四星级酒店有一系列独特的服务保证措施，确保入住顾客得到优质服务。

- 如果客人到达前台三分钟内没有完成登记（不包括排长队等候），第一晚的住宿免费。
- 客人进入房间后，八分钟内行李送达。
- 入住"Executive Wing"的客人会得到清洁保证。不论任何原因，如果客房不清洁，酒店将退还第一晚的住宿费。
- 酒店确保为顾客提供网上在线服务（包括开设酒店网站），向所有客人提供便利，包括交通、订票等。一切在客人到达前都要准备好。
- 如果未能兑现服务保证，酒店负责承担费用。

（资料来源：http://www.worldroom.com，2004—7—14.）

服务失误在所难免，会给企业带来一系列问题和挑战。由此导致的最直接后果就是顾客抱怨，但这并非坏事，相反可以给企业带来学习和改进服务的机会。通过实施有效的服务补救，企业可以将顾客的不满意度降至最低，并且最大限度地维系客户忠诚。企业应设计有效的顾客反馈和服务补救系统，恰当运用各种服务补救策略，才能化问题为机遇，不断提升服务管理水平。

习 题

一、名词解释

服务失误　顾客抱怨　服务补救　服务保证

二、选择题

1. 引起服务失误的原因有（　　）。
   A. 服务供应商　　B. 顾客感知　　C. 服务接触　　D. 服务政策
2. 服务失误的类型包括（　　）。
   A. 服务设计失误　　B. 过程失误　　C. 人员失误　　D. 结果失误
3. 顾客面对服务失误会有的反应是（　　）。
   A. 公开投诉　　B. 向朋友诉说　　C. 向供应商抱怨　　D. 不采取行动
4. 顾客抱怨的原因主要包括（　　）。
   A. 期望获得赔偿　　　　　　　　B. 利他主义
   C. 帮助提高服务绩效　　　　　　D. 发泄怒气
5. 顾客抱怨的渠道有（　　）。
   A. 对服务人员抱怨　　　　　　　B. 向朋友、亲戚及同事传播
   C. 通过网络抱怨　　　　　　　　D. 向第三方抱怨
6. 抱怨者的种类有（　　）。
   A. 消极者　　B. 发言者　　C. 发怒者　　D. 积极分子
7. 顾客对服务补救的期望有（　　）。
   A. 理解　　B. 负责任　　C. 减免费用　　D. 公平对待
8. 服务补救中的公平对待包括（　　）。
   A. 结果公平　　B. 价格公平　　C. 过程公平　　D. 相互对待公平
9. 服务补救策略主要包括（　　）。
   A. 鼓励并跟踪抱怨　　　　　　　B. 快速行动
   C. 从补救经历中学习　　　　　　D. 服务保证
10. 主要的顾客反馈收集工具有（　　）。

A. 整体市场调研　　　B. 服务反馈卡　　　C. 焦点小组讨论　　　D. 神秘购物

三、简答题

1. 简述服务失误的原因。
2. 简述导致顾客抱怨的原因。
3. 简述有些顾客遭遇服务失误时不抱怨的原因。
4. 简述顾客对服务补救的期望内容。
5. 简述影响顾客服务转换行为的因素。
6. 简述服务承诺的类型及其内涵。

四、论述题

1. 论述服务补救对顾客忠诚的影响。
2. 论述服务补救悖论的含义及其现实意义。
3. 论述常用的服务补救策略及其应用价值。
4. 论述建立有效服务补救系统的方法。

五、案例分析

减少服务失误：汽车4S店服务防错设计

防错技术在现代制造业已经得到广泛而成熟的应用，将其应用于服务流程设计，可以为服务业实现零缺陷提供有效途径。研究发现，基于MOT的服务防错实施模型对汽车4S店具有可行性和适用性。

其中，MOT又称为关键时刻，有些学者又将其称为真实瞬间，是20世纪80年代由北欧航空总裁卡尔森提出的，1984年由瑞典学者诺曼引入服务管理理论中。著名营销专家格罗鲁斯博士认为：关键时刻的含义是"服务提供者向顾客展示服务质量的时间和地点。它是一个向顾客展示服务质量的机会，一旦丧失，顾客就会离去，这是强化顾客质量印象并提高顾客感知服务质量的最好时机"。对汽车4S店而言，与顾客的关键接触时刻如表12-3所示。

表12-3　调查排名前十的关键时刻

排名	关键时刻描述	得分	所属过程
1	顾客试驾时与试驾车接触的时刻（整洁干净、无异味）	4.88	试驾
2	销售顾问向顾客解释（车价、购置税、保险和上牌等）	4.81	询价
3	销售顾问向顾客报价	4.75	询价
4	顾客与展车的接触（整洁干净、无异味）	4.73	车辆展示介绍

续表

排名	关键时刻描述	得分	所属过程
5	销售顾问试驾时指导顾客测试车辆性能	4.69	试驾
6	销售顾问对目标车型的了解程度	4.67	车辆展示介绍
7	销售顾问专心接待顾客	4.63	销售顾问交谈
8	试乘试驾时销售顾问演示性能时刻	4.63	试驾
9	试驾后销售顾问和顾客确认还有什么疑问并解释	4h63	试驾
10	工作人员亲自把车开到展厅门口	4.60	试驾

根据汽车 4S 店的服务蓝图和服务流程，关键性的接触环节主要体现在试驾和询价等环节，与关键时刻相吻合。如图 12-8 所示。

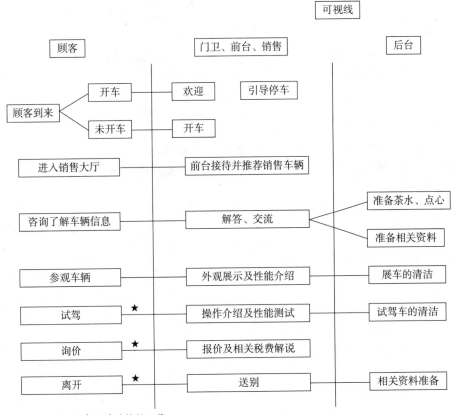

注："★"表示关键接触环节

图 12-8　4S 店服务蓝图

为了减少汽车 4S 店的服务失误情形，有学者提出基于 MOT 的服务防错设计实施 EO-

AC 模型，其内涵：探索（explore）——以顾客为中心，通过对顾客的调查，定义服务流程中的 MOT；提议（offer）——针对该关键点明确了的客户需求以及现有的缺陷和可能出现的服务差错提出防错的方法，要充分考虑该方法的可行性以及成本；行动（action）——对于达成一致的防错方法在工作中一一落实，明确每一个动作和精确的要求；沟通（communication）——通过与顾客不定期的沟通，进一步了解采取防错措施后顾客关键时刻的感受以及顾客不同时期所认为的关键时刻。如图 12-9 所示。

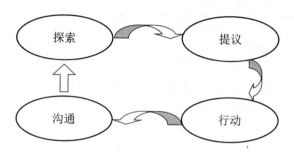

图 12-9　EOAC 模型

（资料来源：金春华，陈玉保，穆志强. 基于 MOT 的汽车 4S 店服务防错设计［J］. 企业经济，2013（8）：84—88.）

思考题：

1. 汽车 4S 店在哪些顾客接触环节容易出现服务差错？
2. 如何通过有效的服务防错设计提升汽车 4S 店的服务水平和顾客满意度？

参考文献

[1] 泽丝曼尔, 比特纳, 格兰姆勒. 服务营销. 张金成, 白长虹, 等译. 6版. 北京: 机械工业出版社, 2015.

[2] 格鲁诺斯. 服务管理与营销: 服务竞争中的顾客管理. 韦福祥, 等译. 3版. 北京: 电子工业出版社, 2008.

[3] 洛夫洛克, 沃茨. 服务营销. 韦福祥, 等译. 7版. 北京: 机械工业出版社, 2014.

[4] 菲茨西蒙斯, J A, 菲茨西蒙斯, M J. 服务管理: 运作、战略与信息技术. 张金成, 范秀成, 杨坤, 译. 7版. 北京: 机械工业出版社, 2013.

[5] 佩里切利. 服务营销学. 张密, 译. 北京: 对外经济贸易大学出版社, 1999.

[6] 佩恩. 服务营销. 郑微, 译. 北京: 中信出版社, 1998.

[7] 霍夫曼, 彼得森. 服务营销精要: 概念、策略和案例. 胡介埙, 译. 3版. 大连: 东北财经大学出版社, 2009.

[8] 科特勒, 凯勒. 营销管理. 14版. 王永贵, 译. 北京: 中国人民大学出版社, 2012.

[9] 韦福祥. 服务营销. 2版. 北京: 中国人民大学出版社, 2016.

[10] 吴晓云. 服务营销管理. 天津: 天津大学出版社, 2006.

[11] 曹礼和. 服务营销. 武汉: 武汉大学出版社, 2004.

[12] 叶万春. 服务营销学. 2版. 北京: 高等教育出版社: 2007.

[13] 许德昌, 王谊. 服务营销管理. 成都: 西南财经大学出版社, 2005.

[14] 蔺雷, 吴贵生. 服务创新. 2版. 北京: 清华大学出版社, 2007.

[15] 范秀成. 服务管理学. 天津: 南开大学出版社, 2006.

[16] 郭国庆. 服务营销管理. 2版. 北京: 中国人民大学出版社, 2009.

[17] 李晓. 服务营销. 武汉: 武汉大学出版社, 2004.

[18] 陈祝平, 陆定光. 服务营销管理. 北京: 电子工业出版社. 2002.

[19] 陈祝平. 服务市场营销. 大连: 东北财经大学出版社, 2001.

[20] 郑吉昌. 服务营销管理. 北京: 中国商务出版社, 2005.

[21] 李克芳, 聂元昆. 服务营销学. 2版. 北京: 机械工业出版社, 2016.

[22] 李怀斌, 于宁. 服务营销学教程. 大连: 东北财经大学出版社, 2002.

[23] 李雪松. 现代物流营销管理. 北京: 中国水利水电出版社, 2008.

[24] 马龙龙, 李智. 服务营销与管理. 北京: 首都经济贸易大学出版社, 2002.

[25] 韩冀东. 服务营销. 北京: 经济管理出版社, 2002.

[26] 章海荣. 服务营销管理. 北京：中国人民大学出版社，2012.

[27] 涂永式. 服务营销. 广州：广东高等教育出版社，2007.

[28] 李羿锋，钟震玲. 精细化服务营销. 北京：人民邮电出版社，2009.

[29] 叶望春. 商业银行市场营销：案例与实践. 北京：中国财政经济出版社，2004.

[30] 何会文. 服务失败的顾客归因及其启示 [J]. 财经科学，2003（5）.

[31] 金立印. 基于关键事件法的服务失败原因及补救战略效果定性分析 [J]. 管理科学，2005，18（4）.

[32] 黄亚芬，吴伟琦. 论中餐业现场服务补救：基于马斯洛需要层次论 [J]. 商场现代化，2009（562）.

[33] 陈文长，韩顺平，项志明. 探索儒家文化背景下服务补救对公正感知影响 [J]. 技术经济与管理研究，2008，(2).

[34] 施若，顾宝炎. 我国商业银行管理中的服务补救初探 [J]. 金融理论与实践，2008（7）.

[35] 郑秋莹，范秀成. 网上零售业服务补救策略研究：基于公平理论和期望理论的探讨 [J]. 管理评论，2007，19（10）.

[36] GRONROOS C. Service management and marketing: a customer relationship management approach. 2nd ed. England: John Wiley & Sons Inc. , 2000.

[37] LOVELOCK C H, PATTERSON P, & WALKER R. Service marketing: Australia and New Zealand. Sydney: Prentice Hall Australia, 1998.

[38] HOFSTEDE G. Cultures and organizations: software of the mind. New York: McGraw-Hill, 2012.

[39] FITZSIMMONS J A, FITZSIMMONS M J. Service management: operations, strategy and information technology. 3rd ed. New York: McGraw-Hill, 2000.

[40] MILLS K H, PAUL J E. Applied visual merchandising. Englewood Cliffs, N. J. : Prentice Hall, 1994: 47.

[41] KOTLER P. Marketing management. 8th ed. Englewood Cliffs, N. J. : Prentice-Hall, 1994: 303.

[42] ZEITHAML V A, BITNER M J, GREMLER D D. Service marketing: integrating customer focus across the firm. 6th ed. The McGraw-Hill Education, Inc. 2012.

[43] PARASURAMAN A, ZEITHAML V A, BERRY L L. SERVQUAL: A multiple-item scale for measuring consumer perceptions of service quality [J]. Journal of retailing, 1988, 64 (1): 12—40.

[44] ETTORRE B. Phenomenal promises that mean business [J]. Management review, 1994 (3): 18—23.

[45] BERMAN B, EVANS J R. Retail Management-A Strategic Approach. 8th ed. Upper Saddle River, NJ: Prentice Hall, 2001: 604.

[46] TURLEY L W, MILLIMAN R E. Atmospheric effects on shopping behavior: a review of the experimental literature [J]. Journal of business research, 2000, 49: 193—211.

[47] ULRICH D. Employee and customer attachment: synergies for competitive advantage [J]. Human resource planning, 1991, 14 (3): 89.

[48] SPANGENBERG E R, CROWLEY A E, HENDERSON P W. Improving the store environment: do olfactory cues affect evaluations and behaviors? [J]. Journal of marketing, April 1996: 67—80.

[49] GRONROOS C. Relationship marketing logic [J]. Asia-Australia marketing journal, 1996, 4 (1): 10.

[50] BITNER M J. Servicescapes: the impact of physical surroundings on customers and employees [J]. Journal of marketing, April 1992, 56: 57—71.

[51] MARTIN C I, PRANTER C A. Compatibility management: customer-to-customer relationships in service environments [J]. Journal of services marketing, 1989, 3 (3): 5—15.

[52] FURRER O, LIU B S, SUDHARSHAN D. The relationships between and service quality perceptions [J]. Journal of service research, 2000, 2 (4).

[53] DOYLE S. Self-service delivery and the growing roles of channels [J]. Journal of database marketing & Customer strategy management, 2007 (14): 150—159.

[54] DEWITT T, BRADY M K. Rethinking service recovery strategies: the effect of rapport on consumer responses to service failure [J]. Journal of service research, November 2003, 6: 193—207.

[55] FOLKES V S. Consumer reactions to product failure: an attributional approach [J]. Journal of consumer research, 1984, 10 (4): 398—410.

[56] BASK A, Tinnilä M, RAJAHONKA M. Matching service strategies, business models and modular business processes [J]. Business process management journal, 2010, 16 (1): 153—180.

[57] BRODIE R J, LLIC A, JURIC B, et al. Consumer engagement in a virtual brand community: an exploratory analysis [J]. Journal of business research, 2013, 66 (1): 105—114.

[58] FUCHS C, Diamantopoulos A. Customer perceived positioning effectiveness: conceptualization, operationalization, and Implications for new product managers [J]. Journal of product innovation management, 2012, 29 (2): 229—244.

[59] KUMAR P. The impact of long-term client relationships on the performance of business service firms [J]. Journal of service research, 1999, 2 (1): 4—18.

[60] POLO Y, Sesé F J. How to make switching costly the role of marketing and relationship characteristics [J]. Journal of service research, 2009, 12 (2): 119—137.

[61] CHRISTENSEN L T, Firat A F, TORP S. The organization of integrated communications: toward flexible integration [J]. European journal of marketing, 2008, 42 (3/4): 423—452.

[62] SRINIDHI S, MANRAI A K, A conceptual model for demand forecasting and service positioning in the airline industry [J]. Journal of modeling in management, 2013, 8 (1): 123—139.